北大哲学系百年系庆丛书

求真集

Qiuzhen Ji

尚新建 主编

北京大学出版社
PEKING UNIVERSITY PRESS

图书在版编目(CIP)数据

求真集/尚新建主编. —北京:北京大学出版社,2012.9
(北大哲学系百年系庆丛书)
ISBN 978-7-301-21202-8

Ⅰ.①求… Ⅱ.①尚… Ⅲ.①西方哲学-文集 Ⅳ.①B5-53

中国版本图书馆 CIP 数据核字(2012)第 213206 号

书　　名:求真集
著作责任者:尚新建　主编
责 任 编 辑:田　炜
标 准 书 号:ISBN 978-7-301-21202-8/B·1063
出 版 发 行:北京大学出版社
地　　址:北京市海淀区成府路 205 号　100871
网　　址:http://www.pup.cn　　电子邮箱:pkuphilo@163.com
电　　话:邮购部 62752015　发行部 62750672　出版部 62754962
编辑部 62767315
印　刷　者:北京大学印刷厂
经　销　者:新华书店
960mm×1300mm　16 开本　24.25 印张　361 千字
2012 年 9 月第 1 版　2012 年 9 月第 1 次印刷
定　　价:49.00 元

编者絮语

2012年，是北京大学哲学系百年华诞。历尽百年，北大哲学人名家辈出，名篇佳作无数。从百年历史中遴选作品，难度太大。好在纪念总是后人的事。相对简单的方式是：由北京大学哲学系现有教师每人提供一篇论文，汇成纪念文集。文集共三本：《求是集》、《求道集》、《求真集》。我系逻辑学科单独编辑出版了《逻辑学的历程》一书，并纳入哲学系系庆图书出版系列，故此三本文集中不再收录逻辑学论文。

《求真集》由27篇西方哲学研究论文组成，自成一卷。把西方哲学卷命名为《求真集》，原因有二：

一、唯独哲学是真正"追求真理的科学"。爱智慧即求真理。亚里士多德指出："将哲学叫做关于真理的知识也是正确的。因为理论知识的目的是真理，而实践知识的目的是行动。"①从事实践活动的人，当然也要知晓事物的真理，但其目的是实践，必须与当下的行为紧密相连，仅适用于一定的语境。而严格意义的真理是永恒的，放之四海而皆准。即便亚氏所说的理论科学，也有高下之别：只有哲学追求严格意义的真理，其他学科则探讨特殊真理，因为唯独前者的对象是终极原因，即存在（是）本身，后者的对象仅仅是存在的某一方面。这意味着，二者探索真理的方式截然不同。"真理"的本来含义即是实在自我展现。唯独哲学的态度和方法才能承担此重任。

二、大学乃追求真理的学人的共同体。不曲学阿世，不盲目崇尚权威，理性地审视一切思想和学说，这是追求真理者、也是哲学研究者的基本气质。纽曼（J. H. Newman）在《大学的理论》中区分了"奴隶的知识"与"自

---

① 亚里士多德：《形而上学》，卷二，993b20-22。

由的知识”,[1]将后者(哲学)称作“绅士的知识”,与实用的知识(前者)相对照。[2] 这里的“自由”是“无用”的同义词。哲学不服务于任何人,不为任何人所利用,所操纵,其合法性无须从社会功能或社会业绩获取。正是因为哲学“无用”,才能保证其最纯粹的理论形式,即“纯粹接受性地凝视实在,其间,唯独事物提供尺度,灵魂只是接受这一尺度”[3]。于是,纯粹的理论才具有真理的性质,才有自由的追求和探索。这正是哲学的无用之用。阅读文集所辑论文,能够感受到这种气质扑面而来。在真理面前驻足,是人生最大的享受。

西方哲学卷取名《求真集》主要出自上述两个原因。

《求真集》论文依历史顺序排列。时间顺序从古希腊开始到现代;空间分布从西方到东方;文体顺序依次为论文、译文。

编者

2012年7月15日

---

① “liberal”一词有人译作“文科的”、“博雅的”、“通识的”等,这里从 Josef Pieper,译作“自由的”,强调其原初含义。

② 参见纽曼:《大学的理念》,高师宁等译,贵州教育出版社,2003年,第109—110页。

③ Pieper, Josef, *For the Love of Wisdom*, San Francisco: Ignatius Press, 2006, p. 39.

目　录

哲学是对人的存在方式及其生存意义的反思*

朱德生**

高中时，我没有想过要上大学，当然也不知道有哲学这门学科。1951年暑假友人约我去参加高考，信手写了个哲学系，竟成了我与哲学这门学科的终身之约。

初进哲学系即被告知哲学即马克思主义哲学，其他一切所谓的哲学不过是仅供批判的毒草而已；而且这一哲学的真理，已经由经典作家全部发现了，我们的任务只是要理解和记牢。所以当时同学中曾批判过“老子天下第六”（马、恩、列、思、毛、我）的思想。不过我对这种教条主义的学习方式很不喜欢，所以 1956 年研究生毕业时，我选择了西方哲学史作为工作专业，以便为自己争取到一点自由学习的余地。如此，60 年过去了，我仍在学习中。

一

我十分欣赏马克思在创立马克思主义哲学的年代说过的一段话：新哲学的优点，不是要颁布适合于任何地点与任何时间的永恒真理教条，而是要在批判旧世界中去发现新世界。

这就是哲学的根本精神，也就是马克思主义哲学的根本精神，而教条主义的学习方法恰恰是与这种精神背道而驰的。真理永远是生机勃勃、发展中的，它不可能被某人或某些人在某个特定的时间最终完成。

---

* 本文曾以“对人的存在方式的反思”为题发表在《哲学研究》2008 年第 3 期，本次发表是根据该文修改而成。

** 朱德生，1931 年生，男，北京大学哲学系退休教授。

过去我们在学习中所以会犯教条主义的错误,除政治上的原因外,理论上主要是因为错误地理解了哲学研究的对象,说什么科学是研究各自领域的特殊规律的,而哲学则是研究整个世界的普遍规律的。这种理解显然是把“整个世界”当做是一种给定的事实。这便蕴涵了两个错误,一是把整体和部分、普遍和特殊割裂了开来,二是把发展中的无限世界曲解成有限的完成了的世界。

其实哲学研究的对象,并不是人们任意设定的,而是历史实践规定的。不过,思想是以自我为对象形式表现出来的,所以它对实践的规定有一个由不自觉到自觉的认识过程。

古希腊的文明,因为比较重视逻辑与理性,所以有了一些科学分类的初步设想。例如,亚里士多德说:“哲学家应该做的事就是掌握实体的原因和本原。”①“……哲学家,即研究所有实体自然本性的人,来考察逻辑推理的本原。对于每一个种知道得最多的人能够讲出事物最确实的本原。故研究作为存在物的存在物的人能够讲出万物的本原。这人就是哲学家。”②当然,这里的“哲学家”一说还没有像今天那样严格的定义。不过它仍然透露出哲学是研究存在的根本原因和属性的。这部分研究,历史上曾称之为形而上学。

在近代由于实验科学的兴起产生了反形而上学的思潮,反形而上学的主力是经验论者,他们不承认超经验的形而上的世界有什么实在性。所以,弗兰西斯·培根曾认为研究形而上学不仅无助于认识真理,而且堵死了通向真理的道路。霍布斯则说:“哲学是我们凭借真正的推理,依据我们对于现象或明显的结果的某种可能有的产生或发生所具有的知识,从而获得的关于现象或明显的结果的知识,也是依据我们对于结果所具有的知识,从而获得的关于这种已经有的或者可以有的产生的知识。”③在这种定义中,哲学和科学几乎被混为一谈了。这是古希腊以来,西方哲学中一直存在着强

---

① 苗力田主编:《亚里士多德全集》第7卷,中国人民大学出版社,1993年,第85页。

② 同上书,第90页。

③ 北京大学哲学系外国哲学史教研室编译:《十六——十八世纪西欧各国哲学》,商务印书馆,1975年,第65页。

烈的科学主义倾向的必然结果。

本来在古代形而上学便一直存在着一个矛盾：即如何来证明本原、实体等等的存在。正是这方面的争论，才引起了爱利亚学派关于“存在”的思辨。不过由于古代的思想比较朴素和直观，所以，还没有使问题普遍化和尖锐化。但是，近代认识论发展起来以后，问题便凸显出来了。大卫·休谟把自己时代的问题作了一番理论加工，并以尖锐的形式提了出来。在他看来，如果我们的认识全部来源于经验，那么要问在经验以外，还有没有某种不依赖于经验的东西时，我们便得请教于经验，可是经验在这里沉默了，而且也不得不沉默。因为经验只可能告诉我们它经验到的；没有经验到的，它当然无可奉告。原来以为，经验提供的认识是最可靠的，现在却发现这种可靠性是没法证明的。如果我们把休谟提出的问题再扩大一点，那就能更清楚地看到问题的严重性。即我们是通过主观去把握客观的，那我们怎么能证明认识对象是不赖于主观而独立存在的呢?

休谟提出的这个难题，推动着哲学走上了一个全新的阶段，即要研究外部世界便不得不同时研究人类自身。于是人和外部世界的特殊关系逐步被揭露出来。人是从自然中发展出来的，但是又不能把人归结为自然的一部分。相反的，人是在改造自然中才成为人的，所以他超越了自然界，组成了社会。这当然不是说人脱离了自然，而是说人对自然建立起了能动的关系。因此，只有认真地反思人的这种方式，才能真正理解人及其生活于其中的外部世界。

当然，开始走上新道路的人，并没有完全意识到问题的实质，以为只是为了解决以前的困难，提出了一些新理论。例如德国哲学家康德就是这样。他一方面认为休谟给了形而上学以致命的打击，另一方面又认为“人类精神一劳永逸地放弃形而上学的研究，这是一种因噎废食的办法，这种办法是不能采取的。世界上无论什么时候都要有形而上学，不仅如此，每人，尤其是每个善于思考的人，都要有形而上学”①。为了在未来建立起一种能作为

① 康德：《任何一种能够作为科学出现的未来形而上学导论》，庞景仁译，商务印书馆，1978 年，第 16 页。

科学出现的形而上学,他认为要在哲学中掀起一场“哥白尼式的革命”。显然,康德所谓的哲学革命,是要根本扭转哲学研究的方向。在他以前,哲学家的注意力只是在认识者以外的对象上,即他们是先肯定了对象的存在,然后考虑认识如何才能正确把握这种对象的原貌。这就给自己设定了一个根本无法解决的难题。因为,肯定对象的存在已经是一种认识了,认识以前的原貌岂不是仍在认识之外?所以,康德想把问题颠倒过来,要哲学家们不再把注意力集中在外物上,而是着力去研究认识者自身,即要着力研究“我”有没有能力去认识外物。由此他得出了一个重要的结论:认识得以成立的条件,也就是认识对象得以成立的条件。这就猜测到了认识发展的真实原貌。认识和认识对象是在人类改造外部世界的实践基础上互为前提而发展形成的。

不过康德没有能把自己的合理思想贯彻到底,反而说认识有两个源泉,即自在之物和先验的自我。在他将人二重化的同时,也将这种二重化绝对化了。他认为人类只能认识经验的有限的现象世界,现象背后的本体绝对的世界是我们永远认识不了的世界。这就形成了他所谓的理想与现实的对立,即误解了人的存在方式。

黑格尔在克服康德的错误时,进一步明确了哲学是对人的存在方式的反思。不过他是在唯心主义基础上揭示这一点的。他认为,康德所以会陷入不可自拔的矛盾,是因为他假设了认识要有两个来源:一叫自我,二叫物自体(自在之物)。这就把认识和认识对象又对立了起来。黑格尔认为,所谓物自体无非是一个空洞的抽象,它是一切感性内容都被舍弃以后而形成的不可言说的空虚之物。这个空虚之物恰恰便是思维的产物。所以这个假设是多余,不必要的。哲学所要研究的是思维自身。用黑格尔的话说:“哲学可以定义为对于事物的思维着的考察。”①不过这里所说的思维(思想)与日常生活中的感觉、表象等等是不同的;是一种反思,即“以思想本身为内容,力求思想自觉其为思想”的认识。② 这种思想,黑格尔称之为理念或绝

① 黑格尔:《小逻辑》,贺麟译,商务印书馆,1980年第2版,第38页。
② 同上书,第39页。

对观念等等。

黑格尔之所以会陷入唯心主义，是由于夸大了思维在形式上的特点，把以自身为对象夸大成了思想的本质。不过当他看到哲学思维的活动是一种反思性活动时，这表明他已开始比较明确地看到了哲学与科学的差别。事情可能就像稍后恩格斯所认为的那样，自然科学和社会科学已经获得了较为系统的发展，用不着以哲学的猜想来填补其中的空白了。当然，如果从今天来看，思维科学也用不着哲学来包办代替了。既然一切实证知识的领域都用不着哲学的思辨了，哲学为自身留下的，只有"对认识者自身活动的反思了"①。如果用简单明了的一句话说，经验中给予的世界已经由各门科学在研究了，留给哲学的只有超越的形而上的世界，即在现实活动中所要追求的理想的世界。

黑格尔虽然是个唯心主义者，但是他相当清楚地看到人和自然的关系与一般动物和自然的关系是不同的。如果说后者的关系仅仅是给定的和被动的关系，那么前者则是设定的能动的关系。因为人能劳动。劳动"既是人与自然的分裂的结果，也是对这种分裂的克服。动物能直接找到它用以满足其需要的东西；反之，人与满足其需要的资料的关系则是人与他所创造和铸成的东西的关系"②。这就使人与自然之间建立起了特殊的能动的辩证关系，并使人的存在取得特殊而丰富的内涵。

二

自20世纪70年代以来，我国便形成了一股反形而上学思潮，说马克思和马克思主义哲学是反形而上学的。有的人甚至认为，这是马克思主义哲学研究中的新成果。我对此颇多怀疑。这里暂时不作理论分析，只想问：不追求形而上的世界，人还有必要去认识客观世界和改造客观世界吗？否定了形而上的世界，还有人的存在吗？哲学主要是对人的存在方式的反思。

---

① 黑格尔：《小逻辑》，第59页。

② 同上书，第91页。

我以为，人的存在方式，主要有两个特点：一叫超越性，即人类总不满足于已有的现实的世界，总想超越它去追求尚处在经验彼岸的理想中的世界；二叫开放性，即人的现实规定性既不是先验的也无所谓最终完满的终点。超越性是人的存在方式的基本特征。人是生活在经验的形而下的世界中，但又天天在追求超越经验的形而上的世界。没有后一方面的追求，人便不成其为人了，只不过是诸多自然动物中的一种罢了。

在欧洲，当人类历史由古代转向近代时，资产阶级思想家们曾经把个人看成一个个独立自足的原子：他们拥有私有财产、平等、自由等各种天赋人权。据说这种人权本应成为历史发展的出发点。但是，以往的历史却没有据此前进，而是步入了歧途。今天既然已经认识到了这个错误，便应使天赋人权的阳光普照大地。这就是资产阶级革命所要建立的所谓"理性王国"。但是，更如恩格斯在分析这一历史过程时所表述的，资产阶级革命所建立起来的社会，并不是什么自由平等的王国，只不过是对自由平等的讽刺画。为什么会如此呢？这是因为当年的思想家们把事情的因果关系完全弄颠倒了。即自由平等的权利并不是天赋的，而是人类在实践斗争中获得的历史性的权利。所以它不可能成为历史发展的出发点，只能是历史发展的结果。说得明确一点，当时人们心目中的所谓私有、平等，只不过是正在成熟中的资本主义商品经济中人与人之间关系的现象主义描述；这种自由平等的外观，恰恰掩盖了雇佣劳动剥削的实质。所以，一旦把这种自由王国的谎言变为现实时，它所固有的内在矛盾便完全暴露了出来。

事情也正是如此。当德国古典哲学家康德登上欧洲哲学舞台时，上述矛盾便正在暴露出来。虽然当时德国国内的资本主义关系还不够成熟，但思辨哲学却帮助康德等人相当深刻地反思了当时的时代问题。在《纯粹理性批判》中，康德扭转了弗兰西斯·培根和勒内·笛卡尔等人狭隘的认识论传统，明确宣布人是他研究的主题，包括"我能够知道什么？"、"我应当做什么？"、"我可以期望什么？"。其实这里的"我"，可以换成"人"。晚年他在《逻辑学讲义》中和1783年5月4日的信中，重提这三个问题时，又加了一个问题："人是什么？"，从这些问题我们完全能够看到，他已经不再像他以前的思想家那样，把人当做独立自足的原子看待了。按照他的先验唯心主义理论,人能知道的,只能是经验的此岸世界,超经验的世界是永远不能达到的;或者说,人能达到的,永远只能是不完全合乎理性的经验的此岸世界,合乎理性的超经验的彼岸世界,是人们永远达不到的。

在康德的先验唯心主义体系中,人及其生活在其中的世界都被二重化了。对此,一般人都认为,康德的上述结论是消极的,是为他的不可知论服务的。我以为这种结论是十分片面的。恰恰相反,康德发现了人的二重化是个功劳。在欧洲哲学的历史发展中曾长期将科学中的实证的方法当做哲学中的思维方式,因此常把哲学问题和科学问题混为一谈。为什么?就是因为在康德以前,思想家们以为人与外部世界的关系,和自然动物与外部世界的关系相似,仅仅是直接的关系。现在康德发现了经验世界和理性世界的对立,前者为实证科学的研究方法所指出的,它是靠经验中的给予来把握的;理性世界则不然,它是靠理性(先验自我)的设定来把握的。这就等于提出了一种不同于传统实证科学的思维方式。这样,康德自觉不自觉地为哲学的独立发展作出了自己特殊的贡献。因此,现在我们才能认识到哲学的发展有赖于科学的成就,但科学的进一步发展却有赖于哲学的战略眼光。

黑格尔受康德主体设定对象思想的启发,并在彻底唯心主义的基础上进一步发展了这一思想,即取消了康德的物自体,把他的先验自我膨胀成了自在自为的实体,思想既是它自身又是它的对方。据此黑格尔认为:“哲学可以定义为对于事物的思维着的考察。”[①]这种思想是作为形式的思想,不掺杂有情绪、印象等等,它与概念等同。这种思想不仅仅是单纯的思想,而且是存在的物的本质,所以“理性居住在世界中,理性构成世界的内在的、固有的、深邃的本性”[②]。正是根据这种唯心主义观点,黑格尔得出结论说:“凡是合理的都是现实的,凡是现实的都是合理的。”

黑格尔的这一结论充满了辩证的思想。合理的即理想的。理想不是一种给定的状态,而是待实现的状态。理想之所以叫理想,当然还不是现实,而且一旦当它成为现实时,它也就失去了理想的资格,不再是理想了;但是

① 黑格尔:《小逻辑》,第38页。
② 同上书,第80页。

它又必然包含现实性于自身之中,否则它就不能在实践中转化为现实;反之,现实之所以叫现实,当然不是理想的,否则便不需要改进了;但是它既然能成为前进的起点,它就必然包含有理想的成分于自身之内,否则,它便成了真正的世界末日了,没有任何前途和希望了。所以,现实和理想、有限与无限是辩证统一的。

二重化的存在方式,表明人既生活在经验世界中,又生活在超越经验的形而上的世界中。人不是神,他不能脱离现实的经验世界,只有这个世界为他提供饮食男女等生活条件。但是,人也不是自然动物,他不可能满足于经验世界已有的物质条件,他要超越这些条件,追求更高的生存目标和生存意义。我们完全可以,而且应该说,人是立足和生活在经验的此岸世界中,却天天在追求形而上的彼岸世界。西方有人说,人一半是天使,一半是野兽!这就说明人本质上是一种形而上学的动物;如果他不想去超越这个经验的世界,他也就不可能从自然动物中分化出来,成为文明的动物,成为人。

在我国,20 世纪以来,经常有人提出所谓“反形而上学”的口号,认为形而上学即反科学,只有能为直接经验证实的才是科学。这是从西方哲学中学来的一种糊涂观点。这种观点把经验和超越完全对立了起来。其实,超越经验的形而上学,完全扎根在经验世界中,即是从经验世界中总结出来的,没有经验世界便无所谓形而上的世界;反之,形而下的经验的世界,所以能成为幸福生活的源泉,就是因为它蕴涵、并向人们昭示了某种形而上的原则。正如我们在谈论理想与现实的关系时所指出的那样,两者的关系是辩证统一的,而不是绝对对立的。总之,经验科学是形而上学根据之所在,反之,形而上学则是经验科学得以成立的必不可少的理论前提。

不过,由于历史局限性,古代人对形而上学的理解是不对的。例如古希腊的思想家老想去追寻世界之本原。亚里士多德对此提出过一些批判意见。但是,他自己的理论也没有超越这种直观的水平。现在我们说,世界并不是某个人或神在某个时期创造出来的,它是无限,因此何来最后的本原呢?而且,人生活在其中的自然,并不是开天辟地以来即如此,而是在和人的相互作用中发展起来的。所以古代的形而上学存在论(本体论),有两个致命的缺点:一是把这种存在当做给定了的,二是对这种存在的研究是静观的。

我以为我们要研究的存在,不是要研究过去的某种所谓根本的存在,而是来源于现实而又高于现实的理想中的存在。所以这种存在不是给定了的,而是在实践中生成。这种研究不是静观的,而是动态的。不是向后看的,而是向前看的,追求形而上学的世界,是人们在实践中追求理想的表现,是不能否定的。而在信息化、数字化的时代,这已经用不着思辨的论证,而是直观中的事实了,所以对哲学存在论的存在,不能仅仅作科学主义的理解,还应作价值的评析。

不管西方和中国对存在的探索有何不同,总之,理想与现实的矛盾,完全可以从事实和价值两个方面去理解。理想必须在人们的实践中能转化为现实,否则它就不是理想,而只是有害的空想。从这方面说,它是个事实问题。即如何超越经验的东西成为经验的东西。反之,理想之所以叫理想,就在于它不等于现实;理想一旦实现了,便不再是经验,而是现实了。从这方面看它是个价值问题,即如何使经验的东西体现超越经验的原则。

在这里,价值的概念既不是指经济学上的有用性,也不是指伦理学上的规范性,而是指存在论上的一种超越性和永恒性。说得通俗一点,所谓价值即物化了的人性,它是标志人类文明进步的一种历史性尺度。在相当长的时间里,我国理论界混淆了三者的界线。这是一个必须重视的理论问题。把哲学中的价值论定义为有用性,实际上是反对形而上学的另一种形式。20 世纪七八十年代,生活中"跟着感觉走"、"不问结果,只问曾经拥有,"又如生产中,"市场需要什么,我们就生产什么"等口号曾盛极一时。相信经过那个年代的人,一定都还记忆犹新。这是一种什么思潮呢?难道这些口号不是在否认理想,否认信念吗?孔曰成仁,孟曰取义,"人生自古谁无死,留取丹心照汗青",对这些华夏之魂,怎能否认呢!社会文明的进步,不能只看科学技术的进步、经济的发展、物质生活水平的提高等等,更要看人的精神面貌如何。例如,今天大家关心生态问题,其解决固然有赖于科学技术,但对这个问题的认识,其核心观念却是个价值问题。

人是价值的源泉。人在改造客观世界的实践活动中,把这些对象人性化了,使它们成了人类文明进步的尺度和标志。本来这些对象都是特定时空中的存在物,现在它却能超越自身的时空,成了某种普遍的尺度。不过这种尺度并不是像尺长寸短那样的具体的尺度,而是在比较中我们可以得到鼓舞的一种精神力量。例如万里长城,当年是为抵御外敌入侵而修建的,今天从实用的角度看,一点用都没有了。但是,今天我们却觉得这些断壁残垣有很高的历史文化价值,因为它见证了中华民族的苦难历程,象征着中华民族屹立于世界民族之林的伟大民族精神。

在这里,我们发现辩证的运动,不是像黑格尔描述的,仅仅归结为冷冰冰的逻辑概念的运动,而是有生命力的真善美统一的运动。存在论、价值论、认识论、实践论是对同一对象的不同的辩证分析。

三

人的存在方式是二重化的存在,也就是说,人生活在经验的现实世界中,但他却天天在追求超经验的理想的世界;不过理想的世界实现了,便不再理想了,成了现实的世界了。这种转化天天在实现着,但天天都没有完全实现,还得继续努力去追求。这就是人类不断进步的历史。在这个过程中,人们逐步深入地改造着自然,改造着外部环境;同时,这种改造了的自然、改造了的环境又反过来作用于人,改造着人。这种作用和反作用的无止境的循环,便形成了人们所说的,人的存在永远是其所不是,而不是其所是。即人的现实规定性是在历史中变化着的,永远是开放的。我们常说的“代沟”,可以说是人的存在方式的开放性的生动说明。上一代人和下一代人之间的关系,有时简直可以达到互相难以理解的地步。

因为人类是在改造自然中求得生存和发展的,所以,人与自然界的关系是根本不同于自然动物与自然界的关系。外部自然界对于自然动物而言是给定的:必须有了如此这般的外部环境,自然动物才能生产和发展。例如:热带动物要求有热带的外部环境,寒带的动物要求有寒带的外部环境。人则不然,从本质上说,人在环境面前是主动的,他的外部环境越来越多地显示出是他设定的。人类社会越进步,这一点便表现得越明显。其中,人并不是神,他并不能任意地创造自然环境,正如古人所说的,天行有常,不为尧存,不为桀亡。这样便产生了一个自在和自为的矛盾。即人既要服从自在的自然规律,又要超越自在的自然规律对自己的限制,自主去创造自己的历史。如何使对立的这两个方面统一起来呢?这就是辩证法的核心问题。以往我们常说辩证法的核心是矛盾(或对立统一),这种说法实际是太抽象了,它容易使人们对辩证法的理解泛化,容易混淆科学研究的客观规律和哲学研究的客观规律的界限,并认为自己的理论是绝对真理的体现。

把辩证思维方式泛化的错误始于黑格尔。他在批判古代形而上学理论时,分析了它蕴涵的思维方法。并把这种孕育于古代形而上学的思维方法称之为形而上学方法。又提出了辩证的思维方法与之对立。这是他的功劳,但是他又泛化了辩证法的作用,这是他的错误。他说过:"辩证法是现实世界中一切运动、一切生命、一切事业的推动原则。同样辩证法又是知识范围内一切真正科学认识的灵魂。"又说:"自然世界和精神世界的一切特殊领域和特殊形态,也莫不受辩证法的支配。"①黑格尔之所以这样说,是因为他认为思想是一切存在着的事物的本质,"自然界不过是一个没有唯心的辩证法,颠倒过来,便是唯物辩证法了"。这就把复杂的问题简单化了,反而使自己陷入理论上自相矛盾的境地。因为,当黑格尔把精神理念当做第一性的原则时,包含了对能动性原则的确认。但当我们宣布物质为第一的原则时,却没有包含能动性的原则。历史上费尔巴哈的教训就在于此。他坚定地转向了唯物主义,但是却没有坚持辩证法。1839 年在他批判黑格尔的唯心主义转向唯物主义时,似乎也想坚持辩证法。他说:"真理并不在于与它的对立面统一,而在于驳倒这个对立面。辩证法并不是思辨的独白,而是思辨与经验的对话。"②他又说:"真正的辩证法并不是寂寞的思想家的独白,而是'自我'与'你'之间的对话。"③在这里,费尔巴哈坚决地坚持了唯物主义的立场,但是他却否定了能动性的原则。他说:"只有当一个'自我'转变为一个'你'的时候,只有当我被动的时候,才产生一种存在于我以外的活动性以及客观性的观念,但是只要通过感觉,'自我'才成为'非

---

① 黑格尔:《小逻辑》,第 177、179 页。

② 《费尔巴哈哲学著作选集》(上),荣震华、王太庆、刘磊译,三联书店,1959 年,第 63 页。

③ 同上书,第 185 页。

我’。”[1]显然，费尔巴哈在这里，把能动性等同于唯心主义了，因而又走上了形而上学方法的老路。

正如上面已经指出的，不能以为谈矛盾统一就是谈辩证法。例如，上下是相互依赖不可分的。但这能不能叫辩证的矛盾呢？不能。因为这是直观中的自在的矛盾。辩证法所说的矛盾是能动的反思的矛盾，即直观中自在的规律性与主观自为的能动性之间的矛盾。辩证的矛盾有一个根本的特点，即人类通过克服这种矛盾，超越了自然界的限制，走上了独立的和文明的发展道路。所以辩证法所要讨论的人与外部世界、人与人的关系是所特有的关系，不是自然动物与外部世界的关系。正因为如此，马克思才说："凡是有某种关系存在的地方，这种关系都是为我而存在的；动物不对什么东西发生‘关系’，而且根本没有‘关系’；对于动物来说，它对他物的关系不是作为关系存在的。"[2]

生产对人类消费的满足，不仅改变了人类消费的方式，更重要的是改变了人类消费的性质。我们说，如自然动物似的，靠自然的给予的满足，是纯生理性的、消极的满足；相反，在人类这里，靠生产获得的满足，却改变了这种需要的性质，即不仅满足了生理的需要，而且把这种个人生理的需要变成了同时是社会的需要。这种需要在得到满足的同时，又引起了更大的不满足，迫使人类不得不进一步去改造自然界。由于人类消费性质的变化，必然要产生一个新的问题：即对自然极易造成掠夺性的索取。就像今天我们所面临的一样，人类把自己唯一的生存家园破坏了。因此不得不重新提出重建人与自然的和谐问题。这说明要使外在的客观规律性与内在的主观能动性得到有效的统一，便要使人类的实践活动不仅符合客观规律的要求，而且也要符合特定历史阶段上的价值理念的要求。这也就是我们通常所说的事实判断和价值判断的统一。但是历史上，人们总以为，只要掌握了对象的客观规律，便能顺利前进了。例如弗兰西斯·培根便说过，要想命令自然，便得服从自然。所以，长期以来，哲学家们总是把科学中的正确与哲学中的真

---

① 《费尔巴哈哲学著作选集》(上)，第166页。

② 《马克思恩格斯选集》第一卷，中央编译局译，人民出版社，1972年，第35页。

理混为一谈，似乎正确的就等同于真理。其实人们把这个问题简单化了。科学中的正确仅仅是指在排除人的主观意志的前提下，客观对象必然是如此这般存在和发展的。但是，哲学中的真理恰恰是要追问在实践活动中，主观愿望和客观必然性是如何统一起来的。因为人类认识活动的目的，并不是重复对象的必然性的要求，而是要利用这种必然性，达到超越这种必然性的目的，实现对对象的改造。所以，实践活动的原则，还要符合和遵循一定的价值理念。黑格尔在《小逻辑》中有一段比喻性的说明，颇有启发。他说："认识的过程一方面由于接受了存在着的世界，使进入自身内，进入主观的表象和思想内，从而扬弃了理念的片面的主观性，并把这种真实有效的客观性当作它的内容，借以充实它自身的抽象确定性。另一方面，认识过程扬弃了客观世界的片面性，反过来，它又将客观世界仅当作一假象，仅当作一堆偶然的事实、虚幻的形态的聚集。它并且凭借主观的内在本性，（这本性现在被当作真实存在着的客观性）以规定并改造这聚集体。"[①]在这里，黑格尔看到了，人不仅要服从外在必然性的要求，而且还要按"主观的内在本性"，即善的要求、价值的要求来改造外部对象。

但是，黑格尔还没有说清楚客体的外在必然性和主体的内在的善是如何统一起来的。在唯物主义者看来，外在的必然性（事实判断）和内在的善的要求（价值判断）是对立统一的。后者是从前者总结出来的，是前者的内在本性的要求，所以后者既超越前者，却又不能违背前者。无论前者或后者，都是历史性的。随着对客观必然性认识的深入，人们关于善的要求也就越高；反之，在实践中对善的要求越高，也就越要求深入认识客观必然性。两者的关系，实际上就如日常生活中所说的物质文明与精神文明的关系。因为物质文明的核心问题是事实判断，而精神文明的核心问题是价值判断。前者是后者的物质基础，后者是前者的本质要求。所以两者是一件事情不可偏废的两个方面。现在大家说，既要发展生产又要保护环境，也说明了两者缺一不可。而且只要现代科技越发展，对善的要求也必然越高，即要求更多地从价值的角度来评价自己改造大自然可能产生的一切社会后果。有人

---

① 黑格尔：《小逻辑》，第410—411页。

甚至说,现代是生态文明的时代。我以为这表明了真与善的辩证统一是客观发展的要求。

千百年来,人们对文明一词下过很多定义,但在实践中似乎仍然弄不明白何谓“文明”。例如,近几十年来,领导上十分重视精神文明建设,通过了多个决议,采取了不少措施。可成效却十分不理想;干部队伍中的贪污腐化之风、全社会的诚信度等等都没得到根本治理。原因之一是在理论上还没有把这个问题说清楚,物质文明建设和精神文明建设两方面不能各人自扫门前雪,不管他人瓦上霜;否则不仅各自门前的雪扫不清,还会妨碍别人除霜。目前保护环境、生态建设等等的实践,清楚地表明,所谓文明就是改造自然和改造社会、改造外部环境和改造人自身的历史性统一。通过这种历史实践,人类不仅一步步发展了生产,提高了自身的物质生活质量,同时也更自觉地理解了人与自然的和谐与统一,提升了自身的精神境界与审美情趣。这对矛盾的辩证统一的发展过程,便是人类文明不断进步的历史。

我们说人的存在方式是开放的,并不是说人的存在将会永恒。万物有生必有死,永生不灭是不可能的。正如前贤狄德罗、恩格斯等人所指出的,思维之花在这个无限的宇宙中是不会永远存在或永远绝灭的;只要具备了条件,它一定会重新灿烂地开放。人的存在的开放性只是说人的存在是有自主性的,他应当在创造人与自然的新的和谐关系中求得进步和发展。正是在这种进步和发展中,人使自身有限的存在上升为无限的存在。

“本质”的双重含义:自然科学与人文科学*

张世英**

一、从柏拉图的以普遍性为本质到黑格尔的以个体性为本质

中文一般译作“本质”(英文 essence,德文 Wesen)的这个词,最早是亚里士多德所用的希腊语 to ti en einai,有一事物本源上之所是的意思,吴寿彭译作“怎是”①,亚里士多德常常把它与 ousia 通用。亚里士多德在《形而上学》z 卷第 4—6 章中,集中讨论了“本质”的问题。亚里士多德认为事物的本质就是它的“种的属”(genous eidon, a species of a genus),例如说“人是两脚的动物”,其中,“动物”是“种”,“两脚的”是它的“属”,“人是两脚的动物”就说出了人的本质。② 从一方面看,亚里士多德所谓“本质”就是指普遍的东西(共相),因为“种”也好,“属”也好,都是普遍的东西。“种的属”也就是亚里士多德所说的“形式”。但是“形式”究竟是普遍的还是个别的?这仍然是个问题。因为“种的属”可以一级一级地向下划分,越是划到下一级的属,也就越接近了个体,“形式”于是成了个体的东西。③ 这样,“本质”也就成了“这个”,即个别的东西,而不是普遍的东西。所以,亚里士多德对“本质”(“形式”)究竟是普遍的还是个别的问题,并没有给出最终的明确答案。自亚里士多德以后,“本质”一词在西方哲学史上就出现了多种含义:或指个体的东西;或指一物的特征;或指真实的东西,其对立面为假象、

---

* 本文原刊于《北京大学学报》2007 年第 6 期。

** 张世英,1921 年生,男,北京大学哲学系退休教授。

① 亚里士多德:《形而上学》,吴寿彭译,商务印书馆,1959 年,第 6 页注 3。

② 同上书,z 卷 1030a11-13;1037b14-21。

③ 同上书,1038a9-35。

外表;或指普遍的东西(共相),种的所属,事物的理念、意义,……如此等等[①]。这些含义归结起来,还是不出亚里士多德留下的问题:或认为本质是个别的;或认为本质是普遍的(共相)。亚里士多德的老师柏拉图的理念论是"强调共相的这一问题的最早的理论"[②]。在柏拉图看来,事物之本性、特征、真实性就在于共相,而殊相(个别的东西)不是真实的。用罗素的话来说,事物的意义、我们的思想只能用指向共相的语言来表达,那些专门指向个别事物的专名不能表达事物的意义[③]。柏拉图主义在西方哲学史上统治了几千年,西方哲学史的主导思想认为,"本质"就是普遍的东西(共相)。柏拉图说:"哲学的兴趣和工作"(das Interesse und das Geschäft der Philosophie)就是"认识""种属"(die Gattungen)[④]。"种属"是普遍的东西(共相),柏拉图称这为"理念"。黑格尔说,这就是有时翻译为种、属(Gattung, Art)的东西,"理念当然也就是种、属","通常名之曰共相"。[⑤]

的确,在我们的认识过程中,当认识到诸多个别事物中普遍的东西时,我们在一定程度上就把握了事物的本质,我们对事物的认识的确深入了一步,例如最通常的例子:当认识到此花、彼花或此树、彼树都是植物时,"植物"这个普遍性概念就表明了各种花木的本质。这种以普遍的东西为事物之本质的观点对于西方自然科学的发展,无疑起了很重要的促进作用。自然科学的目标就在于寻找自然规律,自然规律就是普遍的东西。自然科学研究的工作就是在个别的自然现象中通过各种方法(实验、归纳、演绎等)找出普遍性的东西。柏拉图关于"哲学的兴趣和工作"在于"认识普遍的东西"的论断,为西方科学的长足发展,奠定了哲学的理论基础,尽管在柏拉图那里,哲学所追求的理念之普遍性比数学、科学所追求的理念之普遍性更高、更深广。

但是,事物的本质是否只停留于普遍的东西这个阶段?按照亚里士多

---

① 参见 Heinrich Schimidt, *Philosoplosches Woerterbuch*, Stuttgart,1978, S. 727。

② 罗素:《西方哲学史》,上册,马元德译,商务印书馆,1963 年,第 169 页。

③ 同上。

④ *Hegel Werke* 19, Suhrkamp Taschenbuch Verlag, Frankfurt am Main, 1970, S. 59.

⑤ Ibid., S. 63.

德的表述,"本质"是使一事物"是"该事物的东西,是"界定"("下定义")一事物的东西[①],是使一事物"恰恰地是这个事物"的东西[②]。这样,我们就可以问,难道只能用普遍的东西来界定一事物吗?难道普遍的东西能"恰恰地"界定"这个事物"吗?例如曲阜的孔庙,如果仅仅用普遍的东西"庙"来指明它的本质,从而断言"孔庙是庙",那么,我们就可以追问:"庙"这个普遍的东西,是使孔庙成为"恰恰地"是孔庙这个东西的本质吗?显然,仅仅说"孔庙是庙",并未说清楚孔庙恰恰是孔庙而非一般的庙的本质。如此看来,普遍的东西只能道出一事物之浅层次的本质,而不能道出"恰恰地是这个事物"的最确切、最深层的本质。世界上任何一个事物,就其特殊性而言,都是唯一的,普遍性不能等同于唯一性,因此,普遍的东西不能指明一事物之"恰恰地是这个事物"的本质。事情甚至是这样:普遍性的程度越扩大,其范围越宽泛,就越远离一事物之"恰恰地是这个事物";普遍性的程度越缩小,其范围越狭窄,就越接近一事物之"恰恰地是这个事物"。例如把孔庙之为庙的普遍性扩大、放宽到"孔庙是一堆建筑群",那就越远离孔庙之本质了。反之,把孔庙的普遍性缩小到"孔庙是中华传统文化之结晶"或"孔庙是儒家传统文化之结晶",那就很接近孔庙之本质了。

一事物的本质,似乎有一个显现的过程:(1)首先显现的是事物之感性的简单个体性,例如某一朵呈现在眼前的红红绿绿的花,孔庙院落的整体外观;(2)然后显现为事物之共相,例如花之为植物,孔庙之为庙;(3)最后则显现为事物之共相与殊相(普遍的东西与特殊的东西)的统一——高一级的个体性,例如梅花的高洁品格,孔庙之儒家文化的意蕴。我这里所描述的本质之显现过程,是极其粗略的。黑格尔的《精神现象学》是一部描述本质显现过程的长篇巨著,它在这方面为我们提供了一个伟大的经典范例。黑格尔说:"实体本质上即是主体(Die Substanz ist wesentlich Subjekt)。"[③]所谓"实体",也就是作为认识者的"自我的对象"[④]。这对象或事物在意识中被

① 亚里士多德:《形而上学》,1030a6-7;1031a12。

② 同上书,1030a3-5。

③ *Hegel Werke* 3, S. 28.

④ Ibid., S. 39.

认识、被显现的过程，同时即是该对象或事物之本质自我认识、自我显现的过程，这一过程由浅入深：在最初的阶段，事物（“实体”）最少主体性，纯粹地只是“这一个”而已，至于“这一个是什么”，认识者毫无所知，也就是说，事物的本质尚未显现，如果一定要问它这时本质上是什么，那也就只能说它是“什么也不是”。这就是黑格尔所谓“感性确定性”的阶段。随着事物在意识中活动的前进性发展，它由“感性确定性”而“知觉”，由“知觉”而“知性”，事物的本质便由什么也不是显现为某些具体的性质，如它是盐，是白的、咸的、立方体的等等，更进而显现为普遍的东西，显现为普遍规律，如这花是植物，这盐是矿物，花或盐服从某种普遍的自然规律等等。这就是一般称之为“本质”或“超感性的本质”的东西。[①] 我国哲学界在20世纪80年代初以前所讲的哲学原理，一般都认为，事物的本质到此就至矣尽矣，认识的任务也到此终结，下一步就是按照自然的本质、规律改造世界了。但是黑格尔认为，仅仅认识到这样的普遍性（共相），还远未能达到事物的深层本质。他的精神现象学由“意识”所属的“感性确定性”、“知觉”、“知性”诸阶段，更进而发展到“自我意识”，以至“理性”、“精神”、“宗教”、“绝对知识”诸阶段，只是到了“绝对知识”这个最后阶段，“实体”才完全表明自己是“主体”[②]，事物才达到和显现自己的最深层的本质，黑格尔称之为“绝对本质”（das absolute Wesen）[③]。黑格尔在“知性”阶段所达到的“普遍性”、“普遍规律”意义下的“本质”之后，花了《精神现象学》十分之九的篇幅，大体上都是在讲整个人类社会的历史文化活动（包括政治、法律、道德、艺术、宗教、哲学等等）。在黑格尔看来，单纯的“意识”活动（“知性”是其最高阶段）以为对象外在于自我[④]，按这种态度所认识到的“本质”，远非事物、对象之深层本质。他认为“本质”的深层显现，必须通过一种以对象属于自我的态度（这也就是现象学的态度）所进行的活动才能达到，而这就是他在“自我意

① 参见拙文《现象学口号“面向事情本身”的源头——黑格尔的〈精神现象学〉》，载《江海学刊》2007年第2期。

② 同上。

③ *Hegel Werke* 3，S. 495；并参阅 S. 583，S. 584.

④ Ibid.，S. 135.

识”以至“理性”、“精神”、“宗教”、“绝对知识”诸阶段所讲的整个人类社会历史文化活动。显然,黑格尔把整个人类社会历史文化活动纳入了事物之“本质”的显现过程之中。这也就是他为什么把通过“自我意识”以至“理性”、“精神”、“宗教”之后所达到的“绝对知识”阶段的“本质”称之为“绝对本质”的缘故:“绝对本质”者,最高、最深的本质之谓也。

显然,“绝对知识”阶段的“绝对本质”与“知性”阶段的超感官的“本质”相比,后者太抽象、太表面,而前者才具体而又深切。这里的关键在于后者以对象、事物外在于自我——主体,前者则进而以对象、事物属于自我——主体。就因为如此,后者所达到的本质——抽象普遍的东西,便显得太一般而不切中独特的个体,或者用上引亚里士多德的话来说,不能指明事物之“恰恰地是这个事物”。也正因为如此,黑格尔认为“意识”阶段所属诸阶段(“感性确定性”或“意谓”、“知觉”、“知性”)的“本质”都算不上真正的本质:“意谓中的存在,知觉中的个别性和与之对立的普遍性,以及知性中空洞的内在的东西(das leere Innere,按指抽象本质、规律——引者)都不再是本质,而只是作为自我意识的一些环节。……它们相对于意识本身而言,同时乃是……纯粹消失着的本质(rein verschwindende Wesen)。”[①]这就是说,“意谓”、“知觉”、“知性”诸阶段中的“本质”不是真正的本质(“不再是本质”),而不过是“本质”自身显示过程中“消失着的环节”。如果用我前面举过的例子来说明黑格尔这段话的思想,那就是:说“孔庙是一座建筑群”,或者说“孔庙是庙”,这都算不得是指明了孔庙的“本质”,“建筑群”、“庙”都不过是孔庙之“绝对本质”自我显现过程中“消失着的环节”,亦即过渡性的本质。只有当我们说“孔庙是中华儒家传统文化的结晶”(姑且这么说)时,也许就算达到或接近孔庙的“绝对本质”了,这句断语表达着孔庙在体现和沉积了中华几千年传统历史文化之后所达到的本质,它具体而深切地指明了孔庙的“恰恰地是这个事物”,而远非“建筑群”或“庙”所表述的那种抽象的、表面的、浮泛的本质。说“孔庙是中华儒家传统文化的结晶”,这种对孔庙“绝对本质”的揭示,也许需要写一部中国式的《精神现象

① *Hegel Werke*, S. 38.

学》才能达到。

黑格尔的“绝对本质”，诚然有超时间的抽象一面，我们（包括我个人在内）过去都爱着重批判黑格尔哲学的这一方面。但细察之，黑格尔《精神现象学》又特别强调“绝对本质”、“纯粹概念”必须在时间中、在具体的历史（包括人类的认识史）中体现自身，并且，他的《精神现象学》一书的绝大部分篇幅都花在这方面的描述上。如果我们割掉《精神现象学》的这个“尾巴”（这是他的这一巨著的一个“败笔”），我们仍然可以说，他的“绝对本质”是普遍与特殊的统一，是具体的、最高的个体性，而不是抽象的普遍。

黑格尔的“绝对本质”之所以能切中个体性，能指明事物之“恰恰地是这个事物”，关键在于他的现象学思想：“实体本质上即是主体。”事物、对象不能离开主体—自我而有所谓独立的、外在的、客观的意义，故事物、现象的本质、意义有赖于主体、自我，而主体、自我的特点就在于其唯一性、个体性。也正因为这个缘故，事物的“绝对本质”必然只能是“恰恰地是这个事物”，而不能是“知性”阶段的抽象普遍性。

二、自然科学的客观性与人文科学的客观性

这里也许有人会质疑：这样的“绝对本质”或“恰恰地是这个事物”，不过是人的产物，与人不能分离，因此，缺乏客观性；只有黑格尔所谓“知性”阶段的本质、规律才是客观的，而《精神现象学》在经过人类社会历史文化活动诸阶段之后所达到的“绝对本质”，则不过是主观的，对自然物的本质不能适用。这样的质疑，显然对于现象学的基本思想观点过于隔膜，没有领会黑格尔的“实体本质上即是主体”的真谛。黑格尔与胡塞尔都不曾否认人以外的事物的独立存在，但是，黑格尔的“实体本质上即是主体”的命题和胡塞尔对外在事物“加括号”的方法，都意在指明，离开了主体、意识的外在事物是没有意义的，也谈不上什么本质，谈不上说它“本质上”是什么。我们用“花”或“植物”、“生物”这样的共相去指明某一朵个别花的本质，难道是因为“植物”这个共相离开了主体、意识而独存，才说这样的本质是客观的吗？事实上，离开了主体、意识，所谓“花”或“植物”、“生物”或其他共

相,都是没有意义的。一切共相,都是主体、意识进行抽象活动的结果。洛克的“第一性质”,甚至最抽象的“数”也是“亦心亦物”的,离不开主体、意识的参与[①]。

意识的活动似乎可以分为两个方向:一是由具体到抽象,一是由抽象到具体。按照前一方向,共相的普遍性程度越来越扩大,直至达到抽象的同一性概念,例如“数”,这同一性概念便成了客观性的标准,最大的普遍性、最抽象的同一性就是最大的客观性。这也就是自然科学所讲的客观性的含义。现代科学追求数字化、量化,把一切都还原为数学方程式,原因就在于把抽象的同一性作为客观性的标准,认为只有这样,才是最客观的,也是最科学的。由此看来,自然科学的客观性并非源于所谓外在于主体、意识的自在之物,而是意识的抽象活动的结果。狄尔泰就持有这样的观点。“把客观性的意义归属在独立于人的经验、思想、意识,或者说独立于进行感知、判断的主体或其他什么‘有精神的’东西之中”,亦即归属于“存在自身”(Sein an sich),这种对客观性的看法“在狄尔泰看来,是一种胡说,这倒不是因为这样的客观性可笑,而是因为它不能有生活的或认识的意义(vital or cognitive meaning)”[②]。“狄尔泰的客观性既不始于也不最终成于存在自身……没有完全‘外在于’被认识的东西的绝对观点。”[③]“按照狄尔泰的观点,自然科学是历史的人类理性的一种活动和创造(按指意识的抽象活动——引者),一种表述。”[④]狄尔泰认为,自然科学的对象,“外部经验”,也“是经验的一种样式,它本身是内存地与意向意识相关联的”[⑤]。狄尔泰说:“外部世界是一种包含在生命中的压力关系,冲动和阻抗的关系。外部世界的实在性只存在于生命—关系(Lebens-verhaeltnis)之中,其实在性只不过意味着相对于精神科学范围内的心理构造这些关系。因此,没有与包含在其中的

---

① 参阅拙文《境界与文化》,载《学术月刊》2007 年第 3 期。

② Michael Ermarth, *Objectivity and Relativity in Dilthey's Theory of Understanding*, *Dilthey and Phanomenology*, Washington D. C., 1987, p. 82.

③ Ibid., p. 83.

④ M. Katherline Tillman, “Nature in the Human Scientific Perspective”, in Ermarth, *Objectivity and Relativity in Dilthey's Theory of Understanding*, p. 50.

⑤ Ibid.

意识相对的超验的东西。"[①]总之，自然科学所成就的普遍规律性和客观性，不在于什么独立的外在实在，而是靠人的意识的抽象活动取得的。[②] 狄尔泰的这一观点，是值得肯定的。

意识活动的另一方向，从抽象到具体，则是普遍性的程度越来越缩小，以至越来越接近具体的个体。例如由"孔庙是一座建筑群"，进而认识到"孔庙是庙"，再进而认识到"孔庙是位于曲阜的一座庙"……如此等等，以至认识到"孔庙是中华儒家传统文化的结晶"，这样随着意识一步一步缩小普遍性范围的活动的进展，就会达到愈益接近孔庙的"恰恰地是这一个事物"的本质。这里的本质是个体性，与上述由具体到抽象方向所达到的普遍性本质形成鲜明的对比。但我们是否可以由此得出结论，说这种本质是主观的，说人文科学没有客观性呢?

我以为，自然科学与人文科学两者的客观性，都不在于脱离主体、意识而独立的外在之物，这是两者的共同之点，但两者的客观性的意义却不完全相同。如前所述，自然科学的客观性是达到抽象的同一性，越是具有抽象性、普遍性的东西便越是客观的。人文科学的研究不能停留在抽象的同一性的阶段上，它要求意识活动在达到抽象的同一性之后把行程再倒转过来，从抽象走向具体，把普遍的东西一步一步地还原为个体，前面所说的孔庙一例，便是这样一种还原为个体的过程。对自然的研究强调普遍性，对人的研究则强调个体性，这是自狄尔泰以来的现当代西方哲学的主要思想倾向。那种认为人文科学与自然科学一样重在讲普遍规律性的观点，是不尊重人的个体性和尊严的一种过时的陈旧观点。

在人文科学这里，所谓客观性，不是指抽象的同一性，而是另有含义。狄尔泰对两种客观性的含义作了区分[③]，但语焉不详。根据米歇尔·厄尔玛特(Michael Ermarth)的解读，在狄尔泰看来，"生活世界和人文科学中的

---

① *Diltheys Gesammelte Schriften*, Ⅶ. Band, Verlag von B. G., Teubner, 1927, S. 332.

② Ermarth, *Objectivity and Relativity in Dilthey's Theory of Understanding*, p. 32. 另参见鲁道夫·马克瑞尔(Rudolph A. Makkreel)著:《狄尔泰传》，李超杰译，商务印书馆，2003 年，第 415 页。

③ *Dilfheys Gesammelte Schriften*, Ⅶ., S. 71.

客观性,在于探索一系列视域和融贯性内的诸种关系,这些关系可以说,伴随着解释与反思”①。这种客观性是表示关系的(relational),“它开始于一种‘功用的观点’(point of interest),并解说一种关于意义、价值、地位、角色和世界观的网络和星座”②。例如对一个重大的历史事件的客观说明,就包含对功用、价值、世界观等关系网络的解释。人文科学的客观性也因包含解释在内而相对地具有相对性。③ 这里所谓“功用”、“价值”、“世界观”等等,实际上就是讲的人生的功利活动、伦理道德活动、审美活动、哲学活动等文化因素,其所指向的对象是事物的功用意义、道德意义、审美意义、哲学意义等等。人生是这些活动与前述自然科学认识活动的统一体,在人所生活的世界之中,事物的这些意义与前述以达到抽象的同一性为目标的科学认识上的意义也是统一在一起的,每一个个体的人以至人世中每一个个体的物都是这样一种具体统一体。科学的客观性在于对这个具有丰富意义的具体个体进行抽象,一步一步地撇开其哲学意义、审美意义、道德意义、功用意义,以至达到抽象的同一性(洛克的“第一性质”或数)。反之,人文科学的客观性则在于从抽象走向具体,超越(不是抛弃)抽象的同一性意义,进而把功用、道德、审美、哲学等意义还原为所有这些意义的有机统一体。这里需要的是狄尔泰所谓各种意义、各种关系的“融贯性”:这些意义、关系越融贯为一体,它便越是客观的、真实的、具体的,这里的客观性有真实性、具体性之意。例如对于某一朵具体的花,我们可以从自然科学的角度把它一步一步地抽象为“植物”、“生物”……以至用数学公式来表述的抽象同一性,但我们也可以从人文科学的角度,把行程倒转过来,从数学公式的抽象同一性一步一步还原为各种特殊意义(“生物”—“植物”—“花”—梅花[举例说]—具有中华传统文化意蕴的梅花—……)的有机统一体,从而展示中华儿女的生活世界中梅花的具体个性,例如把梅花描述为“零落成泥碾作尘,只有香如故”(陆游词《咏梅》),这就是中华儿女生活世界中梅花的真实的、具体的个性,也是它的客观性。这样来把握的梅花的本质,不仅具有“生

① Ermarth, *Objectivity and Relativity in Dilthey's Theory of Understanding*, p. 82.

② Ibid., pp. 82-83.

③ Ibid., p. 88.

物”、“植物”、“花”之类的科学认识意义，而且具有中华传统文化的道德意义、审美意义、哲学意义。又如对某一个个别的人，也可以从自然科学和人文科学两个方面来把握：从自然科学的角度，我们可以把他抽象为“此人是有理性的动物”、“是两足动物”、“是动物”，……如此等等，也可以从人文科学的角度把它还原为“是具有中华传统文化品格的人”，“是具有中华文化品格的一位哲人”、“是具有中华品德文化品格的一位专门研究老庄哲学的哲人”……按照这样的行程推下去，就越来越接近此人的最真实的、最具体的个性，越来越接近他的客观性。

同理，对于一个民族文化的客观性，也可以这样从整体性、个体性的观点来把握。一个民族是由诸多个体的人构成的。人文科学既要强调各个人的个体性，尊重个人尊严，又要注意一个民族中诸多个人“融贯为一”的整体性，离开一个民族的整体性和个体性，也就失去了它的真实性、具体性，失去了客观性。

三、从自然到人文是一个由以普遍性为本质到以个体性为本质的转化过程

从自然之物到人文之物，其中没有不可逾越的鸿沟。首先，所谓离开人而独立自存的“物自身”是没有意义的。其次，在现实的历史中，完全没有打上人的烙印的自然之物已越来越少，人的生活世界中的任何一物都有人的因素。对于物也好，人也好，我们都既可以从自然科学的角度来对待和把握，也可以从人文科学的角度来对待和把握。人是自然之物，也是人文之物，人生是自然与人文两方面的统一整体。但人之为人，其主导方面在于其超越自然物的方面。狄尔泰断言，就人是自然物的一部分而言，他可以而且应该通过自然科学来说明，所以“精神科学”对于“自然科学”具有依赖性；但人生并非完全由自然决定，自然科学所说明的只是人的自然方面的因果关系，而人的精神方面，人的目的性、价值意义，则不能用自然的因果关系来说明。这就是说，人文科学对于自然科学的依赖性只是相对的，换言之，人文科学对于自然科学具有一定的独立性，狄尔泰称这种独立性为“相对的

独立性”[①]。“人的行为是以自然科学无法加以解释的某种目的性为特征的。”[②]

对于人文科学态度与自然科学态度的这种区分,最终可以归纳为重个体性与重普遍性的区别。自然科学态度所着重追求的是普遍性的规律,人文科学态度所着重追求的是个体性的人生价值意义。狄尔泰也因此而特别强调个体的人对于推动历史的作用。[③] 但是狄尔泰并不是与黑格尔历史哲学绝对对立的一个个人自由主义者。他认为,个体的人虽然是历史的承担者(Träger),然而个人又是各种社会关系相互作用的一个“交叉点”(Kreuzungspunkt)[④],人必然从属于“社会—历史现实的活生生的关联”[⑤]。从狄尔泰关于人文科学态度与自然科学态度的这种区分中可以看到,那种把所谓“人学”一味归纳为寻找普遍性的规律之学的观点,显得多么简单。

狄尔泰从人是各种历史社会关系的“交叉点”的观点出发,特别强调人的个体性是由“文化系统”(Kultursysteme)和“外部的社会组织”(die aüssere Organization der Gesellschaft)构造起来的[⑥],前者指语言、科学、艺术、宗教等文化活动,后者指家庭、国家等,而在我们看来,这两者都可以包括在广义的文化活动范畴之内。狄尔泰认为每个个人都是文化价值的“承担者和开发者”[⑦]。这里使我们联想到黑格尔的《精神现象学》,其中的“绝对精神”——“绝对主体”,就是一个承载着漫长的文化历史发展过程的主体。只要我们批判了黑格尔的“绝对”及其人为的体系(这也是狄尔泰所不满于黑格尔的东西),就可窥见《精神现象学》中所潜藏的内蕴:每个个人也都是漫长的文化历史发展过程的主体承载者,不同的人从其不同的“交叉点”的角度和方式反映着同一漫长的文化历史发展过程,这不同的角度和方式就是各个个人的个体性。

---

① *Diltheys Gesammelte Schriftem*, I., S. 15-17.

② 马克瑞尔:《狄尔泰传》,第54页。

③ *Diltheys Gesammelte Schriftem*, I., S. 53.

④ Ibid., S. 37, S. 87.

⑤ 马克瑞尔:《狄尔泰传》,第55、56页。

⑥ *Diltheys Gesammelte Schriftem*, I., S. 43.

⑦ Ibid., S. 87;另参看马克瑞尔:《狄尔泰传》,第56—57、60页。

从自然物到文化物,是一个由以普遍性为本质到以个体性为本质的转化过程;从自然科学态度到人文科学态度,是一个由普遍化(一般化)到个体化的过程,一个由重共同性到重特异性的转化过程。如果在人文社会领域片面地一味强调求同,其结果不过是把人文科学归结为自然科学,把人归结为物。我主张在人文社会领域应该强调的是尊重和发扬个人的独特性和差异性,在“不同而相通”的哲学本体论的基础上,建立“和而不同”的理想社会,而不是以“同”压“异”,以普遍性、统一性压制个体性、独特性。

这样强调人文科学之重特异性,强调人文科学的地位,是否会导致抹杀自然科学的重要意义?不然。如前所述,狄尔泰在强调人文科学对自然科学的独立特性时,也认为这种独立性只是相对的,他不但不否认,而且很重视人文科学与自然科学之间的密切的联系,很重视自然是精神的基础。狄尔泰说:“心灵的事实是自然事实的上限,而自然事实必然地是精神生活的基本条件。”[①]狄尔泰允许人文科学要在自然科学那里找到支撑。[②] 和狄尔泰不同,胡塞尔倒是更有把自然科学归结为人文科学之嫌。胡塞尔认为人文科学当然对自然科学会感兴趣,但这样感兴趣的自然,不是自然科学所理解的自然,不是异己的、外来的东西。那种以为人文科学需要异己的、外来之物的支撑,以为自然和自然科学具有绝对独立性的观点,是错误的。这样,在胡塞尔看来,不是人文科学具有相对独立性,如狄尔泰所主张的那样,而是自然科学只具有相对独立性。[③] “按照胡塞尔的意向性理论,人文科学对‘自然’的研究,乃是把‘自然’纯粹作为意向的对象。——而这实乃人文科学之事,并非自然科学之事。”[④]总之,在狄尔泰看来,人不可能抽离自然,而在胡塞尔看来,人则可以抽离自然;狄尔泰只是为人文科学建立了自己的一个地位,而胡塞尔的“先验还原”论则似乎拆除了人文科学与自然科学的藩篱,使人文科学具有绝对优先的地位。[⑤] 而且,“胡塞尔的目的不仅是要

---

① *Diltheys Gesammelte Schriftem*, I., S. 17.

② Ermarth, *Objectivity and Relativity in Dilthey's Theory of Understanding*, p. 35.

③ Ibid., p. 36.

④ Ibid., p. 41.

⑤ Ibid., pp. 40, 42.

证明人文科学对自然科学的独立性，而且要终止不断增加的自然科学对于生活的疏离”[①]。胡塞尔想克服这种“疏离”的意图，值得赞赏。我们今天也有号召将自然科学回归到人文的呼声，其意图也在于克服当前文化生活中的这种“疏离”现象。但是胡塞尔的“先验还原论”是否走得过远了呢？我以为，使人生抽离自然的意图，是不切实际的。狄尔泰与胡塞尔之间的思想纠葛，本不易理清，但无论如何，狄尔泰的“精神科学”对“自然科学”具有“相对独立性”的论断和提法，还是更为切实、更为准确些。

特别需要指出的是，胡塞尔除了晚年提出的“主体间性”和“生活世界”的思想外，他轻视历史，把本质规定为共相而不重视个体性的观点，都是与他强调人文科学的优先地位，想克服自然科学与人生疏离的意图相矛盾的。他的哲学的“纯粹性”，实际上疏离了历史与文化，从而疏离了人生。还是狄尔泰的哲学更加贴近人生。

① Ermarth, *Objectivity and Relativity in Dilthey's Theory of Understanding*, p. 43.

中国的西方哲学研究中的十个误解*

赵敦华**

中国人对西方哲学的研究是由点到面展开的，长期以来，缺乏对西方哲学的整体把握，特别是把西方哲学史和现代西方哲学分为两截。这种状况阻碍了中国人对 Being 的意义的全面理解。人们往往以自己熟悉的某一个哲学家或哲学派别的论点为依据，用一个中译概念固定 Being 的单一意义，而不了解其他哲学家和哲学派别对 Being 的意义的规定，也不了解现代西方哲学关于 Being 意义的多样性及其联系的复杂性的讨论。

中国人较早接触的西方哲学是康德和黑格尔的哲学，他们发现康德、黑格尔关于 Sein 的论述与中国传统哲学所说的"本体"和"有"甚为契合，于是把 Being 理解为"有"。马克思主义成为主导的意识形态之后，中国人又采用了恩格斯关于 Sein 的意义的解释。后来海德格尔和存在主义成为显学，他们关于 Being 的理解进一步支持了"存在"的译法。最近，一些学者从希腊哲学的文本出发，指出 Being 的哲学含义是从"是"动词的意义引申而来的，因此应以"是"取代"存在"的译法。

以上三种理解各执一词，各有各的道理。但是，他们的道理都只是一个哲学家或哲学派别的道理，如果把这个道理推广到西方哲学的全部，难免以偏概全。正是这种以偏概全的片面性，使中国人对西方哲学的一些基本观点产生了误解。以下用十个例证，说明必须在西方哲学文本的语境中理解 Being 的意义的重要性。

---

* 本文原刊于《哲学动态》2004 年第 10 期。

** 赵敦华，1949 年生，男，北京大学哲学系教授、博士生导师。

一、“思维与存在是同一的”？

这句话出自《巴门尼德残篇》之三：to gar auto noein estin te kai einai (For the same thing is there both to be thought of and to be)。[①] 这句话过去被译为“思想和存在是同一的”，被当做唯心主义的“思维与存在同一性”的最早命题。这里的关键词组 estin te(it is)被译为“存在”。但实际上，它的直接意义是“所是的”，这一句的意思是：“所思的与所是的是一回事。”其中，“所是的”指系词“是”所能连接的一切判断，“所思的”指思想内容。巴门尼德在这里不过宣称了“思想内容与判断是同一”的道理。他认为，这是知道系词用法普遍性的人都懂得的自明真理。正是依赖这样一个“共同的、我将再三强调的出发点”(《巴门尼德残篇》之五)，他后来关于“实是”的论证才具有某种逻辑必然性。过去把“是”理解为“存在”，巴门尼德的思想被理解为“思维与存在的同一性”，而且被贴上了“唯心主义”的标签。似乎他主张想到的东西就是存在的，似乎这一论断没有任何理由。他的思想变成了武断的、荒谬的唯心主义。这是对西方形而上学传统的漫画式的解释。

二、“人是事物存在或不存在的尺度”？

这句话出自普罗泰戈拉。柏拉图的《泰阿泰德篇》的 152a 转述普罗太戈拉斯的话。约翰・麦克道威尔(John McDowell)的英译本译作：“Man is the measure of all things: of those which are, that they are, and of those which are not, that they are not”。由于“是”动词(to be)以及动名词复数(those which are)都被译为“存在”。于是，那句话被翻译为：“人是万物的尺度，是存在者存在的尺度，也是不存在者不存在的尺度。”这一翻译造成了一个误解，使人觉得普罗泰戈拉在这里宣扬一个赤裸裸的唯心主义命题：人决定着万物的存在或不存在。麦克道威尔在他的译本的注释中说，在后一部分

① 英译文见 G. S. Kirk 等编，*The Presocratic Philosophers*, 2nd. ed., Cambridge, 1983。

"'是'动词的不完全形式出现了四次"。其意义是:"我知道 x 是(或不是)f","x 是(或不是)f,全靠我来衡量。"[①]正确的翻译应该是:"人是万物的尺度,是所是的东西是什么的尺度,是不是的东西不是什么的尺度。"普罗泰戈拉的观点是,人是认识的主体,只有人才能知道事物为什么是这样而不是那样的道理。

从以后苏格拉底的反驳来看,苏格拉底并不反对"人是尺度"说,他只是否认普罗泰戈拉的感觉主义,因为后者所说的"尺度",只是感觉而已。每个人有不同的感觉,不同的人都有不同的尺度,相对主义的知识标准必然会取消人类的知识。苏格拉底的潜台词是:只有理智才能成为人类衡量一切事物的尺度。

三、"理念论是野蛮的、骇人听闻的、荒谬的唯心论"?

柏拉图认为,在可感事物以外还有不可感的理念,并且理念比可感事物更加真实。这被斥为"野蛮的、骇人听闻的、荒谬的",是"幼稚的原始唯心主义"。我们说,且慢,不要把柏拉图理解为胡言呓语的疯子。让我们先来理解他为自己的观点提出了什么论证,看一看这些论证是否符合逻辑,是否具有理性。

柏拉图所说的"理念"是判断的对象,属于 Being 的范畴。《理想国》里有这样的论证:"知识在本性上与实是相对应";"无知必然地归诸不实是";"意见的对象既不为实是,又不为不实是","它既是又不是,这类事物介于纯粹地、绝对地是一个东西和完全不是一个什么东西之间"。[②] 柏拉图关于知识与意见的区分调和了巴门尼德和赫拉克利特的矛盾。柏拉图同意巴门尼德的意见,任何能被认识的对象必须为"实是",不实是是无法被认识的。他也同意赫拉克利特的说法:可感事物的运动变化不是完全不可认识的。但他补充说,这种认识并不是知识、真理,而是等而次之的意见。意见是不

---

① Plato, *Theaetetus*, tran. with notes by John McDowell, Oxford, Clarendon Press, 1978, pp. 16, 118-119.

② 柏拉图:《理想国》,477a-479e。

确定的,“既是又不是”正是意见含糊不清、似是而非的特征。意见好像这样一个谜语:一个不是男人的男人,看见又看不见,用一块不是石头的石头,打又没有打一只站在不是一根棍子的棍子上的不是鸟的鸟(谜底:一个独眼太监用一块浮石打却没有打中一只站在芦苇上的蝙蝠)。柏拉图说:“这些东西具有含糊的两重性,使人不能明确地知道它们中任何一个是或不是什么,也不知道它们都是或都不是什么。”①

柏拉图对理念论所作的论证表明,他没有把Being理解为“存在”,而是把它理解为判断的对象“实是”。理念因为享有完全的Being而能够被判断,具有知识的确定性。同样,可感事物并非不存在,只是由于介于“是”与“不是”之间,因而不能被确定地认识,只能成为意见的对象。“是”、“非是”、“既是又不是”的区分是如何确切地判断认识对象的认识论的区分,而不是关于世界的本原的唯物论、唯心论或不可知论的区分。柏拉图对知识的对象(理念)与意见的对象(可感事物)所作的区分是可以理解的,其中的道理如同我们经常所说的那样:“感觉到的东西不一定能被理解,只有理解了的东西才能被更深刻地感知。”

四、“亚里士多德提出了相互矛盾的两种关于第一实体的学说”?

这是指亚里士多德在《范畴篇》中肯定第一实体是具体事物,如“一个人,一匹马,等等”,而在《形而上学》Z卷又说第一实体是形式和本质。如果认为第一种学说是唯物主义,第二种学说是唯心主义,那么两者当然是矛盾的。如果以为具体事物必定是个别的,形式和本质必定是一般的,那么两者当然也是矛盾的。但是,如果理解“是”在亚里士多德逻辑学和形而上学中的中心地位,就不难理解这两者关于第一实体的学说并不矛盾。

“实体”(ousia)是“是”动词(einai)的阴性名词,“实是”(to on)则是中性名词。“实体”的意义仍然离不开“是”。亚里士多德是联系“是”动词的逻辑功能来规定实体的意义的。“是”动词的逻辑功能有三种,与此相对

---

① 柏拉图:《理想国》,479b。

应,“实体”的意义也有三种:(1)系词“是”在判断中的意义是“属于”,“S是P”的意义是“P属于S”。系词的功能意味着,属性依附于实体,只有实体才是独立的、在先的“实是”,是“实是”的中心意义,而属性则是派生的、次要的“实是”。(2)“S是”表示S是自身,如说“There is S”。在这样的用法里,“是”指称S的存在。这意味着,只能做主词的个别事物专名指称第一实体,而表示种属的通名指称第二实体。(3)定义的形式是“S是Df”。被定义的词与定义的位置可以互换而意义不变,如“人是有理性的动物”与“有理性的动物是人”的意义是等值的。这是因为,“是”在这里表示等同关系。两者之间的等同意味着,定义表达的本质就是实体本身。①

比较(2)、(3)两处的结论,两者有不同的逻辑根据,分别与“S是自身”和“S是Df”这两种逻辑形式相对应。这两种逻辑形式并不矛盾,而是并行不悖的,我们也不能说由此而产生的两种关于第一实体的学说必定在逻辑上是矛盾的。实际上,亚里士多德用以表示“事物自身”的术语是“这一个”(tode ti),用以表示本质的术语是“其所是”(ti estin)。他在《形而上学》Z卷开头明确地把这两个术语当做同义语互换着使用。但他没有论述为什么两者是等同的。这为后世的不同解释留下了余地。后来的唯名论把事物本身解释为个别的,而实在论把形式和本质解释为普遍的,因此产生唯名论和实在论的争论。这一争论与亚里士多德著作语焉不详有关,但不能从“事物”与“本质”的字面意义的差异,就说亚里士多德提出了两种相矛盾的学说。

五、上帝是“自有永有的”?

据《圣经》,摩西问上帝耶和华的名字,上帝说:I am who I am(《出埃及记》3:14)。中文《圣经》和合本把这句话译为“我是永有自有的”;天主教本则译为“我是自有者”,并在注释中说:“亦可译作‘我是永存者’,或‘我是使万物生存者’。”这些翻译以“有”或“存在”的译法为依据,用后来的哲学观念代替了原文的意义。《旧约》是以当时希伯来的日常语言写成的。耶

---

① 亚里士多德:《形而上学》,1030b 5:“形式和本质是第一实体。”

和华(Jehovah)的希伯来文的发音是 Yahweh，即“雅威”，希伯来圣经没有元音，只有“四圣名” YHWH，即“我是”的意思。耶和华说“I am who I am”，不过是说他的名字就是耶和华，并无哲学上深奥的意义。直到后来，基督教早期教父根据希腊哲学的 Being 的范畴，依据这句话把上帝理解为最高的 Being，其意义是最高的本体。现有的中文《圣经》的翻译把上帝理解为“有”或“存在”，而掩盖了其中的“本体”的意义。希腊文关于本体的概念有两个：hypostasis 和 ousia。早期教父用这两个不同的概念表示上帝的本体，造成了旷日持久的争论。最后才达成了“三位一体”(three persons and one substance)共识，即用 hypostasis 表示上帝的位格，用 ousia 表示上帝的本体。如果不知道上帝的“所是”与希腊本体论之间的联系，就不能看出基督教“三位一体”说的来历和根据。

六、“本体论证明混淆了现实存在与想象中的存在”？

Being 也是安瑟尔谟关于上帝存在的本体论证明的前提。证明的前提是 a being than which nothing greater can be conceived。这句话可被译为，不能设想比之更完满的“所有者”，或者，可设想的、无以复加的、完满的“所有者”。这里的 being 不能译为“存在”，否则上帝的 being 就表示上帝已经存在，不需要进一步的证明了，关于上帝存在的证明就毫无意义可言了。证明的结论是：我必须设想上帝存在(I must conceive the God being)。这里的 being 必须译为存在，否则证明没有达到目的。Being 在拉丁文中是同一个词：esse。但安瑟尔谟在前提和结论中赋予这个词以不同的含义。他的论证是这样一个逻辑推理：上帝既然是不能设想比之更完满的所有者，它必然具有存在；否则他所具有的就不完满，就不能被设想为无以复加的完满的所有者。因此，我们必然设想上帝存在。

安瑟尔谟的证明是 being 的意义的转化，从“万有”过渡到“存在”。他并不像人们通常所理解的那样，从想象上帝存在到上帝实际存在。与安瑟尔谟同时代的高尼罗就是这样反驳的。他说，我们可以想象一个最完美的海岛，难道这个海岛必定存在吗？安瑟尔谟辩解说，不可比之更完满的所有者不是任何一个具体的东西,我们可以想象一个海岛集中了所有海岛最美好的性质,但不能设想它具有一切事物的完满性。安瑟尔谟的答辩是有效的,因为证明中的 being 是“所有者”,而不是具体的“事物”(thing)或“东西”(something)。

康德对“本体论证明”的批评击中了要害。他说,“存在”并不是属性。我们可以想象上帝具有最完满的属性,但却不能因此设想上帝必然存在。正如我想象口袋里有 50 块金币,不等于想象 50 块金币真的存在于我的口袋里。康德澄清了 Sein 的歧义,指出它可以在判断中把属性与主词联系起来,但不能单独指示主词的存在。如果不理解本体论证明中 being 的意义从“有”(属性)过渡到“存在”的吊诡,康德批判的有效性是不可理解的。

七、“我思故我在”?

笛卡尔的第一原则是 Cogito, ergo sum (I think, therefore I am)。这句话中的“是”(sum / am)的意义指实体的本质,这就是“我思”(Cogito)。就是说,“自我”的本质在于思想属性。现在人们习惯把笛卡尔的第一原则说成是“我思故我在”,这容易产生误解,以为笛卡尔通过“我思”肯定我的存在。实际上,笛卡尔的问题不是:我有什么样的存在,而是:我有什么样的本质。“我思”不是人的存在,而是人的本质。按照笛卡尔主义,人的存在是灵魂和身体的结合,人的身体和其他事物一样,都以“广延”为本质,只有“我思”才是人区别于其他一切事物的本质。

“我思”也把人与上帝区别开来。“我思故我是”之所以有那么大的威力,就是因为这个命题和中世纪形而上学的基本信条“我是我所是”根本对立。比较这两个命题,可以看成它们句式相近,但意义截然不同。“我是我所是”的意思是,“我”(上帝)不需要任何根据,但这同时也意味着不能从上帝自身来认识上帝;而“我思故我是”的意思却是,“我”(个人)以“我思”为根据,“我思”不但使一个人认识到自己的本质,并且能为上帝的存在提供依据。正是由于这两个命题的明显反差,笛卡尔的“我思故我是”产生了修辞上的效应,成为与经院哲学划清了界限的新哲学的第一原则。

八、“存在等于被感知”？

贝克莱说：“esse ist percipi.”（to be is to be perceived），正确的翻译应该是：“所是的就是被感知的。”他的理由是：任何事物都是可感性质的集合，我们只有通过感觉才能知道事物是什么。他的理由依赖于对事物“是什么”的判断与事物“所具有的属性”（“可感性质的集合”）之间的必然联系，而没有把外物存在归结为感觉的意思。但是，现在人们习惯把这一命题说成是“存在就是被感知”，把它当做主观唯心主义的典型。不独中国人对贝克莱有误解，即使是在西方，贝克莱也被人解释为只相信自己的感觉才是真实存在的“发疯的钢琴”，他的学说被说成是只要用脚踢一下石头，或者举起一只手就可被轻易打倒的谬论。实际上，贝克莱并没有否定感觉以外的事物的真实存在。他明确地说，他和大家一样承认在个人的心灵以外，有山水河海和动植物，以及其他人的存在，只不过它们不是独立于任何心灵的物质存在，而是精神实体上帝的创造物；我们对它们性质的知觉也是上帝铭刻在我们心灵上的印记。① 他的感觉主义和精神实在论在逻辑上是一致的。

九、“黑格尔的《逻辑学》开始于存在论”？

黑格尔的逻辑学的起点和终点都是Sein。对于这一范畴的意义，有“存在”和“有”两种不同的翻译和理解。贺麟先生以前把Sein译成“有”，把Existenz译成“存在”，在《小逻辑》1981年新版中，则把Sein译为“存在”，把Existenz译为“实存”。显然，译名变化的背后是对黑格尔逻辑学的不同理解。在黑格尔的体系中，Sein这一范畴被置于“质”（Qualitat）的范畴之中，Sein指的是一种质的规定性。在康德已经明确地区分了“属性”与“存在”之后，黑格尔似乎没有理由把Sein的意义规定为存在。实际上，Sein的意

① 参阅〔英〕贝克莱：《人类知识原理》，关文运译，商务印书馆，1991年。

义是“有”,而不是“存在”。黑格尔说:“Sein 是绝对的一个谓词”①,他的意思似乎与康德所说“Sein 不是一个真实的谓词”相反,其实,他不过是用辩证的语言表达了与康德相同的意思。因为绝对意义上的 Sein,即孤零零的“纯有”,只是“纯粹规定性的思想”,因而等于“无”。只是发展到 Dasein(现译为“限有”,最好译为“实有”)时,“有”才成为有质的规定性的思想,即康德所说的谓词概念的思想内容。黑格尔把“存在”(Existenz)作为“本质”(Wesen)大范畴之中的一个小范畴,认为本质是存在的根据。他显然认为,存在不仅需要质的规定性;而且需要量的规定性,“存在”总是事物的存在,而不是性质的存在,性质只是思想的实有。根据这样的解释,我们不难理解为什么黑格尔只是在“质”、“量”及统一两者的“度”之后才提出了作为本质论范畴的“存在”,并且紧接着把“事物”(Ding)这一范畴作为“存在”的“反思”建立起来。“反思”在“本质论”中表示范畴两相对立而又互相规定的不可分割的关系,这与我们关于“在”与“物”相联系、“有”与“质”相联系的观点相吻合。

黑格尔还明确地区分了“有”和“具有”。他说:“‘有’(Sein)的关系进一步成为‘具有’(Haben)的关系。”②“有”与“具有”的区别在于,“有”作为一种规定性只是一个“东西”(Einiges),而不是具体的“物”(Ding)。黑格尔因而谈到实有的东西是“自有”、“自为的有”,因为它们是独立的质而不附着于物。附着于物的性质叫特质(Eigenschaft),不可与自有自为的质(Qualitat)“相混淆”,黑格尔说,“有”的关系表示“东西”与“直接同一”:“一个东西所以为东西,只因它有其质”,但是,“物”与“特质”却是可分离的:“失掉了某一特质并不因此而失掉此物的存在。”③当然,黑格尔在区分“有”与“具有”的同时也说明了两者的联系,“有”过渡到“具有”的范畴与从“实有”到“存在”、从“东西”到“物”、从“质”到“特质”的辩证运动过程是相一致的。

总而言之,黑格尔的逻辑学是各种范畴规定性的过渡、反思和发展,都是从“有”的这种规定性到“有”的那种规定性的辩证运动。在此意义上,逻

---

① 黑格尔:《小逻辑》,贺麟译,商务印书馆,1959 年,86 节。

② 同上书,125 节。

③ 同上。

辑学的起点和终点都是“有”,他把哲学史上与“有”的意义相关的“存在”、“事物”、“实体”等范畴都作为一个个环节包含在“有”的运动之中。可以说,黑格尔的形而上学是不折不扣的存有论。

十、“Being 的全部意义为‘是’”?

这是最近兴起的一种主张,不但希腊哲学中的 Being 的意义为“是”,全部西方哲学,甚至马克思主义哲学中的 Being 的意义也为“是”。按照这种“从古到今,一‘是’到底”的理解,“本体论”应被译为“是论”,恩格斯所说的哲学基本问题应是“思与是的关系问题”。甚至海德格尔所说的 Sein 也为“是”,Ontologische Differenz 为“是论的区分”,这是关于“是”与“实是”(Seiendes)的区分。

海德格尔始终从“存在”(Existenz)入手来分析 Sein 的意义,他再三说明了 Sein 的首要的、基本的意义是存在的道理。并且,海德格尔明确地反对把 Sein 的意义归结为系词“是”。他认为,人们在使用逻辑判断之前已经对存在的意义有了在先的理解。他说:“对‘是’(ist)的解释,不管它在语言中被表达的自身意思,还是词最终指示的意思,都导致我们了解到属于存在性分析的问题的语境。”又说:“对于浮浅的命题与判断理论所曲解的作为系词的‘是’,我们要规定它的存在论的(Ontologische)意义。”[①]另外,海德格尔在专门讨论判断理论的著作《逻辑的形而上学基础》一书中,联系亚里士多德和莱布尼茨的逻辑学说,对系词“是”的意义作了批判性的分析,把它在判断中的联系和表述作用归结为存在性的意义。按照他的解释,“A 是 B”中的“是”不仅仅起着联系事物 A 及其规定性 B 的作用,更重要的作用在于指示作判断的“此在”与 A 和 B 的关系。[②] 如果把 Sein 译作“是”,不仅没有突出 Sein 与“存在”的联系,而且违反了海德格尔对从系词“是”引申出 Sein 的形而上学的传统做法的批判。

---

① Martin Heidegger, *Being and Time*, London:SCM Press, 1962, p. 202.

② Martin Heidegger, *The Metaphysical Foundations of Logic*, Indiana:Indiana University Press, 1984, pp. 100-101.

希腊哲学中的“存在”语词*

杨　适**

希腊哲学的概念范畴很多，但它们可以说都是围绕“存在”的，例如，关于知识、认识、思维和分辨真假的那些概念。由于思维总要以存在为对象，并且思维和情感的主体人本身也是一种存在物，所以这类概念都离不开存在，只在与存在的关系中才有其意义。举例来说，感性认识就同感性的存在对象和人或动物的感官存在相关，所以嗅觉必定以气味和鼻子的存在为根据。又如一切学科都以存在或某种存在为对象。各门科学以存在划分的不同部分和方面为对象，如植物学、动物学以存在的生物部分再划分为植物和动物为对象，这是它们作为科学的最基本的规定，因此它们据以命名。哲学则是关于存在本身（或存在之为存在的道理和规定）的学问。可见任何学科名词都用存在和某种存在指称。所谓 ontology，就是用希腊文的 ὄν（拉丁写法就是 on-）表示的存在作对象的研究。

亚里士多德把第一哲学定义为研究 ὄν 之为 ὄν（being as being）的学术。从此西方学术就一直把 ὄν（being）作为表示存在的中心概念词。这个词应当如何用中文表达和翻译，是译成“存在”、“有”还是“是”合适？一直有争论。现在许多学者注意到希腊哲学最注重思维逻辑的特点，而逻辑思维和语言形式同运用 to be 的系词用法是不可分的，因此 ontology 研究的 being 的“是”的含义应当受到充分的注意，并且在翻译中要显示出来。这场讨论推进了中国学者对希腊哲学的认识。不过现在有些朋友却由此要否认 being 译成“存在”的合理性。我认为这样的主张又走向了另一极端，并不可

---

* 本文原刊于《世界哲学》2004 年第 1 期。

** 杨适，1932 年生，男，北京大学哲学系退休教授。

取。因为如果真的照这个意见办,就不能再把ontology翻译和理解成“存在论”、“对存在本身的研究”或“本体论”(因为汉字“体”字无论如何总是指一个存在的东西),而只能译成“是论”或“对‘是’本身的研究”了。那么ontology还是不是哲学呢?恐怕不能是哲学而只能是逻辑学了。

不过历来不赞成把being译作“存在”和“有”的,他们的想法还是有些道理的。因为“存在”这个汉语词确实有过相当大的误用。例如把being的存在概念同哲学上的“物质”概念等同,就非常流行过。这样就不能表达出希腊哲学中being的原意,当我们遇到希腊哲学中关于思维和being的关系命题时也难以理解。不过,他们因此就不赞成用汉字词“存在”翻译being的那些理由并不恰当,因为中文里“在”和“存”字都有表示人活着、有生命的含义,意思和being表存在的基本含义完全相同。① 因此我认为不能由于有误用的情形就因噎废食。我们应当在注意到being有“是”含义和逻辑作用的同时,也要着重研究它的存在含义。不仅如此,我们还应当系统地清理和考察希腊哲学中究竟有哪些表示存在的语词,它们各自在希腊哲学中扮演了什么角色,有怎样的差别和联结。我认为只有作这样的研究,才能把being的存在含义放到它所应处的地位上来,理解它在希腊哲学整个发展的来龙去脉及其含义的深化发展。

扼要地说,希腊哲学上表示存在的语词和概念主要有三个:自然、数(象)和being。希腊哲学是从研究自然开始的,这就是米利都派和赫拉克利特所做的事情;然后是毕达哥拉斯派对数(象)的研究;到巴门尼德就转入了对being的研究。自然哲学、数哲学和从巴门尼德起的being研究,直到亚里士多德那里才明确成为以being本身为对象的第一哲学,即ontology。这三种哲学的形态,正是由它们研究的对象——存在——既一致又有差别决定的。在亚里士多德之后的希腊化时期,一方面以皮罗派为标志,哲学家们彻底批判和反思了先前的全部希腊哲学;另一方面伊壁鸠鲁派和斯多亚

---

① 《哈姆雷特》名句中的“to be or not to be”是讲人的生死的,中文里的“人在事兴,人亡事废”和“存亡之道”中的存、在都是和“死”相对的表示活着的状态。这是人、生物、生命“存在”最根本的含义,自然万物存在的含义也由此类推而来。任何事物,哪怕是一块山石,如果风化崩裂,它也就“不存在”了。

派为了寻求人的自由幸福，在其哲学的理论研究中返回自然哲学。这时自然一词虽然依旧，但含义已经融合了对 being 的丰富成果，成为一个新的表示存在的哲学概念。

上述问题内容丰富，本文只能先讨论把三个存在词引进希腊哲学的情形。

一、自然

1. **自然**。希腊哲学使用的第一个存在词是"自然"。希腊文有 φύσις（名词）和 Φυω（动词）等形式，其词根是 Φυ[①]（用拉丁字母写为 phu）。在古印度梵文中读作 bhu，是一样的。希腊哲学最初的研究对象就是用这个词作标志的存在，所以 Physics 就成为希腊哲学的第一个形态。[②] 自然哲学，natural philosophy，这个词是西方后来的学者使用的词。希腊人本来用的是很朴素的词，即从 φυσικός（即关于自然的）一词衍生的词，如亚里士多德那部现在标题译为《物理学》的著作，本来就叫做 τὰ φύσικα，意思就是"对自然的研究"。如果按中国学术的习惯，译成"论自然"或"自然学"也就清楚了。

先考察一下希腊语"自然"一词的本来语义。和汉语不同，印欧语的实词有词性、词形的许多变化。不过如古代梵文语法经典早就肯定的那样，这些变化有一个原则，就是"名出于动"。而在动词的各种变化中，词根又是变中的不变，是根本。所以，考察印欧语词的原意必须紧紧抓住它的动词的词根。如 Φυ（bhu）就是一个词根（又叫根词）。它的含义是：诞生、产生、生长、出现、生育、显现，等等。其名词形式 φύσις 就指自然万物及其本性、本能、原初的力量、规律，等等。[③] 所以希腊词的自然，原是一个关于存在的最

---

① 希腊动词用单数第一人称形式为标志，与英文用不定式不同。我们拟主要采用根词形式表示，这样容易辨别和讨论。

② 这里的 phy-，即是 Φυ-，phu-，bhu。

③ 参见 Liddell & Scott，*Greek-English Lexicon*。海德格尔关于希腊哲学中的 ὄν 有许多词义探索和诠释演绎，但都是从 Φυω 来的。应当指明这两个词的差异和关联，然后作这样的诠释才是适当的。

无所不包的词语。这存在原是大千世界的生命活动,无限多样的运动变化,这是它作为动词的含义。因此作为名词,它指的当然就是如此运作的大千世界。希腊人从观察思考自然存在开始他们的智慧活动和创造哲学,也可以说是很自然的。

因为不仅是希腊,古代许多民族和文化中最早产生的智慧也都是很自然的,其对象也是自然的存在。中国《老子》讲的就是以自然为本的道和德的智慧,《周易·系辞》中“生生之谓易”和“天地之大德曰生”命题,意思和希腊自然哲学家领悟的东西也非常类似。按拙见,用“生生不已”的意思去了解希腊词 Φυ 的原意,真是再恰当不过的。汉字词“自然”的优点,是在用字上已经表示了该词的原意,“自”指世界万物和人自己、自身,“然”原指火之燃烧,运动变化的形象。自己燃烧,同赫拉克利特说自然是一团永远自己燃烧的活火,意思是吻合的。这种形象用在各种自然观察的场合,便是世界万物的自己存在,亦即自己运动变化,以及由己而来的本性、本能、作为,等等。一句话,一切自本自根的存在和运动,这就是 Φυ 的原意,也是汉语词“自然”的原意。

“自然”一词在印欧语全部字词中居于首位。古梵文语法经典《波你尼经》列举了 1943 个动词词根作为全部梵语词的构词基础。这些根词分为十组,第一组就是以 bhu 命名的存在根词组,因为 bhu 是其中的第一个。不用说它当然也就是全部梵语词的第一个,由此可见这个词最本原性的地位。如上所述,这是很可理解的,因为它表示的是那自本自根、自然而然的世界万物的存在,无限生命的存在。因此它必是第一个表示存在的词,与之相比那和它同在一组里的 es(= to be)尽管非常重要,也要让位三分。

最初的哲学家以自然为对象进行研究而创造出哲学思想的时候,他们心目中的“自然”显然要比后人更接近该词的原本语义。只有这样去看,我们才能恰当地认识米利都派和赫拉克利特的哲学思想原义和他们开始运用的一系列重要语词。

他们的自然研究,不仅同现代人所说的物理学不同,也和后世的自然哲学有别。这是因为“自然”说的原是自然而然,即自然而然的一切事物及其本性和运动变化。它包罗万象,是生动统一多样的世界和其中的一切,还没有彼此分离开来,或者说还没有分化。其中最重要的一点在于,把人、人性和人的生活同样看做自然,还没有分离出来。米利都派哲学家和赫拉克利特眼中的万物和人事,便是这样的自然存在。因为当初人的一切原本也是自然而然的。这种情况后来发生了剧烈的改变。到了希腊城邦的古典时代,人的作为凸显,思想界又兴起了一场自然和人为(φύσις 和 νόμος)之争①,苏格拉底进而明确把哲学研究的中心从外在的自然事物转移到人自身,这时自然一词的词义才发生了巨大变化。从无所不包的自然存在,降为在人之外的、比人事要低级的自然界事物。我们应当区别“自然”一词的本义和它后来那种较低级的含义。从哲学上看,本义的自然是最重要的,是根。后来同人事研究相分离的自然哲学只能算是哲学中较低的分支,而物理学已不再是哲学。这些都是仔细的学者应当留意的②。

2. **本原**。泰勒斯已经提出了自然的本原是水的看法,但是按照可靠的文献记载,最早使用这个语词的是阿那克西曼德。即便如此,“本原”也是希腊哲学中最早出现的一个关键哲学语词。先来看看这个希腊词 αρχὴ的日常语义。其实它就是人们讲故事开头时习用的那个词:起初,起头,最初。泰勒斯和阿那克西曼德要研究的自然本原指的究竟是什么东西,何以要用 αρχὴ(起初)的词来表示?

亚里士多德后来总结说,我们要求取的是关于原因的知识,哲学智慧是关于存在的终极原因和原理的知识。他把在他之前的全部希腊哲学史总结为寻求“四因”的历史,并说初期哲学家大都认为自然中的那些质料是万物的唯一本原。这就给后人一个印象,希腊早期的自然哲学家知道的只是些质料因,所以只有很粗糙的唯物主义。我想实际情况并非如此,需要做些澄清。

中文翻译 αρχὴ作本原,和英文译作 principle,都是对的,因为这个希腊

---

① 我国道家也突出提出了自然和人为对立的问题,与儒家有重要的论争(见《庄子·马蹄》)。但是社会发展的背景有很大分别,争论的内容、形式和结果也就很不相同了。

② 例如亚里士多德的 Physics 这部著作,翻译成《物理学》就很不妥当。应当译为自然哲学。而他的 physics 同米利都哲学家和赫拉克利特的自然研究也不同。因为对亚里士多德来说,自然已经成为比较低级的存在,being 和 being as being 才是高级的存在。见他在 Metaphysics 卷第 3 章对自然哲学研究的自然存在的说法。

词在哲学的运用中确实越来越加进和增强了原因和原理的含义。不过我们也应注意这个希腊词原来的语义还不是原因，而只是“起初”。

道理很简单，因为“自然”本义自本自根，对这样的存在就谈不到它还有什么原因。或者说，它自己就是自己存在的原因，无须再去找它的原因。对于自然，是没有原因可说的；可说的只是它变化的情况，从前如何，现在如何，将来会如何。因此对自然的终极性的解说，就只能是：我们现在看到的它的样子是怎么来的，最初是怎样的。这就是为什么早期自然哲学家要用“起初”（αρχὴ，beginning）这个词表示他们所要寻求和思考的东西的缘故。而“原因”和本原（根本的原因）的意思，只有在逻辑性的因果思维出现之后才能明确建立。最初的自然哲学家还不会有如此明确的意识。他们对自然的看法和思考寻求，更接近的是神话思维，特别是创世神话中常用的从“起初”（αρχὴ，beginning）说起的思想观念。

正因如此，当亚里士多德认为早期哲学家提出来的本原只是质料因时，他的这个说法看来并不妥当。所谓质料因，在亚里士多德的词汇里表示的只是被动的材料，没有主动或能动的性质和作用。但是泰勒斯提出水是万物的 αρχὴ的主要理由，乃是认为水和潮湿的性质是一切生物不可缺的，它是生命之源。亚里士多德也说这说法同神话中把海神当做创世的父母类似，他还指出泰勒斯认为万物都充满着精灵，如磁石能吸动铁块。如果是这样，那么泰勒斯显然是主张了自然及其本原是非常能动的并充满生命的哲学，决不是仅仅主张了一种质料因。[①] 至于阿那克西曼德的混沌（无规定者）和赫拉克利特的火，更是充满能动创造作用的，和神话中的神相比更加是“神”（他们都用“神”称呼他们所主张的本原）。

3. **神**。于是我们就看到了希腊哲学中另一个重要的概念词：神。通过这个概念词，希腊哲学同神话和宗教联结起来，在彼此批评中互相吸取，使双方都不断演化前进。我们不要认为“神”这个词只是神话和宗教词语，它也是希腊哲学中的重要词语。这对于我们理解希腊哲学中“自然”、“本原”

---

① 到了巴门尼德之后，再讲自然哲学的如恩培多克勒等所说“四根”之类的本原，才是亚里士多德意义上的质料因。因为它们本身不再有能动性，要靠爱和恨来推动。

的含义，能提供一个重要的方面。

4. **无规定(者)**。自然的本原(αρχὴ，beginning，起初 = 神)必定是ἄπειρον 无规定者，这个认识在希腊哲学中是由第二位哲学家阿那克西曼德奠定的。希腊文ἄπειρον 有人译作无限，也有人译作无定形，但还是以译成“无规定者”为宜。因为它要表示的意思是，这个起初的东西或状态是无法用语言和思想加以确定、固定、规定的。在阿那克西曼德那里，这是指一种混沌的东西或状态。他认为像泰勒斯那样把水当做本原是不妥的，因为如果起初的东西或状态是特定的，如水，它只有一种规定的潮湿性质，那么干燥的事物怎么能产生出来，岂不都毁灭了吗？这样的本原不能包容自然存在中丰富多彩的对立、运动和变化。所以能充当自然本原的必定本身不能有规定，而只有自身无规定的才能包容一切后来出现的有规定性的万物。可见无规定者是个原始的统一，尚未分化的统一，它能通过自己的分离和对立产生运动和万事万物。

从这里我们分明看到了和《老子》一样的思想。这个ἄπειρον，和老子的恍兮惚兮、无名无形、渊兮似万物之宗的“无”和“有生于无”的说法，真是极其相似的。

这个“无”字，直到今天仍然保持着它的全部意义。我们仍然要说，自本自根的自然奥秘不能穷尽，上帝无法定义。

后来巴门尼德转到主张“有(规定者)”才是本原。在“有无之争”中“有”是极其重要的，否则就没有 ontology，也不会有希腊哲学之为希腊哲学的特色。但是最后或归根到底，有还得归结到无。这是必然的。因此，我们并不能因为希腊哲学有突出的注重“有”的特色，就可以轻视这个“无”字所标志的“自然”及其本原的自本自根的本色。

5. **万物流变和对立统一的“逻各斯”**。赫拉克利特提出了一个重大和影响深远的哲学概念词 λόγος，“逻各斯”。这个词本来指说话、言辞。说话或言辞是思想、道理的表达。因此赫拉克利特就用这个词表示了他所总结的关于自然的根本道理。他是第一个把 λόγος 引进哲学作为根本原理的人。《老子》的“道”也是由说话义转成自然天道义的。老子把自然归结为“无”、把天道归结为“无为而无不为”，它是因对立统一而永恒循环往复的运动，这些认识都和希腊早期自然学家类似。

逻各斯和本原是同一层次的哲学概念，或者说它使 αρχη 不仅有指出自然最初状态的含义，而且有揭示自然之为自然的深层规律的含义。

从此逻各斯成为哲学中表示最高原理和最高存在的主要语词之一，更转变成宗教神学中表示上帝的话语——道——的用语。《圣经·创世记》从上帝用话语创世开讲，新约《约翰福音》则从道成肉身开讲耶稣基督的福音故事。

二、用数(象)表示的存在及其相关词

毕达哥拉斯派的数哲学，是希腊哲学发展的第二形态。它带来了新的存在词语，引起了希腊哲学的深刻转变。

6. **Mathematics(μαθηματικό)**。我们现在译成数学的这个词，起于毕达哥拉斯派中注重学理研究一派的名称，Mathematikoi，意思就是“研究派”，因为 μάθημα 的意思就是研究。由于他们把万物及其本原都归结为数，所以这派人的研究就产生了希腊哲学的一种特殊形态。它介于早期自然哲学和巴门尼德 being 哲学之间，是二者过渡的重要环节。当然它还是数学和几何学科的原点，不过它本身并不只是研究数的科学，而是研究存在万物的哲学。因此把它译成“数‘哲’学”要更恰当些。

7. **“数”或“象数”**。毕达哥拉斯派说本原是数，世界万物的存在、性质、秩序与和谐都由数造成。他们所说的“数”和现代人用这个词的意思有重大分别，不仅指数和形，还是质料，更是万物由以得到其各种规定性的根据。比较毕达哥拉斯派学说和我国古代《周易》的象数学说可以发现，二者都是用数的象征性质表示了哲人对世界万事万物存在和变动的根本看法，并给予了根本规定。因此，对于毕达哥拉斯派的数，或许用象数这个中文词来翻译要更好些。由于他们把数当做存在的本原即最根本的存在，于是“数”就成了希腊哲学中第二个表示“存在”的关键词。以下是从这个数哲学中提出的几个重要概念词：

8. **“一”(μονάδα, monad or unit)**。这是毕达哥拉斯派的数作为存在

之象的第一个重要的概念词。因为无论是宇宙整体还是万物的每一个,其存在的基本形式都是“一”。因为自然和万物的存在都有作为“一个”事物,都有统一、全体、同一、单一、单位等根本规定性。另外,还因为一切数都是从单位“一”而来,没有一就不会有任何数。所以“一”是万物和数的根本原理和规定。这个概念词在后来哲学和神学中作用重大,又译成“太一”。

9. **“(不定的)二”**。与“一”相关的重要概念是“二”。一表示统一、同一、单元,就成为确定性或有规定性的标志。而二则正好相反,标志着对立、变动,就成为不确定性、无规定的象征。毕达哥拉斯派用图形对比表明了一和二何以分别表示了确定和变动不定。后来柏拉图的“不定的二”就是从这里来的。

10. **“有规定者”和“无规定者”**。毕达哥拉斯派还系统地提出了一个有十个对立面的本原表。首先是“有规定者”和“无规定者”,还有奇偶、一多、右左、雄雌、静动、直曲、明暗、善恶、正方长方。这些对立中男女、动静、明暗、曲直、善恶诸象同中国人讲的阴阳非常类似。不过标准不同、主次划分也不同。他们是用“一”和“(不定的)二”,亦即“有规定者”和“无规定者”,作为纲领统帅各种对立之象的,所注重的是知识。而周易“阴阳”则把天地、男女、君臣、父子、上下分别为刚柔尊卑之象,注重的是宗法性的社会秩序。所以他们会把“静”排列在有规定者和雄的这一边,把动放在无规定的一边。而在我们的阴阳学说中,动在阳刚一边,静在阴柔一边,主次的摆法就不同了。

第一对本原“有规定者”和“无规定者”是关键词。它在希腊哲学演进中有突出的意义:最初哲学以无规定者作本原,非如此不能说明自然之为自然。接着毕达哥拉斯的巴门尼德则认为唯有有规定者(being)才是存在,根本就没有什么无规定者,因为你无法思想和说出它是什么。而以数(象)为存在根本的毕达哥拉斯派则正好处于两者之间。两个都承认,但确定、规定的方面已经为主,不确定的方面只能处于次要和辅助的地位。这是因为他们还与自然学有密切关联,也同他们的象数的存在层次有关。

三、being 的存在语义和最初的哲学词义

从巴门尼德起，希腊哲学改用了 being 作为表示存在[①]的中心词。在这之后，自然、数(象)仍然被哲学家使用着，但退居次要，含义也发生了重大改变。希腊哲学便走上了显然有别于其他文化的特征。为了认识巴门尼德何以要改用这个词语来研究存在，需要先有点语言学和神话学的考察。

赛诺芬尼(Xenophanes)改变了希腊人历来关于“神”这个词的用法和含义。在原先生动活泼的希腊神话中，神是很多的，并且除了不死(也不全如此)而外众神在各方面都和凡人相似，富有情欲，也作许多违反伦理道德的事。赛诺芬尼说这样看待神是完全不对的，真正的神只能是单一的、全能全善的并且是不动的。这种想法显然同毕达哥拉斯派提出“一”是本原，并认为“有规定者”和“静”才与“善”的观念有关，并且更进了一步。因为他不像他们仍然承认“多”和“动”有其本原性的地位。于是本来很自然的神观念也就被一种全新的神观念取代了。这个新的“神”观念直接为巴门尼德用 es 这个词取代 bhu(Φυ-)开辟了道路。

11. **es[②] 在印欧系语词中地位和根本含义**。为了弄清这个古希腊词的语义，古印度梵文是最好的参照。因为这两种语言显然是印欧语系中最早形成高度文化典籍的语言。而古梵文又是最早形成明确的经典语法的，至今仍享有极高的声誉，其权威性也是西方语言学家公认的。按照古梵文语法经典《波你尼经》，全部语词分为名词(包括名词、代词、形容词)、述词(动词)、介词、投词(包括感叹词在内的不变词)四种，主要是名述两种，而“名

---

① 据美国学者 Kahn 不久前发表的大型专著中的考证，在古希腊语中，从荷马时代到哲学产生时期，动词 εἰμι(即 es，to be)作为系词已占其全部运用的 80% 以上。据此他认为这个希腊词语的语义尽管有存在义，但主要是做系词用，并认为其存在义是从系词义来的。近年来有些朋友便据此主张这个西文词只能译“是”。我和陈村富已经表示了何以不能同意这个意见的相当充分的理由，因此这里只需作点极其扼要的说明。

② 希腊动词的一般形式用单数第一人称形式表示，不同于英语那样用不定式，但这样的一般形式其实并不如根词词形清晰，所以我下面通常用根词 es，而不用 εἰμι，由于 to be 是大家熟悉的，又和 being 词形有明显的关系，也可以经常运用。

出于述(动)"是根本原则。印欧语言的"名出于动"原则,从思想特点说就是认为宇宙间万事万物根本都是行为、动作。动是根本,静是表现。据此《波你尼经》列出1943个动词词根作为全部梵语词的构词基础。它共分十个组,第一组就是以bhu命名的存在根词组。

es(to be)在bhu这个组里,是个在重要性上仅次于bhu的根词,这一点可从它能诠释bhu见出。在《波你尼经·根读》中,bhu的基本含义是用es(=as)解释的,而es也用bhu诠释,二者似乎没有分别。但经文又说,根词as在过去时和将来时等形式中要改用根词bhu,显出二者又有重要差异。一般说,表示有时间性的存在要用bhu,表示不含时间变化限制的存在则用as。从古印度经典包括佛经等文献的运用中可以见到,当所指的存在是静态和抽象的含义时只能用es,表示动态和具体的存在时就需用bhu。

12. **巴门尼德的being概念词的哲学语义。**从他开始,希腊哲学才把being当做主要的存在词。他为什么非要用es取代bhu呢?显然是由于二者在语义上有一指静、一指动的分别,使他认为加以更换才能表达他的真理观。他认为真理必须是确定不移的,决不能变来变去,那么它的对象也应当是静止不变、唯一无多的,那才是真实的存在。为此他大力攻击主张万物流变的自然哲学家,比毕达哥拉斯派更进一步地肯定了一和有规定者。因为他们还保留了多和无规定者作为次要的本原,而他则根本否认了多和变动不居的无规定者,也根本不同意有什么对立的本原。一句话,如果说毕达哥拉斯派已经大大改变了自然哲学,在巴门尼德看来还只算走了一半,他用es重新确定存在的含义,认为这样才能够确立真实的存在和真理。

知识的真理表现的是存在的真实。知识应当有确定性,不能变来变去。这都是正确的。但是为了得到确定的知识,就要求客观存在也不能变化运动,岂不是荒唐并且也不可能做到的吗?显然巴门尼德犯的正是这样的错误,我们中国人似乎不可能犯这样的错误。但是再仔细想想,在这所谓的错误里不就有真理吗?为了查清人究竟得了什么病,我们必须找到病灶,切下一块切片来查验。为了在许多人里查到一个罪犯,也要找到确切不移的证据。要得到真知,就得抓牢对象加以拷问。在这时我们是不能让存在的对象如孙猴子那样变化的,否则真相就会从我们眼皮下溜走。可见,巴门尼德要求作为知识对象的存在静止不变、唯一不二,并不是荒唐而恰恰是重大的发现。他的错误只在于否认了自然本身的运动变化本性和丰富多彩的本性。他的发现和错误都是够大的。这双重的后果激发和推动了哲学家的思考,使希腊哲学得到了长足的发展。

在一个陈述句或命题里,系词 is(es)或“是”的作用,是把主语和表语之间的联系肯定下来,is not 或“不是”则恰恰相反,是否定它们之间的联系。但都是确定地判断主语和表语有无联系。这种作用就是思维的逻辑作用。如上所述,这种逻辑上的表示认识和判断的作用,同需要陈述的对象方面的确定性有关系。因此,es 的“存在”含义和作为系词“是”的含义,就联结起来了。这一点汉字“是”的含义和作用的演变史也能给我们一些启发。在古代汉语的肯定句里,主语和表语之间没有系词。那时“是”字是代词,指说话人确指的某个存在的事物。还有是非之是的用法,意思也在肯定、确定。汉代以后“是”字才作系词用,这种变化,如王力所言,原是极其自然的[①]。因此,关于 Kahn 的说法是可以讨论的。即使他的统计成立,也不足以证明 es 必定先作系词用,然后它才衍生出存在含义。能说明的不过是希腊语要比汉语早些把 es 或“是”的确定的存在含义变成了系词的运用。因为从存在的确定含义转变成系词运用是很自然的,而要从系词运用变成表示存在的用法,却不自然。主张者也好像一直没能说出多少道理。

在巴门尼德之后,希腊哲学中的存在词以 es 为主,但自然和数也还在使用着。这对纠正巴门尼德的错误和偏弊是必要且有益的,并使希腊哲学往后赢得了突飞猛进的巨大发展。

---

① 《王力文集·第十六卷·古汉语语法》。该书第 391 页说:“我们可以断定‘是’字的系词性是从型甲(即‘是’字都可以代以‘此’字的用法类型)转变而成的。譬如:‘富与贵,是人之所欲也’转变而成:‘富与贵都是人们所希望的’,真是极自然的转变了。”

重思《理想国》中的城邦—灵魂类比*

吴天岳**

如所周知，“理想国”这一广为流传的翻译并未能准确传达柏拉图原题 πολιτεία 的丰富内涵。后者不但毫无“理想”或“空想”之意，而且不仅仅局限于“国家”这一范畴，它首先指公民权、公民身份、公民的日常生活以至全体公民和地理意义的城邦（与拉丁语 civitas 相应），进而指行政管理、政治体制及其所依存的宪法，有时也特指共和政体。① 虽然如此，在苏格拉底和格劳孔兄弟的对谈中，确实提到“要用语言或理论（λόγῳ）塑造一个美好城邦的典型或模式（παράδειγμα）”（472d-e）②。苏格拉底后来将这一虚构的理想城邦称之为“美好城邦（καλλιπόλις）”（527c），并且不惜笔墨详细刻画这一“理想国”所倚托的制度礼法、文化教育及其得以实现的诸多困难，以及由这一完美城邦所蜕化而来的种种堕落的政体形式。正基于此，《理想国》一书如其译名所暗示的一样，被广泛地接受为一部政治哲学著作。

多少有些意外的是，有关这一美好城邦或者说关于城邦的叙事③在《理想国》中迟至第二卷中段才引入。此前，苏格拉底首先明确他在第一卷中

---

* 本文原刊于《江苏社会科学》2009 年第 3 期。

** 吴天岳，1979 年生，男，北京大学哲学系副教授。

① 参见 H. G. Liddell and R. Scott, *A Greek-English Lexicon*, revised and augmented throughout by Sir H. S. Jones, with a revised supplement 1996, Oxford: Clarendon Press, 1996, p. 1434。本文沿用《理想国》这一翻译，只是因其广为人知，正如英文 Republic 这一同样不确切的翻译。

② 有关这一言词中的或理论中的城邦的相关引文，可参见 M. F. Burnyeat "Utopia and Fantasy: The Practicability of Plato's Ideally Just City", in *Plato 2: Ethics, Politics, Religion, and the Soul*, ed. G. Fine, Oxford: Oxford University Press, 1999, p. 297, esp. note 1。本文中的《理想国》引文的中文翻译取自笔者校订的顾寿观的译稿（岳麓书社，2010 年 8 月），个别处依据行文的方便参照希腊原文的最新校订本（S. R. Slings, *Plato's Respublica*, Oxford: Oxford University Press, 2003）略有调整。

③ Myles Burnyeat 敏锐地注意到苏格拉底使用 μυθολέγειν（讲故事）这一动词来暗示这一理想城邦只存在于想象之中。但是，这并不意味着“美好城邦”只是虚无依托的白日幻想，正相反，苏格拉底在其论述中力图证明其可行性。参见 Burnyeat, "Utopia and Fantasy", pp. 297-308。这在本文关于“哲学王”的扼要论述中也将得到印证。

与特拉需玛科等人有关“正义”(δικαιοσύνη)[1]这一品德的讨论只是一个简短的引言(προοίμιον)。(357a)格劳孔通过重构特拉需玛科的论证重新确立了全书需要面对的挑战:说明正义和不义各是什么,以此证明正义因其自身就可以被认为是好的或善的(ἀγαθός),并且能够带来远胜过不义的好处。(357b-368d)苏格拉底重新思考其论证的策略,不再致力于借助辩证法凸现其论敌有关正义的定义自身所包含的矛盾,而是尝试正面地建构自己的正义理论。[2]

正是在上述理论背景下,苏格拉底引入关于城邦正义的讨论,希望它能如同较大的字母铭文一样,有助于我们认清内容相同但位于远处的小的铭文,亦即个人正义。(368d-369a)而在后来的对话中,此处的个人被等同于他/她所拥有的灵魂。(435c)[3]而只要“正义”一词在城邦和灵魂中所传达的信息一致或相似,对城邦正义的梳理将为我们对灵魂正义的探询指明路向。这就是所谓的“城邦—灵魂类比”(the analogy of city and soul),它贯穿《理想国》第二卷到第九卷的讨论,界定了其后的论证方向:通过分析城邦这一较大对象的阶级构成和内部正义来探寻灵魂这一较小的甚而完全不可见的对象的内在结构及其正义。字母的比喻同时也强化了灵魂之于城邦的优先性:只有认识了灵魂的正义,我们才知道什么是正义。[4] 因此,要理

---

① 希腊语 δικαιοσύνη 一词含义丰富,既可以宽泛地指所有有德性的行为,亦即一个人所应当完成的行为,这接近古人所说的“义”,同时也可以狭义地做自己分内的事,特别指在经济事务中归还自己所欠负的东西,获取自己所应得的,与贪婪(πλεονεξία)相对。参见亚里士多德《论题篇》106b29 以及《尼各马可伦理学》卷五章一,1129a30-1130a13。柏拉图在《理想国》中既泛指人的行为的道德性,也专指分配中所涉及的品德和规范。本文沿用传统的“正义”这一翻译,但强调这一术语在古希腊伦理学中的特定含义。

② Otfried Höffe 将此称为《理想国》的双重转向:论证方法从批判到建构,论题从正义之为个人的属性(个人正义)到正义之为共同体的属性(政治正义或城邦正义)。后文将指出,Höffe 在此显然夸大了论题的转向,否则就难以解释《理想国》此后有关灵魂三分及个人品德的讨论。参见 Höffe, “Zur Analogie von Individuum und Polis”, in *Platon*: *Politeia*, hrsg. von O. Höffe, Berlin: Academie Verlag, 1997, 69-94,特别见 69。

③ 参见 David Roochnik, *Beautiful City*: *The Dialectical Character of Plato's “Republic”*, Ithaca and London: Cornell University Press, 2003, 12。

④ 虽然,如我们在后文中将更清楚地看到,苏格拉底在 434e-435a 修正了字母比喻中所暗含类比的单向性(从城邦到灵魂),强调我们也需要从灵魂返回城邦,但是,其前提是当我们把对城邦正义的认识应用于个人时得到了不同的结论,这时我们才需要回到城邦的层面验证我们的灵魂理论。如果结论相同,则无须这一回溯。也就是说,对类比双向性的强调并不必然地与灵魂在类比中的优先性相冲突。

解《理想国》的整个论证结构，厘清其中政体剖析与灵魂探究之间的勾连，柏拉图对于城邦正义的政治思考在《理想国》中的意义，或者说《理想国》在什么意义上算一部政治哲学著作，我们必须从反思城邦—灵魂类比开始。更重要的是，这一类比的引入不仅将苏格拉底指向对正义的政治思考，而且引出了苏格拉底或柏拉图对于正义和不义是什么的回答。如后文所见，柏拉图多次借助这一类比，既用城邦内部的和谐来说明灵魂的健康，也用灵魂的内在冲突来解释城邦中的不义。这意味着城邦—灵魂类比似乎不仅仅是话题的引子，而是柏拉图正义理论的构建要素，我们因此不可能逾越这一类比直接谈论柏拉图的正义理论，无论是在灵魂的层面还是政治的层面。

然而，柏拉图的城邦—灵魂类比及其在柏拉图正义理论中的论证作用，在当代著名哲学家伯纳德·威廉姆斯（Bernard Williams）那里遭遇了极为犀利的批评。如著名学者梅勒·波伊特（Myles Burnyeat）所言，威廉姆斯写于1973年的《柏拉图〈理想国〉中的城邦和灵魂类比》（后文简称《类比》）一文"主宰了其后这一主题的有关讨论"[①]。无论赞同或反对，后世学者鲜有不以此文为其论证的出发点。[②] 有鉴于此，本文将像格劳孔复活特拉需马科的论证一样（358c），首先重构威廉姆斯的基本论证，以此澄清《理想

---

① 见 Bernard Williams, *The Sense of the Past: Essays in the History of Philosophy*, ed. Myles Burnyeat, Princeton and Oxford: Princeton University Press, 2006, p. xv。以下 Williams《类比》一文页码均引自这一文集，此文原载于 *Exegesis and Argument: Studies in Greek Philosophy Presented to Gregory Vlastos*, ed. E. N. Lee etc., Assen: Van Gorcum, 1973, pp. 196-206。

② G. R. F. Ferrari 就 Williams 对后世学者如 Jonathan Lear, Julia Annas, Otfried Höffe, Terence Irwin, Mario Vegetti, Norbert Blössner 等人的影响，有一扼要评述。而他自己的《柏拉图的城邦与灵魂》一书在很大程度上亦可看作对 Williams 的回应。见 G. R. F. Ferrari, *City and Soul in Plato's* Republic, Chicago and London: The University of Chicago Press, 2005, esp. pp. 55-57。应当指出，在70年代，Williams 一文的影响还较为有限，例如 J. R. S. Wilson 发表于1976年的"The Argument of Republic IV"(in *The Philosophical Quarterly*, 26 [1976]: 111-124), J. M. Cooper 发表于1977年的"The Psychology of Justice in Plato"(in *American Philosophical Quarterly* 14 [1977]: 151-157)，以及 Nicholas White 出版于1979年的 *A Companion to Plato's Republic* (Oxford: Basil Blackwell, 1979)一书都不曾提及 Williams 的这一论文。另可参见本书第54页注释②。就笔者所见，分界点可能在于 Julia Annas 的 *An Introduction to Plato's* Republic (Oxford: Clarendon Press, 1981)，这本长期以来作为英语学界《理想国》入门的标准读物明确地承认了 Williams 对城邦—灵魂类比的贡献(pp. 146-152)。

国》由于引入城邦—灵魂类比而导致的正义理论和政治学说的困境；然后择要说明威廉姆斯的批评者们并未成功地化解《类比》一文对柏拉图《理想国》基本哲学论证的挑战；最后，本文将尝试从威廉姆斯文章中大多数学者所忽略的一个关键环节出发，亦即柏拉图正义理论中理性的主导地位，重新反思城邦—灵魂类比在《理想国》一书中的作用与其局限性。通过仔细地分析《理想国》第四卷中有关正义的分工定义，扼要讨论第五至七卷中的哲学王主张，本文力图论证柏拉图实际上将正义界定为理性部分的统治。这一新的正义定义将有助于我们从哲学上捍卫城邦—灵魂类比在《理想国》的整个论证结构中的合法性。

一

威廉姆斯首先强调书写的比喻得以成立，关键在于不同形态的字母铭文传达的是同一内容，因此，当我们将对城邦正义的观察应用于个体或灵魂层面时，已经预设了

(1) 有关城邦之为正义的解释与个人之为正义的解释相同。

而支撑这一预设的首先是一个语言事实，即希腊人用同一个词 δίκαιος（正义的）或 δικαιοσύνη（正义）来谈论城邦和个体灵魂的正义（435a）。在柏拉图看来，这暗示了城邦和灵魂中包含同一或相似的"形式"（εἶδος）[①]："一个正义的人，就正义的形式本身来说，和一个正义的城邦将是无所区别的，而是相像的。"（435b）显然，与字母书写的例子不同，城邦正义和灵魂正义之所指，或者说正义这一形式并非是不言自明的，而恰好是《理想国》一书所要质询的对象：正义是什么？如果正义的定义自身仍然是晦暗不明的，我

---

① Williams 将此处的 εἶδος 翻译为"特性"（characteristic）。虽然此处柏拉图还没有提出著名的"形式理论"（所谓"理念论"或"相论"），此处的 εἶδος 也并不指存在论上能够独立存在的 Form，但有必要突出这一术语的一致性，这在后文中将得到证明。在此，我要感谢我的学生刘鑫提醒我注意 εἶδος 在柏拉图城邦—灵魂类比中的作用。

们就没有权利将它运用于城邦和灵魂,然后断言它们就正义而言是相似的。① 也就是说,我们必须要去追问上述语言事实背后的哲学基础。

这同样也决定了城邦—灵魂的类比不能是单向性的,否则,我们就会将"适用于城邦的正义解释必然适用于灵魂"这一未加解释的命题不再作为假设,而是视同公理性的真理②。正如威廉姆斯所指出,柏拉图自己敏锐地意识到这一点,强调我们在将城邦的正义定义运用于灵魂时,还需要借助相对独立的原则考虑灵魂的正义,如果二者相冲突,我们还需要借助类比返回城邦这一层面,重新对照正义在两个不同层面的显现。威廉姆斯将其称之为"意义类比"(analogy of meaning)。③ 也就是说,类比的过程并非一个单向的由可见到不可见的过程,而是互动地逼近类比中所包含的相类的"意义",亦即那在类比中起奠基作用的共同特性或柏拉图所说的"形式"。

然而,威廉姆斯认为柏拉图在后文中并未贯彻这一"意义类比",而是转而指出城邦内部的类别划分(εἴδη)④和城邦的习性(ἤθη)都可以还原到其构成部分,亦即个体公民的层面。因为,当我们说一个城邦意气风发、热

---

① 苏格拉底在第一卷的结尾处即强调对正义的定义是我们所必须采取的第一步,参见《理想国》354c:"因为,只要我还不知道正义它是什么,我就很难知道它是不是一种品德,也不知道究竟一个拥有正义的人不幸福呢,还是幸福。"

② 例如 Gregory Vlastos 在其经典论文《〈理想国〉中的正义与幸福》中,即认为苏格拉底/柏拉图将下述命题视为不证自明的真理:"如果同一谓词可述谓任意两个不同事物,那么,尽管它们在其他方面可能不同,就这同一谓词可以述谓它们二者来说,它们一定是完全相像的。"Vlastos 认为这是导致苏格拉底混淆两种不同的正义定义(社会定义和心理定义)的根源之一。参见 Gregory Vlastos, "Justice and Happiness in the *Republic*", in id. *Platonic Studies*, Princeton: Princeton University Press, second printing with corrections, 1981, pp. 111-139, esp. pp. 131-132。值得一提的是,Vlastos 在修订这篇最早发表于 1969 年的论文时,并没有提到 Williams 题献给他的《类比》一文,而是坚持认为柏拉图的论证缺陷不在于类比自身,而在于正义定义的含混性。

③ Williams, "Analogy", p. 108. 参见《理想国》434e:"这就是,我们曾以为:如果我们在某一个较大规模的具有正义的东西里事先已经试着对它有了观察,那么,这就有可能更容易地在一个单一的个人之中看到它。而我们以为这个东西应该是一个城邦,这样我们就尽我们的力来建造一个最好的(ἀρίστην)城邦,因为我们知道在一个好的城邦里是会有正义的。而凡是在城邦里所发现的,我们就把它转移到个人中去;而如果它是吻合一致的,那就一切顺利了;而如果在个人之中有一点什么不同的情况,那就再回复到那个城邦上去,再来加以复核考校,而也许,在我们把这两者互相对比观察,也可以说是互相切磋琢磨中,就像从两段摩擦取火的木块中那样,我们会能使那正义就像火花一样点燃、爆发出来……"

④ 根据语境,此处柏拉图用 εἶδος 的复数来指事物的种类,特指城邦内部不同阶级的划分,和上一段的属类(γένη)相同。不宜翻译为"形式"。

爱学习、贪财好货时，我们说的实际上是其公民具有这些特性。（435e-436a）威廉姆斯将这一还原论解释称之为“整体—部分规则”，并认为它显然适用于正义这一城邦和个人的基本美德：

（2）一个城邦是正义的当且仅当城里的人是正义的。①

然而，柏拉图并不认为“整体—部分规则”自身就可以定义正义的本质。否则，如威廉姆斯所指出，有关正义的解释将被还原为其组成部分的正义，这将招致无穷倒退。② 因此，柏拉图在《理想国》中转向其他的模型或者解释来界定正义。

（3）正义即每一个要素（理性的、意气的和欲望的部分）从事属于自己本身的工作（τὸ τὰ αὑτοῦ πράττειν）。（433a）③

而这暗含了

（4）理性的部分居于统治地位。

而如果（3）是对正义的定义，我们从灵魂的层面回到城邦，那么，一个城邦是正义的，这就意味着城邦里的要素或者说各个阶级从事属于自己本身的工作。也就是说城邦里也要有理性的、意气的和欲望的部分。威廉姆斯认为这一对城邦构成的独特划分，连同柏拉图的灵魂三分学说，将会招致如下问题：

首先，这就意味着在正义的城邦里也存在着欲望的部分，而且他们还占据了城邦公民的大部分。而根据《理想国》435e 我们知道，一个城邦被称为意气昂扬的在于其公民高昂的意气。同理，城邦中的一部分或阶级受欲望支配，这意味着构成这一阶级的人受欲望支配。这些人显然很难算作正义的人，说一个正义的城邦里充斥着不义的人，这显得荒谬。④

其次，同样的问题也出现在灵魂层面。我们可以从命题（2）出发，那么

---

① Williams, “Analogy”, p. 109.

② Ibid., pp. 109-110.

③ 此处遵照 Williams 的英文翻译，后文中将对这一短语及其翻译再作讨论，见本书第 65 页注释②。

④ Ibid., p. 110.

在正义的城邦中,那欲望阶级(the epithymetic class)也应该是正义的。根据(3)和(4),在这一欲望阶级的个体灵魂内部,理性部分也应该居于统治地位(其作用当然受到限制,不同于哲学王灵魂中理性的作用),使得他们能够从事属于自己的工作。而在城邦这一层面,所谓从事属于自己的工作同时也意味着不去越俎代庖,欲望阶级不参与护卫者的统治工作。而这一对城邦的统治秩序的顺从,在于"理性"这一灵魂的最高能力的运用,否则他们都无法认清何谓本己的工作。如果我们就此回到个体灵魂的层面,那么我们就不得不承认在一个正义的灵魂内部,灵魂的最低级部分也会倾听(harken to)理性的要求,并且拥有最小限度的理性以保障其功能的实现,而这和柏拉图有关灵魂三分的学说是矛盾的。因为柏拉图对灵魂不同部分的划分基于所谓的"冲突原则"(436b-c),它不允许同一灵魂要素拥有不同功能。①

威廉姆斯认为柏拉图在第八卷讨论城邦或政体形式的蜕变时,他实际上弱化了"整体—部分规则":

> (5)一个城邦是正义的当且仅当城里居于主导地位的公民们是正义的。②

而且这一所谓的"主导部分规则"并不局限于正义,在《理想国》第八和第九卷对城邦堕落的分析中,柏拉图将其普遍化了:

> (6)一个城邦具有 F 这一性质当且仅当城里居于主导地位的公民们具有 F 这一性质。

此处 F 指的是城邦和灵魂所共有的特性,例如正义、意气风发、荣誉至上、民主的等等。然而,这一弱化的"整体—部分规则"并不能挽救柏拉图政治城邦图景的吸引力的缺乏。这首先体现在柏拉图对民主制的批评中。柏拉图

---

① Williams, "Analogy", pp. 110-111. 晚近有关柏拉图灵魂三分学说的研究概述,参见 G. R. F. Ferrari, "The Three-Part Soul", in *The Cambridge Companion to Plato's Republic*, Cambridge: Cambridge University Press, 2007, pp. 165-201。而在最新的一份研究中,Jessica Moss 致力于调和柏拉图在第四卷中的三分说和他在其他著作中的理性—非理性二分说,见 Jessica Moss, "Appearances and Calculations: Plato's Division of the Soul", in *Oxford Studies in Ancient Philosophy*, vol. XXXIV (2008), pp. 35-68.

② Ibid., p. 112.

定义的民主制,其特性在于它包含各种类型的人,容纳不同的性格。(557c)另一方面,民主制的原则在于多数人统治,也就是说其主导部分必然是大多数。根据(6),大多数人具有民主的个性,或者说易变的个性(欲望总在不断变化),亦即所谓的"闲人"。(564d-e)民主城邦中的公民大都具有同一性格,这显然和民主制包容所有性格这一特性相抵牾。[①]

另外,这些民主制中的统治者或者大多数人构成了正义城邦中的最低阶层。其不同或许在于,这些受欲望控制的阶级在美好城邦中处于理性的统治下,而不居于主导地位。然而,威廉姆斯指出这里"统治"的意义是含混的。柏拉图仍然没有解释为什么在美好城邦离不开这些可能成为民主制中的"闲人"的欲望阶级。同样困扰我们的是,是什么决定了同一类人在民主城邦和美好城邦中的不同?难道说在理想城邦中,他们自己也拥有(尽管是有限的)理性的控制吗?这将我们指向此前提到的类比在灵魂层面的困境。[②]

此外,要确立城邦与灵魂的完全相似,我们还必须确认灵魂的欲望部分与劳作阶层相对应。显然,成为一个匠人并不取决于是否具有强烈的非理性的欲望。至多可以说成为铜匠的这类人恰好具有强烈的欲望。而且这一拥有难受羁绊的欲望的阶级如何能在美好城邦中服从理性的统治,这一困难仍然没有消除。[③] 而就意气的部分来说,意气作为灵魂的一个部分自身就是含混的:一方面它接近我们所说的愤怒;另一方面它又是理性的助手。威廉姆斯借助《斐德若篇》的例子说明,愤怒这一情感并不像柏拉图在《理想国》中所假设的那样,总是站在理性一边(见《理想国》440b 与《斐德若篇》254c)。[④]

威廉姆斯由此断定:柏拉图通过引入城邦—灵魂类比,在灵魂层面难以解释时就转向城邦(意气),或者反之(理性),或者二者并用(欲望),这并未能成功地解决用三分说来定义正义可能出现的困难,反而遮掩了对政治的心理读解和对灵魂的政治读解可能存在的悖谬。

---

① Williams, "Analogy", pp. 112-113.

② Ibid. ,pp. 113-114.

③ Ibid. , p. 115.

④ Ibid. ,pp. 116-117.

二

威廉姆斯的文章以缜密的分析揭示出《理想国》中城邦—灵魂这一类比的特殊性：它不仅描述了城邦与灵魂之间横向的平行对应关系，而且在435e中力图用因果关系来解释类比中两个要素的垂直关系：亦即城邦的特性（例如正义）可以还原为其公民灵魂的秉性。要说明这一点，我们首先需要澄清“类比”一词的基本含义。

我们知道，西文的“类比”（英：analogy，德法：analogie，拉丁：analogia）一词可以溯源到古希腊语ἀναλογία，本义指两种比例和关系的相似，这又称为“比例类比”（analogy of proportionality）。[①] 例如，“和谐”既可以指音阶所包含的比例，也可以指天体运动中所反映的秩序，二者在古希腊人看来是相类的。《理想国》中关于正义的分工定义（前文命题3）显然适用于这一界定，因为正义在此能够作为一个类比词（analogical term）来同时刻画城邦和灵魂，正是因为美好城邦的各阶级间的关系与正义灵魂的各要素间的关系是相似的。[②]

城邦—灵魂类比的特殊之处在于其类比的两端之间存在整体和部分的关系：城邦是由阶级构成的，而阶级正是由不同的个体灵魂构成的。《理想国》第四卷在重新引入城邦—灵魂类比去讨论城邦的正义和灵魂的正义之前，首先讨论了城邦在什么意义上可以被称作智慧的、勇敢的和节制的。这些品德在日常语用中首先是用于个人，而只在派生的意义上用来述谓一个政治实体。虽然，在这一语境下我们仍然可以说城邦的智慧和个人的智慧

---

① 参见E. J. Ashworth，“Medieval Theories of Analogy”，*The Stanford Encyclopedia of Philosophy*（Fall 2008 Edition），Edward N. Zalta（ed.），URL =〈http://plato.stanford.edu/archives/fall2008/entries/analogy-medieval/〉。需要指出的是在《理想国》中柏拉图并没有用ἀναλογία或者其形容词ἀνάλογος来描述城邦和灵魂间的比较，而用ὁμοιότης或ὅμοιος（均意为“相似”，分别见369a与435b）这一更加日常化的语言来表达二者间的关系，但这不妨碍我们用类比理论来解释这一比较。

② Ferrari在其著作中也正确地强调了城邦和灵魂的对应实际上是一种比例关系，见Ferrari，*City and Soul*，p. 40。参见Williams的命题3，这一正义的分工定义显然涉及事物的构成要素之间的关系，而根据命题2，它显然可以用来刻画城邦和灵魂这两个不同事物。

是相似的、可类比的(analogical),但这里所呈现出的是一种不对称的对应关系:我们很难设想一个智慧的城邦里一个智慧的人也没有,但是很显然在愚蠢的城邦里也可以有聪明人(例如柏拉图眼中的雅典城的苏格拉底)。而此前,我们提到城邦—灵魂类比的引入在于说明灵魂自身的正义,灵魂的这一优先性同样要求柏拉图和《理想国》的读者去考虑城邦的正义是否可以还原为个体灵魂的正义。威廉姆斯《类比》一文的意义正在于指明当我们用因果关系来刻画灵魂和城邦的关系,特别是就正义这一品德而言,我们对《理想国》的解释就会在城邦和灵魂两个层面遇到难以克服的困难。

威廉姆斯对柏拉图的批评在晚近有关城邦—灵魂类比的研究中也遭到质疑。学者们并不怀疑威廉姆斯推理的有效性,转而考察其前提,或者说他对城邦—灵魂类比的还原论解读是否正确:一、灵魂和城邦的类比是否包含横向的和纵向的层面;二、灵魂和城邦的纵向关系是否应当解释为单向的因果决定关系;三、柏拉图是否接受上述类比作为其正义理论不可分割的一部分。下文将简要考察乔纳森·里尔(Jonathan Lear)、费拉里(G. R. F. Ferrari)和诺伯特·布洛斯纳(Norbert Blössner)这三位学者从以上三个不同角度对威廉姆斯论证前提的批评和他们各自对城邦—灵魂类比的捍卫。[1]

里尔在其发表于1992年的《〈理想国〉的内与外》一文中明确承认威廉姆斯"提供了我们对柏拉图的类比最富有洞察力的批评"[2]。与威廉姆斯一样,他同样认为柏拉图的城邦—灵魂类比所呈现的不仅仅是二者间单纯的相似性,或者说我们可以用"正义"这同一个词来谈论城邦和灵魂这一语言

---

① 关于城邦—灵魂类比的讨论的其他文献,可以参见 G. R. F. Ferrari (ed.), *The Cambridge Companion to Plato's Republic*, Cambridge: Cambridge University Press, 2007, p. 492。本文以上述三人作为代表,因为他们分别代表了三种不同的灵魂—城邦诠释,而其他学者的研究或者坚持 Williams 的主张(参见 Ferrari, *City and Soul*, pp. 55-57),如本书第54页注释②中已经提到的 Julia Annas,又如 Stanley Rosen (*Plato's Republic: A Study*, New Haven & London: Yale University Press, 2005, p. 150);或者他们对 Williams 的批评可以归属到上述三者之下,这一点将在后文注释中进一步说明。值得一提的是 Nicholas Smith 在"Plato's Analogy of Soul and State" (*The Journal of Ethics* 3 [1999]: 31-49)主要关注的是柏拉图由城邦—灵魂类比推导出的灵魂三分说,其目的只在于证明这一类比并不必然导致城邦的三分和灵魂的三分,并没有对上述类比在整个《理想国》中的论证作用有更进一步的思考,故与本文主旨无关。或许正因为这一点,在 Smith 的行文中,出人意料地没有提及 Williams 和 Lear 的文章。

② Jonathan Lear, "Inside and Outside the *Republic*", *Phronesis* 37 (1992): 184-215,见194。

事实，而且突出了城邦和灵魂之间的紧密关系。在里尔看来，问题的关键在于如何解释这一关系，他认为威廉姆斯论证的不成功之处在于他对于柏拉图心理学基本原则的误解。他未能理解在柏拉图心理学中，个体的心理状态不仅仅包括灵魂的内在生活，而且反映灵魂之外世界的影响，后者主要体现为城邦和政治生活，两者的互动构成了对心理的动态描述。因此，柏拉图的"灵魂分析"和"城邦分析"实际上是其心理学的内外两个不同侧面。[①] 由此，里尔将威廉姆斯的"整体—部分原则"或者其弱化的形式"主导部分原则"都只是体现了柏拉图心理学"外化"（externalization）层面："如果一个城邦是F，那么必然有**某些**公民其灵魂是F，他们（**连同他人**）曾经促成城邦的塑造。"[②]而另一方面，城邦的存在或政治生活又通过教育等形式塑造着其公民的灵魂，这就是所谓的"内化"（internalization）。[③] 因此，城邦和灵魂之间确实存在因果关联，但绝非单向的，而是双向的，或者说相互依存的。正是柏拉图心理学（城邦—灵魂分析）中的交互作用决定了城邦和灵魂之间正义的"同构"特征（isomorphism）。[④]

里尔的文章借助当代较为复杂的心理分析模型抛弃了前述威廉姆斯论证的第二个前提，而威廉姆斯所提及的正义城邦中能够顺从理性部分统治的欲望阶级也被解释为教育内在化的结果，由此无须解释为这一阶级中的个人灵魂内部的欲望也包含理性的最小作用。[⑤] 然而，这一论证首先缺乏有力的文本证据。正如费拉里一针见血的评论，《理想国》中教育固然重要，但却从未被用来支持城邦—灵魂类比，所谓的"外化"亦如此，寡头制并非具有寡头性格的人依照其心理特征设计塑造而成。[⑥] 其次，尽管里尔对

---

① Lear, "Inside and Outside", pp. 184-185.

② Ibid., p. 191. 黑体由笔者所加，以突出此命题与 Williams 的命题 1 和 6 之间的微妙差异。

③ Cf. Lear, "Inside and Outside", pp. 186-190.

④ Ibid., p. 195. Höffe 同样强调在城邦和灵魂之间不仅仅存在一个单纯的类比，而且在强调灵魂优先的同时，还存在一种"相互依存"（Interdependenz）。当然，Höffe 强调这种依存不能理解为 Lear 的内化和外化过程，并且强调这构成柏拉图对于城邦系谱研究的要素。参见 Höffe, "Zur Analogie", pp. 69-93，特别见 p. 78。然而，正如 Ferrari 所指出，就二人强调灵魂与城邦之间的双向因果关系而言，他们对 Williams 的批评并无本质区别。见 Ferrari, *City and Soul*, pp. 55-56。

⑤ Lear, "Inside and Outside", pp. 198-200.

⑥ Ferrari, *City and Soul*, pp. 52-53.

城邦和灵魂纵向关系的解释更加复杂精致，这仍然不能阻止我们去追问灵魂的内和外谁更加本原。里尔依照《理想国》的次序以“内化”为先，因为，只有在美好城邦中，个体灵魂才能通过恰当的教育成为正义。显然，在美好城邦中，教育（内化）的内容包含城邦的正义，即其和谐的结构特征。而这无疑与柏拉图在引入城邦—灵魂类比时所强调的灵魂的优先地位相冲突。我们还可以进一步追问：这一结构特征何以被称为是正义的？难道理性能够在城邦中有权统治不正是因为它可以类比于理性在灵魂中的统治地位吗？更重要的是，“内化”和“外化”仅仅揭示了正义这一谓词如何可以从城邦到灵魂，又从灵魂到城邦，它仍然没有解答柏拉图引入城邦—灵魂类比所要解决的最终问题：正义是什么？而在威廉姆斯的解释中，类比自身虽然不足以成为正义的定义，但它却是用来推导和验证正义定义的有效手段。

费拉里在其最早出版于2003年的《柏拉图〈理想国〉中的城邦与灵魂》一书中详尽地分析和尖锐地批评了威廉姆斯、安纳斯（Julia Annas）、里尔对城邦—灵魂类比的因果解释。费拉里追随泰伦斯·欧文（Terence Irwin）要求彻底切断灵魂—城邦类比中所暗含的纵向联系。欧文将这一类比称之为“政治类比”（political analogy），坚称它只适用于确认正义灵魂中有和美好城邦相对应的部分以及相应的比例关系（类比的横向层面），我们没有理由把它扩展到城邦和灵魂所共有的品德。① 从另一个角度看，这意味着构成正义城邦要素的个人并不必然是与城邦相类比的正义灵魂。② 欧文并没有正面展开这一论证，而费拉里则不仅一再强调城邦—灵魂类比不多不少只

① Terence Irwin, *Plato's Ethics*, New York & Oxford: Oxford University Press, 1995, p. 230. Irwin 此处的用意仅仅在于说明上述类比不足以说明勇敢这一属于士兵（意气部分）的品德可以推出灵魂的勇敢仅仅在于意气部分，而和知识或理性无关，并且因此和苏格拉底的理智主义主张相冲突。必须指出的是，Irwin 的这一断言并没有充分的文本依据，例如在441c，苏格拉底在确立了灵魂内部必然也包含三个要素之后指出，“那么是不是我们前面的一个假设也就直接地成为必然，这就是：就像一个城邦如何能是，并且由于什么而是智慧的，同样，一个个人也就这样地是，并且也就正是由于那一点而成为智慧的”。在这里，我们能够作出这样的推论正是因为城邦—灵魂类比适用于智慧这样的品德。

② Ibid., 230，引自 Ferrari, *City and Soul*, p. 56。Irwin 的这一主张来自 Wilson, “The Argument of Republic IV”, in Irwin, *Plato's Ethics*, p. 383, 注释9。Ferrari 同时提到 Norbert Blössner 在 *Dialorgform und Argument*: *Studien zu Platons* “*Politeia*” (Stuttgart, 1997) 一书中追溯了这一主张的流变，见 p. 179，注释492 和 493，转引自 Ferrari, *City and Soul*, p. 56。

是类比,不能用来揭示作为城邦公民的个体灵魂内部的品德[①],而且正面地论述了城邦—灵魂类比的修辞功能。费拉里借用亚里士多德的术语将这一类比称为"类推隐喻或明喻"(μεταφορὰ κατὰ τὸ ἀνάλογον)[②],这也就是我们前文提到的ἀναλογία(类比)在希腊文中的本意。唯一需要强调的是这一比喻乃是双向的,以确保《理想国》中城邦与灵魂、政治与伦理之间的平衡。[③] 这一类推的对称结构在荣誉制、寡头制和民主制中尤为明显。一方面,从城邦类推到灵魂使我们更好地把握城邦作为整体的道德特性和幸福之所在;另一方面,从灵魂类推到城邦,则让我们能够意识到个体外显的统一性可能遮盖的复杂性。[④] 然而,在解释僭主和哲学王时,费拉里则承认柏拉图此时接受了威廉姆斯所提到的因果模型来解释城邦和灵魂的纵向关系,此时类比呈现出不对称的特征,更加聚焦于灵魂而不是城邦。[⑤] 但他仍然认为,这一纵向的因果关系并不包含在类比之中,而在于其所运用的对象自身的特性,或者说,更在于人性之中。[⑥]

费拉里的论述从根本上否定了威廉姆斯所依仗的前两个前提,但这并不足以从哲学上化解威廉姆斯所揭示的《理想国》中的内在悖论。首先,将类比解释为修辞的手段无疑将弱化其哲学论证力,而且并不足以解释《理想国》中的政治叙事和灵魂叙事如何能够在个人幸福的实现这一点上统一起来。正如费拉里自己在批驳里尔之前所承认的:"尽管我们得以规避威廉姆斯令人不快的结论,但同时我们也彻底使灵魂脱离了城邦。"[⑦]此后的论述并没有令人信服地解决这一困难。因为,只要城邦中作为政治动物的个人不能等同于三分灵魂的拥有者,政治生活中的正义者不是灵魂内部和谐的个人,那么我们就难以回答格劳孔的挑战:正义的人为什么必然是幸福

---

① Ferrari, *City and Soul*, pp. 53, 55, 60 etc.

② 参见亚里士多德《诗学》1457b;《修辞学》1407a, 1411a。转引自 Ferrari, *City and Soul*, p. 61。

③ Ferrari, *City and Soul*, p. 59.

④ Ibid., pp. 75-82.

⑤ Ibid., pp. 85-89.

⑥ Ibid., p. 97.

⑦ Ibid., p. 50.

的人？和里尔一样，费拉里的解释使得有关正义的定义成为一个突如其来并且难以验证的断言(claim)。最后，费拉里将僭主制城邦与僭主性格的人的相似性归于含混的人性，这无疑是难以让人满意的答复。因为，最初引入城邦—灵魂类比的意义正是要去揭示不可见的灵魂的本性(人性)，这无异于从根本上消解了城邦—灵魂类比的论证价值。

诺伯特·布洛斯纳(Norbert Blössner)的研究最早以德文论著的形式发表于1997年，对费拉里的修辞学解释产生了重要影响。[①] 2007年他以此为基础写成《城邦—灵魂类比》一文，由费拉里翻译并收录在其主编的《剑桥研究指针：柏拉图的〈理想国〉》中。[②] 布洛斯纳首先指出城邦—灵魂类比在《理想国》中并非一个一成不变的理论模型，在其最初引入时(368c-369a)它只是为了考察个体的道德属性，而且仅仅是针对正义这一品德，并且只是作为假设而存在。[③] 而在第四卷中这一类比则被接受为确定的事实，柏拉图不再考虑这一类比的合法性，而是直接应用类比考察灵魂的要素是否能和城邦的结构相对应。[④] 然而，布洛斯纳并不认为柏拉图有一个现成的灵魂学说需要借助类比说明。正相反，柏拉图是从城邦—灵魂的相似性出发在第四卷中建构崭新的灵魂三分说。[⑤] 和威廉姆斯一样，布洛斯纳强调这一类比会带来难以解释的理论困难，同时表现在城邦和灵魂两个层面：例如威廉姆斯已经提到的民主制城邦实际处于无政府状态，而在民主性格的灵魂内部却是各要素平等掌权；又如正义是否能带来好处只关乎个人，而与灵魂的要素无关。灵魂的要素或部分无所谓幸福不幸福，也无所谓正义不正义。否则灵魂的正义可以还原到其构成要素的正义，将会导致无穷倒退。[⑥]

与前人不同的是，布洛斯纳认为柏拉图并非对城邦—灵魂类比的局限

---

① 见 Ferrari, *City and Soul*, p. 57。参见本书第61页注释②。

② Norbert Blössner, "The City-Soul Analogy", in *The Cambridge Companion to Plato's Republic*, ed. G. R. F. Ferrari, Cambridge: Cambridge University Press, 2007, pp. 345-385.

③ Ibid., pp. 346-347.

④ Ibid., pp. 347-350.

⑤ Ibid., pp. 354-358.

⑥ Norbert Blössner, "The City-Soul Analogy", pp. 358-360，在其中 Blössner 明确提到 Williams 的论证。

性毫不知情，而是刻意采用这样一个具有内在缺陷的修辞手段，作为《理想国》整个论证构架中的一个推进环节。[①] 借助《理想国》第四卷中对城邦—灵魂类比的发展，柏拉图意在使对谈者们进一步确信苏格拉底叙事的现实性，接受苏格拉底在第二卷到第四卷中所构造的思想试验。在这一意义上，显然对于城邦—灵魂类比的因果解释有助于格劳孔兄弟相信类比的合法性，尽管细致的分析将揭示这一解释在逻辑推演上存在困难或者会带来不可克服的悖论。[②] 相应地，在第八和第九卷中，苏格拉底不仅抛弃了字母的比喻，也进一步发展了第四卷中的灵魂三分说，灵魂的划分不再单纯地依赖个别行为，而是奠定于其所指向的生活目标。[③] 柏拉图有关不同形态的城邦和灵魂演化的分析不再依赖于前文的类比机制，而是共同指向不同形态的生活方式，由此指向《理想国》最终的论证目标：幸福和正义的生活形态不可分离。[④]

布洛斯纳以发展的观点在《理想国》作为一个长篇对话的整体框架中来考察城邦—灵魂类比的论证作用，这无疑有助于克服受分析哲学传统影响的哲学史家支离文本的倾向。然而，将第四卷中有关类比的说明解释为纯粹的修辞手段，而不具有哲学论证效力，这和费拉里的解释一样缺乏吸引力。而且，认为柏拉图或苏格拉底**有意识地**通过采取表面上富有说服力而实际上缺乏哲学依据的策略来调整论证，以赢得对谈者的信任，至少是表面的信任，这有违《理想国》中苏格拉底论述的基本宗旨，也让我们怀疑柏拉图作为写作者的真诚。在第二卷一开始，苏格拉底就明确地告诉格劳孔他不仅要让他们看起来像是信服，而且要真正地信服正义在任何情况下都胜过不义。（357b）如前文所述，城邦—灵魂类比的引入正标志着苏格拉底正面建构正义理论的开始。[⑤] 更重要的是，布洛斯纳强调要在《理想国》的整体结构中考察城邦—灵魂类比，但同时又直接从第四卷跳到第八卷，将中间

---

① Norbert Blössner, “The City-Soul Analogy”, pp. 375-381.

② Ibid., pp. 372-375，特别见 p. 374。

③ Ibid., pp. 360-366，特别见 p. 363，相关的文本可以参见 550b，553b-c，559e-561a，572d-573b。

④ Ibid., p. 372.

⑤ 见本书第 51 页注释②。

三卷称为有待读者填补的空隙(lacuna)。[1] 而在下文中,我们将看到这一盲点恰好是理解《理想国》灵魂—城邦类比的关键。

三

城邦—灵魂类比的引入在于澄清正义的意义。然而,类比自身,即使同时考虑其横向的相似性和纵向的因果决定关系,并不能够定义正义,否则将会导致循环论证和无穷倒退。威廉姆斯的这一哲学洞见不容置疑。因此,在第四卷重新引入类比之前,苏格拉底先给出了独立的正义定义:"做自己的,不多管闲事,这就是正义。(τὸ τὰ αὑτοῦ πράττειν καὶ μὴ πολυπραγμονεῖν δικαιοσύνη ἐστί)"(433a)[2]苏格拉底强调这正是美好城邦得以建立必须要贯彻的原则。首先,城邦起源于"匮乏"(ἐνδεής):个体不能够自足,需要通过交往来满足其各种需求。(369b-c)同时"人人本性有别,不同的人适于不同的事"(370b)。因此,在好的城邦中[3],每个人都应当专注于适合自己天性的技艺来保证每个人不同层面的需要得以最大限度地满足。由此可见,"自己的"这一略显含混的表述在这里指与个人本性禀赋相匹配的工作或职业。正义在这里呈现为社会分工原则,它所关涉的首先是生产技艺和城邦公民的经济功能,随后技艺的范围扩大到战争(374b)和统治(412c 以下),个体的政治功能也得以划定,并由此区分出三个不同的阶级或群体。在此,我们暂且不考虑这一由经济行为到政治身份的推导是否合理,而来面对一个更加本原,但同时也是为 Williams 及其批评者们所忽视的问题:"做自己的"真是柏拉图对正义的定义吗?

从苏格拉底在第一卷中对特拉需马科的批评中我们可以知道,正义的

① Blössner 只是在脚注中提到 Ferrari 尝试着去完成这一工作。见 Norbert Blössner, "The City-Soul Analogy", p. 350。

② 此处的翻译追随 Gregory Vlastos,用"做自己的(to do one's own)"这一直译来传达原文这一习语自身所固有的含蓄或含混。相关讨论,参见 Vlastos, "Justice and Happiness", p. 115,特别见本书第 54 页注释②。

③ 这不仅适用于后文所说的美好城邦,而且适用于苏格拉底最初构建的城邦("猪的城邦")。

定义必须能够普遍适用于我们称之为“正义”的事物。我们既谈论政治正义,当然也谈论个人正义。当苏格拉底引入上述正义定义时,我们显然还不能直接证明它适用于个体灵魂,而必须先证明灵魂可以同样区分出三个要素,灵魂的正义在于这三者都做自己的。(435c)而前文已经证明,城邦—灵魂的类比可以让我们**期待**这一发现,但不能直接**决定**灵魂自身必然如此构造。柏拉图深谙其间的微妙差别,因此转向所谓的“对立原则”(principle of conflict)①来建构其灵魂三分理论。这一论证能否独立于城邦—灵魂类比而成立,是另一个富有争议的话题。更为重要的是,如 Sachs 和 Vlastos 所指出,灵魂自身的内部和谐显然不能等同于个人社会生活中所表现出的正当行为,心理正义或柏拉图的正义并不是苏格拉底的对谈者们所关心的社会正义和所谓的流俗正义。至少,柏拉图需要额外的论证来证明二者间的关联。② 这些困难都在向我们昭示要么柏拉图的正义理论有其难以克服的理论困难,要么“每一个要素或部分做自己的”并非柏拉图最终对正义的定义。

其次,普遍适用性仅仅规定了定义的形式特征,例如“人是两腿动物”同样适用于一切正常人,但显然不足以成为对人的确切定义。正如亚里士多德所言,定义表述(ὁριστικὸς λόγος)不仅仅要澄清事实而且要包含并且揭示其理由(αἰτία)。③ 正义的定义应当解释我们所谈论的正义行为,而当其定义了正义的本质时,它就应当成为一切正义行为的最终理由,而不能被还原到其他的正义表述上去。而在前文中,我们看到在《理想国》第四卷中,城邦—灵魂类比得以适用正是因为类比的双方都包含了正义的“形式”(εἶδος)。(435b)虽然,柏拉图在这里尚未引入其形式理论,但对于熟悉柏拉图的读者,这无疑暗示了二者间可能的关联,这一点我们将在稍后说明。此处可以确定的是,正义的定义应当揭示正义这一类(εἶδος)事物的本质特征。

---

① Ferrari 强调这一表述优于“矛盾律”。见 Ferrari, “The Three-Part Soul”, in *The Cambridge Companion to Plato's Republic*, p. 168。

② 参见 David Sachs, “A Fallacy in Plato's Republic”, *Philosophical Review*, 72 (1963): 141-158; Vlastos, “Justice and Happiness”。

③ 亚里士多德:《论灵魂》413a13-16。中文翻译依据 Ross 评注本,Aristotle, *De anima*, edited, with intro and commentary by David Ross, Oxford: Oxford University Press, 1961。

由此,我们回到“正义即城邦或灵魂的每一个要素做自己的”这一定义。首先,“自己的”是一个省略的有待补充的表述。同时,其修饰或限定的内容却是含混的。在城邦的层面,我们看到作为城邦底层的商人和劳作阶层,他们去做自己的事,并不仅仅意味着专注于生产和交换,鞋匠做鞋,木匠做家具,而且意味着他们不参与政事,甘心作为受统治者接受护卫者的统治。(434b-c)我们势必要追问:什么或者谁确立了这一政治地位划分的合法性? 天性显然不是一个有说服力的解释。如果说他们操持手艺和买卖这符合他们的天性,这还容易理解的话,我们却很难想象这些匠人和商贩凭借天性就能够认识并且接受他们所应当承担的政治地位。这在灵魂的层面显得更加尖锐:当我们说欲望做自己的事,显然是说欲望将我们指向物质的善和身体的快乐,因为这是欲望的自然倾向之所在。而不是像苏格拉底所说的那样对理性和意气的部分俯首帖耳。(442a-b)即使退一步承认欲望的部分也有可能在正义的灵魂中做到这一点,但我们无疑又回到威廉姆斯所指出的欲望中是否能够包含最小限度的理性这一困难。

所有这一切都要求我们反思正义的分工定义。一般而言,一种分工要能给城邦或者灵魂带来好处,其前提在于分工是合理的。而天性、禀赋、自然倾向显然不足以成为这一合理性的根基。与此相对,理性自身则无疑是一个强有力的候选人。只有理性才是智慧的,才能够认识并且规定什么是适合于其他要素“自己的”,以此确保整个灵魂的善得以实现。(441e)如果我们仔细地考察灵魂三要素的不同职责,显然他们是处于一个等级秩序之中,只有当理性的统治地位得以确认,其他两个要素才有可能履行其职责。理性的优先性决定了正义的分工定义至少在灵魂层面可以还原为理性统治。此外,如果说勇敢这一品德还有所争议的话,智慧和克制都要求理性在灵魂中的主导地位(441c 以下)。① 这也就是说,前文提及的威廉姆斯的命题(3)和(4)完全颠倒了二者间的因果关系。

当然,在这里我们将正义定义为“理性统治”,在第四卷中,这仍然只是

① 有关《理想国》第四卷中四主德能否统一于知识和理性这一问题,可以参看 Terence Irwin 对于苏格拉底理智主义主张的捍卫,“The Parts of the Soul and the Cardinal Virtues”, in *Platon: Politeia*, hrsg. von O. Höffe, Berlin: Academie Verlag, 1997, pp. 119-139。

一个合理的猜想或假设，特别是在城邦的层面。因此，我们需要证明柏拉图确实接受这样一个假设，并且这一假设在哲学上至少是可以捍卫的(defensible)，通过运用城邦—灵魂类比，不会产生荒谬的或难以接受的后果。

这首先将我们指向城邦—灵魂类比的研究者们所忽略的第五卷至第七卷的内容。如所周知，这一部分包含着柏拉图有关理想城邦的制度化构想，他的以形式理论为基础的认识论和本体论模型，尤其是那三个令后人争执不休的隐喻或类比。下面的论述限于篇幅，只勾勒重要的论证线索，力求指明一种不同的《理想国》解读攻略。

当苏格拉底以为他已经完成"正义是什么"的界定，可以开始讨论不义的诸种形态的时候，他的对谈者却要求他澄清美好城邦的现实性。这一要求绝非离题，而是直接关系到城邦—灵魂类比的合法性。类比的目的固然指向灵魂自身的正义和幸福，然而，如果正义城邦在理论上(λόγῳ)①的自洽性和合法性得不到证明，我们也会相应地认为正义的灵魂也只是一个自相矛盾的虚构，正义自身也就彻底丧失了容身之所(ἄτοπος)。因此，苏格拉底对所谓针对美好城邦的"三次攻击波"的回应，对于维护苏格拉底的灵魂分析乃至整个正义理论同样关键。而"哲学王"的现实性正是将"理性统治"这一新的定义应用于城邦以验证其合法性。

这里我们不可能介入亚里士多德以降对于美好城邦的可能性的批评，这需要在另外的场合作专门的研究。② 在这里我们需要关注的是《理想国》所依凭的论证步骤，因为我们的目的仅在于指明城邦—灵魂类比在《理想国》的整个哲学论证框架中是可以捍卫的。

首先，哲学家作为爱智者，他们爱的是美或者正义的本性，由此而能达

---

① 见本书第50页注释②。

② 西方主流的观点认为《理想国》中用言语描绘的乌托邦固然与现实的城邦相去甚远，但它作为人类社会的完满形态却并非完全不可能，绝非白日梦般的幻想。对这一立场的经典捍卫，见 Christoph Bobonich, *Plato's Utopia Recast: His Later Ethics and Politics*, Cambridge: Cambridge University Press, 2002; esp. Myles Burnyeat, "Utopia and Fantasy"。晚近的讨论，见 Donald R. Morrison, "The Utopian Character of Plato's Ideal City", in *The Cambridge Companion to Plato's Republic*, pp. 232-255。而另有部分学者则认为柏拉图有意向其读者揭示理想城邦根本不可能实现，这主要来自施特劳斯及其追随者。例如 Leo Strauss, *The City and Man*, Chicago: Chicago University Press, 1964; Alan Bloom, *The Republic of Plato*, New York: Basic Books 1991[1968]。

到对美或者正义之所是的知识。(476b-c)而知识无疑是理性灵魂卓越性的体现。苏格拉底断言,这一哲学知识同时**决定**了哲学家能够拥有实践经验以及其他一系列成为统治者所要求的品德,诸如热爱真理、自我规约、豁达慷慨等等,因为这些必要的品质相互关联。(485a-486e)[①]在这里,柏拉图不再借助城邦—灵魂类比的平行相应的特性,而是将正义城邦的统治者还原为自己灵魂由理性统治的哲学王。[②] 然而,灵魂中理性的统治地位不再是一个简单的断定,而是扎根于理性认识对象在本体论上的优先性:它所认识并且热爱的是那永远是其所是的东西,而不是那些在人们的意见或信念中变动不居的对象。只有当我们理解了前者,我们才能拥有真正的知识。[③]

在后来的交谈中,苏格拉底不厌其详地要求讨论哲学王的教育实现的每一个细节(504d 及以下),以确保他们拥有对善的形式的知识。这之后更是用太阳喻、线段喻和洞穴喻来论证作为知识对象的形式在本体论上的优先性以及理性认识之于感知的优越性。而当哲学王真正地教育成才时,对他们来说"最主要的和最不可或缺的是正义,他们服务于它,发扬光大它,并且从而来整顿和治理他们自己的城邦"(540e)。无论这一论证是否具有说服力,它无疑表明苏格拉底试图捍卫哲学王的现实性,正是为了独立地证明"正义即理性统治"这一命题在城邦层面和灵魂层面的合法性,强调它们只有在其形式理论框架下才能得到正确的理解。而只有在确立了形式理论及哲学王之后,苏格拉底和他的对谈者们才承认有关正义的城邦—灵魂类比才得出最终答案。(541b)

当然,如果柏拉图的形式理论是可行的,这就意味着"正义"这一谓词适用于城邦和灵魂只是因为它们分有了同一个形式。然而,前文所提到的

---

① 关于哲学家如何能够获取这些实践经验,或统治技术的最新讨论,见 David Sedley, "Philosophy, the Forms, and the Art of Ruling", in *The Cambridge Companion to Plato's Republic*, pp. 256-283. Sedley 强调了数学知识在其中的关键作用。

② Williams 和他的批评者们都毫不怀疑城邦—灵魂的因果解释至少适用于哲学王这一特例。

③ 关于知识和信念区分的经典研究,参见 Gail Fine, "Knowledge and Belief in *Republic* V" and "Knowledge and Belief in *Republic* V-VII", both in ea. *Plato on Knowledge and Forms: Selected Essays*, Oxford: Clarendon Press, 2003. Fine 捍卫了形式知识的重要性,但并不否认在柏拉图认识论体系中,我们仍然可以拥有对于可感世界的知识。

心理正义和社会正义之间内在的差异却决定了我们必须要去追问:这两种明显相区别的正义表象之后为何存在同一个正义形式或正义自身?而哲学王无疑正是弥合这两种正义表象外在差异的关键,因为他既能坚守灵魂自身的正义,也能因此确保城邦的正义。而将我们指向这一理论的无疑正是城邦—灵魂的类比。

由此,我们重新回到威廉姆斯的论证中,我们并不需要否认他那些有切实文本依据的前提,而只需要将命题(3)和(4)合并为命题(4),即正义在于理性统治。这一苏格拉底式的理智主义命题无疑适用于威廉姆斯所说的主导—部分原则。同时,由于这一命题并不必然导致也不需要假设灵魂的三分[①],威廉姆斯有关欲望和意气的困惑也将迎刃而解,因为需要通过类比加以验证的正义定义并不包含这两个要素。

当然,这一新模型的困难还在于如何解释第八和第九卷中有关不义的城邦和不义的人之间的类比,在这里需要类比的显然不仅仅是理性部分。但正如布洛斯纳敏锐地注意到的那样,在这后两卷中柏拉图对城邦—灵魂类比的使用发生了根本的变化,不再依赖于前文提到的平行和纵向机制。[②]在这里需要强调的是,这不仅仅是出于修辞的考虑。通过哲学王的例子,苏格拉底有力地呈现了城邦和灵魂的正义可以有效地统一在同一个个体的政治生活之中,相应地,我们对不义的城邦和灵魂的考察也应当指向不同形态的生活方式。[③] 更重要的是,此处讨论的是不义,而在《理想国》中品德(或善)只有单一的形式(ἓν εἶδος),而恶德(或恶)则有无数类别(ἄπειρα)。(参见445c)因此,我们也不能借用形式理论来解释其他的城邦和灵魂形态,而需要逐一考察它们之间的平行对应。

---

① 关于这一点,我们只需要回想一下苏格拉底所谈论的“猪的城邦”,它或许是一个更好的城邦对应着更好的个体灵魂(544a)。Ferrari 富有洞见地指出,如果苏格拉底没有被格劳孔打断,他完全可以在健康但原始的城邦和正义的人之间建立平行对应关系,从而使城邦—灵魂的类比更加一目了然。在那样的倾向下,苏格拉底可能更会强调灵魂内部的合作特性,而不是一个等级秩序或者不同要素之间的比例关系。见 Ferrari, “City and Soul”, p. 39。

② 见本书第 64 页注释④。

③ Blössner 正确地强调了这一点,但未能注意到第五卷到第七卷的讨论对于城邦—灵魂类比的影响。

由此我们敞开了对城邦—灵魂类比新的解释方向，它不仅有助于回应威廉姆斯通过缜密的论述提出的哲学批评，而且能够将这一类比置于《理想国》的整个论证框架中，揭示出它和形式理论之间的紧密联系，更好地明确了其论证作用：它自身不足以定义正义，而是引导出必须在本体论—认识论基础上加以把握的正义理论。由此，柏拉图在肯定灵魂优先性的基础上并没有否认政治分析的重要性，而是将两者都框定在形式理论中。同时，这一类比也成为验证对正义定义的利器，构成柏拉图正义理论的一个重要因素，尽管不是其前提。而当柏拉图完成对正义的定义，进而考察不义的城邦和不义的灵魂时，他依然借用城邦—灵魂类比，但其目的既不在于勾画城邦类型学（typology），也不在于呈请不同类别的灵魂结构，而是在于展示与哲学王相对立的生活方式。正如哲学王的生活有其内外两面，后者亦如是。由此通过对比，二者最终指向苏格拉底对格劳孔挑战的回应：正义作为一种生活方式如何在任何情形下都要胜过不义。

同时，必须承认的是这一论证的缺陷也同样在于其对柏拉图形而上学的依赖，如果形式理论崩解了，这一类比同样丧失其合法性，也就是说，上述解释只是缓解了城邦—灵魂类比的理论危机，将其延宕至柏拉图本体论和认识论的合理性之中。同时，这一粗线条的勾勒还有很多细节有待丰满，尤其是城邦—灵魂类比在第八和第九卷中的运用。但是，它至少揭示了《理想国》第二至第九卷的内在统一性，不仅囊括政治哲学和伦理学，而且统摄其形式理论，其中作为“理想国”的“美好城邦”和哲学王的现实性构成论证的重要环节，我们只有在整体把握了柏拉图形式理论的基础上才有可能正确地理解或者批评其正义理论，无论它有关城邦还是灵魂。这一说法平淡无奇，不幸的是，城邦—灵魂类比的研究者们，无论是出自分析哲学背景，还是来自大陆哲学传统，都不约而同或有意规避了这一老套见解及其后的形而上学预设。①

① 本文得到“中国博士后科学基金资助项目”（China Postdoctoral Science Foundation funded project）的资助，特此致谢。如果没有靳希平教授的敦促，本文恕难完成，谨致谢意。我还要感谢参与我的“柏拉图与柏拉图传统”讨论课的北大同学，帮助我推进对《理想国》基本论证结构的反思。本文中文曾在“第四届南北哲学论坛”上宣读，英文曾在“第九届柏拉图大会”上宣读。

奥古斯丁与世界秩序的理念化*

李　猛**

“观念”(idea)是早期现代哲学的核心概念。笛卡尔、洛克、莱布尼茨围绕“天赋观念”(innate ideas)前后的“争论”,阿尔诺和马勒伯朗士等人针对观念性质的交锋,都属于现代哲学的重要篇章①。当时许多人都认为“观念”是所谓“新哲学”何以为“新”的一个主要原因②。

但也有人认为,“观念”并非什么新的概念。洛克在回答他的批评者时就声称,所谓的“新的观念途径”不过是“新瓶装旧酒”(a new history of an old thing),和旧的途径是一回事儿(the new way of ideas, and the old way of speaking intelligibly, was always, and ever will be the same)③。但究竟什么是“旧的途径”呢?人们自然想到的就是柏拉图的ἰδέα 甚至 εἶδος④。但将现代哲学的“观念”与柏拉图的 εἶδος 或ἰδέα 直接联系起来的决定性困难就在于柏拉图的 εἶδος 并非“思想”,尤其不是“我思”。对于万有所分参的

---

* 本文原刊于《社会科学战线》2011 年第 4 期。

** 李猛,1971 年生,男,北京大学哲学系副教授。

① 观念作为整个后笛卡尔哲学的关键概念,可以参见 Richard Watson, *The Breakdown of Cartesian Metaphysics*, Indianapolis: Hackett, 1987, part 1。

② 例如,洛克的批评者就认为洛克是个“观念论者”(ideist),因为采纳一种所谓“新的观念途径”(a new way of ideas),背离基督教实在论,走向了怀疑主义。参见 John Sergeant, *Solid Philosophy asserted against the Fancies of the Ideists* (*1697*), “Preface”, sec. 2, 7, 18, 22, Garland reprinted, 1984, and “Preliminary First” 有关洛克“观念”用法的讨论;Edward Stillingfleet, *Answer to Mr. Locke's Second Letter*, Thoemmes 2000 reprint of 1697-8 edition *the Philosophy of Edward Stillingfleet*, Vol. V, p. 66, cf. his *Answer to Mr. Locke's Letter*, *the Philosophy of Edward Stillingfleet*, Vol. V, pp. 80-81。

③ John Locke's “Replies to the First/Second Letter of the Bishop of Worcester”, in *The Works of John Locke*, Vol. 4: 134-135, 430.

④ 在著名的 *Index Scolastico-Cartésien* 中,在 idée 辞项下,Étienne Gilson 首先列举的就是 Thomas 的解释:“希腊文的ἰδέα 拉丁语说成是 forma”(ST. I. 15, 1), p. 136。

εἶδος 来说,如果等于"思想"(νόημα),将导致荒谬的结论(《巴门尼德篇》132b-c)。而在《蒂迈欧篇》中讲述的"世界"生成的故事中,世界或者"万有"的"匠人"(δημιουργὸς)需要照着永恒的"范型"才能完成他的制作,这个世界被看做是永恒的"范型"的"象",但这些"范型"本身却是非生非灭的(28a—29b,52a)。也就是说,在这个"有关万有的言说"(27c)中,这个世界的生成是由两个彼此独立的本原决定的:一个是制作这个世界的"匠人",他被称为是"万有之制作者或万有之父(ποιητὴς καὶ πατήρ)",是一个完全不知嫉妒的善良的神(29e);而另一个则是他在完成其工作时遵循的"范型",这些范型被称为是永恒的、完美的"理智活物"(νοητὸν ζῷον,39e)。"匠人"并没有"大能"足以创造范型本身(37d),或者无视范型来工作。事实上,如果他采用的范型不是永恒的,他制作的世界也是不美妙的(28b)。因此,在蒂迈欧讲述的神话中,神尽其所能使这个世界接近完美的范型,但没有任何迹象表明,范型就是神的理念或是神本身[①]。然而笛卡尔却明确指出:"我之所以使用 idea 这个名词,就是因为哲学家常用它来指神圣心智的领悟形式(formas perceptionum mentis divinae)。"[②]显然,在笛卡尔的"我思"秩序和柏拉图的世界秩序之间有一个巨大的鸿沟,柏拉图的 εἶδος 或ἰδέα 怎么从神之外的"范型"变成了"神圣心智的领悟形式"了呢?

对这个重要的问题,许多学者尝试给出答案。根据他们的研究,在柏拉图之后,在柏拉图学派和亚里士多德形而上学合流的过程中,柏拉图的 εἶδος 逐渐被解释为神的思想。在这一过程中,中期柏拉图学派、新柏拉图主义、菲洛和早期教父的努力是最重要的环节[③]。不过,对于笛卡尔的同时代人来说,面对笛卡尔的"新的观念途径",人们第一个想到的不是波西多

---

① 在柏拉图作品中,最接近这一想法的是《政制篇》中讨论诗的段落中提及神是"真正的床的真正制作者"(597d),但这是否是"苏格拉底"乃至柏拉图本人有关 εἶδος 的最终教诲,或者说,是否善的 εἶδος 也是神的制作,我们都无从知晓。

② AT VII. 181,中译文参见笛卡尔:《第一哲学沉思集》,庞景仁译,商务印书馆,1996,第182页。

③ Roger Miller Jones, "The Ideas as the Thoughts of God", *Classical Philology*, Vol. 21, No. 4 (Oct., 1926), pp. 317-326; H. A. Wolfson, "Extradeical and Intradeical Interpretations of Platonic Ideas", in *Religious Philosophy* (New York, 1965), 27-68.

尼奥斯(Posidonius)、普罗提诺、犹太人菲洛或希腊教父奥利金,而是奥古斯丁。马勒伯朗士就是其中的代表。在他看来,所谓"新的观念途径"已经包含在奥古斯丁的一篇小文章(*De Ideis*)中了①。因此,这篇文章或许在"世界秩序的理念化"过程中并非决定性的文本,但对于奠定这一思想在西方世界的支配地位却影响巨大,在中世纪被大阿尔伯特、托马斯、波那文图拉和司各特作为讨论"理念"问题的权威文本征引②。

奥古斯丁的这篇短文,被收入《八十三个不同的问题》(*De Diversis Quaestionibus LXXXIII*)中,编号 46,这一组札记大致写于 388—396 年之间③。

在文章的开头,奥古斯丁就承认,人们一般认为是柏拉图率先使用"idea"这个词的。不过他马上推测说,在柏拉图"设立"这个说法之前,这个词不会不存在,更不用说 idea 所指的事情本身(res ipsaeq... uas ideas vocavit)了;至少在柏拉图之前,有智慧的人不可能不知道 idea 所指的东西。奥古斯丁进一步将这种可能性延伸到希腊之外。问题不是语词,而是事情本身。构成人本性的力量(vis)使人无法脱离这些"理念"来理解任何东西。因此,对于"理念"的问题来说,问题并非某些哲学家设立的"名字",而是所有有智慧的人,甚至所有人本性中确立的理智与理念的内在关联。奥古斯丁的倡议——"让我们来看事情本身吧"——预示了理念在"事情本身"构成上的重要作用。

不过接下来讨论的仍然是语词的问题。奥古斯丁指出,在拉丁语中,ideas 这个词可以翻译成 formae 或 species,这两个译法基本上是可以换用

---

① Malebranche, "Préface" to *Entreties sur la métaphysique, sur la religion, et sur la mort*, in *Oeuvres*, II (nrf, Gallimard), pp. 654-656.

② James Hastings and J. Selbie ed. *Encyclopedia of Religion and Ethics*, Rep. Kessinger, 2003, part. 13, p. 83.

③ David Mosher, "Introduction" to *Eighty-Three Different Questions* (Washington: Catholic University of America Press, 1982), pp. 2-20; Jean Pépin, "Augustin, Questio 'De Ideis'. Les Affinités Plotiniennes", in *From Athens to Chartres: Neoplatonism and Medieval Thought: Studies in honour of Edouard Jeauneau* ed. by H. J. Westra (Leiden: E. J. Brill, 1992), p. 117, n. 2. 这一阶段正是奥古斯丁通过阅读"柏拉图派的书籍"并最终转向基督教的人生关键阶段,参见 Peter Brown, *Augustine of Hippo* (Berkeley: University of California Press, 2000), Part II, pp. 386-395。

的。对于熟悉西塞罗著作的奥古斯丁来说,这个讲法是很自然的①。但接下来的说法却超越了西塞罗的影响:

> 可是,如果我们称 ideas 为 rationes,我们实际上就偏离了对 ideas 的严格翻译,因为希腊人称 rationes 为 λόγοι 而不是 ideas;不过,任何人想要这么使用这个词,也不算脱离事情本身。因为本原性的理念是事物的某些稳定不变的形式或理,它们就其本身而言不是被形塑的,因此是永恒的,彼此之间永远具有同样的关系,它们被包含在神的理智中。

奥古斯丁很清楚,他在将 ideas 解释为"理"的时候,已经偏离了严格恰切意义上的翻译和解释(ab interpretandi... proprietate),但他坚持,这样的做法并没有脱离事情本身(a re ipsa non abhorrebit)。现在我们看到,文章开篇对语词和事情的区分是为了这里的"偏离"进行的准备。但这一"偏离"的真正意义是什么呢?

根据 Wolfson 的卓越研究,柏拉图《蒂迈欧篇》中的"神"和"范型"这两个独立本原在柏拉图身后的结合,一个重要的途径就是借助 logos 的概念,将"范型"理解为先于"可见世界"(κόσμος ςρατός)为上帝所创造出来的"理智世界"(κόσμος νοητός),这一"理智世界"作为包含所有理念的总体,就是 logos。这样,原来独立于"万有的制作者"的"范型",就首先存在于上帝的心智中,然后被创造为上帝心智之外的理智世界,再进一步根据蒂迈欧式的模式制作成为我们周围的"可见世界"②。这样,世界秩序的本原

---

① Cicero, *Tusculan Disputations* I. 58(这里提及 species);*Topica*, 30(西塞罗在此处倾向于用 forma)。Vivian Boland, *Ideas in God According to Saint Thomas Aquinas: Sources and Synthesis* (Leiden: E. J. Brill, 1996), pp. 23-24, 37.

② H. A. Wolfson, *Philo: Foundations of Religious Philosophy in Judaism, Christianity, and Islam* (Cambridge: Harvard University Press, 1947), Vol. I, Chap. IV; *The Philosophy of the Church Fathers* (Cambridge: Harvard University Press, 1970), Vol. I: *Faith, Trinity, Incarnation*, Chap. XII. "Extradeical and Intradeical Interpretations of Platonic Ideas",扼要地包含了他的主要观点。Wolfson 称这一理论为理念的"二阶段理论"。但从本文考察的这篇短文来看,奥古斯丁的立场更接近所谓的"一阶段理论",详细的讨论参见 *The Philosophy of the Church Fathers*, Vol. I: *Faith, Trinity, Incarnation*, pp. 192-231。

就统一在具有大能和全知的上帝这里,但希腊的影响使这个世界的秩序必须依赖另外一个世界,"理智世界"或者"理念世界",才能获得理解:理智世界是这个世界的范型,这个世界是理智世界的仿品。[①]

奥古斯丁在其早期作品中就已经接受了这一糅合了柏拉图学派和亚里士多德学派的路径[②],但他说"这一哲学不是关于这一世界……而是关于另一个理智的世界",难免让人想起《约翰福音》中耶稣所谓的"我不是属于这个世界的"(8:13);"我的国不属于这个世界"(18:36)。[③] 在晚年的修正中,奥古斯丁更明确地将"另一个理智的世界"与上帝"创造这个世界的永恒不变的理本身"(ipsam rationem sempiternam atque incommutabilem, qua fecit Deus mundum)联系在一起。[④] 无论是哪一种说法,这个世界的秩序基础并不在这个世界之内,世界必须借助超世界的、甚至不被世界承认的原则来奠基,却是奥古斯丁从希腊思想中"劫掠来的战利品"。

因此,奥古斯丁在本文中将ideas与rationes联系在一起,就是要强调这些"理念"是这个世界的基础:"事物的某些稳定不变的形式或理。"所有其他生灭的东西都是根据这些"理念"形塑而成的(secundum eas... formari)。任何一个信奉真正宗教的人,"即使还不能直观到这些理念",也不能不承认,上帝作为世界的造作者,安排一切都不可能以非理性的方式(rarationabiliter),他是"用最高的法律来包容和统治""事情本身的普遍安全和普遍秩序"(universalem rerum incolumitatem ordinemque ipsum)。这样说,不仅意味着整个世界(万物)都是凭借"理念"安排或者说创造的(omnia ratione sint condita),而且意味着每个造物都是根据其独特的"理念"创造的(Singula... propriis sunt creata rationibus)。这些存在的事物是什么样子是由其就

---

① Wolfson 认为菲洛是第一个使用"理智世界"的人,柏拉图在《斐利布篇》(64b)中的类似说法尚不具有这里的意涵(*Philo*, Vol. I, p. 227)。也就是说,虽然柏拉图可以说是第一个在"世界"的意义上使用 κόσμος 的概念(Remi Brague, *The Wisdom of the World*, Chicago: University of Chicago Press, 1999, p. 22),但他并不打算将这个世界秩序基础的范型看做是另外一个世界。

② *Contra Academicos* (386-387), 3.19.42.

③ *De Ordine*, I.11.32,从这一角度解释了《约翰福音》的段落,强调《圣经》鄙弃的哲学只是关于这个世界的哲学,而不是所有哲学。Wolfson, *The Philosophy of the Church Fathers*, Vol. I: *Faith*, *Trinity*, *Incarnation*, pp. 280-282.

④ *Retractationes* (426-427), I. iii. 2.

类而言的独特本性所决定的(quaecumque in suo genere propria quadam natura continentur ut sint),而这些事物的本性其实就是由这些理念所规定的。事物的自然秩序归根结底就是其理念秩序。理念不仅建立了事物的“普遍秩序”,而且似乎是这一秩序不受威胁和动摇的基础。

那么作为事物普遍秩序基础的“理念”又在什么地方呢?对这个问题的回答是柏拉图之后哲学家和神学家们试图整合世界秩序的“制作者”和“范型”这两个本原的主要入手点。我们知道,柏拉图笔下的蒂欧提玛在提及美的 εἶδος 时断定“它不在任何别的东西中”(οὐδέ πουὄνἐνἑτέρῳ τινί, 211a),亚里士多德的理解是,这并不像后来奥古斯丁等人认为的,指它在另外的世界或这个世界的外面,而是意味着“它没有地方”(μηδὲ πού. Phys. 203a9)[①]。而马勒伯朗士之所以在后笛卡尔时代推崇奥古斯丁的这篇小文章,就在于奥古斯丁在这篇文章中明确强调,理念是在上帝的心智或理智中。当上帝在形塑或创造这个世界时,他并不是像《蒂迈欧篇》里的“匠人”一样观看外在于自己的东西(Non... extra se quidquam positum intuebatur)。不过,在某种意义上,这种将理念视为上帝这个创造者心智中的观念的做法,可以看做是将神这个“匠人”与一般工匠进行类推的结果。塞涅卡就指出,在亚里士多德提及的“四因”之外,柏拉图加上了第五种原因,即作为“范型”(exemplar)的 idea,匠人在制造一个东西时参照的就是这个范式。无论这一范式是外在的(foris),还是内在的(intus)都不影响它的作用。但在神这里,万物的范型是在神的里面(intra se)[②]。既然奥古斯丁认为柏拉图和亚里士多德是一致的[③],他当然会将塞涅卡在柏拉图和亚里士多德之间建立的这种斯多亚

---

① Wolfson, “Extradeical and Intradeical Interpretations of Platonic Ideas”, p. 34. 值得注意的是,Kevin F. Doherty 指出,虽然柏拉图作品中从未明确指出 ideas 的“位置”,但之所以柏拉图之后的大多数哲学家都将其定位在神的心智中,不仅因为柏拉图之后哲学的折中倾向,也是因为柏拉图的作品整体与这一立场具有某种亲缘关系:“Location of the Platonic Ideas”, *The Review of Metaphysics*, Vol. 14, No. 1 (Sep., 1960), pp. 57-72。这种亲缘关系的实质是西方为这一可见世界寻求根基的“形而上学”做法。

② Seneca, *Epistolae* LXV, cf. LVIII,对比神的制作与人类工匠的制作。见 Erwin Panofsky 对这一脉络的勾勒,*Idea: a Concept in Art Theory*, New York: Haper&Row, 1968, pp. 19-25。

③ *Contra Academicos*, 3. 19. 42.

综合看做是对柏拉图学说的一个准确描述①。因此,从文本看,奥古斯丁并没有认为将理念位于神圣理智中的做法是偏离柏拉图学派的“创新”,并且很自然地将这一学说与万物对理念的“分参”(participatio)联系在一起。

如果说将 ideas 理解为“理”(rationes),在“宇宙论”层面有助于将柏拉图的“范型”解释为上帝创造世界的理性规划或设想,那么在“心理学”层面,这一“理”又可以进一步建立人这种理性造物与理念秩序之间的内在关联:当理性灵魂(anima rationalis)纯净时,它最贴近上帝,对理念的分参程度胜过上帝的其他造物,并可以借助理智的光照分辨这些理念。不过,理性灵魂对理念的直观不是通过有形的“眼睛”,而是通过内在的理智之眼,健康、纯正、庄严,与理念相似的眼睛(sanum et sincerum et serenum et similem his rebus, quas videre intendit),而且要求理性灵魂首先达致一种圣洁(sancta et pura)的状态。奥古斯丁对理性灵魂的这些描述体现了普罗提诺或新柏拉图主义的强烈影响:对这个世界的秩序基础——理念世界——的把握,不仅仅意味着理智上的努力,而且意味着道德或者说个人修养上的努力。② 这一点特别显示了普罗提诺的论文《论美》的影响。③ 甚至奥古斯丁强调的作为理智光照基础的理性灵魂与上帝在爱中的结合(eique in quantum caritate cohaeserit),都不难在普罗提诺的这一作品中找到启发这一学说的线索。

不过,这些相似不应使我们忘记,奥古斯丁从没有在这篇文章中将理念构成这个世界秩序的作用像普罗提诺那样理解为“世界灵魂”。事实上,在这个关键的地方,在菲洛之后理解理念与上帝关系的两条途径之间,奥古斯丁是和奥利金而不是和普罗提诺站在一起的④。尤其是如果我们考虑到奥

---

① “柏拉图总是谈,上帝用永恒的理智,不仅包容了整个世界,而且包容了所有样式的生灵。”《论上帝之城》(*De Civitate Dei*)XII. 26。中译本,吴飞译,上海三联书店,2008 年,卷中,第 149 页;参见 XII. 25 论两种样式。Cf. Boland, *Ideas in God According to Saint Thomas Aquinas*, p. 26.

② Pépin, “Augustin, Questio ‘De Ideis’. Les Affinités Plotiniennes”, pp. 121-133.

③ *Ennead* I. 6. 7-9。学者普遍同意,奥古斯丁读过普罗提诺的这篇论文。例如 John O' Meara, *The Young Augustine*, London: Longmans, 1954, p. 98。

④ Wolfson, “Extradeical and Intradeical Interpretations of Platonic Ideas”, p. 44;不过 Wolfson 也指出,这种“内在的理”在某种意义上可以看做柏拉图或斯多亚派的“世界灵魂”的基督教变形;不过这一点要在“三一论”的框架内讨论,这显然超出了奥古斯丁这篇短文以及本文的限度。见 *The Philosophy of the Church Fathers*, Vol. I, pp. 249-250。

古斯丁很可能读过普罗提诺的《论三实体》(*Ennead* V.1)[①],那么奥古斯丁这里显然是有意识地抛弃了普罗提诺的路线[②]。

如果说,ideas 是上帝创造依据的“理念”,位于上帝的理智中,只有圣洁的理性灵魂才能直观到,那么这些理念本身从何而来呢?对理念的形而上学地位问题,奥古斯丁的这篇短文却不无含糊之处。奥古斯丁强调,这些理念从不生灭(neque oriantur neque intereant),是永恒的(aeternae),稳定不变的(stabiles atque incommutabiles),不是被形塑的(formatae non)。这些对理念的论述保留了强烈的柏拉图学派的色彩。[③] 然而,理念本身的“永恒性”是否意味着理念具有某种相对于上帝而言的独立性呢?对于这个问题,从思想史的角度看,菲洛的著作已经表明理念的“永恒性”并不排除理念本身是被造的,它只意味着“持久”和“不可毁灭的”[④]。但因为奥古斯丁并没有采纳菲洛的理念二阶段的理论,因此,这一解决方案对于奥古斯丁来说没有什么吸引力。而且奥古斯丁在本文中断定理念不仅是永恒和稳定不变的,而且是没有生灭的。特别是如果我们把这里的 fomari 理解为“创造”的话[⑤],这意味着这些理念不是上帝创造的[⑥]。考虑到奥古斯丁在晚年的《修正》中并没有撤回这些论述,奥古斯丁似乎认为这些论述并没有危及上帝原则的绝对优先性。

但既然奥古斯丁将 ideas 与 logos 联系在一起,或许我们需要联系奥古斯丁“三一论”中的有关讨论来解决这一问题。在《八十三个不同的问题》的另一篇中,奥古斯丁就已经明确从圣父与圣子的关系角度出发来理解上帝及其理念的关系:

---

① R. J. O'Connell, "The *Enneads* and St. Augustine's Image of Happiness", *Vigiliae Christianae*, Vol. 17, No. 3 (Sep., 1963), p. 130.

② 参见 *De Civitate Dei*, X. 23。

③ Pépin 甚至认为其中就有《斐多篇》字句(78c)“有意无意的借用”:“Augustin, Questio ‘De Ideis’. Les Affinités Plotiniennes”, p. 122。

④ Wolfson, *Philo*, Vol. I, p. 208.

⑤ 参见 Marie-Anne Vannier, “*Creatio*”,“*conversio*”,“*formatio*”, *chez S. Augustin*, Freibourg, Suisse: Editions universitaires, 1991, pp. 148-172。将“形塑”视为“创造”的重要环节,本身就意味着“理念”在创造中占据了非常根本的位置。

⑥ 对比菲洛,Wolfson, *Philo*, Vol. I, pp. 208ff。

……经由分参而相像的东西会接纳不相似的东西，但相像本身(ipsa similitudo)无论如何不可能是不相像的。因此，当圣子被称为是圣父的像(similitudo)时(因为万物彼此相像或者与上帝相像都是凭借对圣子的分参，因为圣子是万物被规定的原初样式，或者说万物被形塑的形式)，他丝毫不可能不像他的父。①

这里所谓的“万物被规定的原初样式，或者说万物被形塑的形式”(species prima, qua sunt, ut ita dicam, speciata, et forma, qua formata sunt omnia)不就是在《论理念》中所谓“本原性的理念”(principales quaedam formae vel rationes)本身的根源吗？托马斯在《有关真理的问答》中就曾引用奥古斯丁在《上帝之城》中的话说“任何拒绝理念存在的人都是不敬者，因为他否定了圣子的存在”②。而对于等同于圣子的 logos 来说，理念的永恒不过意味着先于时间的永恒生成罢了③。

借助三一论的形而上学架构，奥古斯丁日后得以表述一种与柏拉图学派相当不同的世界秩序图景，而理念的生成问题，甚至理念本身，都将不再是其中的核心问题。但就整个西方形而上学的历史而言，奥古斯丁的这篇文章之所以受到如此广泛的重视，恰恰表明奥古斯丁建构的世界图景仍然决定性地依赖希腊思想的因素。因此澄清与这一传统的关系，就成了经院哲学难以回避的棘手问题。而作为现代形而上学的奠基人，笛卡尔又进一步将世界秩序的基础从神圣理智中的理念转移到我思的观念中。这一努力

---

① *De Diversis Quaestionibus LXXXIII*, 23, cf. *De Vera Religione* (390-391), 31.58.

② *De Veritate* q.3 a.1，英文版译者认为指的可能是《上帝之城》第10卷23—24章(Robert Mulligan, Chicago: Henry Regner, 1952, p.446)，但显然这两章并不包含这段引文，连相近的文字都没有。也有人认为这段话出现在《论三位一体》中，但我们同样在这部著作中找不到这段文字。从波那文图拉提及这段话的方式来看(Et hinc habet ortum illud quod consuevit dici, quod qui negat ideas esse, negat Filium Dei esse. *In Sent*. VI.3, resp.)，他同样无法在奥古斯丁著作中找到这段话，但当时已经普遍流传这句话，并将其归给奥古斯丁了(William of Auxerre, cf. *Historisches Wörterbuch der Philosophie* IV ed. J. Ritter, Basel, 1976, col. 82)。我们猜测，最初将这句话归给奥古斯丁的人恐怕是混淆了奥古斯丁后来从“三一论”角度对这一问题的讨论(但那时理念的表述慢慢消失了)与他早期的这篇小文章。在该文中，奥古斯丁曾提到，将理念置于上帝之外是亵渎。

③ Wolfson, *The Philosophy of the Church Fathers*, Vol. I: *Faith*, *Trinity*, *Incarnation*, pp.220-222.

在多大程度上是对奥古斯丁努力的背叛，或者相反，是其努力的真正完成，仍有待我们进一步的研究。①

---

① 如果我们对比笛卡尔有关“永恒真理”的论述，我们会发现，至少奥古斯丁的三一论框架已经被决定性地抛弃了，取而代之的是绝对权力的概念。

奥古斯丁论死亡*

吴　飞**

在奥古斯丁的思想中，死亡的产生是原罪的一个重要后果，甚至可以说，人因为堕落而带来了死亡，这是原罪最基本的含义。考察死亡问题，可以帮助我们理解奥古斯丁的原罪观，以及相关的很多问题。但死亡也给奥古斯丁带来了很大的理论困难，特别是放在他的时间学说之下。本文即结合奥古斯丁在《上帝之城》第十三卷中的死亡论述和《忏悔录》中的时间论述，来看他对死亡问题的基本理解。

一、死亡与时间

奥古斯丁在《上帝之城》第十三卷中这样界定身体的死亡：

> 灵魂与身体本来一直在亲密地共生共栖，而今被一种力量撕开，就产生了一种绝望和违背自然的感觉，这种感觉一直持续，直到因灵魂与肉体的结合产生的感觉完全被褫夺。所有这些烦恼并非从未发生过。对身体的一击或灵魂的创伤都时有发生，但因为非常迅速而不能被感觉到。发生在死者身上的一切，都在以沉重的感觉褫夺死者的感觉。①

死亡，是灵魂与身体的分离。对于依靠身体和灵魂来感觉的人来说，身体与灵魂分离时，人会感到巨大的烦恼。在平时的生活中，身体和灵魂都常常受到伤害，身体和灵魂也经常发生冲突，死亡就是所有这些伤害的总和，

---

* 本文原刊于《宗教与哲学》（第一辑），社会科学文献出版社，2011 年。

** 吴飞，1973 年生，男，北京大学哲学系副教授。

① 《上帝之城》，13:6；吴飞译本中册，上海三联书店，2008 年，第 156 页。

是身体与灵魂的最终决裂。感受死亡的人因为身体和灵魂的双重创痛而极度痛苦;但更大的痛苦却是,对痛苦的这种感受力正在慢慢消失。当死亡完成的时候,人的灵魂已经无法感觉到身体承受的痛苦,灵魂的痛苦也不再作用于感官之上。因此,对于人而言,死亡既是对最大的痛苦的感受,又是任何感觉的消失。垂死者之所以能感受到最大的痛苦,就是因为他的感受力正在被褫夺。

奥古斯丁由此产生了一个疑问:"灵魂与身体分离的时候,不论好人还是坏人的,应该说是在死后发生呢,还是在死时发生呢?"①人人都知道死亡存在,但死亡似乎却无法把捉。对于垂死的人来说,他虽然感到了巨大的痛苦和烦扰,但他毕竟还活着,没有死去。只要他的感觉能力还在,他就是活着的,因此他越是能感到痛苦,他就越不是死去了。对于已死的人来说,死亡已经发生了,身体和灵魂已经分离了,他已经没有了感觉能力,感受不到痛苦了。于是,人要么是将死,即活着,要么是已死,即死了,似乎没有任何人处在死着的在死状态:"关于死,我们说有三个时间段:死前,在死,死后。这三个又分别对应于活着、死着、已死。死着的状态即在死之时,不是死前活着的状态,也不是死后的已死,而就是死着,即在死,这是最难界定的。"②我们用一个简表来描画这三种状态:

死前(ante mortem)	在死(in morte)	死后(post mortem)
活着(vivens)	死着(moriens)	已死(mortui)

左面第一列是人能感觉到身体和灵魂分离时的状态,奥古斯丁描述这样的人的状态说:

> 只要人们有感觉,那就是在活着;只要活着,那就应该说是在死之前,而不是在死的时候。死亡逼近时很让人烦恼,而当死亡来临之时,身体的所有感觉都消失了。正是因此,我们很难把那些还没有死,但是濒临死亡,被抛入了极端的和垂死的痛苦中的人的感觉描述

① 《上帝之城》,13:9;吴飞译本中册,第158页。

② 《上帝之城》,13:11.1;吴飞译本中册,第160页。

> 成“死着”……哪怕濒临生命的终点，甚至我们说灵魂要移动了，但只要他还有灵魂，那就是还活着。①

右面那最后一列是人已经无法感觉到痛苦的时候，死亡已经完成了，灵魂离开了，死了的人已经没有感觉的能力了，那就是死后的已死状态。

我们在讨论死亡之时，真正关心的当然是中间那一列，处在死时的，在死的人。他正在死着，即既不是活着，也不是已死，而是正处在死亡的过程中。死对于他而言，是现在进行时。但是，并不存在正死着的人。人们要么是处在死前的活着状态，要么是处在死后的已死状态，没有人正在经历死亡。但是，如果没有死这件事，死前的人怎么会变成死后的状态呢？

奥古斯丁自己提到，死亡这种无法把捉的状态，正如同现在的不可把捉状态：“如果活着，那就是死前，如果不活了，就是死后。所以死着，即在死，是不可把捉的。这就像在流转的时间中寻找现在，是找不到的，因为现在没有长度，是从未来走向过去的过渡。”②而今，“死亡”似乎就是时间中的“现在”：死前是尚未到来的，死后是已经过去的，死亡就是正在发生的现在，但是这个现在却不可把捉。如果只有现在是真实存在的，难道它不该和活着更接近吗？我们现在为什么看到，它似乎和死亡更接近呢？

死亡或现在之所以不可把捉，并不是因为它非常迅速，转瞬即逝，而是因为它在本性上就是无法把捉的。即，死亡和现在都不是一段时间，哪怕只是转瞬即逝的须臾。它们不可把捉，是因为它们没有长度，只是一个点。之所以无法用现在进行时来描述“死着”，就是因为它不是一个可以绵延持续的时间段。《忏悔录》中著名的这一段，讲的就是这个意思：

> 人的灵魂啊，我们看，现在的时间是否会是长的，因为你可以感觉和测量时间的绵延。你怎么回答我呢？现在的一个世纪是不是长时间？先看一个世纪能否是现在。如果我们在其中的第一年，那就是现在，九十九年都在将来，尚未存在。如果我们在第二年，则一年已经过去，另一年是现在，剩下的都是将来。在这一个世纪中间的任何一年，

---

① 《上帝之城》，13:9；吴飞译本中册，第158—159页。

② 《上帝之城》，13:11.1；吴飞译本中册，第160—161页。

我都可以说是现在。这一年之前的是过去,之后的是将来。因此,一个世纪不可能是现在。那么看一年是否是现在。如果我们在它的第一个月,剩下的月都是将来;如果在第二个月,那么一个月是过去,其余的尚未存在。于是,一整年也不会是现在,如果一整年不是现在,一年就不是现在。一年是十二个月,其中只能有一个月是现在,剩下的要么是过去,要么是将来。也不会有一个月是现在,只会是一天。如果是第一天,其余的是将来,如果是最后一天,其余的是过去,如果是中间,就介于过去和将来之间。①

奥古斯丁随后以同样的逻辑进一步分析,在一天之中,不可能每个小时都是现在,只有一个小时是现在,其余的都是过去或未来;而在一个小时中,也只有一分钟是现在,其余的都是过去或未来;在一分钟之中,也只有一秒钟是现在,其余的都是过去或未来。可以无限这样分下去,任何一个时间段,哪怕再小,都不可能是现在,因为现在只能是其中的一个点,而不是一个时间段。这段分析的实质就在于,现在不是任何长度的时间段,而是一个没有长度、不可绵延的点。

我们可以将奥古斯丁的这个观点与亚里士多德关于"现在"的经典说法作一对比。亚里士多德在《物理学》第四卷第十三章说:"现在是时间的连接点,因为它连接过去和未来的时间。它也是时间的界限,因为它是一个的开端,另一个的终结。"②亚里士多德认为,现在只不过是过去和未来之间的一个临界点。它就像数学中的点一样,并不是一个存在的实体,或者说,现在并不是时间,只有过去和未来才是时间。

奥古斯丁和亚里士多德最大的区别在于,他坚持认为,只有现在才是真正存在的,上帝就是永恒的现在。但奥古斯丁并不能改变亚里士多德所描述的"现在"的本性,它仍然是不可把捉、没有长度的一个点,而不是一个时间段,因而现在并不是时间。这些观点都和亚里士多德是一致的。不过,在奥古斯丁看来,时间是虚幻的,过去和未来都不是真正的存在;而恰恰是这

---

① 《忏悔录》,11:15[19]。笔者依据拉丁文自行译出。

② 《物理学》,4:12,中文用《亚里士多德全集》本。

个没有长度、不可绵延的点,才是真正的存在。正是在这个地方,形成了奥古斯丁与亚里士多德对时间与存在完全不同的判断。亚里士多德那里永远存在的时间,被奥古斯丁说成是虚幻的;但亚里士多德那里的临界点,变成了真正的存在,甚至是上帝的体现。

奥古斯丁说,只有上帝是真正的存在,是永恒的现在。那么,就只有上帝才是这个不变的点。上帝是没有过去、没有未来的,他的存在是不可绵延、没有长度的,因而他也不可能存在于时间与空间之中。上帝这个绝对的存在,恰恰就是亚里士多德那里那个并非存在的临界点。

和永恒的上帝相比,处在时间中的人,却只能在并非真正存在的未来和过去之间流转,无法把捉到现在。只有现在是真正存在的,而人却无法把握现在,这正是人生在世的悲惨处境。时间的流转将人的存在变得支离破碎,无法收束聚合到一起。现在,只是相对于未来和过去而言的。有了过去和未来的对照,才有了现在这个"时间"。但现在就是存在,所以,无论是上帝这个绝对的存在,还是人这个被造的存在,其存在,都只能有一个点,即,人并不是有很多个现在。人只有一个现在,但由于他处在时间当中,他的现在这个点表现为不同的时刻,看上去好像人有很多个现在。但这是时间给人造成的幻象,时间使人的存在被分割为无数的时刻,而这些时刻又在未来和过去之间流转演变。于是,他的现在就被无休止地牵扯和延伸,而无法凝固为一个点。人的时间感,就来自于他的现在的拉扯和延伸。

因此,虽然就时间而言,只有现在才是真正的存在,但只有不处在时间当中的上帝才能真正把握住现在。彻底把握住现在,就不会有死亡存在,而是真正意义上的永生。生活在时间中的人,是没有能力把握现在的。他的生活虽然以现在为主轴,但是充满他的生活的却是虚幻的未来和过去,左右撕扯牵连着他的现在,使他的存在不可能安定平稳下来。人生在世就是一场试探①,自我的生命成为一个沉重的负担,充满着各种烦恼和操劳。

阿伦特认为,奥古斯丁将人对幸福生活的希望投向绝对的未来,但这个

---

① 此语来自七十子本圣经《约伯记》7:1,奥古斯丁非常喜欢这句话,在很多地方引用过。

未来又变成了最终的过去。① 归根到底，真正的幸福是在永恒的现在。但无法把握住现在的人却只能到未来和过去寻求幸福。

对生活在时间中的人而言，堕落以及堕落带来的死亡到底意味着什么？奥古斯丁说，未来、现在和过去，其实都是现在的一种心智活动。现在，就是心智的注意；过去，就是心智的记忆；未来，就是心智的期望。② 若是这样，从生到死的历程，只不过是心智的历程。人从被创造，就和所有其他被造物一样，生活在时间中，有未来、现在、过去，而不可能像上帝那样，生活在永恒的现在。从那时候开始，人就有记忆和期望，但这并不意味着人是悲惨的，而是表明人与上帝有根本的不同。人只要把自己的记忆和期望都指向上帝，即那个永恒的现在，那他的未来、现在、过去就不是支离破碎的，而会收束聚合成一个坚实的自我，紧紧围绕上帝永恒的现在，成为上帝的完美的形像。

但因为人的堕落，他没有把心智指向上帝，没有指向绝对的未来和最终的过去，因而也就失去了与永恒的现在的关联。于是，他的未来、现在和过去，相互分离，他的自我就变得支离破碎了，心智中的记忆和期待都变成了牵扯现在的力量，而无法再帮人皈依上帝。记忆、期待和当下的注意不再共同指向永恒的现在。记忆，指向曾经经历过的某些快乐；期待，指向幻想出来的某种快乐；注意，则徒劳无功地在现在的时刻寻求快乐。时间三个维度的分离破碎，其实就是心智中三个维度的相互分离，结果就变成了灵魂中的内在冲突。所谓身体和灵魂的冲突，归根到底其实是灵魂的自我冲突，或者说是灵魂的游移状态。③ 因为灵魂找不到真正的美好生活，就在过去、现在、未来的某种快乐之间徘徊犹豫，于是形成了内心的冲突。人的自我在这三个维度中游移，他就成为上帝一个破碎的形像。

作为灵魂和身体的分离，死亡是灵魂和身体冲突的极端体现；但在根本上，这是灵魂的内在冲突的结果。因为人的自我被时间切割分离，对人而言

---

① Hannah Arendt, *Love and Saint Augustine*, Chicago: The University of Chicago Press, 1996, p. 49.

② 《忏悔录》,11:28[37]。

③ 吴飞:《奥古斯丁论前性情》,《世界哲学》2010 年第 1 期。

最重要的现在则被虚幻的未来与过去所遮盖,人无法把握住它。死介于活着和已死之间,就像现在介于过去和未来之间一样。人无法真正把握住死亡,就像无法把握住现在一样。未来经由现在,马上转变为过去,生命经由死亡,也马上转变为已死。

其实,并非死像现在,而是死就是现在。和他一生中经历过的无数个时刻一样,死是拉扯他的现在的一个时刻。他的存在,在经历了生活中的每个时刻之后,而今来到了最后一个时刻,即死亡。这时候,所有的生活都已经变成了过去,他已经没有了未来,因为未来就是以后的已死状态,即不存在的状态。不过,即使在这本来不会再有未来的时刻,他的存在仍然不能凝固成一个点,而是还要被时间的流转所拉扯,于是,他的死也马上过去了,变成了过去。人即使在死时和死后,他的存在也无法安定下来,而要被时间拉扯撕碎。他并不知道现在是最重要的,那已经过去的生活中充满了暂时的快乐,他在记忆中留恋这些虚幻的快乐;那永远不会再到来的未来,也不可能有什么快乐,但他却把期望投射到这空洞的未来;本来是真正存在的现在,正在被卷入庸庸碌碌的过去,被虚无飘缈的未来吞噬。这种毫无意义的现在,就是死。生活在灵魂的冲突中的他,最终必将在死亡中终结自己的存在。但因为灵魂是不朽的,终结存在,并不意味着身心的共同毁灭,而是幸福的希望的彻底丧失。在身心撕裂的巨大痛苦中,人渐渐失去了感觉,失去了皈依上帝的可能,也失去了任何有实质意义的希望。死了的人本来连时间也应该一并失去,但时间所带来的痛苦和撕扯似乎并未失去。死后的人,只会处在更加悲惨的境地。

二、在生在死

在时间的框架中,死和生命中的任何时刻都没有根本的不同。生命中的每个时刻,都是现在的一个时刻,死则是现在的最后一个时刻。死这个时刻之所以特殊,是因为这个时刻恰恰是取消存在、取消现在的一个时刻。从这个时刻以后,那个有生命的活人就不复存在,他也就不再有实质意义的现在。人因为堕落而死亡,即因为堕落而取消了自己的存在。那么,这对于处在日常生活中的人有什么影响呢？堕落之后的人的生命将以死亡为终点，那么这样的生命是怎样的呢？

奥古斯丁在很多地方说，尘世的生活与其说是生，不如说是死。在《上帝之城》中，他在讨论了死前、死时、死后的三个维度后说：

> 只有活着的人才会在死，因为哪怕濒临生命的终点，甚至我们说灵魂要移动了，但只要他还有灵魂，那就是还活着。这样，同一个人既是死着，也是活着。但是他在走近死亡，生命在离开。不过我们还是说他有生命，因为灵魂还在身体中。他还没有在死，因为灵魂还没有离开身体。但是如果灵魂离开了，也不是在死，而更应该是死之后。那么该说谁是在死呢？如果没有人能既死着也活着，那就没有人死着。只要灵魂在身体中，那就不能否定他是活着的。如果更应该说身体要死的人死着，而又不能说他既活着，也死着，我不知道他什么时候活着。[①]

若是严格从时间的角度来看，在死是从活着过渡到已死的临界点，而不是任何时间段，因此并不存在在死的人。但现在，奥古斯丁似乎做了一点让步，不再将在死当做一个点，而是宽泛地将生命的消逝说成“在死”和“死着”。一个人在濒临死亡的时候，他的生命在逐渐消逝，直到最后彻底丧失了生命，就是完成了死亡。这就是日常用语中一般所谓的“在死”。但这个在死的人毕竟还是活着。那么，难道可以说这个人同时活着和死着吗？

看上去，奥古斯丁此处是在玩文字游戏，因为说一个垂死的人“活着”和“在死”，并不是在同一个层面上讲的。不过，奥古斯丁随后由死亡开始了对必朽者的人生的一番讨论，却非常认真地将人生说成了在死。

既然垂死的人是既活着又死着的，那所有活人是不是都既在生又在死呢？垂死的人当然距离死亡很近，他的生命正在迅速消失，所以才说他“在死”，但那些距离死亡稍远的人，只不过在程度上与他不同而已，为什么就不能也说是“在死”呢？奥古斯丁说：

> 每个人从住在这个必朽的身体中开始，死亡无时无刻不在起作用，

① 《上帝之城》，13:9；吴飞译本中册，第159页。

> 逐渐逼近我们。整个此生(如果还可以称为生命),时间都在流转,死亡都在逼近。无论对谁而言,死亡都后一年比前一年更近,明天比今天更近,今天比昨天更近,过一会比现在更近,现在比刚才更近。我们生活过的每个瞬间,都要从整个生命的过程中减去,生活日用中一点一点地过,此生中的每个瞬间,无不更接近死亡,无人被允许停下哪怕一小会,或是走得慢一点。①

垂死之人之所以是在死,并不是因为他距离死亡更近,而是因为他的生命在消逝,在完成死亡这件事。若是这样,哪个人不是在完成死亡的过程中呢?只要他的生命在绵延,他活着的时间就在缩短;只要他的生命在缩短,他就是在完成死亡的过程,死亡就在起作用,那就算是"在死"或死着。"如果在死亡开始起作用,也就是生命开始减少之时,就算是每个人死亡的开始,即'在死'(因为,等到生命减完了,就是死后,不是在死了),那么,从我们开始在这个身体之中,我们就在死了。"②于是,活一天就是死一天,活着就是死着,活难道就是死?

活当然不能等同于死。活与死是完全相反的一对概念,就像存在与不存在、善与恶、光明与黑暗是完全相反的几对概念一样。但奥古斯丁说的是,在这短暂的尘世,必朽的生活和死是没有什么区别的:

> 一天一天、一小时一小时、一瞬间一瞬间地过,不就是死亡在逐渐完成吗?等到死亡完成了,就开始了死后的时间,怎么还是在死(即生命的消减)呢?如果人不能同时在生在死的话,一个人岂不是从有身体开始,就与其说是活着,不如说是死着?也许人可以同时在生和在死,说他在生,是因为他有生命,直到消减尽为止;说他在死,是因为生命的消减就是死亡。③

奥古斯丁清楚地意识到,无论具有怎样的修辞效果,严格说来不能认为一个人同时在生在死。当他说人在生在死时,他是在不同的两个层面说的。

---

① 《上帝之城》,13:10;吴飞译本中册,第159页。
② 《上帝之城》,13:10;吴飞译本中册,第159—160页。
③ 《上帝之城》,13:10;吴飞译本中册,第160页。

但他之所以要把生活说成是在死,根本上在于这是原罪的结果。就其本质而言,作为存在的生,和作为不存在的死,是完全相反的;生最终会归结于死,是一种再正常不过的自然现象,无须大惊小怪。死亡的发生并不意味着生是无意义的,因为生命中会有很多有意义的事情和品德,比生死本身还要重要。可是,奥古斯丁所理解的真正的生,是像上帝那样的生,即永远没有终结的生命和不会消失的存在。天使和人不是上帝那样的永恒。但作为精神创造物,他们只要转向上帝,就可以永远存在下去,那是他们真正有意义的、不朽的生命。但是当人因罪而有了死,这生命就发生了变化。人的生命不再不朽,他的存在不会无休止地继续下去,而最终会归结于死亡,会变成不存在。与不朽的生命相比,这种必朽的存在就是不稳定的、暂时的、虚幻的,甚至可能是假的,严格说来它甚至不是"存在"。背离了上帝,人的存在就失去了本质,生命就没有了依托。其本质变成虚无,因此也就和死亡无异,和不存在无异了。

人对上帝的背离使人必然死亡,死亡又决定了人的生命的性质。人的创造和死亡都不是人类历史的开端;人类历史的开端,乃是亚当的生命变成了必朽的时候。本来,上帝以太初造天地,并在六天之中通过天使创造万物,然后第七天休息,这七天就是世界历史的全部。但是,魔鬼和人并没有像天使们那样,主动转向上帝,聆听圣言,而是在刚刚被创造的时候,就背离了上帝,堕落了。这是亚当这个人的心灵史的开端,同时也为他的所有子孙开启了他们的心灵史,构成了人类历史的开端。

人的堕落,是从他被创造以后发生的第一件事。这是发生在他的心灵中的一件事。他的内心变得躁动不安、狂妄自大,背离了创造他的上帝,抛弃了上帝为人造的本质,于是,他内心深处的上帝形像变得残缺和扭曲了,他的未来、现在、过去,变成了三个毫无关系的时间维度,相互背离和拉扯,使他的自我变得支离破碎,无法聚合为一。堕落之后的人变得敏感、脆弱,内心充满了矛盾和冲突,产生了各种各样复杂的情感。而对所有这些状态的描述就是"必朽"。人从此成为不得不死的,他的生命的终点是死亡,他一生的所有时刻都指向这个无法回避的大限。怕死,从此成为人的最大弱点,也成为他一切苦恼的来源。他的一生都被时间的三个维度所撕扯,无时无刻不处在悲惨之中。说活着的人是“在死”的,首先是因为,他处在被时间拉扯的这种状态中,一步步走向死亡。

被时间的三个维度拉扯着走向无法抗拒的死亡,就是人生在世的存在状态,也是每个人心灵历史的基本内容。如果一个人最终只能走向死亡,则他的存在就消失在了死亡之中,但他的痛苦会延伸到永远;但如果一个人试图抗拒这种命运,重新找回自己的本质和上帝的形像,那他就需要上帝的恩典和心灵的皈依,以此将自己融入到世界历史当中。

存在之美与此间世界之美*

徐龙飞**

一、引入：托马斯面临的问题

——基督宗教哲学有谈论此间世界之美的正当性吗？

美是事物存在的方式；在近代以来，美作为概念才在美学、艺术哲学的走势中用来提示事物自身的呈现带给人的感官上的刺激。而在希腊哲学中，柏拉图将美视为以理性理解的理念；只有参有这一理念，从可感受到的客体到美的行为，作为有限存在才能被称为是美的。在这样的本体论的理解上，美和真（真理）、善才构成无可分离的三即一、一即三的关系①。这样理解的美对于中世纪基督宗教哲学、托马斯·阿奎那，特别是方济各学派也有深刻影响②。

而为什么托马斯要对美加以研究和论述呢？在中世纪经院哲学的处境之中，托马斯就此面临什么问题呢？要回答这一问题，几乎不能不从基督宗教的诞生开始谈起，或曰从基督宗教哲学的诞生开始谈起。当然，我们在此并不讨论教会历史、教义史，而仅仅讨论于本文主题相关的问题，也就是美。

基督宗教诞生、兴起，并且首先在罗马帝国之中发展，它不仅受希腊和希伯来文明的影响，而且也受罗马精神的影响。在罗马文化的意识中，美并不意味着什么，以至于美对于罗马人，特别是在作哲学的讨论时对于斯多亚

---

* 本文原刊于《云南大学学报》2009 年第 2 期。

** 徐龙飞，1960 年生，男，北京大学哲学系副教授。

① 就此请参见 G. Seubold, *Schönheit*, in *Lexikon für Theologie und Kirche*, Herder, Freiburg Basel Wien 2006, Band 9, 212。

② Ibid.

学派来说,并非一个甚有价值的论题①。尽管早期希腊和拉丁的教父们和作为异教哲学的斯多亚学派在哲学理念上多有不同,但是可以说,在这一问题上却比肩并立。在这些教父们看来,大凡给人感觉是美的事物,并不真正向人保证或确定(确认)什么,因为它仅仅是在表象层面上呈现出来是美的而已,因此这样的事物都需要被解构性地揭露,以彰显其真实之本质。尽管罗马异教文化的内在性,不同于基督宗教的核心信仰,但两者都不约而同地认为,美、特别是此间世界之美,是能够被否定的或曰是根本不存在的。斯多亚学派从内在超越的角度否定美;而从超越的超验来否定美,就是基督宗教护教教父们的主题动机了。

在这方面学者们做了颇多研究工作。根据 W. Perpeet 和 C. Schneider 的研究②,塞涅卡(公元前4—公元65年)在他的《伦理通信》中对美和审美做了毁灭性评价③。他警告人们,在所谓的美面前,不要陷于任何形式的萌动和激动的状态。美在他看来毫无存在之立足地;大凡称颂美者,就已经失去了立身之能力。由此,将某物审视为美、判断为美是最无理性的。塞涅卡认为,只有动物才审美,才判断美;美仅仅是表象,是欺骗。如果美并非事物之本质,并非真实的话,那么人为什么要喜悦于表象和欺骗呢?美导致荒淫滥情,大凡美者,则必定不是善。因为"善"是一种持续不断的过程,是在自身内在性的深井中"成为善",从这样的深井中总会不断涌流出清新的水,人只需要开掘这深井就足够了。如果斯多亚学派认为美存在的话,那么它也是上帝的专飨。这是因为,上帝的神性就是伦理存在的神性。为了检验人的德行,美作为代表意志的英雄才是有必要的。意志作为美德,在这里获有了英雄的形象,获有了宗教的人格品性。全面而全能的自我掌控力,如同神性一样被尊崇。这就是内在超越和内在超越的虔敬性。在这一意义上,人是借助自身而和自身产生关系的,奥古斯丁称这一内在超越是"根据

① 参见 W. Perpeet, *Ästhetik im Mittelalter*, Freiburg München, 1977. S.9-10。

② Perpeet, op. cit, S.11, 36;并且参见 C. Schneider, *Geistersgeschichte des antiken Christentums*, München 1954, Band I, S.521。

③ 参见 Senea, ep. 28, 41, 68, 110, 115, 116,转引自 W. Perpeet, op. cit, S.9-10。

人而来的超越”①。而这也就是异教斯多亚学派之所以抑制、甚至拒绝美和审美的原初的主导动机。

基督宗教的早期护教教父们在建构他们的哲学时,将美限定在上帝之内。他们基本上否定此间世界之美以及俗世之美。在援引柏拉图对话以作学理上的准备和支持的同时②,关于美,亚历山大的克莱芒和德尔图良都有如同斯多亚学派的表述;这些表述甚至在词句上都颇为一致,因此在这里无需一一重复赘述③。概而言之,人没有占有美的权力,这权力只属于造物主,这虽然还回响着斯多亚学派的余音,但已经是基督宗教护教学者的呼喊了。德尔图良以美的私有者的名义、以万有的私有者的名义,也就是以上帝之名贬抑了此间世界之美。奥利金警示人们说,不应当将美理解为女性的美、年青的美和男人的美④。纳西昂的格里高利认为,如果美仅仅适用于上帝的话,那么美也是单独属于上帝之子的。克里索斯托姆斯亦作如是观⑤。当然,应当提示的是,柏拉图在《蒂迈欧篇》中所说的上帝,和克莱芒在《训导篇》(Pädagogus)中所说的上帝,尽管都是美的,但却是有区别的;如果说前者是哲学存在层面的上帝,那么后者则是神学道成肉身层面的上帝;希腊美感的存在,尽管也许就是罗马伦理的内在超验,但是绝不等同于基督宗教哲学所阐释的上帝。

由上可见,基督宗教的早期护教教父们拒绝美和审美的动机,与异教斯多亚学派的拒绝动机恰恰是相对的。如果美在斯多亚学派那里是根本不存在、或者至少不应当存在的话,那么在早期护教教父那里美虽然也存在、并且美是达于完满的,但是这美并非对人而言的,并非对此间世界而言的。美是超验的世界创造者和持有者所独享的,人作为受造物对于美没有权力。

---

① 参见 Augustinus, *De civitate Dei*, XIV, 4。

② Platon, *Prot*. 309B; *Theait*. 143E.

③ 参见 O. Stählin (Hrsg.), *Clemens Alexandrinus*, *I*, *Protreticus und Pädagogus*, München 1905, S. 248. 以及 H. Kellner und G. Esser, Tertulian, *Private und katechetische Schriften* (Bibliothek der Kirchenväter), München 1912. 特别是“Über den weiblichen Putz”。

④ 参见 Perpeet, *Ästhetik im Mittelalter*, S. 20. 以及 J. Jungmann, *Ästhetik*, 2. Aufl., Freiburg in Breisgau 1884, S. 42。

⑤ 参见 Perpeet, op. cit., S. 20. J. Jungmann, op. cit., S. 636。

从护教教父对于美的抽离，发展出了早期基督宗教哲学和中世纪基督宗教哲学的美的问题。

表面看来，将美限定在造物者之中，似乎是顺理成章的。但是这却引出了极其繁难棘手的问题。第一个问题来自于对超自然的上帝的美的思考，也就是说，如果人们认为绝对的美是**在**上帝**之中**的，那么上帝和这一绝对的美就被区分开来而加以考量了。这是基督宗教哲学所不能接受的。因为基督宗教哲学所理解的上帝就**是**绝对的美，而不是美**在**上帝**之中**。换言之，必须被考量和确认的是，绝对的美并非**在**上帝**之中**，而是上帝就**是**绝对的美。这一在哲学层面的思考导致了一个直接的神学结果，也就是这一上帝并非"具有生命"，而是他就"是"生命。他引起存在、引起生命。作为永恒生命的上帝是完美的(《玛窦福音》5:48)。在哲学上如何能够将作为整体的完美、生命以及永恒在概念上和超验的造物者结合起来呢？超验的超越意味着，一切存在者的创造者和持有者自身立于每一存在者之外、并且必须被思考为外在于存在者的某一者。没有人曾经见过上帝(《约翰福音》1,4,12)，在神学上对于上帝的唯一可靠的诠释就是逻各斯基督；而在哲学上这句话的全部问题基于这样的考量之中，即上帝无法以人的方式被理解。

另一个难题出自这样的考量，即如果世界是上帝的造物，作为受造物就应当映射出上帝的美。而按照斯多亚学派和早期护教教父的理解，上帝是绝对而独一的美，而这世界却并非是美的。这就产生了一个内在的矛盾。如何在概念上建立起超验上帝的独一的美和受造物的可能的美之间的关系，这构成了基督宗教哲学思考的主题。换言之，如果美奠定在超越的超验之中，那么如何理解这一美呢？这也就是中世纪基督宗教哲学(或基督宗教美学)所面临的问题。

概言之，托马斯面临的问题是，如何在哲学上论证出上帝是美的，揭示出上帝的美和受造物的美之间有什么样的关系。[①] 如果希腊哲学意义上的

---

① 关于神学的美和哲学的美的区别，请参见 G. Seubold, Schönheit In *Lexikon für Theologie und Kirche*, Herder, Freiburg Basel Wien 2006, Band 9, 212 以及 A. Gethmann-Siefert, G. Bachl, J-P. Wils 和 R.. Bohren, Ästhetik, In *Lexikon für Theologie und Kirche*, Herder, Freiburg Basel Wien 2006, Band 1, 1103-1108。

美学是质询美感、美感的存在以及希腊美学的希腊性，那么基督宗教哲学意义上的美学提出这一问题的同时，也就是在质询基督宗教美学的基督宗教性。

二、美的至一（合一、统一）作为本原的初始代表

在《神学大全》中，托马斯从三个方面考量对于美的限定：

> Ad pulchritudinem tria requiruntur. Primo quidem, integritas sive perfectio: quae enim diminuta sunt, hoc ipso turpia sunt. Et debita proportio sive consonantia. Et iterum claritas: unde quae habent colorem nitidum, pulchra esse dicuntur. ①

大意是："至于美则质询三点。首先是完足或者完美：而可分离之物因着其分离性而是丑的。其次是应有之比例或者和谐。再次是清晰性：由此而具有色泽者被表述为美。"

由此可见，并且在援引托马斯其他论著时，可以说，他将美概括为 integritas sive perfectio（完足或完整）②，debita proportion sive consonantia（恰当的比例、恰当的关系或者和谐）③，以及 claritas（明亮、清晰）④。所有这些都是相关联的、合一的⑤。他们这种合一的至一性的呈现和当下性，构成了美的

---

① 参见 *Summa theologiae*, I. 39. 8c; römische Gesamtausgabe 1882-1894. 本文引文皆笔者自译，下不另注。此外，所有托马斯文本的引文也请参见 L. Schütz, *Thomas-Lexikon*. Zweite, sehr vergrößerte Auflage, Frederick Ungar Publishing co. (New York), 1957。

② 或者也称为 consonantia，就此还请参见 *Div. Nom.*, IV, lect. V, n. 339, 340, 349; *lect.*, VI, n. 361, 365, venedige Gesamtausgabe 1775-1787; I *Sent.*, 31, 2, 1, venedige Gesamtausgabe 1775-1787。

③ 此外还请参见 I, 5, 4 ad 1; ScG III, 139n. 3142, Mignesche Ausgabe 1858; I *Sent.*, 3 *expos. Primae partis textus*; S. th. II-II, 141, 2 ad 3; II-II, 145, 2; II-II, 180, 2 ad 3; I *Sent.*, 31, 2, 1; *Div. Nom.*, IV, *lect.* V, n. 339; I *Cor.*, XI *lect.*, II n. 592。

④ 此外还请参见 I *Sent.*, 31, 2, 1; *Div. Nom.*, IV, *lect.*, V n. 339; ibid. *lect.*, XXI n. 554; S. th. II-II, 145, 2; II-II, 180, 2 ad 3。

⑤ 此外，关于美，托马斯还提及 ordo 即秩序（*Div. Nom.* IV, *lect.*, XXI n. 554; S. th. II-II, 142, 2）、commensuratio（*Div Nom.*, IV, *lect.*, XXI n. 554; *lect.*）、dispositio 即建立秩序（S. th. I-II, 54, 1）、harmonia 即和谐（*Div. Nom.*, IV, *lect.* VIII n. 85, ScG II, 64 n. 1424）。

光耀、明亮性、辉煌和清晰性，也就是 claritas splendor[1]。Splendor 和 claritas（光耀和清晰性）并不意味着上面所提及的美的限定的附加标志，而是强调所提及的各种限定原则的当下性，这些限定原则提供美的至一性；在此隐含着一种秩序思维，因为向着某种本原或原则而建构的就是秩序；秩序在托马斯看来也是美[2]。同时，光耀和清晰性还指出作为基础的运动的重要性，这一运动将运动者和被运动者运动进统一性或至一性。这两个限定指出了存在者原本就有的当下性：在这样的当下性中，存在者向着它的本原而呈现。清晰性和光耀表述了本原在其涌现而出中的当下性。换言之，所有这些方面并非分别表述美的各个单一的现象，它们并非被分离开来用于形容美，而是表述一个整体（的各个方面）；在这些限定之中的每一个限定，都总是表述作为整体现象的美，都总是表述存在的整体之美。

凡是在至一（统一）作为统一而呈现之处，美也就呈现。"Universaliter omnes creaturae, quantamcumque unionem habent, habent ex virtute pulchri。"[3]也就是说："普遍而言，所有受造物，当他们获有至一时，他们是从美的品性中获有的。"同一的本质在托马斯那里就是在自身中的不可分性（indivisio in seipso）；如果"不可分性"是负面否定性表述的话，而美就是这一不可分性的正面肯定性表述。

从以上所有的表述可见，如果存在作为灵魂和存在者的一致而呈现时，并且这种一致作为美赢得其最初的形象时，那么存在最初的意义就建立在这样的美之中，对于存在意义的诠释就意味着：令自身进入美的经验之中，并且是思考着的。

在此，"思考着"是一种运动，是一种动态。当然，这种运动，也就是"思考着进入美的经验"有两层含义：首先是和美的经验，然后是和这种经验的经验。前者可以称之为本体的经验，后者可以称之为本体论的经验。前者来自于人的感官感觉的本能，后者来自于人的思维的本能。这两层经验并

---

① 参见 I *Sent*. 3 *expos*., *Primae parties textus*; I *Sent*. 31,2,1。

② 就此请参见 S. th. I, 42,3:"ordo simper dicitur per comparationem ad aliquod principium." 以及本书第 97 页注⑤。

③ *Div. Nom.*, IV, lect. V n. 349.

非分隔离析的,并非有参商之隔,而是在本质上是合一的。只要我们将某物作为美的而经历,也就是必定已经经历、已经遭遇这一美自身,那么在美的本体经验之中就已经包含了本体论的美的经验,这一本体论的美的经验实际上使美的本体经验成为可能;因为对于美的经验的经验,不仅是单纯的对美的经验的覆盖性历验,也是完美的或者完整的历验对于美的经验,而且同时也就是对于美的经验的思考,对于已经遭遇到的美的回味;由这样的回味,由这样的对于感官感觉的品味和品评,而使人知道,有一种美被历验过、在被历验着、甚至将要被历验。在此,有一种思想的活动,而不仅仅是感官的感受。人必定有对于感官感觉的思考,如果有了对于美的经验的经验,也就是有了思想的活动,那么本体论的经验才使得本体的经验成为可能。所以,当我们提及本体论的经验时,也就包含了本体的经验。

三、美作为 integritas(完足)或者 perfectio(完整)

在语汇原初的意义上,perfectum 表述完整、全部构成者;这一语汇同时也表述达于完成者、并且由此而开始是其自身者。如果是达于完成者,那么就有一个从未完成到完成的过程发生;如果某物开始是其自身者,那么也就是说它曾经不是、而现在才开始是。换言之,完美者建立在所有可能性的无可消减、无可回溯的全部实施上,这些可能性使得存在者从自然本性上、或曰天生就展现自身;并且完美者意味着一种现实性,这是在实现自身意义上的现实性。就此,托马斯说:"Sed quia omne quod fit, de potential in actum deductum est et de non esse in esse quando factum est, tunc recte perfectum esse dicitur, quasi totaliter factum, quando potentia totaliter est ad actum reducta, ut nihil de non esse retineat, sed habeat esse completum."[1]也就是说:"而因为每一受造物,只要它一经受造,就被从潜能引入活动、被从非存在引入存在;于是根据'完整而受造'来看可以正确地说,它被完美地造成,只要潜能被完全引入活动,以至于它不含有不存在,而仅仅含有实现了的存在。"在

---

① ScG I, 28.

这个意义上，如果某物是完整而完全的，那么此物就是完美的，它由自身就能够存在。Perfectio 在完美存在（esse completum）的意义上就是存在者的真实存在，它统辖本质可能性和现实性之间的一致、至一。于是完美者就是真切的存在者。

而因为完美在语汇原初的意义上表述某种从潜能达于现实（活动）的过程，所以托马斯说："quod enim factum non est, nec perfectum posse dici videtur."[①]大意是这样的："非受造之物不能被表述为完美的。"托马斯认为，在这一语汇原初的意义上，甚至不能说上帝是美的或者完美的。这是因为，完美在语汇原初的意义上表述某物（也就是受造物）被从潜能引入到现实（或曰行为、活动）的过程。而上帝从不在这样一个被引导的过程之中。上帝并非受造物，也不从潜能过渡到现实（或曰行为），他原本就是非受造物而总是在现实（行为）之中。托马斯认为，Perfectum 这一语汇在表义上应当而且也确实有一个拓展，这个拓展的意义也就是"毫无造作而总是在完美的现实之中"。在已经拓展了的意义上，它才表述上帝的完美。托马斯说："Per quondam igitur nominis extensionem 'perfectum' dicitur non solum quod fiendo pervenit ad actum completum, sed id etiam quod est in actu complete absque omni factione. Et sic Deum perfectum esse dicimus."[②]也就是说："借着语义的拓展，'完美'不仅仅仅表述因受造而达于现实之物，而且还表述毫无任何受造而完全在现实之中者。于是我们说上帝是完美的。"由此可见。在托马斯看来，从拓展的意义上、而不是从这一语汇原初的意义上才可以说，上帝是完美的。完美（完美者）意味着不仅不遗弃其最原始而本性的可能性，而且还将其完全绽放出来，并且将受造物引入存在、引入美，这也就是称上帝是完美的意义所在。于是在这个意义上，美就是存在，就是上帝；在同样的意义上，我们可以说"Deus est"全等于"Pulchritudo est"；换言之："上帝存在"全等于"美存在"。

于是恰恰当下此时在某物之中悬而未决的可能性得以实现时，此物就

① ScG I, 28.

② Ibid.

是完美的。在可能性的感受条件下,存在者的完美才会被经验到。于是美仅仅能够通达人,对于美而言,伦理的行为是必需的,与美的关系应当是一种正确的行为。美本身也是一种美德的行为。理性的任务就是将诸多(多样)建构进统一(至一)的秩序之中:“Pulchrum in rebus humanis attenditur prout aliquid est ordinatum secundum rationem.”[①]约略是:“在人的诸多事物之中的美是被引领而出的,如同某物是根据理性而被领入秩序的。”Perfectio 就是适应(符合)或曰相应于标准的现实性,就是真切的现实性。完美在真实的“能够存在”的内在尺度上衡测自身,在统一性中衡测自身,这一统一性建构存在者的存在基础。存在者的美建立在其现实性的真切性上。存在者的存在是通过存在(esse)、或曰美(pulchritudo)、甚或上帝(Deus)的运作(operatio)中和存在区别开来而被标示的。存在或曰存在的运作对于存在者而言是一个某物、他者(aliud),也就是说,存在者并非自身就是完满的、完美的,这种完美是被给出的、被引领而出的。在美之中,运作(operatio)和存在(esse)的统一(至一)是当下此在的:美在这个意义上就是存在、上帝或曰运作;并且,如果存在者自身的完美是被美(也就是存在或曰上帝)给出的、被引领而出的,那么这一存在者才是美的。由此,属于美的本质上还有被赠予性、被赋予性。当存在者缺乏这种赠予性时,当其本质的可能性的现实性因此而敬告阙如之时,这一存在者就是不美的了。

四、美作为内在的比例关系或者和谐 (debita proportio sive consonantia)

托马斯是这样定义 proportio 的:“Proportio nihil aliud est, quam habitudo duorum ad invicem convenientium in aliquo, secundum quod conveniunt aut differunt.”[②]也就是说:“比例不是别的什么,而是两种事物相互间的适应,据此它们趋同或者有所区别。”于是 proportio 在普遍意义上指的是一种相互

---

① 参见 S. th. II-II,142,2。

② In Boet. *De Trin. Prooem.*, 1, 2ad3.

关联的两个(或者两个以上的)事物,它们或者相互和谐一致,或者相互间有所区别。这是对 proportio 作为区别或者统一的关系在普遍意义上的定义。在《神学大全》中,托马斯对此也有类似表述:“Quelibet habitude unius ad alterum proportio dicitur.”[①]大意为:“任何一个事物借助适应朝向另一事物就被表述为比例。”这一定义被托马斯以一个附加成分,即 debita proportio,更进一步加以限定。

美作为 debita proportion 是一种内在的相适应,是和内在的、作为基础的标准的和谐一致。美是契合于某一整体本质的部分,是在考量整体时各个部分之间的关系。因此托马斯说:“Dispositio naturae conveniens est pulchritudo.”[②]也就是说:“事物的和谐秩序就是美。”或者说:“Est... pulchritudo commensuratio membrorum.”也就是说:“美就是各个部分的相互适应。”[③]

托马斯用人的躯体来解释 debita propotio 的含义,并且借助和奥古斯丁相关的三位一体论。他说:“Dicimus homines pulchros qui habent membra proportionate et splendentem colorem.”[④]其意约略是:“我们说有合乎比例的各肢体部分和光亮色泽的人是美的。”如果人的躯体的各部分(四肢等)相互之间在本质的关系上和谐一致,如果在各部分的多样性中呈现出躯体的统一性,并且躯体的统一性是在这一多样性中展开的,那么人的躯体就是美的。Debita propotio 在此指的是整体在其各个部分之中分解性的表达。无论是整体自身,还是分解,都必须是美的,不能相互超出。当部分(肢体)的区别性作为统一性的补充呈现时,这就构成 debita propotio,并且由此而是美的。部分必须相互支持、相互支撑,整体才能被建构,而且各个部分也是向着整体而被建构的。[⑤] 当某物的各个部分并非为自身,而是相应于其他部分,以至于是相应于整体而呈现时,当某物和谐地融入整体时,此物才是

---

① I, 12, 1ad4.

② I-II, 54, 1.

③ *Div. Nom.* IV, *lect.*, XXII n. 589.

④ In I *Sent.*, 31,2,1.

⑤ 就此也请参见 *Div. Nom.*, IV lect. VI n.364。

（并且就是）美的。一件艺术作品，例如一幅绘画的美并非在于肖似性，而在于绘画本性的完美性上或曰绘画表现力的完美性上，由此托马斯说："Unde videmus quod aliqua imago dicitur esse pulchra, si perfecte repraesentat rem, quamvis tulpem."[①]也就是说："由此，我们看到，当一幅绘画完美地表达某物时，尽管此物是杂乱无章的，那么这幅绘画就被表述为美的。"可见，美在于一件艺术作品（例如一幅绘画）的表达力的完美性之中。

五、美作为 claritas

Claritas 究竟是什么，托马斯并未以专章来讨论；但是他明确地表述说，对于美而言，claritas（同时也包括 splendor, color，也就是光耀和色泽）是必须的，是必不可少的。如果某物的当下此在和他的本质是相适应的，那么此物就是美的。托马斯说："Pulchritudo consistit in duobus, scilicet in splendore et partium proportione."[②]其意是："美建构在两者之中，也就是说在光耀性和有比例的各部分之中。"此外他还表述说："Umumquodque dicitur pulchrum, secundum quod habet claritatem sui generis vel spiritualem vel corporalem et secundum quod est in debita proportione constitutum."[③]中文意思是："某物被表述为美的，其一因为它具有其品类的色泽光耀以及精神和躯体，并且因为这种建构是在比例之中的。"就此他还说道："Pulchritudo corporis in hoc consistit quod homo habeat membra corporis bene proportionata, cum quadam debiti coloris claritate."[④]大意约略为："躯体之美是在这之中建立的，即人有合乎恰当比例的躯体的各部分。"类似的论述还有："In corpore pulchritude dicitur ex debita proportione membrorum in convenienti claritate vel colore."[⑤]译成中文大约是："躯体之中的美被表述为来自各部分的和谐比例，

---

① S. th. I, 39, 8.

② In I *Sent.*, 3, exp. *Primae parties textus.*

③ *Di v. Nom.* IV, *lect.* V n. 339.

④ II-II, 145, 2.

⑤ In I *Cor.* XI, *lect.* II n. 592.

这一和谐比例在于和谐的光耀和色泽之中。”

总括上述引文，我们可以说，如果说 claritas 是美（pulchritudo）的本质因素，那么它一方面表述完美的显而易见性，另一方面表述 proportio debita。在此，claritas（包括 splendor）并非简单地表述某种明亮的程度，而是在质量的意义上表述明亮（或曰明亮性），这种明亮是某物从自身而呈现的，是某物自身提供的，是此物作为被观视者的完足性。Color nitidus 是富足的、厌满的、饱饫的颜色。这当然并不意味着，美仅仅在于强烈而有力的颜色之中，也并不意味着，被清淡的颜色所描绘的事物就不美。当颜色并非仅仅表现自身，而是在光之中与被表现物和一，且随之而被看到时，也就是说，被表现物在颜色中得以展现，得以描绘和表述时，颜色才是美的。在明亮和清晰的颜色中，光作为颜色的本原而同时被视觉感官感受到，在颜色中，光作为颜色的本质而呈现。当颜色的光本性被感受到时，那么以这一颜色所表现的物才是美的。光本身从来都不是直接被看到的东西，而是在所有被看到之物中作为使得它们被看到的东西而被（随之、同时）看到。Claritas 于是指的是本原的可视性，本原的当下性，本原的当下临在性。

人能够看到颜色，而并非直接看到光。光使颜色成为可能，光使视觉对于颜色的感受成为可能；光是所有这两者的本原。或者说，人在看到颜色的同时也感受到使颜色成为可能的光的当下临在。于是作为原本不可视的本原，光的可感受性、光的当下临在对于人而言就是一种赠予。

于是美在其本质的完美而彻底的实现之中，也赠予我们使之成为美的本原的当下临在；美之为美的本原，也就在美之中展现自身，在美之中绽放自身。美的本原不仅使美呈现给我们，这本原在使美成其为美的同时、使我们感受到美的同时，随之也将自身赠予了我们，使我们感知到它。于是美也就意味着将自身给出，将自身赠予而出，特别是当这种给出和赠予是本原自身的时候。换言之，当本原将自身给出之时，我们就感知到美。托马斯总结说：“Qui enim propriam pulchritudinem habet，vult eam multiplicare，sicut possibile est，scilicet per communicationem suae similitudinis.”①也就是说：“某物

① *Div. Nom.*，*Lect.*，V n. 352.

享有自性之美,他愿意将之推延而出,如同有可能的是,借助其自身本性的交流。”

相爱的人是美的,因为他们将自己赠予对方、并且感激对方的赠予,同时他们将美归因于对方的赠予。

于是,因为美是一种赠予,所以它并不能或曰无须被追求而得到;也就是说,追求之前就已经被赠予而得到了,并且是因着我们的肯认而得到。我们能够做的,是不断发现这一美,并且认可它。

六、美作为上帝此在的展现(绽放)

所有存在物之存在、所有存在物能成为其所是者,都能或曰都要归结到存在本身(esse ipsum,或曰这一存在),或曰都出自存在本身;但是尽管如此,如同前文所表述的,托马斯认为,存在作为存在者之存在,也不能没有存在者而存在。存在本身作为存在,无法更多地被表述,这首先是因为他超出一切用来表述概念的范畴,人们无法用任何范畴来表述他的内涵,换言之,他的内涵是最贫瘠的,是无法言说的,是空;其次是因为他令一切存在者都各自能成为他们自身,在这个意义上,他就不是存在者自身。但是恰恰这一贫瘠性就是他的富饶,是他令一切存在者都各自能成为他们自身的原因所在:这样的空是一种积极主动的开放性、透析性,是一种正面肯定性的绽放,他因此也才能无所不在,在时空中、时空之外以及质量上无所不在,也就是说是永恒的。于是托马斯说:“Esse autem est illud quod est magis intimum cuilibet, et quod profundius omnibus inest: cum sit formale respectu omnium quae in re sunt.”[①]也就是说:“而存在则大于每一事物之内在部分,它是万物内在之基础:因为这基础在形式上是事物之本原,万物借着它而存在。”可见,存在统辖整体,虽然所有存在者借着他而各自成其为自身,或曰他虽然是所有所是者的内在,但是所有(每一)所是者恰恰因此而需要本质。因为,如果每一存在者都仅仅具有存在的话,那么每一存在者也就都成为(也

① 见于S. th. I,8,1。

就都是）存在自身（esse ipsum）了；于是我们要么有无数仅仅具有同一个存在自身的存在者，而他们又并不相同，这当然是不可能的；要么就有无数全等的、仅仅是存在自身的存在者，而这也就是存在自身，或曰是至一的存在自身。在这个意义上，存在者无不具有本质。而每一具有存在之本质的存在者也就获有存在的最初影响，存在绽放在其中，于是他们就是美的，或曰我们对他们的感觉就是美的。在这个意义上，托马斯说："omnia enim facta sunt ut divinam pulchritudinem qualitercumque imitentur."[①]也就是说："所有受造之物都以某种方式表述上帝之美。"Imitentur 在此也可以译为展示、表现、模仿。在此，对于美的本体论的经验显示出，大凡所是者（存在者），都是借着存在而是其所是者，他们呈现了存在之美、也就是上帝之美。托马斯说："In finem autem ultimum quem Deus intendit, scilicet bonitatem divinam, ordinantur res non solum per hoc quod operantur, sed etiam per hoc quod sund: quia inquantum sunt, divinae bonitatis similitudinem gerunt, quod est finis rerum."[②]中文意为："上帝引导事物向着终极目的，也就是向着上帝之善。事物不仅借着被运作，而且也借着它们存在而被纳入秩序：因为只要它们存在，它们就承载上帝之善的肖似性，即事物的目的。"在此，对于我们而言比较重要的是"只要事物存在，他们就承载上帝之善的肖似性"。这里的善与真和美是等值同义的。换言之，上帝令他的善、也就是自身表述（自身传介）到达存在者，他以这样的方式缔造了存在者与自己的同在，也就是说，他借着这一方式为作为接受者的存在者开启了接受的空间，也就是开启了接受真、善、美的空间，接受存在的空间。在传介之中，上帝将自己表达出，这一表述是绝对的，这是因为上帝的自我表述就是上帝自身；这一自身表述，无限性地与上帝全等。作为纯粹的自我表述和传介，他完全向着接受者而开放自身，他从不在潜能之中，而总是初始的、终极的行为，并且总是处于能够被存在者所接受的状态之中。同时，根据其初始性和原初性，这一自我传介不再被吸纳到任何传介之中，换言之，他是终极的、逻辑上的出发点，这

① 见于 *Div. Nom.*, IV, *lect.*, V n. 353。

② 见于 ScG III, 65。

一自身存在是最大的、比他更大者无从思考的传输者，他开放给存在者、并且只被存在者所接纳。因为上帝在他之中表述了自身，所以作为自身传介，他和作为参有者的上帝毫无区分。也可以说，只要上帝在他之中表述了自身，那么作为自身传介，他和作为参有者的上帝毫无区分。而在此需要特别提及的是，这一自身传介作为初始和终极的传介，必然包含非交流性因素在内，也就是说，传介的方向是不可逆的、不可返回的；这种非交流性或曰不可逆性是传介者自身的品性。而因为上帝的自身表述包含非交流性，所以存在自身就是无可分的至一。上帝表述自身，并且让这一自身表述达于存在者，但是恰恰在这种无可交流性的、不可逆性的至一之中，区别于诸多存在者的存在。上帝令每一存在者都在其自身独立性之中，赋予每一存在者特有的内在之自身，并且掌控他们，而上帝自身之本质却不被触及。于是上帝的存在以及他的自身表述就不是实体的，而是整体的存在。上帝缔造存在者与自己的同在，并且是借着确定他的到达方式，也就是确定他自身到达存在者的方式；换言之，也就是他为这一自我表述准备了接受的可能性，开启了接受的空间。上帝确认了对他自身表述的接受方式，由此区分了他的存在整体性与存在者，将诸多存在者建构起来，并将它们纳入到向着自己的秩序之中。只要上帝将万物朝向他自身，如同朝向终极，那么在这个意义上，上帝就是事物中和谐的原因。在这个意义上，托马斯说："causa consonantiae in rebus…inquantum convertit omnia ad seipsum sicut ad finem."①也就是："事物中和谐的原因在于其以某种方式朝向存在自身，如同朝向终极目的。"在对自我传介、自我表述的确认中，上帝传输（传述）了自身的智慧、自身的美。因为上帝赋予每一存在者当下此在以及美的品性，而在和上帝的至一性相区别之中依然是当下此在者，不仅表述由上帝所赋予的自身的美，而且还呈现上帝的智慧和真实而真正的美。于是上帝就建立起与存在者的关系。

理性对于存在之美以及诸多存在者之美的本体论的经验，首先就是返回自身，理性在自身之中思维美。返回自身意味着返回上帝所赋予的存在

① In *Div. Nom.* IV, lect. V n. 340.

之中,意味着在其中思维美的品性。如果我们将自己看做被给出的存在者、被赋予存在的存在者,那么我们必定将上帝肯认为所有存在者的意义之初始或曰初始意义。于是在本体论的美的意义上:上帝存在(Deus est)。

当然,必须说明的是,"上帝存在"在此表述的并非存有或存在意义上的某种"现成存在",或曰一个名号是"上帝"的"现成存在"、名存实有。因为上帝作为所有获得存在的存在者的初始(原初),是超越于所有种属范畴之外的,并且是所有种属的初始本原,所以他的存在并非被存在者表述的,而是被接受的。这里的存在(est)并非《论存在与本质》(De ente et essentia)第一章所说的存在,而是 veritas propositionis,也就是事实的真理,在此也就是美。这样理解的存在(est)首先不是对上帝存在的肯认,而是表明对一个判断的肯定:如果判断者思维美的话,那么他在这一判断之中首先肯定了自身(的存在),肯定了对美的思维的完成,由这一点而来的是,他同时肯定了这一对自身的肯定和对美的思维的完成的肯定是要归溯于美这一事实的。有别于《论存在于本质》的是,在此,"上帝存在"(Deus est)这一表述首先丝毫未涉及上帝,这一表述的旨趣在于,所有存在者都被赋予理性思维之禀赋和归向自身的能力。存在者能够表述这一判断,能够表述本体的美和本体论的美;于是这一表述也能够被替换为"美存在"(pulchritudo est 或者 Pulchrum est)。也只是在这个意义上,这一表述才宣示出存在的运作力和影响力。当人将其美的历验以及对这一历验的考量表述出时,也就是当美的经验被带入语言形式时,本体的美和本体论的美才得以完成。"美存在"这一表述中的"美"是真与善的至一,是真与善最原本的至一。

七、结　语

到此为止,我们探讨了托马斯研究美的动机或原因。其初始动机是要解决基督宗教哲学在构建自身之初,也就是在教父时代所含有的一个内在矛盾。这个内在矛盾产生于一方面认为上帝是真、善、美的,而同时另一方面则又认为受造物是不美的。这一内在矛盾的产生受斯多亚学派思想的影响。托马斯为了消除这一矛盾,并未沿袭诸如奥古斯丁等教父所勘踏的神学阡陌,而是选取了与之大相径庭的哲学路径;在讨论过程中,庶几不介入神学论题,不借用神学方法,而仅仅是在哲学的语境之中,以哲学的法度和思维,通过诸如完足、比例关系和清晰性等概念,研讨“上帝即是美”这一主题。托马斯首先在本体论的层面上确定上帝就是美,这一美和真(真理)、善是三即一、一即三的关系;在此留有柏拉图本体论意义上理解的美的痕迹;同时托马斯又在形上层面上锁定上帝之美与存在之美之间的关系。在他看来,这一关系是通过上帝将自身无可消减之美传输给存在者的方式达成的;美是存在者的存在方式;存在者是美的,是因为它表现上帝之美。美的事物是通过完足、内在应当的比例关系和清晰性来表述自己的。于是,托马斯以这样的出发点和一以贯之的逻辑便解决了早期基督宗教哲学的一个内在矛盾,使得人们在基督宗教哲学的语境之中,在存在和形上层面也有了谈论经验事实的美和此间世界之美的正当性,并且消解了斯多亚学派哲学的影响,由此而确保了基督宗教美学的基督宗教性。

光照千秋的巨人

——纪念布鲁诺逝世400周年*

汤侠声**

乔尔丹诺·布鲁诺(1548—1600)是西欧文艺复兴时期一位杰出的进步思想家,是封建神学世界观的战斗批判家之一。他的泛神论是文艺复兴时期所有自然哲学体系中最激进的体系,是文艺复兴时期哲学思想发展的最高成果。他师承古代思想家的唯物主义精髓,依据当时的最新科学成果,首先是哥白尼的宇宙学说,提出了自己的“黎明哲学”。布鲁诺的唯物主义学说是欧洲封建关系解体、新兴资本主义产生过程中激烈阶级斗争的反映,它在唯物主义发展史上具有承上启下的历史地位,是古希腊人的素朴唯物主义和17—18世纪形而上学唯物主义的中介形式。

1600年2月17日,罗马天主教会架起篝火,以异端分子的罪名,将一代巨子活活烧死。这帮气焰嚣张、倒行逆施、满口仁义道德、一肚子男盗女娼的刽子手们早已化作一把朽骨,而被他们烧死的布鲁诺却永远活在人们心中,震撼着人们的心扉。

在世界各国都在隆重纪念布鲁诺逝世400周年的日子里,我们谨撰此文,以表我们对这位铁骨铮铮、言行一致、为真理英勇就义的伟人的深切怀念与无限崇敬。

一、太一说

布鲁诺哲学的中心范畴是太一(Uno)。这是他从新柏拉图主义传统借

---

* 本文原刊于《哲学研究》1999年第12期。

** 汤侠声,1927年生,男,北京大学哲学系退休教授。

来的术语,但对它作了自然主义泛神的解释。按照布鲁诺的理解,太一也就是物质宇宙,二者是一致的。太一既是存在的原因,同时也是万物存在的本身。在太一中万物的本质和存在是统一的。

布鲁诺在《论原因、本原与太一》一书中写道:"宇宙是统一的、无限的、不动的。……事物是统一的,存在是统一的,最大和最好是统一的。……它不生,因为没有别的存在是它能够希望和期待的,因为它占有全部存在。它不灭,因为没有别的事物是它能够变成的,因为它是任何事物。它不能缩小或扩大,因为它是无限的。……它不是物质,因为它没有形状,而且不可能具有形状,它是无限的和无边际的。它不是形式,因为它不形成别物,不赋予别物以形式,因为,它是一切,是最大,是第一,是宇宙。"①

布鲁诺认为,在太一中,一和多吻合了,因为在太一中犹如在统一的实体中,事物的众多性的基础是一致的,种属的众多性和多样性归于"同一个根",而"万物的实体就在于统一"。最小和最大吻合了,因为在统一的物质粒子中包含着宇宙的全部属性。"在本原中和在最小中",直线和曲线吻合了,"在最小的弧和最小的弦之间你能找出什么区别呢?"(第 129 页)同样,无限的直线也就成了无限的圆周。由此可见,"不仅最大和最小吻合于一个存在中,……而且,在最大和最小中对立面也是归于一、归于无区别的东西的"(第 130 页)。冷与热吻合了,因为这两个对立面中的一个是另一个的开端,而且最小热和最小冷是相同的,向着冷的运动开始于最大热的界限。万物的生与死吻合了,因为二者中的一方是另一方的开端,而且,一些事物的产生同时也就是另一些事物的消灭。同一种可能性包含在相对立的东西中,而且特别重要的是,在同一个东西中对立的本原实际上是吻合的。

布鲁诺关于太一、关于最小与最大统一、物质与形式统一、上帝与自然统一的学说表明,对于他从库萨的尼古拉那里继承下来的对立面一致的学说,他主要是作了本体论的解释。布鲁诺所说的对立面一致,首先是指世界的不断变化和自然规律的守恒性在太一中的一致。布鲁诺反对认为"有两

---

① 布鲁诺:《论原因、本原与太一》,汤侠声译,商务印书馆,1984 年,第 115 页。下引此书不再另加注,只随文注页码。

个本原、两个原则”的二元论，坚决主张诸本原在太一中是一致的。赫拉克利特断言，“万物皆一，它因变异性而包含着一切在自身中”，布鲁诺在引赫拉克利特时对这条原理作出了关于对立面一致的结论。

二、物质与形式

布鲁诺既驳斥了亚里士多德的形式，也驳斥了柏拉图的作为世界积极本原的理念，既抛弃了经院哲学把物质看做纯粹可能性的物质观，也排除了新柏拉图主义关于物质是“非存在”的学说，布鲁诺依据中世纪哲学中的泛神传统，提出了关于物质是充满活力的创造性积极本原的学说。

物质在自身中包含着一切形式，物质是现实的源泉，是“自然”的一切种属所由之产生的东西，它“从自己的怀抱中产生出形式”。库萨的尼古拉曾认为上帝具有两种存在：“卷缩的”存在和“舒展的”存在。布鲁诺将这两个概念接了过来用于物质，从而得出结论说：“将自身包含的卷缩东西舒展开展的物质，应该称作神物和最优秀的生产者，应该称作自然万物以及全部实体自然界的生育者和母亲。”（第 109 页）

这样解释的结果是宣布物质具有“神性”。它“证明自身，它是一个女神（即具有和神相似之处），因为它是没有原因的原因”。物质的神性意味着“物质有独立自在、自满自足的性质”，物质既被理解为具有全部完善性的东西，也就不需要自身存在和运动的外部原因了。这样，就从为物质“恢复名誉”开始，一条直路走向自然主义的泛神论，走向否定神学——既否定了上帝的创世说，也否定了世界对上帝这个世外本原的依存关系。

三、原子论和单子说

布鲁诺关于物质结构的学说是从古代原子论传统入手的。他在《论原因、本原与太一》和《论无限、宇宙与众世界》这两部对话中曾说：“当我们努力追求……事物的本原和实体时，我们是向着不可分割性前进。”（第 127 页）依布鲁诺看，宇宙是由不连续的、间断的粒子组成的，这些粒子处在连续不断的无限性(空间)中。在康布雷学院辩论会上他明确提出:"连续不断的东西是由不可分割的东西组成的。"

布鲁诺不赞同原子的偶然运动和碰撞之说。他认为运动的源泉在物质自身之中,因而也就是在物质的最小粒子中。他在《论魔法》一文中说道:"原子的运动起于内部本原。"在这一点上布鲁诺不同于古代原子论。依布鲁诺看,原子虽小,却具有全部物质即整个自然界所具有的那种运动能力。"数量上的最小,就是其能力说,也就是最大,就像全部火的能力包含在一个火花的能力中那样。""所以,在人眼看不到的最小中包含着全部力量,因而最小也就是万物的最大"。

布鲁诺的原子论是他在法兰克福时期著作中制定的关于最小和单子的学说的一个侧面。布鲁诺认为有两种最小:一、种的最小;二、绝对的最小。某一个种的最小只是现象和事物的一定系列中的最小者;而绝对的最小在物质世界中则与原子相一致,在数学中与点相一致,在哲学中与单子相一致。"最小或单子是一切,即最大和整体。"单子是关于不可分割的统一体的总括性概念,它反映全宇宙的内在属性。在布鲁诺的单子学说中,物质与运动、自然与上帝、存在的最小粒子与神被视为同一的,上帝被定义为"单子、一切数的源泉、一切数值的简化和成分的实体"。

四、泛心论和"世界灵魂"

布鲁诺把物质能够造型的内在能力叫做世界灵魂。世界灵魂也就是世界的普遍形式,对万物起形成作用的形式本原。它不仅处在物质内部,而且操纵着物质。世界灵魂的主要能力是普遍智慧,而普遍智慧也就是普遍的物理作用因。它"充满一切,照耀宇宙,并指导自然衍生万物,各从其类"(第 44 页)。对于单个的事物说,它是外因,对于物质说,它是"内在的艺术家,因为它从内部编组物质、塑造形状"(第 45 页)。

布鲁诺力求从物质本身之内找出运动的决定性原因,否认有异己的外部力量干预物质,于是便产生了自然普遍有灵的想法。他在《论原因、本原与太一》中说道:"世界及其肢体都是赋有生机的。"(第 49 页)但这并不是说一切自然的东西、物体、对象都有同等的意识。他指的是“生命的本原”。“一个东西,不管怎样纤小、怎样微不足道,其中总有精神实体的部分,这种精神实体,只要找到合适的主体,便力图成为植物,成为动物,并受理任何一个物体的肢体,这就是通常所说的有了生机。”(第52页)

布鲁诺认为,这种生命或意识的可能性正是整个物质所固有的。事物,“如果它们按可感知的存在说不具有生机和生命,那么,按照本原和某种太初作用说,它们仍是具有生机和生命的”(第52页)。精神实体只是“在找到合适的主体时”,才表现为现实。可见,“生机”表现的程度要取决于物质结构的特点。

布鲁诺关于自然普遍有灵的学说是在斗争中产生的,它的矛头所指,是经院哲学对自然界运动原因所作的解释,是所谓“一切运动着的事物皆从他物获得运动”这条亚里士多德主义的原理。亚里士多德的这条原理归根到底导致承认不动的第一推动者,即从外部决定世界运动的上帝。文艺复兴时期的自然哲学都是尽力抛开外部的第一推动者,而致力于寻求运动的内在源泉。在布鲁诺看来,“由于外力”而生的运动是“强制的、偶然的”;自然的运动才是“内在的本原,是它推动事物朝着应有的方向前进”。自然界自我运动——这是布鲁诺关于自然普遍有灵说的最深刻的意义,也是他对世界灵魂说所作的阐释的最深刻的意义。布鲁诺给物质学说增加了新东西,布鲁诺在这个问题上的主要贡献,就是关于自我运动的思想,就是确认必然到自然内部寻找运动根源,不仅寻找运动根源,还要寻找生命和意识的根源。这样一来,也就从根本上否定了上帝对物质世界进行外来干预的错误论点。

五、空间与时间

布鲁诺认为,在物质宇宙中,“除了原子和普遍空间以外,没有任何连续不断的和大一统的东西”。空间是运动着的物质存在的必要条件,从而驳斥了亚里士多德对虚空的否定,为无限空间即无限宇宙存在的条件“恢复了名誉”。

依布鲁诺看,空间是自有永有的,但这并不意味着:空间在时间上先于物质,或作为物质的原因先于物质。布鲁诺不承认有未被充满的或没有物质的绝对空间实际存在着。他说:“凡是没有物体的地方,那里也就既没有地点、也没有空间、也没有虚空。”

布鲁诺认为,时间,同空间一样,也是物质存在的同样必要的条件。布鲁诺坚决反对把时间跟运动、跟物质割离。认为只有人的理性才能把时间范畴跟物质世界本身分开来考察。“时间是一种持续性,虽说理性能够抽象地领悟它并加以规定,但它却不能跟事物分开。”

关于宇宙中时间与运动着的物质有不可分割的联系这一思想,引导布鲁诺提出了这样的结论:时间是相对的,它跟天体宇宙论相联系。“因为,宇宙中不可能有这样的时间,它竟是一种运动的量度……在整体的统一持续性下,各种不同物体有着各自不同的持续性和时间……”布鲁诺关于时间与空间的学说是同他制定的新无限宇宙说相联系的。

六、宇宙论

布鲁诺宇宙论的最重要原理是关于无限性的学说。哥白尼的发现是他制定无限宇宙学说的出发点。布鲁诺的功绩并不仅仅在于宣传捍卫了哥白尼的学说,也不仅仅是证明了地球的运动。他在同经院哲学家的论战中驳斥亚里士多德物理学的最主要原理时,作出了哥白尼学说所没有、但却必然会导出的结论。地球之所以能够具有自己的、与其他天体运动相类似的运动,主要是由于宇宙具有物理上的同类性。宇宙并不像他们所说的那样分为“初级的”易朽的月下世界和不易朽的、高级的、天界的物质——第五本质。布鲁诺认为,包括太阳、我们的地球、行星、恒星统统在内的所有天体,“都是由同一元素组成,具有同一的形式、同样的运动和变化、位置和秩序”。

这样一来,天体便失去了它们享有的特殊地位,统统置身于全宇宙统一的物理规律的支配之下。变化从易朽的“月下世界”进入新宇宙的统一空间;如果说,由于哥白尼太阳中心说的出现,地球失去了它特有的、宇宙不动的中心的地位,那么,由于自然哲学关于世界(地球和天界)统一性的思想的发展,诸天体则与地球平起平坐了。它们都是统一宇宙的平等的组成部分。如果说,其他天体按其本性来说都类似于我们的地球,那么,地球的运动则成了像其他行星运动那样自然的事。

承认地球和其他天体的运动的自然性质,也就等于否定了运动着的物体的外部推动者,因而也就否定了亚里士多德的不动的第一推动者。布鲁诺在《论无限、宇宙与众世界》中写道:“众世界由于内在本原而运动,这本原就是它们自己的灵魂……并且由于这种缘故,要想找出它们的外部推动者是枉费心机。”在真正的天体运动规律尚未发现的情况下,物质有自我运动、运动有内在根源的见解是布鲁诺宇宙物活论的极重要极珍贵之处。

布鲁诺从哥白尼的科学发现出发,遵循他自己的宇宙无限理论,提出在太阳系中有当时天文学家尚不知道的行星存在的假说,这一假说后来得到了证实。他写道:“认为在这个太阳周围还有我们觉察不到的其他地球的旋转,这也并不同我们的理性相矛盾。”其所以从地球上观察不到它们,是由于它们离得太远,相对地说不够大,表面上没有反射光的水,它们面向地球的时间和太阳照射的时间不一致。行星系也并不是宇宙中绝无仅有的,“所有闪光的恒星都是火或太阳,在它们周围必然有许多行星在旋转”。它们之所以看不见,是由于离得远,还由于它们发射出来的光不是自己的,而是反射出来的光。

布鲁诺认为宇宙中一切都经历发展、变化和死亡,永恒的只有宇宙本身。组成宇宙的每一个世界,包括我们的地球、太阳和太阳系,以及其他无数世界,都逃脱不了这条普遍规律。他作出结论说:“所以,诸世界也在产生着和灭亡着,只要它们在发生变化并由一些经历变化的部分组成,它们就不可能是永恒的。”

布鲁诺还从宇宙的物理统一性推出:在其他天体上也有理性的生命存在。生命是物质的永恒属性,既不依赖于偶然,也不依靠创世主。他说:“……让你的精神上升到其他恒星去吧,我是说上升到其他世界去,在那里你会看到一些彼此相似的种属;到处都存在着同样的物质本原,同样的作用因,同样的积极创造力和消极创造力,同样的秩序、代谢作用、运动……”当然,宇宙中的生命形式不应当设想得与地上的一样,在那里会有很大的不同。在这里布鲁诺也力图克服人类中心主义的世界观。他写道:“我们认为,对于我们这种有生命之物来说,可居住的地方是很少的,但是不应该认为,有那么一部分世界,那里没有灵魂、生命、感觉,因而也没有生命之物。要知道,如果认为似乎不可能存在别的生物、与我们的感觉器官所达到的理性有所不同的另外一些种类的理性,那将是荒谬而愚蠢的。”

七、泛神论

按照布鲁诺给宇宙下的定义,是不允许在宇宙之外和之上有一个创世主存在的。这不仅否定了神学家们关于创世说的二元论,而且也否定了经院哲学所说的第一推动者以及依靠这个第一推动者的有限世界。

在布鲁诺看来,上帝跟自然是一致的,它包括在“事物之中”(in rebus),也就是说,包括在物质世界本身之中,而不是在它之外。上帝作为创造者并不跟物质、自然相对立,而是作为内在的活动本原处在自然本身之中。这种观点不仅反对了与人相像的上帝观念,而且也反对了关于超自然的和外在于自然的上帝观念。他在《论不可度量者与不可数者》一诗中写道:“一些人诉诸超自然的和外在于自然的力量,他们说,处在自然之上的上帝创造了这些天体作为给我们的某种征兆。但是,当必然以理性和感觉的论据为依据的时候,我们不跟这类先知者搭话,并且也看不出有回答他们的必要。”

由此可以看出,在布鲁诺的心目中,上帝乃是自然的同义语,自然乃是世界本身运动与发展的内在规律。自然与物质的所谓神性意味着它们赋有无限的内在力量。

也正因为如此,布鲁诺提出了“上帝—自然”概念,并进一步论证了上帝—自然与物质的相互关系问题,“有、实体、实质”的“统一存在”同“自然事物”的存在的相互关系问题。

布鲁诺既把上帝理解为不是处在事物“之外”和“之上”的、“最直接的在场者”,又把自然理解为事物“内部固有的”、比事物“更加接近”事物的东西,其结果也就必然是把上帝—自然跟物质等同起来。他在《拉丁文著作集》第一卷第一册中说得很明白:“技艺活动的对象是非自己的物质,自然活动的对象却是自身的物质。技艺处在物质之外,自然则处在物质之内,而且:它本身就是物质。总之,物质从自身的怀抱中产生一切,因为自然本身是内在的匠师、活的技艺……它是从内部起作用的推动者。”

由此可见,不仅自然是“事物中的上帝”,而且就连上帝在事物“之外”、在有形体的物质世界之外也是不存在、不可思议的。布鲁诺的泛神论是彻底自然主义的泛神论,具有与唯物主义十分接近的性质。

八、认识论

布鲁诺的认识论跟他的存在说有着紧密的联系。在他的认识论中,人的理性无论就起源说或就本质说,都不跟自然相对立,而是从自然中孵育出来的。在布鲁诺哲学中整个认识过程便是:感觉“上升到想象,想象上升到悟性,悟性上升到理智,理智上升到智慧”。这些认识阶段直接依赖于认识的对象——自然。“自然下降而生育事物,理智按照同一阶梯上升而认识事物……下降是从统一的存在到无限的个体,上升则是从后者到前者。”达到了这一最高认识的思想家便“视一切如同太一,并且不再借助于差别和数看事物……他所看到的是……一切数、一切种、一切推论的根源,……也就是单子、一切存在的真正本质”。

在布鲁诺看来,认识过程是无限的。因为,人的智慧虽说“在自身中是有限的”,但“在客体中是无限的”。因为认识的对象是无限宇宙。人类永远不能取得绝对的知识。“知识永远不会完善到那样的程度,以至连最高客体都被认识了;它只能完善到我们的理智所能认识的程度。”

在真理问题上,布鲁诺既驳斥了神学的真理说,也驳斥了妥协性的“二重”真理说。他认为真理是唯一的,由哲学“用教育和理性认识的手段、凭借有效智慧的力量”来理解。引向真理的是“从感觉产生的、随着推论能力发展起来的、并在人的智慧中日趋成熟的、哲学性的和理性的直观”。任何别的、在理性之外的、以神启为依据的认识,都是对理性认识的否定,是对人类思想的谴责，对天然感觉的否认。

布鲁诺反对迷信权威，反对用钦定的观点、原则把科学研究和哲学探讨框起来，他坚决地提出了思想自由的要求。他在回忆往日在牛津和巴黎辩论会上发言的沉痛经历时愤慨地说道："这帮无知的神父提心吊胆，竟无耻到了这样的地步，他们甚至禁止学术辩论，规定讲稿不得擅自改动，并宣布谁能鹦鹉学舌般地背诵传统的条条框框，谁就值得表扬。"

布鲁诺庄严地宣告：研究哲学的第一步就应当是怀疑。他在《论三种最小与度》一诗中写道："谁想研究哲学，首先就应该怀疑一切。"这并不是提倡怀疑主义和打倒一切的否定。布鲁诺既不怀疑客观世界的存在，也不怀疑正确认识世界的可能性。他激烈反对皮浪主义者，因为"他们怀疑对每个事物作出定义的可能性"并认为真理是某种"模糊的和不可认识的"东西。布鲁诺的怀疑所指的是关于世界的判断，是这些判断的真实性。他认为，怀疑那些被长年累月的传统神圣化了的条条框框，是思想家最首要的权利，也是他们的头等义务。

九、无神论

布鲁诺反对基督教的论战并不限于批判天主教会和它的传统与仪式。布鲁诺也同样尖锐地抨击基督教的全部说教，而不管是哪个教派。他力图说明宗教的独断意识对人类生活、对科学和哲学、对社会关系和道德都极为有害。他坚决反对教会不要天然理性、不要科学知识、用基于神启的盲目信仰来代替理性意识的做法。按照布鲁诺的思想，"神圣的基督教博士和拉比们"贬低了人的理性，断定了科学与知识是瞎忙。他们"止步不前，或袖起手来或搭下手来，闭起眼睛，取缔一切真正的探索与研究，谴责所有人类思维，弃绝任何自然情感，结果，最后像驴子一般"。他们不能像亚当那样从认识之树上摘食禁果，或者像普罗米修斯那样从朱庇特那里偷来天火点燃真理之光。

布鲁诺对宗教的批判当然也有他的社会局限性。他承认：宗教是治理"粗野民族"的工具，认为就这一点说，宗教还是必要的。

依布鲁诺看，各种天启宗教应予废除，取而代之的应是“理性宗教”、“黎明哲学”。布鲁诺用“爱的规律”、“合乎自然的普泛仁爱”来对抗使人类陷于隔绝的宗教狂热。

布鲁诺提倡的“理性宗教”当然不仅跟基督教的教义根本不同，而且跟任何宗教的神启都毫无共同之处。它既没有礼拜和宗教仪式，也不承认有彼岸世界，更不相信上帝能干预人间事务、死后有报应、灵魂不死等。

他所说的“理性宗教”也就是他自己的哲学体系、新道德体系。他认为摆脱了迷信和宗教恐惧的人类将在自然中找到新道德理想的依据。

十、社会政治观点

布鲁诺不仅幻想过、盼望过“普遍的变更”，他还制定了改造社会的计划，并致力于它的实现。

他认为，首先应该废除迷信崇拜，撤销教会和僧侣的无上权力。在新的道德价值和社会价值体系中，占有重要地位的是“热爱劳动、工业、军事技艺，祖国的和平和权力就是靠这些东西来支撑的，野蛮人将被战胜、驯服、并被纳入公民生活和人类共同生活。各种敬拜、宗教、祭祀，以及惨无人道的、卑鄙的、粗暴的、兽性的法律将被消灭”。

“为了人类共同生活的利益”而制定的法律，应该取代教会的世俗和封建专制。在以法律权力为基础的社会中，不应该再有封建特权和特殊地位。

在16世纪的条件下，布鲁诺的这些要求，诸如消灭教会世俗权力，确立国内和平，废除封建专制和世袭特权，鼓励“热爱劳动”、“工业”、有益于社会的职业，以及建立法律基础上的公民平等，无疑是符合新兴资产阶级的利益的，因而也是有利于社会前进发展的。

十一、结束语

文艺复兴时期的泛神论思潮在布鲁诺哲学中达到了逻辑上的完成，于是也就穷竭了自身。与新的实验自然科学、数学自然科学相关联的哲学在进一步发展中要求:放弃无神论者所宣布的神明本原与自然本原融为一体的学说,采取另一种“方法”来使自然摆脱神的影响和神的存在。

17—18世纪的唯物主义哲学和自然科学宁愿采用自然神论的意见,以便先承认创世说、先接受上帝是第一推动者,然后再彻底把上帝作为一个“不必要的假设”予以抛弃。

布鲁诺的自然主义泛神论在斯宾诺莎对泛神论所作的唯物主义解释中得到了继承和发展。他的单子说则被莱布尼茨所接受。他的宇宙思想无疑对自然科学和唯物主义哲学后来的发展发生了重大影响。不过,关于对立面一致的深刻辩证思想却没有被17—18世纪的形而上学唯物主义者接受,只是到了德国古典唯物主义者手中,布鲁诺哲学遗产的这个方面才得到了探讨。布鲁诺哲学反基督教的倾向为18—19世纪的欧洲无神论自由思想家所利用、继承。而布鲁诺那追求真理、不畏强暴的英雄热情则感染着激励着世世代代一切正直人们的心灵。

笛卡尔的“我思”与“人”*

尚新建**

倘若从“塑造人、教化人、尊重人”的意义去理解人道主义,笛卡尔似乎很少直接讨论人道主义问题,因而很难说有什么完整的人道主义学说。不过,笛卡尔的确深刻影响了近代形形色色的人道主义,不同程度地预设或规定了它们的进程。福柯在分析“启蒙”与人道主义的紧张关系时曾说:“至少17世纪以来,所谓的人道主义(humanism),始终不得不依据有关‘人’的某些概念,它们都是从宗教、科学或政治学借鉴来的。人道主义就是对被迫借助的这些‘人’的概念加以美化和证实。”①套用这种关系模式,笛卡尔自然属于提供“人”的概念的一方。需要强调的是,笛卡尔对人的理解,以其革命性的哲学体系为依托,全面体现了他的哲学立场和基本倾向。他所阐述的“人”,深深根植于哲学的土壤中。或许正因为具有这种深厚的形而上学基础,他的“人”的概念才为近代各类人道主义思想构筑了牢固的理论架构。然而,笛卡尔哲学以强调“我思”著称,尤其强调心灵的优先性,于是自然产生一个问题:“我思”与身体是什么关系?“我思”与他的“人”的概念是什么关系?本文试图探讨和清理这种关系,借以揭示他的“人”的概念的内涵和底蕴。这或许能为我们进一步全面理解笛卡尔及近代的人道主义思想铺平道路。

一、“我”与“人”

在第二个沉思中,笛卡尔经过彻底怀疑之后,得出“我是”、“我存在”的

---

* 本文原刊于《中国青年政治学院学报》2006年第1期。

** 尚新建,1953年生,男,北京大学哲学系教授,博士生导师。

① Foucault,“What is Enlightenment?”,in *The Foucault Reader*,ed. by Paul Rabinow,New York:Pantheon Books,1984,p. 44. 参见《福柯集》,杜小真编选,上海远东出版社,2003年,第538页。

结论,并将其当做确凿无疑的命题。[①] 紧接着,他继续追问:这个确实知道我存在的我是什么?为了回答这个问题,他重新审视了自己先前所认为的“我”。毫无疑问,“我”是“人”。“然而,人是什么?能否说是‘一个有理性的动物’?不能,因为那样,我就不得不考察动物是什么,理性是什么,于是,一个问题让我陷入其他一些更困难的问题……”[②]这里,笛卡尔试图沟通“我”与“人”的联系,却否定了亚里士多德关于“人”的定义。理由很明确,彻底怀疑的方法已经将“我”之外的任何东西悬置,暂时当做虚假之物加以排除,其中当然包括“动物”和“有理性的”这类概念。不仅如此,甚至亚里士多德所说的“灵魂”,亦遭怀疑,因为营养和感觉功能均依赖于身体,而身体是凭借想象把握的东西,早就被怀疑掉了。“我不是人们称之为人体的肢体结构。我甚至不是渗入肢体的稀薄之气——风、火、空气、气息,或我想象出来的任何东西;因为这些东西,我已假定它们都是无。即便它们都是无,我依然是某种东西。”[③]是什么东西?严格说,是一个“在思维的东西,也就是说,我是一个心灵,或一个智能(intelligence),或一个理智,或一个理性”[④]。所谓“思维之物”,就是“一个在怀疑,在理解,在肯定,在否定,在愿意,在不愿意,也在想象,在感觉的东西”[⑤],即一个实在的、真正存在着的东西。

问题在于:“我”这个纯粹的“思维之物”,即心灵,是否等同于人?对此,笛卡尔的态度并不明朗。

答案可以是否定的。笛卡尔的《论人》开篇便说:“这些人像我们一样,由灵魂与身体组合而成。”[⑥]“这些人”是笛卡尔虚构的,性质与我们相同。

---

① 参见 *The Philosophical Writings of Descartes*, ed. and trans. by John Cottinghan, Robert Stoothoff, and Dugald Murdoch, vol. II, Cambridge: Cambridge University Press, 1985, p. 17;参见笛卡尔:《第一哲学沉思集》,庞景仁译,商务印书馆,1986 年,第 23 页。

② Ibid.;参见笛卡尔:《第一哲学沉思集》,第 24 页。

③ Ibid., p. 18;参见笛卡尔:《第一哲学沉思集》,第 26 页。

④ Ibid.

⑤ Ibid., p. 19;参见笛卡尔:《第一哲学沉思集》,第 27 页。

⑥ Descartes, *Treatise on Man*, see *The Philosophical Writings of Descartes*, ed. and trans. by John Cottinghan, Robert Stoothoff, and Dugald Murdoch, vol. I, Cambridge: Cambridge University Press, 1985, p. 99.

笛卡尔试图借这些虚构人揭示真实人的性质。第六个沉思也明确说:"这个形体(body),我具有某种特殊权利把它叫做'我的',我有理由相信,与其他形体相比,它是属于我的。因为我能与其他形体分离,却决不能与它分离。我在身体上,并为了身体,感受到我的一切欲望和情感。最后,我在我的身体部分,而不是在与它分离的其他形体部分,感受到痛苦和快乐。"①况且,"我的本性教给我的最生动的东西,莫过于我有一个身体;当我感觉痛苦时,它就不舒服;当我感觉饥饿或干渴时,它就需要食物或饮料,等等。因此,我不怀疑其中包含的真理"②。笛卡尔后期著作《灵魂的激情》,则将身心统一作为讨论的主题之一。以上文本似乎证明,笛卡尔心目中的人是心灵与身体的统一,并非单纯的"我思"。

这种解读是将纯粹"我思"的发现看做笛卡尔的一种策略。"我思"不过是追求确定知识的阿基米德点,是正确认识现实人(身心统一体)的一个阶梯或一个必要途径。"人"的知识遭受怀疑,并不证明其必然虚假,只是出于程序的考虑暂时悬置。知识的坚实基础一旦确立,形体与外部世界的存在一旦得到证明,身心统一的"人"便成为考察的中心,其真理性便显而易见。因此,"我思"不等同于"人",只不过是认识"人"的一个必备条件。

然而,上述观点忽略了"我思"的特殊性质和地位。笛卡尔强调的恰恰是"我思"(心灵)的优先性:不仅在认识过程中,"我思"(心灵)比形体更容易认识,无须后者,仍然可以单独认识前者,而后者的真理则必须依赖前者,而且,"我思"(心灵)还拥有形而上学的独立地位,即它是一个实体。所谓"实体",指无须他物便独立存在的东西。如此,笛卡尔对"我思"的论述就不是简单的权宜之计,而是对某种实体的具体分析。"我思"具有重大的形而上学承担。即便不把"我"等同于人,而是将人看做身心统一体,澄清"我思"(心灵)本身的性质和规定对于理解"人"仍具有重要意义,因为"我思"(心灵)毕竟是人的重要本质,更何况,独立看来,它的地位比身体更重要。事实上,笛卡尔的一个重大贡献,就是创立身心二元论,将心灵与形体看做

---

① *The Philosophical Writings of Descartes*, vol. II, p. 52;参见笛卡尔:《第一哲学沉思集》,第80页。

② Ibid., p. 56;参见笛卡尔:《第一哲学沉思集》,第85页。

性质不同的两个实体。心灵与形体两个概念，按照笛卡尔的定义，只有分别考察，才能获得清楚明白的观念。“人”作为身心统一体，其本性不仅依赖这两个实体的独特性质，而且取决于二者的冲突、结合与相互作用。因此，近代哲学面对的“人”自然呈现更加错综复杂、扑朔迷离的局面。

二、“我思”的二重含义

从字面上就不难理解，“我思”包含“自我”与“理性”两层含义。

祁克果曾抱怨同代人：没有人敢说“我”。[①] 祁克果的意思当然不是指日常生活中没有人用“我”说话，甚至不是指无人用“我”（第一人称）著书撰文，而是指哲学上无人敢承认“我”的形而上学地位，即没有人敢采取查尔斯·泰勒（Charles Taylor）所说的“第一人称立场”（the first-person standpoint）。所谓“第一人称立场”，意指“我所认识的世界为我而存在（is there for me），为我所经验，为我所思考，对我有意义。知识、意识，总是行为者的……我们通常处理事物时，每每忽略这种经验维度，而关注被经验的事物。然而，我们可以改变方向，将经验作为我们的注意对象，去意识我们的意识，试图经验我们的经验，关注世界为我们存在的方式”[②]。我们通过激进的反省面对自我，经验主体本身隐含的自我突显出来。祁克果之前，以这种立场著称的当属奥古斯丁与笛卡尔。

然而，当奥古斯丁的自我转向第一人称时，事实上又回到超越的上帝，上帝是自我的根本秩序，是真理的源泉。上帝使灵魂拥有生命，具有生气。柏拉图相论的痕迹在奥古斯丁处清晰可见。在笛卡尔处则更加明显。正如泰勒所说：“自笛卡尔以来的现代认识论传统，还有现代文化中由此发源的一切传统，已使这种立场（第一人称立场）成为根本——甚至可以认为，已

---

① 参见 Matthews, G. B., *Thought's Ego in Augustine and Descartes*, New York: Cornell University Press, 1992, p. ix。

② Taylor, Charles, *Sources of the Self: The Making of the Modern Identity*, Cambridge: Harvard University Press, p. 130；参见泰勒：《自我的根源：现代认同的形成》，韩震等译，译林出版社，2001年，第193—194页。

经达到偏激的程度。竟然产生一种观点：有一个特殊的'内在'对象领域，唯独从这种立场出发才能获得；或者形成这样一种观念：'我思'的优点就是以某种方式外在于(outside)我们所经验的事物世界。"[①]彻底怀疑方法固然具有强大的隔离与净化功能，为"我思"独辟一个特殊的领域，让它与"我"之外的任何事物截然分离，不过，其根源还是因为"我"本身现实地发生作用。思想意味着活动：怀疑、设想、肯定或者意愿。然而，思想总是"我"在思想。我透过这些心灵活动，意识到自己是发动这些思想的行为者。"我"是思想之源，我作为行为主体，已经潜在地存在于对"我思"的认知过程中，自我认识蕴涵着认识主体。或许正是在这个意义上，海德格尔认为："'我在(是)'不是思想的结果，恰恰相反，它倒是思想的基础。"[②]"我"是笛卡尔第一原则的核心。"我"作为主体，其主体性由我性(I-ness)所决定。于是，"我"成为一个特殊的主体：惟独依据它，才能设定"内在的"领域，惟独与它形成某种关系，客体才被设立，事物本身才成之为客体(对象)。[③] "我"属自己，之外属他者，与"我"对照而别。"我"终于成为世界的中心，成为确定知识的最后根源。

甚至上帝的观念，也要以"我"为参照，在"我"的领域内寻找形式依据。如果说，奥古斯丁还需要彼岸的、超越的上帝来救赎人，那么，笛卡尔则完全凭借"自我"的力量。因此，原来从上帝到灵魂的传统，现在被颠覆，被倒转了。原来为了认识我是谁，首先必须知道上帝是什么；现在为了认识上帝是什么，首先必须知道我是谁。在笛卡尔那儿，一切重要力量均被内在化，均发自"我"。人在世界中的位置陡然提升。难怪海德格尔断言："'我'因而成为对人的重要的、根本的界定。"[④]激进的自我反思追求最内部、最本质的自我，其反思过程是主体的认知，而结果却将主体的认知变成认知的对象(客体)。

---

① Taylor, Charles, *Sources of the Self: The Making of the Modern Identity*, p. 131；参见泰勒：《自我的根源：现代认同的形成》，第195页。

② Heidegger, *What is a Thing?*, trans. by W. B. Barton, Jr. and Vera Deutsch, Chicago: Henry Regnery Company, 1967, p. 104.

③ Ibid., p. 105.

④ Ibid., p. 106.

单从“我思”出发，获得的知识将不是意见，而是真理，因为我思所运用的标准是理性标准。甚至外界事物的知识，也以内在的理性为尺度。“的确，除非依靠我内心的观念，否则关于我之外的存在物，我不会有任何知识。”①理性使我们形成一门统一的科学，因为理性不再受制于外在的、现成的逻各斯，理性具有自身的秩序，各门科学均建立在理性秩序的基础上。发现真理，就在于将我们心灵关注的对象加以安排，给予秩序。从词源学考虑，“沉思”(cogitare)与“cogere”(“集合”或“排序”)本来就具有十分密切的关联。② 正如海德格尔所说：“伴随‘我思——我在’，理性现在显然按照自身的要求加以设定，成为一切知识的首要基础，成为规定事物的准则。”③

笛卡尔以理性统一科学的纲领，体现在“普遍数学”的概念中。笛卡尔力主建立“普遍数学”，并不完全因为数学能够提供严格的知识，树为科学的楷模，主要是因为数学方法本身具有的品质。在笛卡尔看来，数学本质上是一种逻辑工具，是排列和组合知识的一种有效方法。他认为：“如果更细心地研究，就会发现，所有的事物，只要觉察出秩序和度量，都涉及数学。这种度量，无论在数字中、图形中、星体中、声音中，还是在随便什么对象中去寻找，都应该没有什么两样。所以说，应该存在着某种普遍科学，可以解释关于秩序和度量的一切问题。它与任何具体题材没有牵涉。”④可以看到，笛卡尔认为，数学凭借符号语言处理数量关系的方法，能够推及所有其他事物，成为认识论的基本工具。他在给梅尔森的信里说：“认识这种秩序是关键和基础，借此，我们可以得到我们希望获得的最完善的科学，关于物质事物的科学；人们通过它，可以先天地认识世间物体的不同形状和本质。”⑤普

---

① Descartes, “Letter to Gibieuf, 19 January 1642”, see *The Philosophical Writings of Descartes*, ed. and trans. by John Cottinghan, Robert Stoothoff, and Dugald Murdoch, vol. III, Cambridge: Cambridge University Press, 1991, p. 201.

② 参见 Taylor, Charles, *Sources of the Self: The Making of the Modern Identity*, p. 145；泰勒：《自我的根源：现代认同的形成》，第 215 页。

③ Heidegger, *What is a Thing?*, p. 106.

④ Descartes, *Rules for the Direction of the Mind*, see *The Philosophical Writings of Descartes*, vol. I, p. 19.

⑤ Descartes, “Letter to Mersenne, 10 May 1632”, see *The Philosophical Writings of Descartes*, vol. III, p. 38.

遍数学为事物确立了一种新的认识标准:知识不是通过经验从事物引申出来的,而是作为公理加于事物之上的。在这里,理性原则起着重要作用。这种理性原则决定了科学的秩序不同于自然的天然秩序。所以,笛卡尔要求我们"按照某种秩序逐一考察事物,而不是按照该事物实在的存在秩序去考虑它们"①。这种新的秩序独立于所考虑的对象,本质上是武断的。普遍数学不是描绘或临摹自然,而是预测或指示对象可能的存在。对象不再独立发生作用,因为它作为一种符号,隶属于公理系统。因此,普遍数学实际上提供了一套新的理性关系,其公理特征构成一种逻辑语境,规定其中的各个对象。正如海德格尔所说:"数学的基础有这样一种要求,即运用事物的决定因素。这种运用不是经验地产生于事物,而是作为事物决定因素的基础,使它们成为可能,给它们以活动空间。"②按照这种理解,笛卡尔所说的理性并不意味着与外界秩序保持一致。"笛卡尔的选择是把理性,或思维能力,看作我们必须建构秩序的能力,而这些秩序符合知识、理智和确定性所要求的标准。"③从这个意义上说,世界的秩序是人建构的,世界的本质是属人的、理性的。

三、身体及其与心灵的统一

人不仅是"我思",也具有身体。

倘若单独考察,身体是独立的实体,其本质是广延,遵循物质的运动法则。因而,单纯的身体(没有心灵的)是自动机。"自动机"的概念在动物身上表现尤其明显:动物具有与人相似的感觉器官,却没有与人一样的心灵,没有意识和灵魂,因而是一架机器。这个概念不是贬义,而是想从积极的一面主张:从动物身上所观察到的一切运动,完全可以用身体各个部分的构造

① Descartes, *Rules for the Direction of the Mind*, see *The Philosophical Writings of Descartes*, vol. I, p. 44.

② Heidegger, *What is a Thing?*, p. 89.

③ Taylor, Charles, *Sources of the Self: The Making of the Modern Identity*, p. 147;泰勒:《自我的根源:现代认同的形成》,第218页。

和倾向加以说明。笛卡尔相信,单凭机械原则,便足以解释动物的行为,没有任何遗漏和保留。人的身体亦如此。撇开心灵单独考察身体,人像动物一样是一架自动机。

笛卡尔的论断是对亚里士多德主义的批判。亚里士多德将灵魂看做动物和人的形式或本质:灵魂既是感觉或思维的根源,亦是身体活动的动因。笛卡尔则强调,人具有两个运动本源:一个是精神的,另一个是机械的。①

在笛卡尔眼里,甚至连感觉和欲望,也遵从机械的原理。他在《论人》一书中概括了人体机器的特性:“最后,我希望你们考虑一下我归于这架机器的全部功能——诸如消化……营养……呼吸,醒与睡,外感官接受光、声、气味、味道、热及其他性质,这些性质的观念铭刻在常识和想象器官上,保留在记忆中,欲望和激情的内部运动,以及所有肢体的外部运动……我希望你们考虑一下,这些功能统统是这架机器的自然运作,完全产生于各个器官的构造,就像钟表或其他自动机的运动产生于配重和齿轮的构造一样。因此,为了说明这些功能,无须设想这架机器具有植物灵魂,或感觉灵魂,或者运动和生命的其他本原,仅须凭借血液和精气(spirit)……”②

尽管我们可以单从“我思”(心灵)或者单从“身体”考察人,不过,现实中的人既非单纯的“我思”,亦非单纯的“身体”,而是身心统一体。

笛卡尔在第六沉思中说:“自然也用疼痛、饥饿、干渴等感觉告诉我,我不仅出现在身体中,好像一个舵手出现在船上,而且,我与身体结合得非常紧密,似乎彼此混杂,因而我与它结成一体。”③身体比其他形体更密切地与“我思”联结在一起,而且“我思”亦十分清楚,感觉并非完全出自“思想”,也与人体密切相关。因此,我们可以断言:“人由身体与灵魂组成,并非一个面对或接近另一个,而是真正的实体的统一(substantial union)……我们

---

① 参见 Caton, Hiram, *The Origin of Subjectivity*: *An Essay on Descartes*, New Haven: Yale University Press, 1973, p. 89.

② Descartes, *Treatise on Man*, see *The Philosophical Writings of Descartes*, vol. I, p. 108.

③ *The Philosophical Writings of Descartes*, vol. II, p. 56;参见笛卡尔:《第一哲学沉思集》,第85页。

的用语或许异乎寻常，然而我们以为，它充分表达我们的意思。”①心灵与身体的“实体的统一”很容易引起误解，好像除了心灵与物体两个实体之外，还有第三个实体，即身心统一体。事实上，笛卡尔并不承认身心结合体为个实体。笛卡尔的意思无非是说，为了理解真正的人，必须将其看做一个整体，看做两个实体（形体与心灵）的统一。“因为身体与灵魂彼此结合而成的统一体，对于人来说，并非偶然的，而是本质的，没有这种统一，人便不再是人。”②

上面引文似乎让笛卡尔陷入矛盾境地：一方面，他声称我是思想物，此外并无其他性质或本质，身心二者是厘然有别的；另一方面，他又宣称身心统一才是人的本质。前者倘若成立，后者便岌岌可危。或许，正是出于这个缘由，阿诺德断言，笛卡尔所说的身心相互作用根本不可能，因为“思想”的性质“把我们带回柏拉图的观点（笛卡尔先生却反对），即没有任何物性属于我们的本质，因此，人仅仅是一个理性灵魂，身体纯粹是运载灵魂的车辆——把人定义为‘运用身体的灵魂’”③。笛卡尔则反驳说，他的意思并非阿诺德所说，人决非运用身体的灵魂，而且，“实体的统一并不妨碍我们对单独的精神具有清楚明白的概念，将其看做一个完全的东西”④。在笛卡尔看来，身心的分离与身心的统一都是真的，只是确认的方式分属不同层面：前者为形而上学的沉思所把握，后者为经验所把握。不过，笛卡尔的这个解释需要进一步解释。

笛卡尔带我们返回三个基本观念（primitive notions）：心灵、身体与身心统一体。他认为，这些观念是自然之光的产物，智慧的种子（天赋观念）。我们一旦意识到这些观念，必然能够正确地把经验与恰当的基本观念联系起来，因为人的其他概念都分别隶属于某个基本观念。混乱在于不能清晰

---

① Descartes, “Letter to Regius, January 1642”, ooo *The Philosophical Writings of Descartes*, vol. III, p. 209.

② Ibid.

③ “Fourth Set of Objections”, in *The Philosophical Writings of Descartes*, vol. II, p. 143. 参见笛卡尔：《第一哲学沉思集》，第206页。

④ “Fourth Set of Replies”, in *The Philosophical Writings of Descartes*, vol. II, p. 160. 参见笛卡尔：《第一哲学沉思集》，第231页。

地分门别类,犯了所谓的范畴错误,将这类经验或概念归于那类基本观念。要理解身心相互作用的性质,首先必须澄清三个基本观念,严格固守各个基本观念的范围。笛卡尔的结论是:单独的心灵或单独的身体只能由纯粹理智分别考察,而且对于前者,想象无能为力,对于后者,想象则能助理智一臂之力,因为身体包含广延、形状与运动;身心统一体与前两者不同,单独凭借理智只能得到模糊的认识,即便借助想象,结果也大抵如此,只有感官才能获得身心统一体的清晰认识。[①] 按照这个结论,我们要理解身心统一体,不能凭借理智,反而必须进入相对不确定的感觉经验领域。然而,伊丽莎白女王向笛卡尔谈及自己的经验时,承认感觉让她觉察身心的相互作用,但并不能让她理解这种相互作用究竟是如何发生的。她以为出路在于将灵魂物化,即赋予广延的性质。她说:“我很容易将物质和广延归于灵魂,却很难将推动物体与被推动的能力归于非物质的存在。”[②]“尽管广延不是思想所必需的,但与思想并不矛盾,它可以归属于灵魂的其他非本质的功能。”[③]伊丽莎白的思想显然与笛卡尔的格格不入,因为笛卡尔在《第一哲学沉思集》里明确将心灵与形体厘然有别,截然分离。然而,笛卡尔的答复令人惊讶。他在信中说:“我请殿下随心所欲,将这种物质和广延归于灵魂,因为那不过是设想灵魂与身体合为一体。殿下一旦形成严格的物质概念,并在自身经验到它,便很容易认为,她最归属于思想的物质并非思想本身,物质的广延与思想的广延性质不同,因为前者占据确定的位置,借以排除所有其他物体的广延,后者则不同。因此,殿下将很容易恢复身心彼此区别的知识,尽管设想二者为统一体。”[④]从字面看,笛卡尔似乎鼓励伊丽莎白将心灵设想为广延的。其实,他的意思是说:当人们观察身心统一体时,心灵只是看上去好像有广延,事实上,心灵并没有广延,这需要我们单独考察心灵。笛卡尔向伊丽莎白指出,混乱源于将形而上学与经验混为一谈。理解身心的实

---

① 参见 *Descartes: His Moral Philosophy and Psychology*, tans. by John Blom, New York: New York University Press, 1978, p. 113。

② Ibid., p. 112.

③ Ibid., p. 117.

④ Descartes, “Letter to Princess Elizabeth, 29 June 1643”, see *The Philosophical Writings of Descartes*, vol. III, p. 228.

在区别与理解身心的统一必须运用不同两套方法：前者以理性为基础，属于思辨的形而上学，后者以经验为基础，属于常识，需要运用辅助因素，诸如类比之类的手段。

可以看到，笛卡尔试图将身心的区分与身心统一体归属不同领域，借以消除“我思”（心灵）与“人”（身心统一）的冲突。然而，这种方式即便能够缓解二者间的矛盾，却不能完全解决问题。人们仍然要问：两个本质截然不同的实体如何相互作用？虽然经验告诉我们二者彼此作用，协调一致，但如何说明这种结果呢？两个实体的相互作用为什么不会干扰二者彼此的区别？笛卡尔在其《心灵的激情》中，试图回答这些问题，但并不成功，成为后人不断讨论的一个主题。

四、结　论

我们似乎可以合理地说，笛卡尔对“我思”与“人”的分析和论述，非但没有消除我们对“人”的种种困惑，反而加剧了问题的复杂性，屡屡让我们面对精神与物质、理论与实践、理性与经验、个体与整体的冲突和张力。然而，这正是现代人面对“人”、“人性”和“人道主义”问题的现实处境。

倘若我们从笛卡尔的哲学架构理解“人”，那么面对的并非一个具体人，而至少需要考察三个基本要素：心灵、身体以及身心统一体，还有三者之间错综复杂的相互关系。甚至不能将其理解为一个具体人的三个组成部分，毋宁说，那是不同层面的三个“人”。三者具有各自的目标、特征和关联，分属不同的领域。单凭经验或单凭理性都无法正确理解人，必须从不同角度，透过不同的维度全面加以理解。单纯的形而上学无法全面理解人。“我思”在形而上学层面划定“我”的领域，确立理性的权威，并建立了理性控制的新模式。然而，这并非“人”的全貌。尽管形而上学及其原则是哲学之根基，但并非哲学的终结，只能是哲学的起点。形而上学的根基还须生长出枝杈，才形成完整的知识之树。笛卡尔的“人”论告诉我们，他的哲学并非完全思辨的，还需要产生实践的知识，指导人追求幸福的生活。理解现实的人（即身心统一体）与理解“我思”不同，不能单凭纯粹理智，还需要依靠经验，返回日常生活。因此，“人”或“人性”不会直接呈现在我们面前，亦不会完全成为形而上学的抽象对象，而只能以错综复杂的形式间接反映出来，盘根错节，缠绕于形而上学与经验的不同层面。或者说，“人”或“人性”就是身与心、“我思”与“人”（身心统一体）复杂关系的凝结，而且不可能只有一种结果，各种背景与关系的互动交叠、观察者的视角与立场，必然呈现五光十色的景象。然而，不管什么结果，都是笛卡尔的哲学架构造成的。笛卡尔进行的哲学革命摧毁了古代的哲学模式，代之以科学的世界观和解释理论，自然也影响到人类学的急剧变化，影响到人的道德和自制的全部体系。不仅笛卡尔本人对“人”及“人性”的理解为其哲学架构所制约，其后大部分人也不得不在这个架构下理解“人”及“人性”，并在此基础上阐释人道主义。

哲学与宗教的永恒同盟

——论谢林的宗教哲学思想*

先　刚**

哲学与宗教——这里的“宗教”并不特指基督教，尽管后者在欧洲曾经一度成为“宗教”的代名词——的关系是西方思想史上源远流长的一个重大问题。通常人们或者站在哲学的立场上批判宗教的迷信和悖理，或者站在宗教的立场上指责哲学的有限性，不能把握宗教所独有的领域和对象，这些争论又转化为诸如“理性(认识)与信仰”之类的问题。在近代，启蒙运动和自然科学蓬勃发展之后，所谓的“健全理智”和自然科学成为宗教的新的敌手，但对于很多问题的认识并不是完全与哲学站在一条阵线上面，而且经常将其反宗教的理由转到哲学身上，以至于哲学和宗教都不得不为自己作出同样的一些辩解，比如捍卫形而上的对象的存在，等等。尽管如此，哲学与宗教并没有因此走向和解，而是继续保持分庭抗礼甚至对立的姿态。每个人都承认，这是一个无比错综复杂，而且似乎永远得不到解决的思想战场。

我们在这里尝试从谢林出发来理解、探讨这个问题。在德国古典哲学的几位大师里面，谢林与宗教的关系最为密切，“宗教”是他的整个后期哲学所关注的核心对象，以至于他的哲学思考经常被贴上“宗教哲学”甚至“基督教哲学”的标签。正因为此，站在宗教批判立场上的思想家斥责其为哲学的叛徒、“基督教的哲学家”(恩格斯)，甚至把他看做反动、腐朽的意识形态的代言人(卢卡奇)；另一方面，基督教神学界尽可能断章取义地在谢

---

* 本文原刊于《社会科学战线》2007 年第 3 期。

** 先刚，1973 年生，男，北京大学哲学系副教授。

林那里搜索出有利于基督教或信仰的片断言论并加以发挥,仿佛谢林确确实实是他们的同志和精神援助,更企图证明作为人类理性思维发展顶峰的德国古典哲学具有一个通往神学和信仰的缺口。[①] 然而,这一切都是武断的、错误的。我们将通过对于谢林哲学的本原研究表明,谢林对于哲学与宗教之间的关系的思考有着比上述片面思维卓越和深远得多的维度。

不过,在讨论哲学和宗教的关系之前,须得对于"哲学"的基本概念有着正确的认识。过去人们为了哲学和宗教是否分庭抗礼,哲学究竟是在宗教之上还是之下等问题争论不休,一个很重要的原因就是他们心目中所设想的"哲学"经常是大相径庭的。倘若将哲学设想为一种单纯抽象的推理和归纳,或者把哲学限定在对于经验的、有限的事物的认识上面,这样的"哲学"难免要被宗教界指责为"缺乏精神性"或者"缺乏超越的认识",宗教因而可以在这样的"哲学"面前骄傲地捍卫自己所谓的专属领地:上帝、世界、灵魂、自由等等,甚至把自己放到哲学的头上。但是**德国古典哲学**显然不愿意将宗教这一"精神现象"排斥在哲学的掌握之外,更不能接受任何凌驾于哲学之上的东西。

在这些哲学家里面,康德采取了一种颇为独特的做法:(1)他把宗教的内容(上帝、世界、灵魂)理解为人类理性必然形成的先天概念(理念)而不是一般观念的抽象甚至虚构,从而与经验主义者、实证主义者、启蒙主义者划清了界限;(2)但是康德又把它们放置到"自在之物"的彼岸,宣称理性在理论上不可能认识或证实它们的存在,仿佛与怀疑主义的不可知论持一个论调;(3)另一方面,康德认为实践理性的公设(或者说实践理性本身的存在)就保障了上帝等对象的实在;(4)最后,康德认为,"道德不可避免地导向宗教,并通过它扩展为人之外的一个拥有权力的道德立法者的理念,在此立法者的意志里,(创造世界)的那个终极目标同时能够且应该是人的终极

---

① 比如曼弗雷德·施罗特(Manfred Schröter)就把从雅各布·波墨到谢林—黑格尔的整个德国哲学的使命理解为"基督教的世俗化"(Säkularisierung des Christentums),意为尽可能地把宗教—基督教思想转化为形而上学。Vgl. Schelling, *Die Weltalter*. Einleitung, LV. München, 1946.

目标"[①]。他的意思是,基督教(或泛泛的所有宗教)的内核就是道德哲学和伦理教化,因为"**宗教**(在主观方面看来)就是认识到作为神的律令的我们的所有义务"[②]。康德的这种"批判哲学"构想在知识界一方面造成了巨大的冲击,另一方面也带来了相当的混乱。海涅在《论德国宗教和哲学的历史》一书中的那段生动描写代表了人们对于康德这种独特做法的普遍态度,[③]即推崇其理论哲学的"批判"而贬低其实践哲学的"公设",认为他在宗教问题上"不彻底",仿佛只是为了应付或收拾不堪的局面才将上帝"复活",而这个对象(以及各种通常被看做是属于宗教的对象)本来是哲学应该"革命性地"清除掉的。但实际上,海涅的批评割裂了康德的理论哲学和实践哲学,进而误解了康德的宗教哲学思想,因为康德的实践哲学并不是理论哲学的"补充",而是二者互为前提、相互支援构成一个完整的整体,换句话说,康德对于上帝等"超绝的(transzendente)对象"并不是**先**否定**然后**再肯定的态度,而是从一开始就将其置于哲学的控制之下,无非是,过去的哲学家以为单凭一个"理性"就能一手把握的东西,如今康德通过"理性批判"分化出理论理性和实践理性(二者根本上是同一个理性,是同一个理性在不同领域的"运用")两种手段来把握之。用一个形象的比喻来说,康德左手似乎交出去的东西,又用右手拿了回来,或者说用两只手更紧紧地握住。就此而言,康德的宗教哲学思想的要点首先在于确立哲学在宗教中的发言权,其次他决不是要简单地批判或者打倒宗教,而是要将宗教"哲学化",将宗教的内容按照哲学或理性的标准来过滤、扬弃,从而达成**哲学与宗教的和解**。[④] 康

---

① Kant, *Die Religion innerhalb der Grenze der bloßen Vernunft*, in *Kants Werke*, Akademie Textausgabe, Band VI, Berlin, 1968. S. 6.

② Ebd., S. 153. 在别的地方康德也说,"去满足作为神的律令的人类义务,构成了所有宗教的本质方面……"(Ebd., S. 60.)

③ "康德……在理论理性和实践理性之间作了区分并用实践理性,就像用一根魔杖一般使得那个被理论理性杀死了的自然神论的尸体复活了。"《海涅文集 · 批评卷》,海安译,人民文学出版社,2002 年,第 304 页。更多的描述参看引文前后。

④ 正如康德在《单纯理性限度内的宗教》第二版序言(1794)所说,他的目标是要表明理性和《圣经》不仅是"相容的",而且是"一致的"。(Ebd., Band VI, S. 13.)

德的这个基本精神是与斯宾诺莎一致的,[①]后者在《神学政治论》里完全用理性的尺度来解读圣经:"凡《圣经》中真实记述的事情,像别的事情一样,都是循自然律必然发生的。若是《圣经》中以明确的话叙述某事,确与自然界的规律相违反,或不能由自然界的规律推知的,我们必信其为无宗教心的人蒙混插入到圣书里面的。"[②]以及,"解释《圣经》的方法与解释自然的方法没有大的差异"[③]。虽然斯宾诺莎也说哲学与宗教信仰没有什么关系,前者只是追求真理,而宗教信仰只在寻求顺从与虔敬,但那"顺从与虔敬"的基础和对象究竟是什么,总归还是由哲学的真理("真知上帝和爱上帝")来决定的。[④] 可见,给斯宾诺莎戴上"反宗教斗士"或"无神论"的帽子都是天真错误的,毋宁说斯宾诺莎开辟了一条统一哲学和宗教的道路,确立了一种鲜明的**理性主义宗教哲学**的传统。诚然,斯宾诺莎理解的"理性"与康德以及德国唯心主义者还颇有差别,但这个传统却在德国古典哲学里延续下来并发挥着深远的影响。

在这个传统里,谢林也不是例外。谢林与宗教的密切关系不仅是因为他在图宾根大学神学院学习了五年(1790—1795),而且通过其父亲和姨父接受了"施瓦本教父"[⑤]的影响。后来谢林在《世界时代·原稿一》(1811)中曾经如是说:"我可以毫不勉强地承认,除了那些作品[圣经]的宁静的激

---

① 比如斯宾诺莎也说:"耶稣被打发到世界来,不是为了维持国家,也不是为立下法律,而只是为教导普遍的道德律。"参见斯宾诺莎:《神学政治论》,温锡增译,商务印书馆,1963,第 79 页。

② 斯宾诺莎:《神学政治论》,第 101 页。

③ 同上书,第 108 页。

④ 同上书,第 201、67、211 页及相关前后。

⑤ "施瓦本教父"的主要代表为图宾根哲学—神学家瓦伦丁·安德雷亚(Valentin Andreae, 1586—1654)、阿尔布莱希特·本格尔(Albrecht Bengel, 1687—1752)和克里斯托弗·厄丁格尔(Christoph Oettinger, 1702—1802)。安德雷亚和本格尔是新教虔敬派的创建者和主要代表,厄丁格尔则将虔敬派极度关注内在心灵的特点和德国神秘主义传统(雅各布·波墨)统一起来。厄丁格尔把波墨的著作称作"上帝的馈赠",并撰写了一系列的著作来宣传波墨的学说,在施瓦本地区造成了广泛的影响。谢林的父亲曾经自称是"本格尔广义上的学生",他的姨父也是一个"狂热的厄丁格尔崇拜者",这些都表明了幼年谢林成长起来的精神环境。现在我们也知道,谢林和黑格尔都是通过厄丁格尔的著作才接触到波墨的思想的,而且在这过程中也接受了厄丁格尔自己的诠释发挥,他们后来不约而同地一致高度推崇波墨绝非偶然的巧合。Vgl. Ernst Benz, *Schellings schwäbische Geistesahnen*. In *Schellings Philosophie der Freiheit. Festschrift der Stadt Leonberg zum* 200. *Geburtstag des Philosophen*. Stuttgart, 1977.

励之外，还没有任何人的书或其他工具对我的观点有如此大的帮助……从它们那里我首先认识到，我从少年起就抱着极大的热情想要认识的那个东西[绝对]，最终必须以人的方式来寻找，那些飘浮着的思想必须回归到人类理解力的自然尺度。”①可见，这些熏陶并没有让谢林成为神学和基督教的卫道士，毋宁说他对于圣经的解释从一开始就走上了斯宾诺莎—康德的理性批判主义道路，正如他的硕士论文题目即已揭示的：《根据创世记第三章对有关人类罪恶起源的古代箴言进行**批判阐释**和**哲学阐释**的尝试》。当然，谢林之登上哲学舞台并不是因为他的宗教观点，而是靠着两篇标准的唯心主义论文《一种所有哲学的形式的可能性》(1794)和《自我作为哲学的本原或论人类知识中的无条件者》(1795)。在这两部著作里，谢林虽然着重讨论的是作为“绝对自我”或“自由”的本原问题，但他的哲学蓝图已经展现出明确的对于“统一”、“体系”等的追求，这种追求不仅要克服的是各门科学、各种观点之间的纷争，更重要的是达到**人类自身**的统一与和谐：“正如所有的科学，甚至经验科学也不例外，都越来越趋向一个完满的统一，人类自身同样也是如此。统一性的原则从人类历史的开始就作为调节性的基础，并最终作为构造性的法则而实现……人类迄今所走过的各种道路和歧路，最终将汇聚到**一个**点，在那里，人类又再汇聚在一起，作为**一个**完满的人格从属于自由的同一个法则。”(I, 158)②诚然，这里表述的还只是一个理想——个体与个体之间、个体与整体之间的和谐一致——但它无疑也是宗教所追求的理想，哲学将宗教的希望和理想掌握在自己手里。而在所谓的《唯心主义的最早体系纲领》③(1796)里，宗教的内容则被完全哲学化了，尽

---

① Schelling, *Die Weltalter*. WA I, 128. München, 1946.

② 此处谢林引文缩写中前面的罗马数字代表十四卷《谢林全集》(Schelling, *Sämitliche Werke*. Hrsg. von K. F. A. Schelling. Stuttgart und Augsburg, 1856—1861)的相应卷册，后面的阿拉伯数字表示该卷页码。以下同。

③ 关于黑格尔、谢林、荷尔德林或者其他人谁是该文真正的作者的争论至今未得解决，我们也无意介入其中，只确保这样的两个要点：(1)该文出自黑格尔的手笔，应该说其中包含着黑格尔本人的思想；(2)与此同时，该文内容与谢林此前此后的诸多思想吻合，在此意义上也不妨看作谢林的“作品”。因此，《纲领》乃是黑格尔研究和谢林研究的共同资源。

管残篇的末尾提出了一种“新的宗教”,“人类最后的、最伟大的作品”,[①]但这个“**审美的**(sinnliche)宗教”无非是一种“**理性**神话学”(Mythologie der Vernunft),在其中诗(Poesie)、一神教、泛神论、哲学等结合为一个整体,所有的个体得到**平等的**塑造,他们的“普遍自由和平等”统治着一切。

如果说谢林最初强调的是个体之间以及个体与整体之间的和谐,那么,当他的哲学思考益发深入,此前设想的“和谐”就更多地被“冲突”这个问题所取代。在《先验唯心论体系》(1800)这部艰深的著作的第二部分“实践哲学体系”里,谢林发展出了一套系统的历史哲学。绝对自我在漫长的发展过程中从无意识到意识的飞跃取决于一个“绝对抽象”(III, 532),“抽象”是一个摆脱着的、分离着的行动,靠着它,理智(Intelligenz)绝对地(也就是说以一种不能进一步解释的方式)将自身凌驾于客观之上。这个行动也叫做“自身规定”(Selbstbestimmung)或“对自身采取的行动”(Handeln auf sich selbst),如我们所知,这个概念与康德的“先验自由”并无根本的不同,关键在于,在康德只是空洞地讨论自由的地方,谢林把这种自由同时理解为一种否定或限制。因为,说理智(自我)是自由,因为它自己规定自己,或者说理智(自我)自己规定自己,因为它是自由,这样的循环并不能真正形成“自由”的概念。为了摆脱这个循环,就得设定,自我对于自由的概念是通过一个“他者”——其他的理智的活动——而实现的。和费希特不同,谢林不是把他者(非我)看做单纯的限制,而是看做同样的活动,别的理智的活动:“直接通过每个理智的个体局限性,直接通过理智之内某种活动的否定,这个活动对理智来说就被设定为它之外的某个理智的活动。”(III, 545)用谢林的话来说,当我受到影响和限制,我必须把它们看做来自其他的理智,哪怕在我之外并不是真的存在着其他的理智。尽管其他理智是对我的限定,但我同样可以把他们看做是依赖于我而存在的。就是说,诸多理智的关系是完全交互作用的,没有任何理性生物能孤立存在,而是必须承认其他理性生物的存在,只有这样,世界对我来说才是客观的。

---

① Manfred Frank u. Gerhard Kurz (hrsg.), *Materialien zu Schellings philosophischen Anfängen*, Frankfurt am Main, 1975. S. 112.

(III, 550, 555)在此,最重要的问题是,如何使得诸多个体在交互作用中不会扬弃彼此的自由,因为任何个体都具有一种"从个体出发而又回到个体的,自私自利的冲动"(III, 582)。成问题的不是"一般的"个体,而是某些特殊的自私自利的,打着"个体利益高于一切"旗号来侵犯其他个体的个体。因此,镇压这些个体恰好是真正对于个体(所有个体),对于整体的利益的保障,这就是"**法律**"(III, 583)的使命。谢林认为,法律对于自由就像力学对于运动那样必不可少,而历史的目的——理想——就是个体与个体、个体与整体之间最终的和谐,即"普遍法律体系"(III, 587)的实现。《先验唯心论体系》明确地指出历史只是对族类,而不是对于个体具有意义,不是通过个体,而只能通过种族(Gattung)才能得以实现。反之,"个体正因为他是个体,就没有能力去达到理想"(III, 589)。向着这个理想,"历史唯一真正的对象,只可能是**世界公民宪法体系**(weltbürgerliche Verfassung)的逐渐产生,因为正是这个宪法体系才是历史唯一的根据……所有其他的通常也算作历史的东西,比如艺术和科学的进展等等,真正说来根本不属于卓越意义上的(kat' eksoxen)历史,或者在历史里仅仅要么作为文献,要么作为中间环节……而服务,是为了加速人类建立一种**普遍的法律体系**的步伐"(III, 591-592)。相应地,因为历史唯一的对象就是"法律体系的逐渐实现",所以衡量历史是否进步的唯一正确的标准就是,看人类是否向着这个目标逐渐靠近。

读者或许以为谢林在这里大谈"法律体系",似乎与宗教并无关系。实则正如前面已经指出的,"世界公民宪法体系"或"普遍法律体系"的目标,个体与个体以及个体与整体的和谐一致,同样也是宗教的内容和理想。诚然,《先验唯心论体系》似乎是用一种法哲学架空了宗教,但谢林在这里的深刻性在于将"**历史**"[①]与宗教理想联系在一起,进而把历史作为把握宗教

---

① 谢林并不是在《先验唯心论体系》(1800)中才提出历史哲学的构想,而是早在《历史哲学是否可能?》(1797/98)一文里就讨论了"历史"以及"历史哲学"的本质和特性。历史并不是指泛泛的所有发生的事情,人们周期性地、合乎规则地认识到的东西(比如自然现象),不属于历史;能够先天推算出来的东西(比如逻辑和数学),也不属于历史。反之,"只有当存在着一个理想(Ideal),同时具体事物以无穷杂多的方式偏移这个模范,但在整体上又与这个理想完全契合,这才有历史可言"(I, 469)。

特别是基督教的基本原则。当谢林不再主要使用“整体—个体”,而是更多地使用“无限—有限”、“上帝—人”等范畴来进一步思索它们之间的关系的时候,曾经的“法哲学”就转向了真正意义上的宗教哲学。

在1802年发表的《学术研究方法讲授录》里,谢林第一次提出了“基督教的历史建构”。[①] 启蒙运动思潮把“上帝”观念或宗教的产生归结于人的畏惧、感恩等心理活动,或者把它们看做是最初的立法者为了维护统治而进行的“狡猾的发明”。与这些“胡乱启蒙主义者”(Aufklärerei)相对立,谢林提出了一种新颖的理念,即“国家、科学、宗教和艺术的最初建立是**同时的**,或毋宁说乃是**一体**的,因此所有这一切并不是真正地分裂开,而是曾经处于最完满的相互贯穿中,正如它们在最后的终结时又将统一起来”[②]。谢林的这种“同源分流、万法归宗”的历史哲学思想乃是他的宗教哲学乃至整个后期哲学的基本信念。按照这个指导思想,宗教以及其他精神现象决不是任何个人或族群的发明,而是精神自身的发展给予人类的“遗产”(Überlieferung)。希腊的神话是一个封闭的理念象征世界,诸多理念被看做实实在在的诸神,这样,无限者只是在有限者里被直观到,并因此屈从于有限性的规定。而基督教直接关注的是无限者自身,在其中,有限者不是被看做无限者的独立的象征,而是无限者的隐喻(Allegorie)并且完全从属于无限者。在基督教里,无限者之进入有限者并不是为了将后者“神化”,而是让后者作为独立的人格牺牲,以此达到无限者与有限者的“和解”。理念在基督教里不是作为静止的、永恒的自然存在,而是一系列启示神性的流动着的历史形象。因此,“基督教就其最深入的精神和最高的意义而言乃是**历史的**(historisch)。时间的每个特殊的阶段都是上帝某个特殊方面的启示,在其中的每一瞬间上帝都是绝对的……希腊宗教作为‘同时’的东西,基督教在‘相继’中把握之”[③]。概言之,在基督教里,**宇宙就是历史**,这是宗教原则的最高表现。著名的哲学史家库诺·费习尔评价认为谢林的这些观点

---

① Schelling, *Studium Generale. Vorlesungen über die Methode des akademischen Studiums*. Eingeleitet und erläutert von Hermann Glockner. Stuttgart, 1954. S. 106.

② Ebd., S. 107.

③ Ebd., S. 109.

"包含着近代宗教哲学的基本原理",即是说"宗教的历史性格在这里第一次通过哲学而被贯穿把握,上帝的启示与历史的关系通过深刻的上帝认识而得以阐明"①。这种"历史的上帝认识"与其说取决于神学,不如说更依赖于哲学。"在没有掌握更高级的历史观点,即哲学和基督教所颁布的那种历史观点之前,基督教的宗教学者没有能力捍卫他们的任何历史断言。"②神学要想成为科学,必须以哲学为前提,因为只有在哲学里,关于"上帝的本质"、"作为媒介的自然"和"作为上帝启示的历史"的那些最崇高的理念才客观地表现出来。③ 从这个立场出发,谢林明确反对康德的"道德宗教"理想,因为康德致力于把基督教所有实证的、跟历史有关的事物清除掉,甚至不承认耶稣是真实的历史形象,而只是"善的原则之人格化了的理念"④。任何宗教都必须保障道德原则,这是毋庸置疑的,但将它们单纯地限定在这个方面,只保留所谓的"理性宗教"(Vernunftreligion)的纯粹的道德教条,就没有达到对于宗教现象的充分认识。⑤ 在谢林看来,如果不与历史相联系,不仅基督教,任何宗教都必然失去其独特的存在意义。

我们可以看到,谢林对于基督教的"建构"和一定程度上的辩护根本没有牺牲哲学的独立性和卓越性,不如说他恰恰是把宗教问题归结为哲学问题,即无限和有限的关系,而这种关系是通过精神自身的辩证法表述出来的。相应地,哲学与宗教(以及其他精神现象)的"同源"关系仍然必须由哲学或者说一种"大历史哲学"(自我意识史、精神史)来予以阐明。不仅是早期的《先验唯心论体系》,实则谢林的中期和后期哲学,从《论人类自由的本

---

① Kuno Fischer, *Schellings Leben, Werke und Lehre*. Heidelberg, 1902. S. 580.

② Schelling, *Studium Generale. Vorlesungen über die Methode des akademischen Studiums*. Eingeleitet und erläutert von Hermann Glockner. Stuttgart, 1954. S. 118.

③ Ebd. S. 120.

④ Kant, *Die Religion innerhalb der Grenze der bloßen Vernunft*, in *Kants Werke*, Akademietextausgabe, Band VI, Berlin, 1968. S. 60.

⑤ 在这些方面谢林也必然与斯宾诺莎相对立,因为后者把所有"历史宗教"及其内容(祭祀、祈祷、天启、压迫)看做是迷信的源头。所以斯宾诺莎主张一种真正意义上的"普遍宗教"(religio catholica)。这种宗教在本质上是理性宗教,但处理成带有群众色彩的样子,它一方面以理性为榜样,另一方面并不缺乏情感和想象等非理性因素,以达到对群众尽可能大的说服力和影响力。这里的关键在于谢林和斯宾诺莎理解的"历史"不是一个东西,斯宾诺莎关注的是"在永恒的立场上"而不是在现实时间中发生的东西。

质》(1809)、《世界时代》(1811—1827)到晚年的整个神话哲学和启示哲学，都可以说是这样一种“大历史哲学”的构思。

在这些构思里面，《哲学与宗教》(1804)有着独特的地位，书名即标明其主题会被许多人认为是谢林“投靠宗教”或从“真诚的青春思想”(马克思)开始走向反动的标志。但这是一个巨大的误解，而误解的根源在于错失了谢林写作此书的宗旨以及对于谢林一贯的哲学思想缺乏完整的了解。实际上《哲学与宗教》乃是一部论战性的著作，它针对的不是哲学，而是那些为宗教鼓吹呐喊的“伪哲学”的代言人。图宾根大学哲学教授埃申迈耶尔(C. A. Eschenmayer)在其1803年发表的颇有影响的著作《从哲学到非哲学的过渡》(*Die Philosophie in ihrem Übergang zur Nichtphilosophie*)中提出，“完满的哲学”的终结之处“非哲学”，就是“信仰”，哲学需要信仰来“补充”。无疑，这种论调到今天都还不乏拥护者。而谢林写作《哲学与宗教》就是为了批驳这种观点，阐明哲学与宗教真正的关系。

谢林的立论基础仍然是他的“同源分流”论：随着精神的分化，当宗教和民间信仰脱离开以后，它和哲学一起保存在神秘学(Mysterien)里，和哲学一起共同拥有一个神坛。按照古老的传说，最早期的哲学家就是神秘学的继承人，柏拉图就经常提出这个看法，将自己的学说看做是古老的、秘密的智慧的传承。但是到了后来，神秘学也逐渐公开了，并且掺杂进了许多原本属于民间信仰的杂质，于是哲学为了保持自己的纯洁性，就退出了那个联合，成为内传的(esoterisch)，而宗教则成为外显的(exotersich)，外在的力量。在这种情况下，哲学与宗教展开了对于“真理源泉”的竞争，哲学因为不具备宗教的世俗力量而导致她曾经的对象被逐渐抢占过去，而被限定在“经验对象和有限事物”(VI, 17)上面。这样的“哲学”——首要是经验论和独断论——当然处于很可悲的地位，以至于人们不得不拿“信仰”来和它对立，以维护那些形而上的事物，这样的话从埃申迈耶尔的观点来看当然很有道理。在我看来，学界许多关于“哲学与宗教”或“理性与信仰”的口水争论，也是立足于这样的“哲学”立场上的。问题在于，真正的哲学，以及她真正的对象，是否处于这些人所理解的层次？在这方面，谢林或者说整个德国古典哲学无疑提供了哲学的最高典范。谢林指出，作为他的先驱，**斯宾诺莎**

的哲学乃是“古老的、真正的哲学的最后的余响”，因为是斯宾诺莎“把哲学引回到了她专一的那些对象上面”：即“关于绝对者的学说”、“事物的永恒诞生以及它们与上帝的关系”，等等。（VI，17）这种哲学从其本质来说必然是思辨的，必然会遭到许多误解和反抗，但是那种一方面承认她是“完满的”哲学，另一方面又宣称需要用“信仰”来补充她的做法，却是完全不合适的，因为一种需要别的东西来补充的“完满的”哲学乃是自相矛盾。真正的哲学，她的本质必然在于：“在清晰的认识和直观明了的知识中把握‘非哲学’以为只有在信仰中才能把握的那些东西。”（VI，18）因此谢林在《哲学与宗教》里的任务是将宗教独断论、大谈信仰的“非哲学”或“伪哲学”所企图据为己有的那些对象（上帝、上帝与万物的关系）重新指派给**理性**和**哲学**——这是谢林的伟大之处，因为他比绝大多数哲学家都明确地认识到了这一点，并且毕生都在为此目标而努力。

理解古典哲学的一个关键在于，他们所说的“绝对者”就是“上帝”，反之亦然。有鉴于此，谢林经常采用“绝对者或上帝”或“大全或上帝”等表述方式。埃申迈耶尔在“绝对者”之上还设定了一个更高的“上帝”，却没有搞明白，不可能有任何东西比绝对者更高，否则绝对者就不成其为绝对。要理解绝对者，不能依靠描述或者推论，否则就是始终在有条件的认识中打转。雅各比（Friedrich Jacobi）同样看到了这一点，只不过他得出的结论是，绝对者只能被无条件地、直接地认识，而这种“直接认识”就是——信仰。雅各比使用“信仰”的说法表明他的“直接认识”根本就不是“认识”，而是一种粗陋的、便捷的“直接交会”。其他的信仰主义者在这点上和他并无二致。黑格尔在其《小逻辑》和《哲学史讲演录》里对雅各比的这种“直接认识”进行了尖锐的批评，而许多人却以为这是针对谢林，殊不知谢林也是信仰式的“非哲学”或“无知哲学”（Philosophie des Nichtwissens）的坚定的反对者。对谢林（或费希特、黑格尔）来说，绝对的（无条件的）认识真正的意思只能是绝对者自己对自己的认识。当谢林说需要通过“理智直观”（intellektuellc Anschauung）来把握绝对者的时候，理智直观指的是上帝的自我认识，作为主体的上帝认识到作为客体的自身，而这个认识就是**理性**。[1] 通常的哲学家或宗教理论家在询问"人如何认识上帝"的时候，已经把人和上帝放在一个对等分立的地位，但正像黑格尔所反复强调的，和有限处于一个层面与之对立的无限决不是真正的无限，也不应该在这种立场下考察二者的关系，而应该理解到真正的无限就是扬弃有限，通过有限而回到自身。因此，对绝对者或上帝的认识首要的不是"人的认识"，而是"上帝自己的认识"，前者依赖于后者并且必然地发源于后者。对于谢林来说，哲学的开端就是要达到那个"理性的立场"（Standpunkt der Vernunft），从"活生生的绝对者的理念"开始，哲学家的"理智直观"意味着他摆脱了个体的狭隘立场，在获得绝对者的观念时奉献出自己的个体性，从而具有了普遍必然的思维形式。反之，那些非哲学家或伪哲学家鼓吹的"信仰"（Glauben）、"憧憬"（Ahndung）、"情感"（Gefühl）都是一些完全限定在"个体的个人方面"（das Individuelle des Individuums）的东西（VI, 27），是完全不适合去认识绝对者的，而且这些东西对除了它之外的任何别的个体都没有意义。

至于上帝的自我认识或理智直观如何推演出整个理念体系乃至客观万物，我们在这里限于篇幅不可能去介入讨论。当谢林说到哲学从宗教那里争取回来的"专一对象"包括"事物的永恒诞生以及它们与上帝的关系"时，是从"**恶**"（das Böse）的问题入手的。上帝和万物本身处于一种本质上的绝对同一的关系，万物中的每一个作为大全里的一分子承担着独特的不可替代的规定性，并与其他事物构成不可分割的和谐整体——这是个体的真正意义。而恶起源于个体的特殊化（Absonderung）、分裂（Trennung）、断裂（Abbrechen）、跳跃（Sprung）、脱离（Entfernung）、堕落（Abfall）等等（VI, 28,

---

[1] 在与《哲学与宗教》同年产生的《维尔茨堡哲学体系》（1804）里，谢林详细地讨论了这种"理智直观"以及"理性"的意义。关键在于，"**我不知道任何东西**，或者说我的知识，倘若它就仅仅是'**我的**'知识，就不是真正的知识……真正的知识实际上**不是我知道，而只是那在我之内的大全[绝对者]知道。但这个知道着的东西，也是唯一的东西，是真正被知道的东西**"（VI, 140）。而很多人"做不到把理性从他们自己那里抽象出来，所以他们不是自在地，不是**普遍地**和彻底地看待理性，而是主观地看做**他们自己的**理性——从这里产生出哲学的所有谬误，尤其是这样一个基本谬误，即以为对于绝对者的认识是不可能的，而这个判断的意思无非是：不存在理性"（VI, 496）。

38, 39),所有这些说法的意思都是,当个体不再作为属于整体和其他个体的个体,而是要成为一个独立自为的、绝对的个体。绝对者对这个行为并不负责,因为个体本身分有了绝对者的自由,但却把这种自由用来肯定它的片面性和局限性。《哲学与宗教》(VI, 41)与《维尔茨堡哲学体系》(VI, 187, 551)多次强调特殊事物具有一种"双重的生命"(gedoppeltes Leben):一种是"**在绝对者中**的生命",有限消融在无限里面;另一种是"**在自身内**的生命",但有限者要真正获得这种生命,只有当它同时消融在大全里,即以在绝对者中的生命为前提,否则,它就只有一种虚假的生命(Scheinleben)。可见,谢林对于大全的强调和对于特殊事物的限制是完全辩证的,一方面,有限者具有无限,但并不是**作为有限者**而具有无限,而是指它与无限在本质上同一而言,另一方面,一旦它摆脱大全和整体,就不但不是真正意义上的有限者,而是虚假和无。因为个体作为个体指派给自身的"自由",并不是真的自由,而是单纯的一个趋势或努力:绝对地在自身内存在。但这个努力本身是虚幻的(nichtig),它坚持的"不—在上帝之内—存在"(VI, 552)导致"虚无"(Nichts)永远附着在有限事物的身上,作为它们的"厄运"(Verhängnis),而哲学则是个体的重生(Wiedergeburt),她引导个体重新回到大全,分享对于大全及理念的直观。

因此,和从前一样,谢林指出,"整个宇宙及其历史的伟大目的不是别的,正是最终的和解以及个体重新消融在绝对性之内"(VI, 43)。对于那些坚持个体性的人来说,历史显现为残酷的、摧毁众多个体命运(Schicksal)的、不可抗拒的必然性;而对于有意识地要与绝对者达到和解的人而言,历史就显现为天命(Vorsehung)或上帝,遵从它就意味着自由。随着自由而来的必然是道德和幸福,因为二者是上帝的同样无限的属性。"上帝是必然性和自由的绝对和谐,而这个和谐只能在历史的全体而不是个别情况中表现出来,所以只有作为整体的历史才是上帝的持续展开的启示……历史是在上帝的精神内谱写的一部史诗(Epos),它的两个部分其一表述人类从上帝那个中心直到最遥远的地方,另一表述反向的回归。历史的前一个方面相当于《伊利亚德》,后一个方面相当于《奥德赛》。"(VI, 57)

那么,宗教在这里发挥着怎样的作用呢?如果说谢林在《先验唯心论体系》(1800)里将历史的目的寄托于“普遍法律体系”,那么如今他认为“国家”(Staat)才是历史的目的,当然这不是指随便一个过去或现在的政治实体(否则“历史”早就实现了),而是所谓的“第二自然”,即在扬弃了所有分裂和冲突之后而恢复的和谐秩序。在国家里,“真正的宗教”要想保持其纯粹的理想性,必须放弃各种公开的、外在的形式,退回到内传的神秘学,特别是关于灵魂通过克服身体和情感(这些是有限性最大的表现)而达到解脱的学说。这种学说分为两个步骤:首先,是削弱和尽可能地消灭感性情感以及一切干扰灵魂的安静的、道德的秩序的东西;其次,当身体的干扰被削弱到一定的程度,灵魂再通过柔化、知识、自我克服和献身超感性事物完全觉醒过来,走向全新的生命。(VI, 69)只有当宗教纯粹只是在这个意义上发挥道德作用,不再与感性事物混杂在一起,不再谋求外在的统治和权力,哲学,作为从古至今以来内传的神秘学的持有者,才与它建立起“永恒的同盟”(in ewigem Bunde)。(VI, 70)诚然,这个同盟里不只有哲学和宗教,还包括艺术,因为后者同样是对于整体与个体的关系的认识,只是方式不同而已。“当无限者与有限者的绝对同一被客观地、形象地直观到,这就是美。”(VI, 574)这样一个同盟,“真知(Wissenschaft)、宗教和艺术在其中以活生生的方式相互贯通为一体,它们客观地表现出来的统一性,就是国家”(VI, 575)。三者都是国家的不同事务和组成部分,真知通过立法、宗教通过道德性、艺术通过创造性精神共同发挥作用。除此之外,同盟还有一个“主观地”表现出来的统一性,这就是哲学自身,在这里哲学不再是单纯的知识或智慧,而是作为“和谐地享受和参与公众生活中的所有的善和美”(VI, 576)。哲学成为生活(Leben),那种伴随着且在一个道德总体之内的生活,而这就是柏拉图所曾经期待的“理想政制”(politeuein)。

试问,谢林的这些思辨如何代表着“反动”或者哲学向宗教的投诚?诚然,谢林所期许的永恒同盟,理想国,还在一个遥遥无期的远方,而这也是因为我们还处于历史的途中而不是终点。谢林自然清楚地意识到现实的国家还远远没有达到真正的统一,其最极端的表现就是**战争**。在《斯图加特私人讲授录》(1810)里,谢林明显表达出了对于现实国家的失望,它们只是建起了一种外在的统一,外在的力量。因此,通过“第二次天启”,上帝为我们重新建立了一种内在的统一性和力量，这就是**教会**（Kirche）。然而正如谢林所批评的，古代基督教犯了一个巨大的错误，这个错误不在于它融合进国家之内，而是相反，它采纳了国家的谋求外在统一性和力量的形式，“而不是保持在远离所有外在事物的纯洁中”（VII, 464）。这和过去谢林强调宗教必须退回到内传的神秘学的要求是一致的。因此，历史的出路既不是教会统治国家，也不是国家统治教会，而是，“国家在自身内发展起宗教的原则，所有民族的伟大的纽带建基于已经普遍化了的宗教信念的基础上”（VII, 465）。具有宗教偏见的人在这里看到的是谢林在为基督教的普世主义鼓吹呐喊，殊不知这里的“宗教原则”或“普遍化了的宗教信念”正是谢林迄今一贯坚持的历史哲学原则，是凌驾于任何宗教（包括基督教）之上的指导方针，尽管谢林确实把基督教看做是宗教现象迄今的最高表现。

由于篇幅的限制，我们在这里略过谢林的中期哲学，进入以1827年的《世界时代体系》为开端的所谓的“后期哲学”。从表面现象看，谢林的哲学思辨完全陷入了宗教问题中，特别是他对于基督教的评价日益高涨，甚至宣称：“基督教是这样的模范和原型，哲学必须以之为准绳……对于我的哲学来说，真正决定性的名字乃是‘基督教哲学’（christliche Philosophie）……我的哲学给基督教的基础奠定了一个体系，这个体系将从开端延续到终结。这是比迄今任何哲学都要更崇高的功绩。”[①]这样的论调无疑给别人留下了攻击和滥用的话柄，然而，当我们冷静揣摩谢林所说的话并对其哲学进行本原的研究，就会发现谢林与其说让哲学以基督教为准绳，毋宁说他真正的意图是将基督教哲学化，他的“基督教哲学”是将基督教的本质、内容和使命整合进来的哲学，在根本上与他早期和中期的“大历史哲学”并无二致，正如他如今提出的哲学研究的对象也和过去并无根本区别：“上帝自身、上帝与世界的关系、人作为上帝和世界的结合点（Einigungspunkt）、世界的开端和终极目的、人的自由和德行、善与恶以及二者最终的命运……”[②]对于这些问题的阐释构成了谢林后期哲学的三连体：世界时代哲学（后被哲学导

---

① Schelling, *System der Weltalter. Münchner Vorlesungen 1827/28 in einer Nachschrift von E. v. Lasaulx*. Hrsg. von Siegbert Peetz. Frankfurt am Main, 1990. S. 9.

② Ebd., S. 19.

论取代)—神话哲学—天启哲学。

在这三连体里,后两部分的难度体现在浩繁复杂的思想材料以及其中的理念提升秩序,而第一部分则以对于"上帝"理念的极为晦涩艰深的思辨而闻名。最简单地说,哲学必须从"存在"或"先于所有思维"的"不可越过思考的存在"(das unvordenkliche Seyn)开始(XIV, 337),然而存在并不是绝对意义上的开端或本原,就像黑格尔那样可以自然地向着无、转变、定在……推进。毋宁说存在只是一个既成事实,需要追问的是存在的本原。"哲学希望走到存在的幕后;因此,为了把握存在,哲学的对象不是存在自身,而是在存在之先的东西。"[①]这个东西又被谢林称作"存在之先的存在者"、"将要存在者"、"能够存在者"(das seyn Könnende)、"尚未存在者"、"存在的潜能",但是这个东西,直接地过渡到存在或者说"总是已经过渡到存在",因为存在的潜能无须他者就可以过渡到存在,因此从"存在之先的东西"到存在乃是一个必然的、自动的过渡,不可阻挡,就此而言它是"不能不存在者"、"必然存在者"(das seyn Müssende)。[②] 但这里起支配作用的是一种必然性,真正的在存在之先而又"应该存在者"(das seyn Sollende)是这样一种东西,它"能够存在而又能够不存在",在过渡到存在的同时停留在自身内永远作为"存在的源泉"。通过这三个规定性,"能够存在者"、"必须存在者"、"应该存在者"的结合,谢林得出了"**永恒自由**"(ewige Freiheit)[③]、"**意愿**"(Wollen)或"**精神**"(Geist)[④]的概念,而上帝的本质正在于此。

前面一段只是对于上帝概念的形成的最粗略的勾勒,因为谢林对于"自由"、"意愿"以及"精神"内部的规定性又分为很多层次来进行讨论,直到推演出上帝在实在地创世(Schöpfung)——进入存在——之前所应具备的整个理念世界秩序:贯穿其中的仍然是"统一—对立—统一与对立的统一"的辩证上升模式。在《世界时代·原稿一》(1811)里面,谢林已经将上

① Schelling, *Urfassung der Philosophie der Offenbarung* (*1831/32*). Hrsg. von Walter E. Ehrhardt. S. 23. Hamburg, 1992.

② Ebd., S. 31.

③ Ebd., S. 88.

④ Ebd., S. 56.

帝的发展分为“过去”、“现在”、“未来”三个宏观超绝意义上的“世界时代”(Weltalter):“过去”指的是上帝概念在永恒中的构成过程,“现在”指的是人类意识开端以来的历史进程,是“过去”各个阶段的反映,而“未来”则是精神最终的完成。正是上帝在“过去”各阶段获得的规定性,决定了人类意识的观念体系的发展过程:从原初的流溢说,经过二元论、泛神论、更高的二元论、基督教学说直到最终的绝对唯心主义。(WA I, 161-190)神话哲学和天启哲学继承了这个思路。但不同于以往的先验唯心论体系和同一哲学,如今的谢林不再关注自然界的发展过程,而是完全把重心放在了精神层面的进化发展上面。①

在此首先面对的就是神话(作为自然宗教)现象。关于希腊神话的本质和起源,在谢林之前已经有许多德国许多学者提出了一系列著名的观点。比如莫里茨(Karl Moritz)认为希腊神话是个别诗人的虚构和创作,因此本质上是“诗”,是艺术冲动的产物;克勒利库、莫斯海姆、希尔曼等人认为神话传说及诸神是现实发生过的事情和历史人物的神化;而海尼(Chr. Heyne)、赫尔曼(Gottfried Hermann)则认为哲学家是神话的作者,神话中的诸神并不具有真正的人格,而是事物本质或道德教条的人格化,等等。(XI, 11-34)谢林认为,这些学者要么不承认神话包含有真理,要么赋予它非本真意义上的真理,而这归根结底是因为他们把神话看做偶然的产物,是按照个别人的主观认识而制造出来的,但实际上,神话是“某种真实经历过的、经验到的东西,决不是诗作或梦想”(XI, 124)。神话是一种客观的事物,是一种“遗迹”,正如山川大海一样,无非是后者保存在自然界,而神话则是保存在人的意识里。任何神话(包括远古的文字和各种文明现象)都是精神在某个层面里已经高度发展而绽放出来的成果,是成熟而不是幼稚的表现。各种神话观念是人类意识实际发生的发展阶段,“人类意识真实

① 不变的是谢林的同源分流说:不仅语言、哲学、宗教、艺术(诗)、政制有着共同的源头,甚至各个民族及其所谓“独特的”文化也有着共同的一个源头。有的学者从实证科学(比如考古学、人种学、比较文化学等)的某些成果来论证同源分流说,但这种做法并不能令我们信服,因为它从一开始就遭到实证科学另外的某些成果的反对。反之,谢林是从一个精神出发来推演人类各种精神现象的分化和演进,以及它们之间的相互联系(不仅仅是比较一些相同和差异),在此过程中他也许会遭遇到一些解释学的分歧,但其形而上的立论基础却不会因此遭受冲击。

地在依次在神话的所有阶段逗留过……前后继起的诸神真实地依次控制着人类意识"(XI, 125)。人并不是先具有意识,然后产生出神话观念,毋宁说人最初的意识就是神话意识(mythologisches Bewußtsein),因此希腊人的意识是伴着希腊神话,印度人的意识是伴着印度神话而产生的,而不是先有某种所谓的"希腊人"或"印度人",然后他们产生出自己的神话。但是为什么有希腊人和印度人的区别?在《神话哲学之历史—批判导论》(1842)的第五章里,谢林一开始就提出了这样的问题:"各个民族是怎样产生的?"(XI, 94)设想各个民族绝对孤立地"自行产生"是不通的,正如任何实在事物不能被设想为"自因"。因此民族的产生是来自一个"分化",然而用地缘分割或民族迁徙作为理由并不能解释各个民族根本上的差别和特性,广为分布的犹太人和阿拉伯人就是一个很好的例子。因此必须从一个"**内在的**分裂"(XI, 95)或"人类**内部**的**精神分化**(geistige Krisis)"(XI, 100, 101)的角度来理解民族的分化和产生。**语言**(Sprache)作为一种精神存在为此提供了一把钥匙。《旧约·创世记》第11节讲述的"巴别塔事件"将民族分裂归因于"语言的混乱",谢林指出这决不是一个臆想的故事,而是"来自于真实的回忆,来自一个真实的事件"(XI, 102)。诚然,每个民族都是伴着它的语言而同时产生的,这里没有先后顺序,而是在一瞬间同时完成,正如该民族在这瞬间也获得了它的神话观念。"没有任何语言是产生自现成的、已经存在的民族,也没有哪个民族的语言能摆脱与那个原初语言(die ursprüngliche Sprachlichkeit)的联系,而且这个原初语言在分裂中都还努力保持自身的存在。"(XI, 111)谢林对于这个问题的讨论完全不是出于语言学的兴趣,而是要强调指出:"语言的混乱是不可设想的,倘若没有一个**内在的**事件,没有一个**意识**的动荡(Erschütterung)。"(XI, 103)而"意识的动荡"就是上帝的原初意识向着人类意识的过渡,原初的意识统一性及其内部环节不是同时,而是分裂开被意识到,并因此产生一系列神话观念:"那个无与伦比的,对于最初的人类来说彻底的'一个',只是表现为相对的'一个',它还没有获得,但是能够获得自身外的一个他者,而后者将会摆脱它的独一的排他存在。在此已经奠定了顺序多神论的**根基**,那'一个'虽然本身(als solches)还没有被认识到,但却按照其本性被认识是未来的诸神序列

（真正意义上的多神体系）的第一个环节。"（XI，181）严格说来，这就是历史的开端，人类意识的开端，就此而言，"神话哲学自身乃是历史哲学必然的、不可绕过的第一个组成部分"（XI，237）。

从这里出发，谢林把不同宗教的不同的诸神形象包括它们在不同文化里具有的本质和属性进行了重新界定和整理，构建起一个无比复杂充斥着大量细节分析的神话体系。从基本框架来说，谢林是把希腊神话当做整个神话宗教的缩影或样板，把神话观念及其秩序理解为"诸神史"（Göttergeschichte）或"神谱学"（Theogonie），即从"相对一神论"（乌兰诺斯时代）经过"二神论"（克罗诺斯时代）过渡到"多神论"（宙斯时代）。其他民族的宗教神话或者只具有第一个阶段，比如古希腊远古时期的占星教（Zabismus），或者只具有第二个阶段，比如巴比伦、腓尼基、波斯的二神教，或者与希腊一样具备完整的三个阶段，比如埃及神话的提丰（Typhon）、奥西里斯（Osiris）、霍罗斯（Horos）和印度神话的梵天（Brahma）、湿婆（Schiva）、毗湿奴（Wischnu）。在谢林看来，多神论是相对的（或错误的）一神论向着真正的一神论过渡的必要环节。"真正的一神论已经在原初意识里，但只是作为单纯的潜在，因为它的反面也是可能的；这个反面必须产生，只是为了被克服，以便真实的现实的统一性产生出来。这是所有神话和整个神话历程的真正的秘密。"①然而这个秘密与其说蕴涵在神话本身，不如说包含在神秘学里。如我们曾经指出的，谢林早在《哲学与宗教》时期就区分了"外显的"神话与"内传的"神秘学，后者相对前者而言因为没有掺杂民间信仰而具有某种纯粹性，是在这里而不是在神话里，哲学与宗教才具有原初的同盟。谢林认为，"神话和神秘学必然是同时产生的，正如它们作为同时期的现象，在意识里不能彼此扬弃……神秘学包含着神话的真理"②。诚然，在神秘学里面也有着丰富的事件记载，但它的核心在于关于灵魂解脱、人与神的和解等学说。在厄琉西斯神秘学（Eleusischen Mysterien）里，得墨忒尔（Demeter）和狄奥尼索斯（Dionysos）分别代表着相对一神与真正一神

---

① Schelling, *Urfassung der Philosophie der Offenbarung (1831/32)*. Hrsg. von Walter E. Ehrhardt. S. 277.

② Ebd., S. 265.

的中介以及单一神的最终完成。狄奥尼索斯的三次诞生:分别作为查格留斯(Zagreus)、巴库斯(Bakchos)和雅库斯(Jakchos),则是反映了单一神的三个潜能层次(Potenzen),且分别对应于过去、现在、未来。厄琉西斯神秘学将雅库斯当做一个孩童来膜拜,因为他是“未来时代的主宰者”,[①]“将来者”(Künftiger)或“正赶来者”(Kommender)。[②] 这个“正赶来的神”(der kommende Gott)将完成多神教的终结,所以它不再出现在神话意识里,而是属于一种更高的,将意识净化,并在更深的意义上将人类统一起来的宗教。

不言而喻,谢林心目中的这个宗教就是基督教,天启哲学所讨论的对象。理解基督教的关键在于理解基督的人格(Person Christi),因为基督的学说就是基督自身。谢林从此出发以道成肉身、十字架上的死、复活三个核心概念建构了一种基督学(Christologie),对于后来的系统神学有着很大的影响,[③]但因为这些内容基本属于纯粹的神学范围,因此本文略去不论。对于我们来说更重要的是意识到,基督教(或天启宗教)的最终目的与之前阐释的神秘学或“大历史哲学”并无任何不同。至于通常被人们认为是基督教的核心和专利的“三位一体”(Drei-Einheit, Trinität)学说,实则如我们看到的,这种从康德以来就很明显的三一辩证结构从一开始就出现在谢林的哲学思辨里,与他的绝对唯心主义的“大全一体”(All-Einheit)学说不可分割地结合在一起,而且如谢林所指出的,三位一体的哲学模式在近几十年的哲学里几乎成了时髦。[④] 从根本上看,“三位一体的理念是普遍人类的,从原初的意识自身生发出来并注入人类精神中的理念,所以它出现在远古世界的所有宗教体系里……这个理念本身比历史中的基督教更古老”[⑤]。因此,“不是基督教创造了这个理念,而是这个理念创造了基督教。它是整个

① Schelling, *Urfassung der Philosophie der Offenbarung* (*1831/32*). Hrsg. von Walter E. Ehrhardt. S. 379.

② Ebd., S. 380.

③ 比如在著名的新教神学家保罗·蒂利希(Paul Tillich)以及19和20世纪天主教神学图宾根学派的穆勒尔(Johann Adam Möhler)、斯陶恩迈耶尔(Franz Anton Stauenmaier)、赫梅尔勒(Klaus Hemmerle)和卡斯帕(Walter Kasper)那里。

④ Schelling, *Urfassung der Philosophie der Offenbarung* (*1831/32*). Hamburg, 1992.

⑤ Ebd., S. 152.

基督教的种子,所以必然比在历史中出现的基督教要更为古老。我的意思是:基督教的三位一体学说的最终根源包含在大全一体学说内”(XII,78)①。只有在这个意义上,我们才能理解谢林的某些似乎悖理的论断,比如“从永恒以来就存在着一种基督教,不是就学说而是就事情本身而言;在有世界之前就已经有一种基督教”②,或“基督教和世界一样古老……它和世界一起产生”③,等等。问题只是在于,这种如此高调的所谓的“基督教”究竟是基督教还是别的什么东西?谢林的“基督教哲学”究竟是将哲学基督教化还是相反将基督教哲学化?联想起谢林过去的话,他的哲学将为基督教奠定一个从开端到终结都会稳固存在的体系,或者如他所说的,他的整个目的在于“把基督教放在一个伟大的历史关联中来表述”④,“在世界进程自身中来论证基督教”⑤,如果我们不是拘泥于“基督教”这个名称而是回忆起“哲学与宗教的永恒同盟”,那么这些论述都表明谢林实质上是把基督教作为一个工具,诚然是最好的工具,来表述他坚守不渝的“大历史哲学”理念:即代表着有限者的人与无限的上帝最终的和解,而这同时也是有限者之间(人与人、人与自然)的和谐一致。在天启哲学的结尾,谢林也谈到了宗教团体的外在形式,特别是由三大使徒规定的基督教教会形式:彼得(以及马可和马太)是宣扬普遍教会(天主教)的使徒,天主教具有真正的信仰,但缺乏自由的认识,而且被束缚在对于外在事物的关注上面;保罗(以及路加)是宣扬新教的使徒,新教破坏了教会的统一性,但是将求知识和自由的精神引入到了信仰中,尽管它容易因过于强调内在的体验而走向个体孤立的神秘主义;⑥而只有“约翰是将来的、真正的普遍教会的使徒,这个教会不是依靠限制强迫,不是依靠任何形式的外在的权威,而是依靠自身而存在,因为每个人都凭着自己的确信,自由地加入进来”(XIV, 328)。然而,经过

---

① Vgl. Ebd., S. 150-151, 154.

② Schelling, *System der Weltalter*. Frankfurt am Main, 1990. S. 9.

③ Schelling, *Urfassung der Philosophie der Offenbarung (1831/32)*. Hamburg, 1992.

④ Ebd., S. 17.

⑤ Ebd., S. 708.

⑥ 所以谢林批评路德过多地接受了中世纪神秘主义者陶勒尔(Johannes Tauler)的影响。Vgl. Schelling, *Urfassung der Philosophie der Offenbarung (1831/32)*. S. 709. Hamburg, 1992.

自然宗教与天启宗教的对立与提升,正如厄琉西斯神秘学通过雅库斯昭示出来的最终统一不是出现在神话里,而是属于一个"将来的"天启宗教,同样,约翰昭示的那个真正的普遍教会也不是出现在作为天启宗教的基督教里,而是属于一个"将来的"新的宗教——"**哲学宗教**"(philosophische Religion):"如果迄今的发展是正确合理的发展,那么不言而喻,在这个历史序列里留给哲学宗教的只能是第三个位置[自然宗教—天启宗教—哲学宗教]。"(XI, 250)[①]哲学宗教属于**将来**,正如谢林所说的:"这个**哲学宗教还不存在**。"(XI, 250)它不是一个单独的、特殊的什么东西,而是过去一切宗教的完成和实现,是大历史哲学的理想。谢林没有把它称作哲学,但我们也很难说它是一种宗教,因此最适合的概念也许是我们的标题里所提出的:"哲学与宗教的永恒同盟"。

① Vgl. Ebd., S. 15.

康德还是费希特？两种作为自律的自由概念*

刘 哲**

晚近几十年来国际学界对于后康德哲学的兴趣与日俱增。20 世纪中叶以后，黑格尔哲学成功复兴，甚至远远地拓展到了它曾经的坚定反对者分析哲学阵营当中（例如当代的分析哲学家 Robert Brandom 以及 John McDowell）。费希特哲学，特别是他关于主体性理论以及交互主体性理论的反思也越来越多地引起当代哲学理论反思的关注；这些反思同样不仅来自欧陆哲学传统（例如 Dieter Henrich），也来自当代分析哲学传统（例如 Robert Nozick 以及 Stephen Darwall）。在一些当代重要的哲学理论领域中（例如关于先验论证的讨论以及自由意愿理论的讨论），费希特哲学甚至是以不自觉的方式在潜在地发挥着自己的影响。

即使在关于德国古典哲学自身的哲学史研究领域中，费希特哲学的重要意义也越来越被研究者所强调。费希特被认为是后康德哲学发展中的枢纽性人物，离开与他的关系，其他我们所熟知的重要哲学家（例如黑格尔、谢林、荷尔德林、诺瓦利斯、施勒格尔兄弟，仅仅稍举一些我们熟知的名字）根本无法界定他们自身的理论位置。① 事实上，在 18 世纪的最后十年中，费希特甚至被他的同代人称赞为是真正实现了康德批判哲学所倡导的先验

---

* 本文原刊于《哲学门》2010 年第 1 期。

** 刘哲，1977 年生，男，北京大学哲学系副教授。

① D. Henrich: *Konstellationen: Probleme und Debatten am Ursprung des Idealistischen Philosophie (1789—1795)*, Stuttgart, Klett-Cotta, 1991, p. 10.

哲学理论方向。[①] 如果把康德批判哲学价值在其时代的迅速建立和衰落视为是第一级的哲学历史之谜，那么费希特毋庸置疑就是这个谜的重要制造者之一。尽管关于康德与费希特哲学已经出版了众多细腻的哲学史和哲学理论研究工作，然而这两位哲学家之间的关系仍然是这个历史之谜中的核心之谜。

费希特把自己基础性、论证性和体系性的哲学反思称为“知识学”（Wissenschaftslehre）。他穷尽一生的哲学探索，不断尝试改进自己的“知识学”哲学理论体系。不包含导论性和准备性作品，他一生中共写就了十五个版本的知识学。这样，试图在一篇论文中来全面概括费希特的哲学思考既不可能也无意义。另外，我们也不试图在这篇论文中比较他与康德哲学文本之间的历史性差别。这种比较既不能帮助我们解释费希特与康德哲学之间的理论距离，也不能为我们今天的理论反思提供任何可能的帮助；相反，它只能满足各种历史猎奇的欲望。在这篇论文中，我们所要关心的哲学理论论题是费希特对于由康德引入的自律（自由）这个基础哲学概念所带来的理性转变。

自律自由概念起源于其狭义的政治使用。[②] 康德的批判哲学开始了对这个概念进行绝对化的过程。无论对于康德还是费希特，作为自律的自由意味着理性的自由的行动永远具有内在产生的、受律法性约束的形式。我们这里对于作为自律的自由概念的关注首先是基于它在康德与费希特哲学理论中的体系性位置。就康德而言，作为自律的自由概念不仅涉及他对于（理论和实践）理性经验的根本反思，而且也涉及他关于解释这些经验的哲学体系本身。在费希特那里，作为自律的自由概念至少构成了他在耶拿时期（也即我们所要关注的18世纪最后十年）全部“知识学”的论证基础和出发点。他甚至在批评独断论哲学体系的时候，曾非常出名地指出一个人的

---

① 参见A. Zweig为其所翻译的康德1799年8月7日公开信添加的脚注：“Declaration concerning Fichte's *Wissenschaftslehre*”，收录于*Correspondence/Immanuel Kant*, ed. and trans. by A. Zweig, Cambridge: Cambridge University Press, 1999, p. 560。

② 关于自律这个概念的历史发展，参见J. B. Schneewind, *The Invention of Autonomy*, Cambridge: Cambridge University Press, 1997。

哲学体系就显示出他是一个什么样的人。其次,我们对于作为自律的自由概念的关注紧密地联系着当代哲学的反思意识。尽管当代的“纯粹康德主义者”(例如 John Rawls, Christian Korsgaard, Barbara Herman, Thomas Hill, Onora O'Neill, Thomas Nagel, Thomas Scanlon 这些主要的具有宽泛意义康德视角的伦理学家),和当代的“后康德主义者”(例如 Charles Taylor, Stanley Cavell, Jürgen Habermas, Richard Rorty, Charles Larmore, Raymond Geuss, Allen Wood, Robert Pippin,这只是其中一些著名的例子)有着哲学理论旨趣上的根本差别,他们无一例外地都关注作为自律的自由这个基础概念。① 最后,直接导致这篇论文反思的一个重要契机是当代英语世界一位知名的康德学者卡尔·艾默里克斯(Karl Ameriks)对于上述两个阵营的批评工作。与“纯粹康德主义者”不同,艾默里克斯关注后康德哲学对于康德作为自律的自由概念的发展;与“后康德主义者”不同,他强调后康德哲学对于康德这个自由概念的发展不是通常所说的前进,而恰恰相反是倒退。在艾默里克斯看来,费希特乃至整个后康德哲学关于自律(自由)的理论都可以被批评为是“通往唯心论的短程论证”。与之相反,康德的形而上学理论则是“通往唯心论的长程论证”。

在这样的哲学论争语境中,我们就不得不重新反思费希特对康德自律(自由)概念所进行的理论改变。在这篇论文中,我们要拒绝艾默里克斯对于康德与费希特自律(自由)概念之形而上学性质的混同。为此,我们将通过五个论证步骤来证明康德与费希特在自律(自由)概念上的根本差别。首先,我们将展示艾默里克斯对于费希特的批评与康德本人的批评之间的关联。其次,我们将试图界定艾默里克斯对于费希特自律(自由)概念根本批评所假设的哲学问题。第三,我们将分析艾默里克斯所理解的康德关于自律(自由)概念“长程论证”的理论假设。第四,我们将通过费希特在《伦理学体系》第一部分中的基础证明来回应康德/艾默里克斯的批评。最后,我们将指出这两种不同的自律(自由)概念所蕴涵的,在道德规范性问题上

① 关于当代“纯粹康德主义者”与“后康德主义者”这两个理论方向的划分,参见 K. Ameriks, *Kant and the Fate of Autonomy*: *Problems in the appropriation of the critical philosophy*, Cambridge: Cambridge University Press, 2000, pp. 4-8。

的不同结果。后面我们将看到，费希特与康德关于自律（自由）概念的差别涉及到如何保证人类理性对于自身自由之基础信念这样一个纯粹的哲学理论问题。他们对于这个问题的不同回答依赖于他们自律（自由）概念所具有的不同形而上学性质。在这篇论文中，我们将试图证明康德与费希特自律（自由）概念之间的这种形而上学性质的根本转变：如果说康德的自律（自由）概念仍然是在传统形而上学或属于纯粹实践理性这个实体的，那么费希特的自律（自由）概念则从一开始就是非传统形而上学意义上的，并且没有任何基底。

一、艾默里克斯对于费希特的康德式批评

在《康德与自律的命运》一书中①，艾默里克斯既批评了当代其他费希特学者（Alain Perrinjaquet 与 Daniel Breazeale）对于费希特哲学的解释，也批评了后康德哲学家（Robert Pippin 与 Allen Wood）对于费希特哲学的理论辩护。通过这一系列批评，他试图澄清他自己对于费希特的理论关注点所在。特别是在批评 Wood 关于费希特哲学理论的辩护中，艾默里克斯引入了康德本人对于费希特"知识学"的批评，并将自己对于费希特的批评与康德清楚地联系起来。在这一节中我们将展示艾默里克斯对于费希特的批评所带有的这个康德假设。

费希特自己声称要发展康德哲学的精神而不是坚守它的术语。尽管如此，康德在 1799 年的一封公开信中清楚地表达了自己对于费希特"知识学"的不认同，并且把后者拒斥为是"一个彻底无法被辩护的体系"②。事实上，早在 1795 年康德致 Tieftrunk 的一封私人书信中，他就已经表达了自己对于费希特"知识学"的否定性态度。在这封书信中，康德批评说，

---

① K. Ameriks, *Kant and the Fate of Autonomy*: *Problem in the appropriation of the critical philosophy*, Cambridge: Cambridge University Press, 2000. 该书引文后的括号中给出书名缩写 *KFA* 以及引文所在页码。

② 参考康德发表于 1799 年 8 月 7 日的公开信："Declaration concerning Fichte's *Wissenschaftslehre*", op. cit.。

> 所有我对于它(费希特的《全部知识学基础》——引者)的了解都来自发表于 *Allgemeine Literaturzeitung* 上的一篇书评。现在我并不打算捡起它来,但是这篇书评(它显示出书评作者对于费希特的巨大偏爱)使它在我看来像一种幽灵,也就是说,当你认为你已经把握住它的时候,你就会发现你根本没有抓住任何对象,而仅仅抓住了你自己,并且事实上仅仅抓住了试图抓住这个幽灵的那只手。因此,那个"单纯自我意识",而且的确仅就其单纯的思考形式——**内容空洞**而言,具有这样一种本性,即在对于它的反思中既没有任何事物要被反思到,也没有任何事物要使这个自我意识被应用到,而且这甚至被认为是超越逻辑的——这种想法在读者中造成了一个多么美妙的印象啊!(强调由引者添加,Ak 12:241)

显然,康德在这里所批评并反对的是费希特在《全部知识学基础》(1794/95)一书第一节中所证明的基础自我意识概念。对于费希特而言,这个基础自我意识概念并不是指个体的自我意识,而是由人类理性本身活动的**自发性自由**所构成。① 与此同时,作为不可被违背的最高原则和演绎论证连贯性的否定性逻辑标准,这个基础自我意识概念构成了《全部知识学基础》早期部分,即第一到第四节论证部分的根本基础。② 尽管如此,康德的上述批评质疑费希特基础自我意识概念的合法性。具体而言,他批评这个自我意识概念缺乏内容,因而是空洞的。正是因此,他甚至毫不迟疑地把费希特的基础自我意识概念嘲讽为"一种幽灵"。

值得一提的是,尽管康德拒绝接受费希特的基础自我意识概念,费希特

---

① 关于费希特基础自我意识的含义,参见 J. Stolzenberg,"Fichtes Satz 'Ich bin': Argumentanalytische Überlegungen zu Paragraph 1 der *Grundlage der gesammten Wissenschaftslehre von 1794/95*",收录于 *Fichte-Studien* (6), 1994, pp. 1-34。

② 关于费希特《全部知识学体系》中的哲学证明体系以及在这本书第五节中证明体系的改变,参见 J. Stolzenberg,"Geschichte des Selbstbewusstseins: Reinhold-Fichte-Schelling",收录于 *Internationales Jahrbuch des Deutschen Idealismus/International Yearbook of German Idealism Band* (*I*) (Hrsg. v. K. Ameriks u. J. Stolzenberg, Berlin: De Gruyter, 2003), pp. 93-113;以及 J. Stolzenberg,"Geschichte des Selbstbewusstseins: Fichte-Schelling-Hegel,收录于 *Akten des Internationalen Symposions zum 200. Jubiläum von Hegels 《Phänomenologie des Geistes》: Gestalten des Bewusstseins. Genealogisches Denken im Kontext Hegels*,2009(待出版)。

自己却认为他的这个自我意识概念源自康德第一批判中的“我思”概念。在他结束《全部知识学基础》第一节论证之前的评论中，他清楚地指出：“康德已经在他的范畴演绎中指向了我们的作为认识绝对终极基础的命题[基础自我意识命题——引者]。”(I:99)假如费希特对于自己同康德关系的界定可以被接受的话，那么康德对于费希特基础自我意识理论的批评也可以运用到他自己的“我思”概念之上。[①] 然而，康德显然并不认为自己的“我思”概念是缺乏内容的。

为了不使我们这里的问题变得更复杂，我们需要指出费希特自己在《全部知识学基础》一书第五节“发生性证明”部分中批评了自己在第一节中的基础自我意识概念。在这里他批评自己说：“自我不仅为一个外在于它的智性设定自己，而且就是为了它自己；它要把自己设定**成为**被自己设定的。”(I:274)毫无疑问，这里的联结小词“成为”涉及费希特在该书第一节基础论证部分中所给出的，并且被康德批评为是空洞的，基础自我意识理论。我们这里并不试图分析费希特在《全部知识学基础》中基础自我意识理论的转变。[②] 这里的论证要点在于，费希特通过这个小词“成为”的添加，要为他在第一节中的基础自我意识概念建立获得具体内容的可能性。在这个意义上，费希特的自我批评与康德的批评是一致的，都共同指向了基础自我意识概念中“内容空洞”这个理论缺陷。

同样，艾默里克斯在《康德与自律的命运》一书中对于费希特的当代批评，也是基于康德所表达出来的关于费希特基础自我意识理论的空洞性的批评。在这个意义上，费希特在《全部知识学基础》一书中的自我批评可以被视为是他间接回应康德式批评的起点，因而也是今天回应艾默里克斯批评的依据。我们下面将看到，费希特对于自己基础自我意识理论缺陷的充

---

① 关于费希特与康德“我思”概念之间的关系，参见 K. Cramer，“Kants ‘Ich denke’ und Fichtes ‘Ich bin’”，收录于 *Internationales Jahrbuch des Deutschen Idealismus/International Yearbook of German Idealism Band* (*I*)，Hrsg. v. K. Ameriks u. J. Stolzenberg, Berlin: De Gruyter, 2003, pp. 57-92。

② 关于费希特的这个理论转变，参见 V. Waibel's “Hölderlins Frühe Fichte-Kritik und Ihre Wirkung auf den Gang der Ausarbeitung der Wissenschaftslehre”，收录于 *Revue Internationale de Philosophie* (*3*), 1996, pp. 437-460。

分解决,要等到他的《伦理学体系》(1798)这本著作的出版。在我们进入费希特对于康德式批评的可能回应之前,我们需要首先分析艾默里克斯如今是如何解释康德式批评的。

二、"通往唯心论的短程论证"

与康德一样,艾默里克斯批评费希特的基础自我意识是缺乏内容的。然而,康德对于费希特的这个批评可以有不同的解释方案。[①] 对于艾默里克斯而言,康德所批评的"内容空洞"这个理论缺陷涉及到他所谓的费希特"通往唯心论的短程论证"。在这一节中,我们试图分析艾默里克斯这个"短程论证"的指控如何进一步界定了康德关于费希特基础自我意识理论的批评性问题。

在《康德与自律的命运》一书中,艾默里克斯不仅把"通往唯心论的短程论证"用于费希特的哲学理论,而且用于整个后康德哲学(包括莱茵霍尔德和黑格尔)之上。在他看来,后康德哲学史中,"通往唯心论的短程论证"肇始与莱茵霍尔德,并被费希特充分发展。在哲学理论含义上,他认为,这种"短程论证"的目标是要通过"表象"或"表象"中所涉及的行动性或被动性这些普通要素来把知识限制在现象世界当中,从而彻底排除任何"物自身"的决定可能性(*KFA*:163)。艾默里克斯批评这种"短程论证"忽视了康德在第一批判中所作的关于人类具体直观形式(空间和时间)以及"物自身"的漫长而且充满争议的形而上学讨论。与"短程论证"相对立,他认为康德的哲学理论是"通往唯心论结论的长程论证"。在下一节中我们将试图解释艾默里克斯所谓的康德"长程论证"的含义。在这一节中我们将首先关注他的"短程论证"指控如何与费希特哲学基础理论联系起来。

根据艾默里克斯,费希特哲学中的"短程论证"就意味着一种他所谓的"实践基础主义"。通过这个"实践基础主义"的界定,他要在近代笛卡尔基

---

① 其他关于康德批评的解释,参见 J. Stolzenberg,"Autonomie bei Kant und Fichte",这是他于 2007 年在北京"德国古典哲学现实性"工作坊上所作的演讲。

础主义的理论模型下把费希特“知识学”归约到下面三个理论要素之上：反怀疑论的哲学认识论目标、前进式的演绎论证体系以及该演绎所假设的绝对确定性基础。由于篇幅所限，我们无法处理他关于费希特“知识学”的所有这三条理论指控。在这里，我们要关注的仅仅是他所批评的费希特论证体系中绝对确定的演绎基础。

在艾默里克斯看来，费希特哲学的反怀疑论目标是要“克服关于意识领域中‘表象游戏’的指称问题”。为此，他认为费希特的解决方案要诉求一个所谓的“实践极端优先性的原则”。这种“实践极端优先性原则”不应该被混同为“主观的、心理的、单侧的唯心论”[①]。在对于一位当代知名的后康德哲学家罗伯特·皮平（Robert Pippin）的回应中，艾默里克斯清楚地拒绝了这样的混同。与皮平一样，他认为费希特的理性和自由概念是在纯粹实践意义上的，而不是在单纯的个体性的和心理意义上的。在艾默里克斯看来，费希特哲学处于在整个康德先验哲学传统中，因而同样强调我们的理性不可能接受任何的“外来规定”，无论这个规定是来自原始的经验被给予物还是理性主义的被给予物。然而，艾默里克斯批评认为这种宽泛含义的理性自由并不足以区分康德与费希特哲学之间的差异。

这样，我们就必须以别的方式来理解艾默里克斯所指控的“实践绝对优先性原则”之含义。在要结束对于上述皮平错误混同的批评中，艾默里克斯清楚地把费希特带回到一个古老的传统形而上学问题领域中，这涉及到自由与存在的论证优先性关系。在他看来，费希特的哲学体系没有以康德的方式在先地审查，关于存在的各种形而上学理论以及近代科学理论（例如牛顿、休谟以及莱布尼茨这几个早期近代哲学传统）。因此他无法合法地断定自由相对于存在的优先性。在这个意义上，费希特被指控的“实践绝对优先性原则”的确构成了一种艾默里克斯所谓的“通往唯心论的短程论证”。

但是，人们或许会问，这种关于自由和存在论证优先性的讨论与费希特基础自我意识理论的“内容空洞”缺陷有什么关联？在对于另外一位当代

---

① Pippin 正是在这个意义上理解 Ameriks 关于费希特的解释和批评的。参见 R. B. Pippin，“Fichte's Alleged Subjective, Psychological, One-sided Idealism”，收录于 *The Reception of Kant's Critical Philosophy*, ed. S. Sedgwick, Cambridge: Cambridge University Press, 2000, pp. 147-170。

知名的后康德哲学家艾伦·伍德(Allen Wood)的批评中,艾默里克斯把上述关于自由和存在论证优先性的问题与费希特基础自我意识理论联系了起来。伍德认为费希特的哲学理论目标有两个:它既要反对怀疑论,又要统一理论哲学与实践哲学。在伍德看来,费希特的解决方案依赖他关于自我意识概念的洞见。伍德强调这个作为"基础实践原则"的自我意识是对于自由行动性的前反思意识,因而包含对于自由的绝对确定性。[①] 在批评伍德所解释的费希特基础自我意识中,艾默里克斯质问:"当自我意识这个本原行动出现时,我们如何**认识到**,这个行动是真正自由的,而不是被超出这个直接行动的其他事物所决定?"(*KFA*:225)艾默里克斯的问题首先是知识论意义的。这个问题的要点在于:即便我们在基础自我意识中意识到我们理性或更准确地说理性行动性是自由的,我们如何可以使得我们关于自由的基础信念得到保证。

追随康德,艾默里克斯认为对于这个自由信念的保证必须依赖在先的关于各种决定论的形而上学讨论。其次,他认为,这种对于理性自由的基础信念的建立还必须依赖康德意义上的(基础)道德律。这样,艾默里克斯就把自由与存在的论证优先性问题与费希特基础自我意识中自由信念的可保证问题联系在了一起。他因而反驳伍德所解释的费希特说:"人根本不能直接使自己获得关于**绝对自由**之现实存在的确定断定,无论是在哲学还是在前哲学的层面。"(强调由引者添加,*KFA*:225)在艾默里克斯看来,如果费希特省略了康德式的形而上学讨论以及被接受为"理性先天事实"的道德律,那么他的基础自由信念就是无法被保证的,因而是"内容空洞"的。不仅如此,他甚至援引费希特在《人的使命》(1800)中的论证[②],并批评他的

---

① 关于 Wood 对于费希特哲学的解释,参见 A. Wood,"The 'I' as Principle of Practical Philosophy",收录于 *The Reception of Kant's Critical Philosophy*, ed. S. Sedgwick, Cambridge: Cambridge University Press, 2000, pp. 93-108。

② Ameriks 认为费希特在耶拿时期的哲学论证没有根本的变化,而且认为《人的使命》属于费希特耶拿时期理论的巅峰。然而,更加仔细的费希特研究恰恰反对他关于费希特哲学耶拿发展的这个历史假设;而且从论证分析上而言,费希特《人的使命》这篇论文是其理论向后期——柏林时期过渡的工作,不应该被视为是耶拿时期的巅峰工作。参见 J. Stolzenberg, *Fichtes Begriff der intellektuellen Anschauung: die Entwicklung in den Wissenschaftslehren von 1793/94 bis 1801/02*, Stuttgart: Klett-Cotta, 1986。

"短程论证"最终会陷入对于理性"绝对自由"的教条式信仰当中。简言之，通过"短程论证"这个指控，艾默里克斯把康德对于费希特基础自我意识缺乏内容的批评理解为，**我们关于我们自己理性自由的基础信念如何得到保证(warrant)这样的知识论问题**。

三、康德关于理性自由基础信念的"长程论证"

与费希特的所谓的"短程论证"相对立，艾默里克斯认为康德通过"长程论证"来保证我们关于理性自由的基础信念。在艾默里克斯看来，正是通过"长程论证"，这个理性自由的基础信念，或者说纯粹理性的自我意识才不是"内容空洞"的。因此他在追随康德批评费希特基础自我意识缺乏内容之后，指出："要得到内容，就必须从内容开始，康德的优势就在于他最初的内容来自非哲学家们都已经接受的东西。"(*KRA*：225)因此，要理解关于理性自由的基础信念如何保证，就需要理解这里所谓的康德理论的"优势"，也就是假设"非哲学家们都已经接受的东西"。

在康德哲学发展中，对于理性自由基础信念的保证并非一开始就具有这样的"优势"。事实上，直到1787年完成第二批判写作的时候，康德才在所谓的道德演绎证明中，通过(基础)道德律这个"理性先天事实"(Faktum der Vernunft)来获得对于理性基础自由的实践性断定。而甚至在1785年，也就是第二批判出版前两年出版《道德形而上学的基础》一书时，康德还仍然以关于理性绝对自由的知识为基础来尝试构建他的道德演绎。

显然，康德这两部影响深远的实践哲学基础研究著作有着截然相反的论证结构。关于康德这两个道德演绎策略的明显差异，至今仍然是康德学术中一个极富争议的论题。我们这里并不企图对这两种不同的道德演绎证明本身提供独立的研究。我们的目标是通过艾默里克斯对这个差异的解释来澄清他所谓的康德哲学之"优势"的含义。这样，我们才能理解为什么在艾默里克斯看来，只有康德的"长程论证"才能为我们关于理性自由的基础信念提供保证。

艾默里克斯对于康德实践哲学演绎部分的研究可以追溯到他在20世

纪80年代初期的研究。[①] 在这篇论文中,艾默里克斯拒绝了两种融贯式的解读方案(Lewis White Beck 和 H. J. Paton,Dieter Henrich),因为无论其中哪种方案,融贯式的解读都试图化解康德两个实践哲学基础论证表面的明显差异甚至对立。与融贯式解读方案不同,艾默里克斯强调这两个基础论证之间的实质差异:康德在《道德形而上学基础》的第三章中要以理性关于自身绝对自由的知识为基础,从而严格演绎出(基础)道德律的合法性;而与之相反,康德在第二批判中彻底否定了这个严格演绎的可能性,改为把(基础)道德律当做“理性先天事实”,从而获得关于纯粹实践理性自由的断定。

艾默里克斯对于这两个道德基础论证实质性差异的强调依赖于对康德《道德形而上学基础》一书中论证根本困难的分析,以及由此必然导致的第二批判的论证发展。具体而言,这个困难涉及不依赖(基础)道德律、独立证明在我们自身具有肯定意义的绝对自由。根据康德,这个绝对自由概念既不等同于我们在行动中独立于感觉刺激的相对自由,也不等同于先验自由的逻辑可能性。相反,这个绝对自由概念意味着它必须在我们自身当中,并且指向我们对于道德性的服从。在这个意义上,康德的肯定意义绝对自由概念就是他所谓的自律。艾默里克斯认为,正是关于作为自律自由之独立论证的不可能性最终导致康德在第二批判中放弃先前设想的严格道德演绎论证。

但是如何解释这里所谓的独立论证的困难呢?根据艾默里克斯,康德在《道德形而上学基础》中的道德演绎论证可以被区分为三个步骤:(1)证明在否定性的、先验的意义上的自由,这步证明先是依赖于单纯判断活动的蕴涵结论,继而依赖理念所属的特殊官能;(2)肯定性地把先验自我界定为服从属于其自身的独特的、理性行动法则;以及最后(3)证明这些法则构成了道德性,并且由于它们把握了“本真自我”,因而必须被服从。由于第二

---

① 参见 K. Ameriks, “Kant's Deduction of Freedom and Morality”, 收录于 *Journal of the History of Philosophy* (*19*), pp. 53-79。这篇文章后来又再版于 Ameriks 最近出版的关于康德哲学的论文集中。参见 K. Ameriks, *Interpreting Kant's Critiques*, Oxford: Oxford University Press, 2003, pp. 161-192。

批判中对于第二论证步骤的保持，他进一步推论认为，这三个论证步骤中只有第一和第三个步骤构成了康德最终放弃严格道德演绎的理论策略。因此，我们上述关于自律自由之独立论证的困难必然与这两个论证步骤相关。

一个历史事实是康德对于第一批判的修改与从《道德形而上学基础》向第二批判的转变处于同一个时期。艾默里克斯强调直到这个时期，康德才完成了自己关于自我的批判性理论。正是这个关于自我的批判理论使得上面提到的第一和第三步论证根本不再可能。一方面，在第一批判中，康德通过在经验自我知识中所涉及的内感知形式（时间）以及其必然相关联的空间指称，把这种自我知识严格地限定在现象世界当中，因而根本无法把握本体世界中的"本真自我"。[①] 另一方面，在"纯粹理性的谬误推理"（B 版）的一个注释中，康德也同样把判断活动主体的自我意识同本体世界中的自我区分开来。他论证说，

> 一个不确定的感知（"我思"所包含的我的存在——引者）这里仅仅意指某实在物，它是被给予的，但仅仅被给予给一般的思考，因而不是作为现象（appearance）被给予，而且也不是作为物自身被给予，相反是作为某个事实存在被给予，并且它被指认为在"我思"命题中的某个存在物。（*KrV*：B 423）

这样，康德在拒绝经验自我认识作为道德演绎基础的同时，也同样拒绝了通过判断活动主体之自我意识进入对于"本真自我"及其绝对自由认识的可能性。

尽管如此，康德并没有否认这个"本真自我"及其自由之存在的可能性。在"纯粹理性的谬误推理"（B 版）的最后评论中，他论证认为，我们也许可以通过其他方式揭示一个自发性，由此我们的实在性可以被确定（B 430）。只是，他在这里除了道德途径之外没有任何其他途径来揭示这样一个可以确定我们实在性的自发性。因而也不可能借助这样的对于"本真自我"及其自发性的认识逻辑可能来演绎（基础）道德律的有效性。在艾默里

---

① 关于康德经验自我知识理论的发展，参见 K. Ameriks, *Kant's Theory of Mind*, Oxford: Oxford University Press, 1982, pp. 234-294。

克斯看来,这意味着:即使康德允许我们的自我属于本体世界,我们也无法直接归给这个本体自我任何道德人格,并以之为基础来演绎(基础)道德律的合法性。

这样,不难理解,康德会在第二批判中直接把(基础)道德律作为"理性先天事实",并以此为基础来保证关于纯粹理性关于自身自律自由的基础信念。他在第二批判关于演绎的论述中清楚指出:"这个事实(基础道德律——引者)同关于意志自由的意识不可分离地联系在一起,而且就是与之相等同,由此理性存在者的意志也在实践领域中**把自己视为……物自身**。"(强调由引者添加,Ak 5:42)显然,在康德看来,可以与(基础)道德律联系在一起的自律自由是**属于本体世界存在者**的自由。因而,由(基础)道德律所保证的纯粹理性的基础自我意识也是对于自身本体性质的意识。

至此,我们已经可以很清楚地看到为什么艾默里克斯会支持康德的"长程论证",并把费希特关于我们对于自己理性自由的基础信念的论证批评为"短程论证"。在康德的理论体系中,只有作为自律的自由才构成了纯粹实践理性的本性。他进一步认为,这个纯粹实践理性的本性只能是属于本体世界的。这个极强的形而上学约束条件令理性关于自身自律自由的自我意识既不同于判断活动主体对于自身自发性自由的意识,也不同于经验性自我意识。换言之,康德保证我们对于自律自由的自我信念的论证,**假设了纯粹理性本身具有本体实在性或作为基底**(substrate)。正是这样一个作为基底的本体自我概念需要康德式的"长程论证",从而使我们纯粹实践理性的基础自我意识得以被保证。

四、费希特的非基底性自我概念

康德的"长程论证"以非哲学家都接受的(基础)道德律作为"先天理性事实"并为我们关于基础自由的自我信念提供保证,这正是艾默里克斯所谓的康德论证的"优势"。然而,我们在上节的分析中已经证明,康德这个"优势"完全依赖于他对于自我概念本身的形而上学假设:理性自我是具有本体实在性的基底。**假如**费希特的基础自我概念也具有同样的形而上学性质约束条件，那么我们就不得不承认艾默里克斯对于费希特的康德式批评是合法的。然而，我们将看到，费希特"本原洞见"的核心就在于建立**非基底性**的自我概念。

前面我们已经提到，费希特《伦理学体系》构成了他在耶拿时期关于基础自我意识理论的最充分发展。这部著作的第一部分内容被他标题为"对于道德性原则的演绎"。不仅如此，他在论证结束后的评述中这样来具体地界定自己的演绎性质："人们可以把其中被演绎出的思想称为**法则**（Gesetz），**定言律令**（Kategorischen Imperativ）。"（IV：54）因此，费希特的这部分论证文本就构成了一个与康德理论最好的对立点。在这一节中，我们将依赖费希特在《伦理学体系》第一部分中的证明来重构他对于康德/艾默里克斯"内容空洞"批评的间接回应。假如要更加充分地论证重构费希特的可能回应，我们就需要细致地分析《伦理学体系》整个第一部分的证明。由于有限的论证空间，我们在此将无法给出这样详细的论证性评注。[①] 就我们当下的论证目标而言，我们仅仅需要集中关注其中第一节论证中的第一步证明。

费希特《伦理学体系》第一节要论证的命题是："只有以意愿的方式，我才把我自己寻找为我自己"（IV：18）。根据他对于自己证明步骤的区分，这个命题的证明先后依赖：（1）自我（Ich）的概念，（2）意识中必然存在的主体与客体之间的本原对立，以及最后（3）这个本原性客体的性质。在下面的论述中，我们将主要分析费希特在第一步证明中所建立的基础性自我概念。

在进入对于费希特自我概念的分析之前，我们首先要强调这里的证明顺序异常重要。对于费希特而言，即使我们在第二步论证中要引入主—客对立的二元意识**形式结构**，这个引入也必须以第一步证明中所建立的自我概念为前提。我们已经证明，艾默里克斯的康德式批评的要点在于，费希特

---

① 关于费希特《伦理学体系》整个第一部分的论证评述，参见 J. Stolzenberg，"Das Selbstbewußtsein einer reinen praktischen Vernunft"，收录于 *Metaphysik nach Kant*?（Hrsg. v. D. Henrich und R. - P. Horstmann，Stuttgart：Klett-Cotta，1988），pp. 181-208。本节中，下面论证部分的核心洞见依据 Stolzenberg 教授的这个早期研究以及笔者在其课程中所学内容。

根本无法保证基础自我意识中理性对于自身自由的知识信念。显然，这个怀疑论式的批评假设了该自我意识结构中的主—客二元的意识形式关系，而且这个关系最终依赖于作为基底的自我概念。在这个意义上，我们这里关于自我概念证明的重构事实上要论证，在费希特的“知识学”中，理性对于自身自由的知识信念（以及其中假设的主—客二元意识形式关系）并不依赖于基底式的或具有本体实在性的自我概念。如果这个命题可以被证明的话，那么对于这样的知识信念的保证也就无需康德式的“长程论证”。

费希特把第一节的任务规定为：“把自己仅仅思考为自己，也就是剥离所有我们自己所不是的东西。”（Ⅳ：18）而其随后的说明部分中所解释的内容正是这个任务所涉及的自我概念。因而，在第一步证明中，他指出：“这个概念（自我概念——引者）的意义刚才通过它的产生获得了鉴证。”（Ⅳ：21）这样，他对于自我概念的证明就依赖于引入证明部分之前的说明部分。下面我们并不企图细致评注这个说明部分的内容。相反，我们将很快看到，费希特的自我概念说明依赖于三个基本理性要素：（1）基础性意愿概念，（2）基础意愿概念中所涉及的意识要素，以及（3）该意识要素的自我关联性。

首先，为了确定自我的内容，费希特引入了意愿概念。他对于意愿概念的引入开始于它的常识意义。在常识意义中，意愿概念总是包含着与确定经验对象的关系。然而，意愿的这个常识性概念无法帮助我们解释第一节论证中所要求的意愿主体**本身**。在前面提到的第一节任务中，构成自我的内容“要剥离一切我们自己所不是的东西”。这样，对于意愿主体本身内容的解释就必须消除任何与该主体不同的东西。在常识意义的意愿概念中总是包含有与对象的关系，因而就必然包含着与归给意愿主体本身内容不同的东西。毋庸置疑，其中与对象的关系并不属于意愿主体本身，因此必须从构成自我的内容中排除。由于排除了对象关系，费希特所要引入的意愿概念就必然是意愿的非经验性和纯粹主体性条件。这个条件既不包含任何要通过意愿来被实现的内容，也不包含任何该内容要借以实现的活动。经过排除这两项与主体相关的意愿内容，在意愿主体这一侧所剩下的就只能是纯粹意愿主体的自我构成本身。换言之，费希特的意愿概念意味着主体本身追求或希望成为(意愿)行动的主体,并且这个追求和希望构成为该主体的意识内容。在这个意义上,他所引入的意愿概念是指**意愿主体自己将自己确定成为这样一个可以被归给意愿行动的主体**。因为排除了任何异己的内容,这个主体的自我确定必然是绝对独立的和绝对自由的。

进一步,费希特意愿概念中所包含的这种实践主体之自我确定不可能是一种盲目的生命冲动,而是同时被该主体本身所直接把握。由于这个把握活动,在主体的自我确定意识中必然导致把握者和被把握者这样一个差异关系。然而,为了避免无穷倒退的逻辑困难,费希特强调这个关系**不同于**前面已经被排除的对象关系。换言之,对于他而言,被把握者并不是一个再次由另外的主体意愿活动带来的结果,而是属于意愿主体本身;把握者与被把握者之间必须是直接性的关系。否则,这个对于被把握者加以生产的把握者将不得不再次假设另一层的自我确定以及其中所包含的生产关系。由于,把握者与被把握者之间的关系同主体—对象的生产性关系相对立,它们之间的关系就被首先界定成为被动性关系。出于这种被动性关系,被把握者必然是独立于把握者的,是固定存在的。另外又由于这种被动性关系具有直接性特征,把握者与被把握者之间的直接被动性关系就意味着被把握者呈现在把握者当中。或者用费希特的术语,把握者“寻找”或“感知”被把握者。

最后,为了建立自我概念,费希特还必须解释在上述自我确定中所包含的直接被动性关系同时是自我关系。然而,与我们所期待的相反,他并没有在当下的论证阶段解释这里的自我关系,相反他却把这个直接被动关系作为自我关系接受为一个事实。他借用康德的术语“展示”(exposition)来清楚地界定自己的说明方法(IV：19)。在康德第一批判中,“展示”意味着“分明地表象属于一个概念的内容”(*KrV*：B 38)。基于这样的方法论阐释,费希特很显然并不是要解释自我确定中的自我关系是如何建立的,而是要把这个关系当做一个“意识事实”,继而展示它的构成要素。

费希特的具体展示是通过一个实体模型来完成的。在这个模型中,他首先把意愿归给了一个基底性实体,然后又把对于该意愿意识之意识归给一个实体,最后得出结论说:“对于自我而言,这个意识着的实体与意愿着的实体是同一个；由此，我把我自己寻找为意愿的，或者说我以意愿的方式寻找**我自己**。”（Ⅳ：20）我们这里的问题不是费希特的具体展示步骤，而是他是否由此与康德一样把自我概念界定为具有本体实在性的自我？回答这个问题将依赖于我们对于这里引文中前后两个半句关系的解释。前面我们已经指出费希特的说明方法不是解释而是展示“意识事实”。在实体模型引入过程中，他再次清楚地强调，在这个阶段并不探究这个实体模型本身是如何被引入的，以及引入的理由；相反，他要求把这个实体模型作为一个事实（Ⅳ：20）。如果是这样的话，实体模型的引入本身就并**没有**被用来解释自我确定中的自我关系。这样，前面引述的结论中前后两个半句并不构成任何奠基论证关系。换言之，并不是由于对于实体之基础自由的把握，自我概念才得以可能。对于费希特而言，实体模型仅仅表达了我们上面对自我意识关系加以描述的方式：（由于直接被动性关系）意愿主体把自己把握成为独立的和固定的存在者。

至此，我们可以暂时得出下述结论：与康德不同，费希特的基础自我意识**根本不**涉及理性实体对于自身自由的信念。费希特的基础自我概念并不具有任何康德式的本体实在性，或者说它并不是作为基底的自我。从费希特的论证结构出发，他甚至可以批评康德的基底式自我概念只是哲学家对于基础自我意识构成的一个问题性假设，而根本不是对于这个自我意识本身的理论解释。

五、费希特对于“实践基础主义”的反驳

前面我们已经看到，艾默里克斯对于费希特的康德式批评首先涉及理性对于自身自由之基础信念的保证。通过区分费希特的自我概念与康德的自我概念，我们有理由设想费希特对于这个基础信念的保证会与康德不同。因此，费希特不会采取艾默里克斯所解释的康德式“长程论证”来保证我们对于自身理性自由的信念。相反在《伦理学体系》第一节中，他把自己的任务界定为是对于“法则，定言律令”的演绎。在艾默里克斯所解释的康德理论体系中，这样的演绎根本是不可能的。因为康德的理性实体无法独立于

（基础）道德律来认识它自己的绝对自由（或作为自律的自由）。如果费希特的自我概念异于康德，那么他为自己设定的这个看似与康德完全相反的演绎目标似乎就变得合法了。

然而，如果更加仔细看看费希特的演绎目标时，我们会发现他与康德在第二批判中的道德演绎目标是有细微差别的。康德在进入演绎之前的评论中这样来规定自己的论证目标："相反，我要问我们从哪里开始我们对于无限实践者的**认识**，是从自由还是从实践法则。"（Ak 5：29）这里，康德所谓的实践法则被等同为**纯粹**实践理性的法则，因而适用于所有理性存在者（无论天使还是人）。因此康德的（基础）道德律作为这样一个无条件的实践法则，并不必然地包含"令"（Imperativ）这个强力性要素以及由此涉及的"被动性论证"。然而，人既属于现象世界又属于本体世界，或者说既有感性欲望又有纯粹实践理性。在康德那里，只有对于人这样的理性存在者（基础）道德律才增加了"令"这个强力要素，并由此转变成为定言律令。因而，在康德那里同理性关于自身自由基础信念无法分离的内容并不是定言律令，而是（基础）道德律的合法性。

与康德第二批判中的道德演绎不同，费希特的演绎目标从一开始就把（基础）道德律和定言律令等同在一起。因此，他在《伦理学体系》中的演绎就转变成为从非实体性的理性自我意识出发来证明定言律令。因此，"令"的强力性要素从一开始就被包含在费希特式的（基础）道德法则当中。的确，他的这个法则的具体内容与康德是一致的：理性主体的行动自由指向其必须具有的法则性。从这个具体内容来看，费希特的基础自由概念仍然可以被称为自律自由。但是，无论这个自律自由法则的论证基础还是它的适用范围都与康德的第二批判发生了根本不同。

在开始的时候，我们已经看到艾默里克斯批评费希特所谓的"通往唯心论的短程论证"。他的批评包含三个要素：反怀疑论论证目标、前进式的证明结构以及绝对确定的基础。他认为这三个要素一起构成了费希特的"实践基础主义"，并以此导致了费希特"通往唯心论的短程论证"。通过上面的分析，我们可以看到费希特只是因为具有与康德不同的自我概念，所以才不需要以康德的方式来保证理性对于自身自由的基础信念。另外，在费希特这里，与这个理性自身基础自由信念相关联的道德法则也发生了适用范围的变化。由此，与这两点相关联的自律自由概念显然也发生了变化。当然，在这篇论文中，我们还没有解释费希特的自我概念如何可以被建立起来。特别是取消了以实体为基础的传统形而上学之后，理性的同一性如何可以被辩护。以此为基础，我们也还可以质疑康德对于费希特基础自我意识理论的"内容空洞"批评是否可以有不同于艾默里克斯的解释？另外，在上面的论证中，我们还没有解释费希特关于定言律令的演绎体系本身。最后，费希特"知识学"是否以反怀疑论为自己的根本论证目标也还仍然是一个被悬置的问题。如果要彻底回应康德以及艾默里克斯对于费希特的批评，我们还需要对这三个问题加以解决。但是由于篇幅有限，我们在这里无法就这些问题继续进行回答了。对我们当下的论证目标而言，下面所做的这个结论已经足够了：如果说艾默里克斯正确地指出了费希特自律自由概念失去了康德式的论证基础，那么他把这个丧失理解为一种倒退就是过于仓促和无法辩护的；费希特的自律自由概念本身有着不同于康德的、自己独立的理性位置。①

① 在此我要感谢美国圣母大学哲学系 Karl Ameriks 教授在论文写作过程中花费时间与笔者进行讨论，并为这项研究提供文献上的帮助。另外，我要感谢德国哈勒大学哲学系 Jürgen Stolzenberg 教授长期以来对笔者惠赐论文和悉心指导。最后，我还要感谢《哲学门》杂志主编吴飞先生对于这项研究的鼓励和敦促。当然，文章中所有的错误和缺陷由笔者本人负责。

《逻辑哲学论》中的形而上学*

陈启伟**

一、从维也纳学派的误解谈起

维特根斯坦和维也纳学派有深切的关系,这是人所共知的。维也纳学派在其形成之际,曾把维特根斯坦尊若宗师,维特根斯坦的《逻辑哲学论》一书则被他们奉为经典,而成为维也纳学派哲学的一个主要的思想源泉。

在很长时间里,维也纳学派的人按照他们自己的理解来解释维特根斯坦,把维特根斯坦也说成是如他们一般的反形而上学的实证主义者。例如,卡尔那普在《语言的逻辑句法》中说:"反形而上学的观点过去常常被提出过,特别是曾被休谟和实证主义者提出过。认为哲学只能是对科学概念和语句的逻辑分析(换言之,即我们所谓科学的逻辑)这种更精确的论点则尤为维特根斯坦和维也纳学派所主张。"①石里克认为,由弗雷格和罗素所开拓而由维特根斯坦所发展的逻辑分析方法造成了使形而上学"没落"的伟大"转折",而维特根斯坦则是"一直推进到这个决定性转变的第一人"②。

其实,这是一个误解。诚然,维特根斯坦和维也纳学派都讲逻辑分析,而且后者的逻辑分析方法受惠于前者的地方很多,但是,逻辑分析的功用在二者那里却大有不同。对于维也纳学派来说,哲学就是搞逻辑分析,逻辑分

---

* 本文原刊于《德国哲学》第 1 辑,北京大学出版社,1986 年。

** 陈启伟,1934 年生,男,北京大学哲学系退休教授。

① Rudolf Carnap, *The Logical Syntax of Language*, tr. by A. Smeaton, New Jersey, 1959, p. 280.

② 洪谦主编:《逻辑经验主义》,上卷,商务印书馆,1982 年,第 7 页。本文所讨论的形而上学(Metaphysics),是指关于究极实在的哲学理论,而不是与辩证法对立的方法。

析是他们反形而上学的武器,他们是要"通过语言的逻辑分析清除形而上学"①。维特根斯坦却并不认为哲学仅仅是搞逻辑分析。他虽然也用逻辑分析去批评形而上学的命题,斥之为"无意义"(Unsinn,或译"胡说"),但是他并不反形而上学,并不要清除形而上学,恰恰相反,他倒是要用逻辑分析一面清除各种无意义的、似是而非的命题,一面架起一道通向真正形而上学的阶梯。《逻辑哲学论》可以说是逻辑分析和形而上学的一个奇特的结合:全书以逻辑分析(对世界和语言的分析)始而以神秘主义终,由可说者而引致不可说者,一切言说竟归于无语而沉默。

当然,维也纳学派的人并非全然不知维特根斯坦在《逻辑哲学论》中对形而上学的态度,但是他们总以为那是夫子之道未能一以贯之,是一篇杰作中的败笔或赘文,可删可削,无伤宏旨,删之削之,始成佳构。而这也就是维也纳学派自己所做的文章。

我们知道,卡尔那普晚年在他的《思想自传》中承认自己过去误解了维特根斯坦的哲学立场。他说:"当我们在小组内部阅读维特根斯坦的著作时,我曾错误地认为,他对待形而上学的态度同我们的态度是相似的。我没有充分注意他的书中关于神秘的东西的论断,因为他在这方面的感情和思想同我距离太大了。只是通过与他的个人接触,才使我更清楚地看到他在这一点上的态度。"②

从近年来陆续发表出来的维特根斯坦的一些通信和谈话记录,我们对维特根斯坦的形而上学倾向无疑可以得到更深入的了解和认识。例如,根据威思曼 1929 年的一次谈话记录,维特根斯坦曾直言无隐地表示,他对于想要冲出语言界限而追求那种不可说的东西的形而上学倾向深怀敬意。③但是,更值得注意的是,维特根斯坦在通信中曾不止一次地向人们明确点出《逻辑哲学论》亦即他的哲学的要义所在。例如,罗素最初收到《逻辑哲学论》的手稿时曾加了若干评注,大概因为他过分重视逻辑命题是同语反复

---

① 卡尔那普的一篇文章即以此为标题,见《逻辑经验主义》上卷。

② Paul Arthur Schilpp (ed.), *The Philosophy of Rudolf Carnap*. La Salle, IL: Open Court. 1963, p. 27.

③ 参见 K. T. 范:《维特根斯坦的哲学观》,美国加州大学出版社,1971 年,第 28 页。

的理论，维特根斯坦特地写信给他说："您恐怕并没有真正抓住我的主要论点，对逻辑命题所做的全部工作只是这个主要论点的必然结果。这个主要论点就是关于可用命题亦即可用语言(而这与可被思想是一回事)表达的东西和不可用命题表达而只能显示的东西的理论；我认为，这是哲学的主要问题。"①又如，维特根斯坦在一封未注明日期但估计当在 1919 年 9—10 月或 10—11 月间写给费克尔教授的信中谈到《逻辑哲学论》的手稿说："有一句话我曾想写在前言里，但事实上没有写，我现在把它写给您，因为它也许是您了解此书的一把钥匙。我原想要写的话就是：我的著作是由两个部分构成的，一部分就是在此书中发表出来的东西，另一部分则是我没有写出来的东西。而重要的却正是这第二个部分。"②这第二个部分显然就是指关于神秘的不可说的东西的形而上学，正因为不可说，所以也不可能写出来。

维特根斯坦的这些自我解说，足以把维也纳学派造成的误解扫除而有余，并使人们愈加清楚地认识到，形而上学(不可说的神秘的东西)并不是《逻辑哲学论》中的赘文，而是题中应有之义，《逻辑哲学论》的个中三昧正在于逻辑分析和形而上学的那一奇特的结合。

二、维特根斯坦最初的形而上学观念

维特根斯坦对形而上学一向有浓厚的兴趣。但是，他对形而上学的了解，他所要追求的形而上学，他对形而上学和逻辑分析的关系的看法，在其着手准备写作《逻辑哲学论》的前后却并不相同，也就是说，他的形而上学观念是有一个演变过程的。

我们现在所能看到的维特根斯坦哲学思想的最早的材料，主要是 1923 年 9 月写的《逻辑笔记》(这份笔记当时给了罗素)和 1914 年 4 月寄给穆尔的一份笔记摘抄，以及 1912—1914 年写给罗素的一些书信。从这些材料我

---

① G. E. M. Anscombe, *An Introduction to Wittgenstein's Tractatus*, 2nd, London: Hutchinson University Library, 1971, p. 161.

② Paul Engelmann, *Letters from Ludwig Wittgenstein*, *With a Memoir*, ed. by B. F. McGuinness, tr. By L. Furtmüller, Oxford: Blackwell, 1967, p. 144.

们可以看到《逻辑哲学论》中一些观点的雏形，但也可以发现某些重要的差异。

在《逻辑笔记》中维特根斯坦开宗明义就说："'哲学'这个词永远应当指某种高于或低于自然科学，但不能与之并列的东西。"①对哲学的这种概念同《逻辑哲学论》是完全一致的，《逻辑哲学论》4.111一字未动地重复了这个说法。

接着，维特根斯坦指出："哲学是由逻辑和形而上学组成的，前者是其基础。"②这里明确地把形而上学作为哲学的一个本质的部分，并且对形而上学和逻辑的关系做了规定：形而上学和整个哲学是建立在逻辑或逻辑分析的基础之上的。但是，我们发现，在《逻辑哲学论》中没有再出现这个看法。看来这绝非偶然，而是反映了维特根斯坦对形而上学及其与逻辑分析的关系的看法的变化，

《逻辑哲学论》中说："哲学旨在对思想的逻辑阐明"，这种逻辑阐明或逻辑分析也就是一种"解释"，"一部哲学著作本质上是由解释构成的"③。这种解释起的是"梯子"的作用，④可以导引人们去领悟那不可说而只能显示的神秘的东西，但是我们不可能在逻辑分析或解释的基础上正面建立一个关于神秘的东西的形而上学。因为"对于不可说的东西，我们必须保持沉默"⑤。

《逻辑笔记》中关于逻辑和形而上学关系的规定，显然是与此颇为不同的一种观念。在这里，逻辑或逻辑分析并不是一种在幽明之间架梯搭桥，但又引而不发，只是使人们从之悟出在世界之外、语言之外因而也在逻辑之外的什么东西来的中介。因为在这个时期，无论在《逻辑笔记》还是在寄给穆

---

① Ludwig Wittgenstein, *Notebooks 1914 – 1916*, 2nd, ed. by G. H. von Wright & G. E. M. Anscombe, tr. by G. E. M. Anscombe, Oxford: Blackwell, 1979。附录Ⅰ, p.93。下文引用均简写为 *Notebooks*。

② 同上。

③ Wittgenstein, Ludwig, *Tractatus Logico-Philosophicus.* With an introduction by Bertrand Russell, London: Kegan Paul, 2nd, 1933.4.111节，以下引用均简写为 *Tractatus* 加编号。

④ *Tractatus* 6.54.

⑤ *Tractatus* 7.

尔的笔记中，维特根斯坦都不承认有在世界和语言之外的不可说的神秘的东西。人们或许会说，维特根斯坦在给穆尔的笔记中不是已经提出了"可用语言显示但不可说的东西"吗？[1] 但是，维特根斯坦此时所谓可显示而不可说的东西乃是指语言和世界所共具的逻辑特性亦即后来所说的逻辑形式。他说："要有一种能够表达或说一切可说的东西的语言，这种语言必须具有某些特性；情形既然如此，那么它之具有这些特性就不再可能在这种语言或任何语言中被说出了"；"一种能够表达一切事物的语言借助于它必须具有的这些特性反映世界的某些特性；所谓逻辑命题即以一种系统的方式显示那些特性"；"所谓逻辑命题显示语言的因而也是宇宙的逻辑特性，但并没有说任何东西"，其所以只能显示而"不能说这些特性是什么，乃因为要说出它们，你就需要一种并不具有这种特性的语言，而那就不会是一种真正的语言了。要构造一种非逻辑的语言是不可能的"。[2] 这些观点后来在《逻辑哲学论》中得到进一步的发挥，而且遭到罗素和维也纳学派的批评。这里我只想指出，维特根斯坦虽然认为逻辑形式只能显示而不可说，但并不认为它们是某种超越的彼岸的东西，相反，它们就在语言和世界之中，就是语言和世界本身具有的逻辑特性。所以维特根斯坦在任何时候任何地方都没有说过逻辑形式是神秘的东西。这一点我在下面还将论及。

如果说维特根斯坦在1913年和1914年的笔记中还没有提出关于神秘的东西的形而上学概念，那么他所说的以逻辑为"基础"的形而上学又是什么呢？我以为，就是罗素名之为逻辑原子论那样的东西。罗素曾不止一次地提到他的逻辑原子论的一些重要观念是从维特根斯坦吸取来的。他在《我们关于外间世界的知识》的前言（1914年7月）中说："在纯逻辑方面我曾受惠于我的朋友维特根斯坦先生的尚未发表的一些极端重要的发现。"[3] 此处所谓尚未发表的发现无疑主要是指维特根斯坦送给他的那份《逻辑笔记》。1914年8月以后罗素和维特根斯坦失掉了联系，1918年他为《逻辑原

---

① *Notebooks*，附录Ⅱ，p. 108.

② *Notebooks*，附录Ⅱ，p. 107.

③ Bertrand Russell, *Our Knowledge of the External World as a Field for Scientific Method in Philosophy*, Chicago: Open Court, 1915, Ⅳ-Ⅶ.

子论哲学》写的简短前言中再次说明他的逻辑原子论的“某些观念”是“从我的朋友和以前的学生维特根斯坦学来的”,但是“从1914年8月以来我已没有机会得知他的观点了”。[①] 也就是说,直至此时罗素所了解的仍然只是维特根斯坦在《逻辑笔记》中的那些思想。当然,罗素和维特根斯坦在思想上是相互影响的。如罗素所说,他的逻辑原子论是他“在思考数理哲学的过程中”提出来的。[②] 维特根斯坦的《逻辑笔记》也是研究罗素数理哲学的结果,但又提出一些新的概念被罗素吸收了。罗素的逻辑原子论和维特根斯坦的观点也不是毫无区别,但是,我们从罗素的逻辑原子论毕竟可以对维特根斯坦这一时期的观点得到某种印证。

罗素说,他的逻辑原子论既是“某种逻辑的学说”,又是“以这种逻辑为基础”的“某种形而上学”。这种逻辑是“原子论的”,其本质在于分析,在于把一切都分析到无可再分的究极处。这种逻辑或逻辑分析方法是罗素从数学基础问题的研究得来而导入哲学的。罗素关于数学的逻辑主义理论主张,一切的数都可用自然数来定义,而自然数又可用逻辑的类的概念来定义,可以归结为类的类,这就是把数学分析推到了究极处,于是一切数学的概念都还原为逻辑的概念,一切数学的命题都还原为逻辑的命题。罗素认为,关于数学基础的这种分析方法,这种分析所依据的逻辑,其意义并不限于数学,而是适用于知识的一切领域,因而可以概括为、提升为一种哲学的方法,甚至可以说是哲学的本质。罗素运用这种逻辑分析方法去分析语言、分析知识、分析世界,就是他的全部逻辑原子论哲学。关于语言,罗素把复杂命题(分子命题)分析为原子命题的真值函项,又把原子命题分析为一些不可分析的词项(专名、谓词、关系词等)的结合;对语言、命题的分析同时又是对命题所表达的知识的分析、认识论的分析。罗素认为,关于外间世界的全部知识大厦都可以分析为由原子命题所表达的直接经验知识的结构;语言的和认识论的分析又直接导出了关于世界、关于存在的本体论的分析,原子命题及其表达的直接经验知识对应于一种不可再分的事实即原子事

---

① Bertrand Russell, *Logic and Knowledge*, ed. by Robert C. Marsh, London: Allen and Unwin, 1971, pp. 177-178.

② *Notebooks*, 附录 I, p. 100.

实,由分子命题表达的事实都可以还原为原子事实,而原子命题中的词项、直接经验知识中的基本成分即感觉则代表了世界构成的究极成分:殊相、性质、关系,罗素称之为"逻辑原子"。对世界的这种分析回答了"何物存在"的本体论问题,这就是以原子论的逻辑为基础的形而上学,"形而上学的任务是描述世界"①,在罗素看来,逻辑原子论就提供了这种描述。

维特根斯坦在1913年和1914年的笔记中运用的也是这种原子论的逻辑。他运用这种逻辑首先和主要是分析了语言,即把一切复杂命题或分子命题都还原为原子命题,都看做是原子命题的真值函项。他说:"引入原子命题对于理解所有其他种类的命题具有根本的重要性","分子命题并不包含超出其原子(指原子命题)所包含的东西之外的任何东西"。② "对于分子函项具有本质重要性的一切就是它们的真值(真假)表"③(真值表表明分子命题的真假取决于原子命题的真假)。原子命题或"不可分析的命题"是"只包含一些基本符号即不可定义的符号的命题",④它们是由两种不可定义的究极的成分构成的,这两种不可定义的东西就是"名字和形式"。"命题不可能仅由名字组成,不可能是一些名字的集合"⑤(就是说命题必须是名字以一定的形式结合而成的)。与命题的分析相应的是对世界的分析。维特根斯坦说:"我们可以把实在和命题比较。"⑥命题是"指称事实的符号"⑦。"在实在中与复合命题相应的东西"(指事实)都可以分析为与它所包含的那些原子命题"相应的东西"(罗素称为"原子事实",《逻辑哲学论》中称为"事态[Sachverhalt]"),都"不过就是与它的一些原子命题相应的东西而已"。⑧ 构成命题的究极成分、命题的"简单的东西"即名字是"有所指的",它们是实在中"简单的东西的名字"。("简单的东西"在《逻辑哲

---

① *Notebooks*, 附录Ⅰ, p. 98.

② *Notebooks*, 附录Ⅰ, p. 100.

③ *Notebooks*, 附录Ⅰ, p. 98.

④ *Notebooks*, 附录Ⅰ, p. 111.

⑤ *Notebooks*, 附录Ⅰ, p. 98.

⑥ *Notebooks*, 附录Ⅰ, p. 100.

⑦ *Notebooks*, 附录Ⅰ, p. 104.

⑧ Bertrand Russell, *Our Knowledge of the External World as a Field for Scientific Method in Philosophy*, Chicago: Open Court, 1915, p. 273-274.

学论》中称为"对象",被认为是世界的究极的"实体"。在《逻辑笔记》中有的地方也曾用过"对象"的概念,说过"对象的名字"、名字"指谓"对象,等等,[①]但维特根斯坦此时还没有明确地把"对象"作为一个表示世界的究极实体的专门术语固定下来。)

不难看出,维特根斯坦对语言和世界的这种逻辑分析,同罗素的逻辑原子论基本上是一个路数,而他对世界的本体论的分析,正如罗素一样,也就是他要以逻辑为基础来建立的形而上学。我们也可以把维特根斯坦这一时期的形而上学和整个哲学称为逻辑原子论(虽然他自己从未用过这个名称),不过这是一个没有充分展开和详细发挥的逻辑原子论。不仅如此,我们还应指出,维特根斯坦的逻辑原子论和罗素的逻辑原子论也有其不同之处。首先,在维特根斯坦那里,缺乏对知识的认识论的分析,他没有像罗素那样,把原子命题与直接经验知识联系起来,把原子命题明白规定为感官知觉的命题。其次,他所谓简单的东西是一个极端抽象的概念,而不像罗素的"逻辑原子"(殊相等等)那样被说成是感觉材料。

尽管有这些差异,但二者都把自己的形而上学仅仅作为关于事实世界的本体论学说,都没有也不打算以任何方式去寻求一种关于在事实世界之外的超越的存在的形而上学,则是一致的。罗素在早期新实在论阶段曾有某种康德主义倾向,承认物质本性不可知,但仍肯定其存在,到了逻辑原子论阶段,则把外间世界归结为感觉材料的构造,对经验之外的东西持既不肯定又不否定的怀疑论的态度,他说:"我拒绝肯定没有根据肯定其存在的任何东西的存在,但是我同样拒绝否定没有根据否定其存在的东西的存在。因此我既不肯定也不否定它,而只是说它不属于可知的领域。"[②]显然这是转向休谟式的不可知论。维特根斯坦这一时期的思想应当说也是属于休谟主义路线的。像罗素一样,他对于事实世界之外的存在问题既不肯定也不否定,不过他没有像罗素那样从认识论的角度宣称那是不可知的,而是从语言分析的角度认为,对于事实世界之外的存在无论加以肯定还是否定的命

① *Notebooks*, 附录 I , p. 94.

② *Notebooks*, 附录 I , p. 97.

题都是“无意义的”。维特根斯坦说:“一个命题的所指就是实际与之相应的事实”[1],命题的“意义”则是“由真和假这两极所决定的”[2],一个命题只有对事实有所肯定和否定因而有真假可言,才是有意义的。如果一个命题“所包含的语词是无所指的”,因而不表达任何事实,它就是“无意义的”。[3]这个观点维特根斯坦后来在《逻辑哲学论》中进一步发挥了,就是所谓证实原则的张本。但是必须注意的是在《逻辑哲学论》中维特根斯坦虽然宣称一切关于事实世界之外的存在的命题都是无意义的,却绝不否认有一个在事实之外的不可说的神秘的东西的领域,而这是 1913 年和 1914 年的笔记中所没有的。也就是说,从 1913 年和 1914 年笔记到《逻辑哲学论》,维特根斯坦的思想、他的形而上学观念有过一个重要的变化。那么,这个变化是什么,又是怎样发生呢?

三、转向关于神秘的东西的形而上学

维特根斯坦思想的这个变化,就实质而言,就是从关于事实的形而上学转而为关于神秘的东西的形而上学,或者说,从经验的形而上学转而为超验的形而上学。如果说前者是某种意义上的休谟主义倾向,那么,后者则可以说是某种意义的康德主义倾向。

这个变化在为《逻辑哲学论》做准备的《1914—1916 笔记》中可以找到明显的轨迹。至于影响或促成这种变化的各种因素(包括其思想来源),本文不去讨论。

从《1914—1916 笔记》中,我们看到,维特根斯坦曾反复思考这样一个问题,即事实、事实的世界或经验的世界(“全部经验就是世界”[4])是不是哲学探究的极限?事实之外、世界之外还有没有更高更深刻的东西?

他在 1915 年 5 月 27 日的笔记中写道:

---

① *Notebooks*, 附录Ⅱ, p. 117.

② *Notebooks*, p. 89.

③ *Notebooks*, pp. 51-52.

④ 同上。

> 但是难道不会有某种不可能用命题来表达(而且它也不是一个对象)的东西吗?如果有这种东西,那么这是不可能用语言来表达的;我们也不可能对它提出问题。
>
> 如果在事实之外有某种东西,又怎样呢?这种东西是我们的命题所不能表达的吗?
>
> 没有在事实之外的任何领域吗?①

维特根斯坦对这个问题的深思得到的是肯定的回答。他在同一天的笔记中说:"的确有一些东西,我们并不感到有任何要求以命题去表达它们。"②这些东西就是不可言说而可显示的神秘的东西。在《逻辑哲学论》中维特根斯坦以更明确的语言断定说:"的确有不可言说的东西。这些东西显示自己,它们是神秘的东西。"③

维特根斯坦何以会觉得有一个在事实世界之外的神秘的东西的领域呢?对于他来说,这并不是一个理论的问题,而是一种内心的追求或倾向。他说:"追求神秘的东西的内在动力来自我们的愿望没有被科学所满足。我们觉得,即使一切可能的科学的问题都得到了回答,我们的问题仍然毫未触及。"④这个所谓"我们的问题"究竟是什么问题呢?维特根斯坦在《逻辑哲学论》中明白告诉我们,这就是关于人生的问题:"我们觉得,即使一切可能的科学的问题都得到了回答,人生的问题仍然毫未触及。"⑤因为人生的问题,人生的意义和价值的问题,亦即伦理学的问题,本来不是科学的问题。科学处理的是事实问题,科学就是对事实或事实世界的描述,全部科学就是关于事实的真命题的总和:"真命题的总和就是全部自然科学(或各门自然科学的总和)"⑥,而且只有事实才可以命题来表达,才可言说,"可说的东西即自然科学的命题"。事实、事实的世界本身无价值可言,"在世界中一切

---

① *Tractatus* 6.522.
② *Notebooks*, p.51.
③ *Tractatus* 6.52.
④ *Tractatus* 4.11.
⑤ *Tractatus* 6.53.
⑥ *Tractatus* 6.41.

都各如其是,一切都按其发生那样发生:在世界中是不存在价值的"①。"世界本身既不是善的,也不是恶的","一块石头、一只野兽的躯体、一个人的身体、我的身体都处同一等级。因此发生的事情无论来自一块石头还是来自我的身体,都既不是善的,也不是恶的"。关于事实的科学命题完全不涉及价值问题,或者也可以说是具有同等价值的:"一切命题都是同等价值的。"②维特根斯坦认为,人生的问题、人生的意义和价值的问题、伦理学的问题所涉及的是更高的东西,"世界是怎样的,对于更高的东西完全不相干的"③。因为更高的东西是在世界之外的,"如果存在一种具有价值的价值,它必然处于一切发生的事情和如此存在的东西之外"④。因此,"伦理学是不讨论世界的","伦理学是超验的"。⑤

这里要说明一下,维特根斯坦在《1914—1916 笔记》中讲伦理学是"超验的",是用的 transcendent 一词,在另一段话里讲幸福和谐的人生的标志"不可能是物理的标志,而只能是形而上学的标志,超验的标志"⑥,也是用的 transcendent,但在《逻辑哲学论》6.421 中却用了 transcendental,说"伦理学是 transcendental",而《1914—1916 笔记》的英译者则把原文为 trnscendent 的地方均译作 transcendental。transcendent 和 transcendental 是康德哲学的术语,前者通译为"超验的",意指超越一切可能经验的界限,处于经验彼岸的东西,即物自体;后者通译为"先验的",意指与经验和知识得以成立的先天条件有关的东西;先验的东西是非经验的,但并不超越经验,而恰恰只能适用于经验。维特根斯坦在《1914—1916 笔记》和《逻辑哲学论》中都认为伦理学所涉及的是在世界之外的领域的东西,因此应当说是 transcendent(超验的),至于他在《逻辑哲学论》中又用了 transcendental(先验的)一词,这或许是作者未注意这两个词的严格区别而误用,但如果认为维特根斯坦确以伦理学为先验的,那就错了。在维特根斯坦看来,伦理学唯其是超验

① *Notebooks*, pp. 79-84.

② *Tractatus* 6.4, 6.432, 6.41.

③ *Notebooks*, p. 77.

④ *Notebooks*, p. 79. 并见 *Tractatus* 6.421。

⑤ *Notebooks*, pp. 77e, 78e, 78.

⑥ *Tractatus* 6.52.

的,所以才不能像科学所处理的事实那样提出问题和解决问题,而毋宁说这里实际上"不复有任何问题存留,而这正是回答","对人生问题的解决在于这个问题的消失"。[①] 人生问题、伦理学问题是不能问也不能答的;也就是不能说的:"显然,伦理学是不能言宣的","不可能有伦理学的命题。命题不可能对更高的东西有任何表达",[②]"在某种意义上说,这一切实际上是极其神秘的!"[③]

由上可见,维特根斯坦关于神秘的东西的形而上学本质上是一种伦理的或道德的神秘主义和唯心主义,他把所谓人生、人生的意义和价值同现实的世界、现实的人的生活割裂开来(用他的话说:"生理学的生活当然不是'人生'。心理学的生活也不是"[④]),神秘化为一种不可言宣的超验的彼岸的存在。这是维特根斯坦从《1914—1916 笔记》到《逻辑哲学论》所形成的全部形而上学的核心,他在那里所讲的一切神秘的东西都是从这个关于人生的意义和价值、关于伦理的神秘观念派生出来的。由此我们也就可以理解,为什么维特根斯坦在 1919 年给费克尔的信中那样直截了当地申明:《逻辑哲学论》"本书的主旨是伦理的"[⑤]。

下面我们就对维特根斯坦所谓神秘的东西的领域再做一粗略的巡视。

(一)关于上帝

维特根斯坦的上帝显然是一个伦理意义的上帝,而不是基督教的那种具有人格的上帝。在《1914—1916 笔记》中他把上帝信仰同人生的目的和意义问题直接联系起来,反反复复地说:"我对上帝和人生的目的知道什么呢? 我知道这个世界存在着。我知道我处于其中犹如我的眼睛处于它的视野之中。我知道关于世界有某种东西是难以理解的,这就是我们称为世界的意义的东西。我知道这个意义不在世界之内,而在世界之外。……我们

---

① *Tractatus* 6.42,6.421.

② *Notebooks*, pp.77,78.

③ Paul Engelmann, *Letters from Ludwig Wittgenstein, With a Memoir*, ed. by B. F. McGuinness, tr. By L. Furtmüller, Oxford: Blackwell, 1967, p.144.

④ *Notebooks*, p.73.

⑤ *Notebooks*, p.74.

可以把人生的意义,即世界的意义叫做上帝。把上帝比作父亲,就是与这一点相联系的。祈祷就是思考人生的意义。”[①]又说:“信仰上帝亦即理解人生的意义问题。信仰上帝亦即看到世界的事实还不是终极。信仰上帝亦即看到人生有一种意义。”[②]维特根斯坦还把上帝信仰同人对一种异己的力量或命运的依赖感联系起来,他说:“世界是被给予我的,就是说,我的意志完全是从外面进入世界的……正因此故,我们觉得,我们是依赖于一个异己的意志的。无论如何,我们在某种意义上总是有依赖的,而我们所依赖者,可称之为上帝。在这个意义上,上帝就不过是命运,或者说是独立于我们意志的世界,这是一回事。”[③]维特根斯坦在这里主要是强调上帝之于人乃一种外在的异己的力量,但是他既然又说上帝就是独立于人的意志的世界,甚至还说过:“万物的状态就是上帝。上帝就是万物的状态”,这是不是又有一点泛神论的意味呢?维特根斯坦自己给我们解决了这个疑问。他在《逻辑哲学论》的一份草稿中原曾写下“万物的状态就是上帝。上帝就是万物的状态”这两句话,但在旁边画了一道,大约表示疑而未定。[④] 在《逻辑哲学论》中此语则未再出现,而且维特根斯坦似乎有针对性地更加强调地指出,上帝是比世界更高的东西,与世界的状态无关:“世界是怎样的,对于更高的东西是完全不相干的。上帝不在世界中显现自己。”[⑤]显然这不是一个泛神论的上帝,而是一个超验的上帝。

(二)关于自我、意志、善恶

维特根斯坦不承认有笛卡尔的“我思”和一般心理学所谓灵魂那样的认识的主体或自我,他说:“进行思维的、进行表象的主体是没有的”[⑥],“思

---

① *Notebooks*, p. 74.

② *Notebooks*, p. 79.

③ Ludwig Wittgenstein, *Proto-Tractatus*, ed. by T. Neyberg McGuinness & G. H. von Wright, Cornell, 1971, 6.4412.

④ *Proto-Tractatus* 5.631.

⑤ *Notebooks*, p. 80.

⑥ *Tractatus* 5.5422.

维的主体归根结底不是一个迷信吗?"[①]"像今日肤浅的心理学所想象的灵魂、主体等等乃是荒诞的妄想"。在经验世界中,人的一切思维活动、心理活动都不包含任何主体或自我,维特根斯坦很欣赏里希顿伯格的一个说法:"我们应当说'思维着',而不说'我思维'。"[②]但是,维特根斯坦承认有一个在世界之外的超验的主体或自我,那是一个"意志的主体"、"形而上学的主体"、"哲学的主体"或"哲学的自我"。他说:"进行表象的主体虽然是纯粹的幻想,但是意志的主体却是存在的",否则,伦理学就没有负荷者,善恶价值就无所依归,"如果意志不存在,也就不会有我们称之为自我而为伦理学之负荷者的那个世界的中心。善与恶本质上只是自我,而不是世界"。[③]"只有通过主体才发生善恶","我们可以说(照叔本华的看法):表象的世界既不是善的也不是恶的,意志的主体才是善的或恶的","善恶是主体的宾词,不是世界中的属性"。这个意志的主体不在经验现象的世界之内,"主体不属于世界,而是世界的界限"。[④] "在世界中何处去寻找一个形而上学的主体呢?"[⑤]这个主体或"哲学的自我""不是心理学所研究的人、人的身体、人的灵魂",它"不是世界的一个部分"。[⑥] "自我不是一个对象。我客观地面对一切对象,但不能客观地面对自我。"[⑦]因此,维特根斯坦说这个自我是一个神秘而不可说的东西:"自我,自我乃是极其神秘的东西!""作为伦理的东西的负荷者,意志是不可说的。而作为现象的意志则仅与心理学有关。"[⑧]但是,维特根斯坦又认为,"实际上有一种方式在哲学上可能而且必然以一种非心理学的意义谈到自我",这就是"自我通过世界之为我的世界而出现于哲学"。所谓世界是我的世界,或者换一个说法:"世界和人生

---

① G. E. More, "Wittgenstein's Lectures in 1930 – 33", in G. E. More, *Philosophical Papers*, New York, 1950, p. 303.

② *Notebooks*, pp. 79-80.

③ *Tractatus* 6. 423.

④ *Tractatus* 5. 633,5. 641.

⑤ *Notebooks*, p. 80.

⑥ *Tractatus* 6. 423.

⑦ *Notebooks*, p. 80,并见 *Tractatus* 5. 641.

⑧ *Notebooks*, p. 77,79.

是一个东西"，"人生即是世界"，[1]就是说这个超验的主体、自我或人生"不是世界的部分，而是世界存在的一个前提"[2]。在维特根斯坦看来，就这个意义而言，"唯我论的意思是完全正确的，只是它不能说，而只能显示自己"[3]。因为这个自我是超验的，不可说的。所以不能像贝克莱和马赫那样宣称存在就是被感知，事物就是我的感觉的复合。那是一种经验的唯我论，它所说的那个我是经验的我，是与经验的事物合而为一的，而维特根斯坦所说的我则只是作为经验世界的界限和前提，其本身并不出现在经验中，可以说"唯我论的自我缩小成一个没有广延的点，而与之同格的实在则依然存在"，维特根斯坦以为，这样"严格贯彻的唯我论就与纯粹实在论相一致了"。这里我们不免想起了阿芬那留斯的原则同格说。所谓同格就是自我和环境的不可分割的联系，而自我则是这个同格关系中的"中心项"，没有自我，就没有非我，没有世界。但是，阿芬那留斯说，所谓自我不必就是现实有感觉的人，而可以是一个"潜在的"中心项，因此即使在还没有人的时候，世界和自我的同格关系也是存在的，不过它是和一个"潜在的"自我同格而已。维特根斯坦所说的与实在"同格"但"缩小成没有广延的点"的那个自我，和阿芬那留斯的"潜在中心项"自然不尽相同，后者虽为潜在的，却是经验的——潜在的经验，前者则是超验的。德国哲学家冯特曾批评阿芬那留斯使用"潜在"这个字眼就把"经验概念""弄得神秘莫测"了，维特根斯坦使用"没有广延的点"这个字眼而且宣称自我是超验的，其为神秘则更有甚焉。不过，维特根斯坦决不会以此为诟病，因为他本来就认为自我是神秘的东西！

（三）关于世界的存在和对世界之为一个有限制的整体的感觉

维特根斯坦认为，世界是事实的世界，"世界是一切发生的事情"，是"事实的总和(Gesamtheit)"，[4]是"经验的实在"，[5]世界中的一切事实、"一

---

① *Tractatus* 5.62,5.64.

② 参阅中央编译局:《列宁全集》第14卷，人民出版社，第68页。

③ *Tractatus* 1.1.

④ *Tractatus* 5.5561.

⑤ *Tractatus* 6.41.

切发生的事情和如此存在的东西都是偶然的”，[①]可以发生也可以不发生，可以如此也可以如彼，但是，维特根斯坦认为，就整个世界来说，“我不可能想象它不存在”，[②]也就是说，它的存在不是偶然的。所以世界的存在和世界中的事实如何即世界是怎样的，是两回事。偶然的东西不足以说明非偶然的东西，世界中事实如何不足以说明世界的存在，世界并不包含其自身存在（及其意义和价值）的根据，而必然是以世界之外的东西为前提的，“使其成为非偶然者不可能在世界之内，否则这个东西也成为偶然的了。它必然处于世界之外”[③]。这就是那神秘的东西。世界的存在既系于世界之外的神秘的东西，因此它也是神秘的：“世界是怎样的并不神秘，神秘的乃是它的存在。”[④]在维特根斯坦看来，世界存在的这种神秘性是同我们对世界之为一个有限制的整体的感觉联系着的。他在《逻辑哲学论》中说：“从永恒的观点看世界，就是把它看做一个有限制的整体（Ganze）。对世界之为有限制的整体的感觉是神秘的。”[⑤]所谓永恒的观点，维特根斯坦在《1914—1916 笔记》中也曾谈到。他说：“通常的考察方法可以说是从事物之中来看事物，永恒的观点则是从外部看事物。因而事物是以整个世界作为背景来看的。”[⑥]这两个说法既一致而又有区别。“以整个世界为背景”就是把世界作为一个整体来看，这是一致的。“从外部看”即表示世界之外还有他物，自然是把世界看做有限制的。但是维特根斯坦在《逻辑哲学论》中却并不主张从外部给世界划界限。那么，为什么世界作为一个整体就要被看做有限制的呢？首先，我们必须弄清楚维特根斯坦所谓世界作为整体的含义是什么。他说：“从永恒观点来看的事物就是同全部逻辑空间一起来看的事

---

① M. Black, *A Companion to Wittgenstein's 'Tractatus'*, Cambridge, 1964, p.375.

② *Tractatus* 6.41.

③ *Tractatus* 6.44.

④ *Tractatus* 6.45, 另参见 *Notebooks*, p.83.

⑤ *Tractatus* 1.13.

⑥ Wittgenstein, Ludwig, *Tractatus Logico-Philosophicus*. With an introduction by Bertrand Russell, London: Kegan Paul, 2nd, 1933。参见罗素为其写的序，XX-XXI。

物。"①所谓逻辑空间是一个形象的说法,即指逻辑的可能性。每一个事实都占据一个逻辑空间,都是一个逻辑可能性的实现。维特根斯坦说:"逻辑空间中的事实就是世界"②,世界就是那些实现了的逻辑可能性即事实的总和。这个总和并没有占据一切逻辑空间,没有穷尽一切逻辑可能性。逻辑空间是无限的,世界中的事实就可能性来说也是无限的。因此只有把已被占据的逻辑空间(已然的事实)和可被占据的逻辑空间(可能的事实)即全部逻辑空间联系在一起才能把世界作为一个整体(Ganze)来把握。这个整体包含而又超出世界中一切事实的总和(Gesamtheit),从这个意义上说,它是没有限制的,因为世界中的事实可以不断增加,而永远不能穷尽一切逻辑可能性;但是,无论如何,它总还是一个事实的世界,就此而言,它又是有限制的,因为即使把全部逻辑空间(已然的事实和可能的事实)都联系在一起,人们也还是觉得有一个在其之外而为其前提的他物,即在世界之外的神秘的东西的领域。对世界之为有限制的整体的感觉,就是对世界之外确有神秘的东西的感觉,因而也是神秘的。

上面这些我以为就是维特根斯坦以人生的意义和价值为核心的神秘的领域的主要内容。这就是维特根斯坦的以伦理为主旨的关于神秘的东西的形而上学。

这个说法许多人未必同意。例如,罗素就不会赞成这个说法。他认为,维特根斯坦对神秘的东西的态度是"从他的纯逻辑学说自然生长出来的",所谓神秘的东西首先当指他所说的为命题和事实所共具而不可表达的结构即逻辑形式,当然伦理学也包括在神秘的不可表达的领域之内。③ 又如,逻辑实证主义者马斯罗讲维特根斯坦的神秘主义也首先举逻辑形式,说"[逻辑]形式是神秘的"④。

---

① A. Maslow, *A Study in Wittgenstein's Tractatus*, Berkeley: Uni. of California Press, 1961, p. 157.

② *Tractatus* 4.12,4.121.

③ Wittgenstein, Ludwig, *Tractatus Logico-Philosophicus.* With an introduction by Bertrand Russell, London: Kegan Paul, 2nd, 1933。参见罗素为其写的序,XX-XXII。

④ Rudolf Carnap, *The Logical Syntax of Language*, tr. by A. Smeaton. New Jersey, 1959, pp. 282-283.

那么,在维特根斯坦看来,逻辑形式到底是不是神秘的东西呢?应当承认,在维特根斯坦那里,逻辑形式与神秘的东西确有共同之处:它们都是不能以语言来表达的。前面说过,他在 1914 年给穆尔的笔记中就已提出命题的逻辑特性"可显示而不可说",在《逻辑哲学论》中更着力发挥了这个观点,他说:"命题能够表现整个实在,但是它们不可能表现为了表现实在而必须与实在共同具有的东西——逻辑形式","命题不可能表现逻辑形式。逻辑形式反映在命题中。反映在语言中的东西不是语言所能表现的。我们不可能用语言来表达在语言中表达自己的东西"。[①] 维特根斯坦的这个观点是不正确的。人的思维和语言都必然遵循一定的逻辑形式或逻辑规律,正如人的思维可以对思维自身的形式和规律加以思维一样,人的语言也可以把语言自身的形式和规律加以表达。罗素根据类型理论提出,可以通过语言层次的区分解决逻辑形式的表达问题,即"可以有另一层次的语言研究第一层次语言的结构"[②];卡尔那普认为,他的逻辑句法的理论表明,逻辑形式或句法是"可以正确表达的","正如可以构造关于几何结构的几何形式的语句一样,也可以构造关于语言表达的语句因而也是关于语句的语句"。[③] 现代关于元语言的理论发展了罗素和卡尔那普的理论,可以说是对维特根斯坦关于逻辑形式不可说的观点的否定,此处无须多说。我们要辨明的只是逻辑形式是否也属于神秘的东西的领域。诚然,维特根斯坦认为逻辑形式也是不可说的,但是其所以不可说,并不是因为它们像人生的意义和价值、上帝、意志的主体那样处于世界之外、语言之外,而恰恰是因为它们就是世界和语言自身的结构,它们就包含在世界中,反映在语言中,"为了能够表现逻辑形式",我们倒是"必须能够把我们自己连同命题置于逻辑之外,亦即置于世界之外"。[④] 这当然是不可能的,但这也说明逻辑形式并非超验的东西,因此不能归之于神秘的东西之列。诚然,维特根斯坦还说过:

---

① *Tractatus* 4.12,4.121.

② *Notebooks*, p. 77.

③ *Tractatus* 6.13.

④ *Tractatus* 6.124.

"伦理学正如逻辑一样,必然是世界的一个条件。"[①]但是,同为条件,二者却有根本的区别。维特根斯坦明白告诉我们,伦理学是超验的,"逻辑是先验的"[②]。伦理学之为世界的条件,是在世界之外作为世界的界限和前提。逻辑之为世界的条件,则是在世界之内作为世界的结构或框架,"逻辑命题描述世界的框架"[③]。逻辑不是经验的,而是"先于一切经验的"[④],但是它就在世界之内,"逻辑弥漫于世界;世界的界限也是逻辑的界限"[⑤]。因此,逻辑是先验的,而非超验的,从而也不是如伦理的东西那样神秘的东西。

有的研究者,如马斯罗认为,维特根斯坦所谓神秘的东西还包括"感觉经验的直接当下的内容",如"直接经验的性质、颜色、悲伤、绵延,等等",这些是"此刻我独有的经验",是"不可重复的",不可传达的。[⑥] 奇怪的是,马斯罗引了柏拉图的话("我看不出我们如何能互相传达自己的印象"),却没有举出维特根斯坦的任何一句话来印证这个说法。事实上,维特根斯坦在《逻辑哲学论》中绝少提及感觉和感觉性质,个别地方谈到视觉、颜色、音调、触觉、硬度(2.0131),但并没有讨论直接的感觉内容能否被语言表达的问题,更没有说过直接的感觉内容是神秘的。而且,即使维特根斯坦认为直接的感觉内容是不可表达的,也不等于说他一定也认为它们是神秘的。过去和现代都有一些哲学家讲过,直接当下的感觉内容是不可言传的,但并未宣称它们是神秘的。例如,黑格尔说:"当我们说出感性的东西时,我们也是把它当做一个普遍的东西来说的",一切语言都是共相,是一般,所以"要我们把我们所意谓的一个感性的存在用语言说出来是完全不可能的"。[⑦]
"而凡不可言说的,如情绪、感觉之类,并不是最优良最真实之物,而是最无

---

① *Tractatus* 5.552.

② *Tractatus* 5.61.

③ A. Maslow, *A Study in Wittgenstein's Tractatus*, Berkeley: Uni. of California Press, 1961, pp. 158-159

④ 黑格尔:《精神现象学》,上卷,贺麟、王玖兴译,商务印书馆,1981 年,第 66 页。

⑤ 黑格尔:《小逻辑》,贺麟译,商务印书馆,1981 年,第 20 节。

⑥ Alfred J. Ayer (ed.), *Logical Positivism*, Glencoe, IL: Free Press, 1959, p. 227.

⑦ Friedrich Waismann, *Wittgenstein and the Vienna Circle. Conversations Recorded*, tr. by J. Schulte & B. McGuinness, Oxford: Blackwell, 1979, p. 68.

意义、最不真实之物。"[①]黑格尔由感觉之不可言说得出了感觉非真实之物的结论,并不承认其为神秘的东西。又如,石里克认为,此时此地我的感觉的内容是不可传达的,但是这种直接当下的感觉(他称为"觉证[konstalierung]")却是知识的基础,"一切知识的光亮都从它们而来",[②]因而不能说是神秘的东西。

总之,神秘的东西和不可说的东西是不能画等号的。对于维特根斯坦来说,神秘的东西固然是不可说的,但更重要的在于它们是具有伦理意义的超验的东西,忽视了这一点,就难以理解《逻辑哲学论》中的形而上学的真谛。

四、逻辑分析作为形而上学的阶梯

维特根斯坦认为,对于世界之外的不可说的神秘的东西的追求是人固有的一种倾向,人总是感到有一种冲动"要冲出语言的界限",去说不可说的东西。然而正因为那本来是不可说的东西,所以"我们无论说的什么都先天必然地只是胡说(无意义的话)"[③]。各种形而上学的命题、理论、学说就是如此,"关于哲学所写的大部分的命题和问题都不是错了,而是无意义的"[④]。

神秘的东西是不能用语言、用命题的形式来表达的,我们不可能建立一个关于神秘的东西的正面的积极的形而上学,像罗素和维特根斯坦早年在逻辑的基础上直接建立一个关于事实的形而上学那样。但是,神秘的东西虽不可说,却可"显示",或者说"显示其自己"。问题在于如何显示,通过什

---

① *Tractatus* 4.3.

② 维特根斯坦认为逻辑表达式也是可显示而不可说的。我以为,正如逻辑形式之不可说不同于神秘的东西之不可说一样,逻辑形式的显示也不同于神秘的东西的显示。但限于篇幅,对这个问题我们置而不论。

③ A. Maslow, *A Study in Wittgenstein's Tractatus*, Berkeley: Uni. of California Press, 1961, p. 156.

④ *Tractatus* 4.115.

么方式来显示。[1] 这就需要有一个在维特根斯坦看来是正确的方法和途径。这也就是他在《逻辑哲学论》中所要做的工作。

有人以为,维特根斯坦所谓显示,就是一种直觉或直观,"直觉所把握者就是维特根斯坦所谓神秘的东西的一种情形"[2]。诚然,维特根斯坦曾经讲过"神秘的感觉",如前面谈到的"对世界之为有限制的整体的感觉"是神秘的,我们可以说这种感觉也就是对世界之外有一神秘的东西的领域的感觉。但是,如果我们把维特根斯坦所谓显示仅仅归结为这样一种神秘的感觉,仿佛维特根斯坦也像欧洲哲学史上的许多神秘主义者那样,认为可以仅凭一种直觉而无须任何中介、任何间接的过程,即可把握超验的神秘的东西,那就不对了。

维特根斯坦所谓显示,不是单纯的直觉或顿悟,他强调:"哲学要通过清楚地表现可说的东西来指出不可说的东西。"[3]可说的东西,维特根斯坦认为就是自然科学,就是自然科学关于事实的命题及其表达的事实的世界。所谓清楚地表现可说的东西,就是对科学的命题及其表达的事实亦即对事实和世界做逻辑的分析或逻辑的阐明。如前所说,维特根斯坦认为,人们觉得自然科学没有回答人生的意义和价值问题,因而要去追求事实世界之外的神秘的东西。但是自然科学本身不足以向人们显示那神秘的东西,而必须通过对科学命题、对语言、对世界的逻辑分析,划出可说的东西和不可说的东西的界限,才能指出或显示不可说的东西。这就是维特根斯坦提出的把握(如果可以这样说的话)不可说的神秘的东西的方法和途径。

(一) 为语言划界限——语言批判

维特根斯坦说,《逻辑哲学论》一书是"要给思想划一个界限,或者更正确地说,不是给思想而是给思想的表达式划一个界限:因为要给思想划界限,我们就必须对这个界限的两边都能够思想(因此我们必须能够思想不

---

① *Tractatus*, p. 3.

② 艾耶尔:《语言、真理与逻辑》,尹大贻译,上海译文出版社,1981 年,第 33 页。

③ *Tractatus* 4.0031.

可思想的东西)。因此只能在语言中划这个界限,而在这个界限那边者将纯粹是胡说(Unsinn,无意义的话)"[①]。

人们常常把维特根斯坦为语言划界限的这个观点同康德为理性划界限的观点加以对比,而以为康德为理性划界限就是如维特根斯坦这里所说的为思想划界限,因而会陷入必须承认能够思想不可思想的东西的矛盾。其实,这也是一个误解。康德并没有说过要为思想划界限,也不认为现象和物自体是可思与不可思的区别,因为他认为物自体是可思的,是思维的对象,但不是可知的,不是认识的对象。[②] 他为理性划的界限是可知与不可知的界限,而不是可思与不可思的界限。相反地,维特根斯坦是要给思想划界限的,他说:"哲学必须为可思的东西划界限,从而为不可思的东西划界限"[③],不过,他认为必须通过为思想的表达式即语言划界限来为思想划界限,亦即只是从语言分析的角度而不是从认识论的角度去考察思想及其限度。这样就可避免思想不可思想的东西的矛盾。说不可说的东西只是胡说,无意义的话,但胡说毕竟是可能的,因而才有种种形而上学的命题;而思不可思的东西却不是胡思,而是根本不可能的,因为即使胡思(乱想)也还是对于可思的东西的一种思,也还是一种有意义的思,只是不着边际、漫无条理而已。

康德为理性划界限,是对人的理性能力或认识能力及其限度的考察,叫做理性批判;维特根斯坦为语言划界限,是对人的语言能力及其限度的考察,他称为"语言批判"。他的"全部哲学就是'语言批判'"[④]。"语言批判"的思想和提法在19世纪中叶即已出现,如R.海姆为一部百科全书写的"哲学"这一词条中说:"由于思辨是在语言的基础上发展起来的。它首先就要阐明语言并且归溯到语言",在他看来语法的研究之于新哲学,正如逻辑之与哲学的关系,"而理性的批判则变成了语言的批判"。[⑤] 本世纪初,毛特奈尔在《论语言批判》的三卷巨著中大力阐发了语言批判的思想,认为"语言

---

① *Tractatus* 4.114.

② 康德:《纯粹理性批判》,蓝公武译,商务印书馆,1957年,第17页。参阅拙作《康德关于认识对象的学说》,载《外国哲学史研究集刊》第1辑。

③ *Tractatus* 4.0031.

④ 同上。

⑤ Fritz Mauthner, *Beiträge zu einer Kritik der Sprache*, Bd.1, Leipzig, 1923, S. XII.

的批判是对认识论的一个贡献”,“认识的批判即是语言的批判”,而且“只能是语言的批判”。[①] 维特根斯坦关于语言批判的提法是从毛特奈尔那里吸取来的,但是,如他自己明确表示的,他所谓语言批判“不是在毛特奈尔的意义上”的批判。二者之间有很大的差别,主要是两点:第一,毛特奈尔的语言批判是对语言的认识作用的否定,他说:“我要表明的看法是:通过语言来认识世界是不可能的;关于世界的科学是不会有的,对于认识来说,语言是一个不中用的工具。”[②]维特根斯坦则认为语言是世界的图像,并且肯定科学的存在,他不是否定语言,而只是认为语言是有限度的,要为语言划一界限,可说与不可说的界限。第二,毛特奈尔对逻辑持贬低的态度,反对在语言和逻辑的关系上给逻辑以“优先权”,反对逻辑学家的这一看法,即“思维如果要成为有效的思维,就必须接受逻辑的形式”[③]。维特根斯坦则认为,语言批判恰恰是要指出语言的表面形式和逻辑形式的区别,他认为罗素的一个功绩就是指出了“命题的表面逻辑形式未必就是其真正的逻辑形式”[④],而二者的混淆正是哲学中种种问题发生的根源,“哲学家们的命题和问题大部分是基于不了解语言的逻辑”[⑤]。因此,语言批判或为语言划界限就必须而且只能是对语言的逻辑分析。

(二)对语言和世界的逻辑分析

《逻辑哲学论》中对语言和世界的逻辑分析,是对维特根斯坦 1913 年和 1914 年笔记中逻辑分析的发展,也可以说是一个更为完备的逻辑原子论。但是,这里的逻辑原子论已不复是维特根斯坦所追求的形而上学,而只是导向关于神秘的东西的形而上学的一个阶梯。

《逻辑哲学论》中的逻辑原子论,像早年笔记一样,也是对具有同一结构的语言和世界这双重系统的逻辑分析。

语言:语言是命题的总和。命题或“具有未被分析形式的命题”都可以

---

① Mauthner, *Beiträge zu einer Kritik der Sprache*, Bd. 1, S. XI.

② Fritz Mauthner, *Beiträge zu einer Kritik der Sprache*, Bd. 1, Leipzig, 1923, S. XII.

③ *Tractatus* 4.0031.

④ *Tractatus* 4.003.

⑤ *Tractatus* 4.001,5.5512,4.21,4.22.

分析为“原初命题”，这是“最简单的命题”。原初命题是由名字构成的，是名字以一定逻辑形式的联结。[①]

世界：世界是事实的总和。事实分析为事态（或译原子事实），事态是对象的结合。对象是简单的，是构成世界的“实体”。[②]

语言与世界相对应：名字指称对象，对象即其所指。命题与实在相比较，是实在的图像。一切命题都是原初命题的真值函项，其真假取决于原初命题的真假。原初命题是对一个事态的存在的断定，其真假即取决于它所断定的事态的存在或不存在。[③]

命题的意义即在于它有真假，“了解一个命题，就是知道如果它是真的，是什么情形”[④]。因此确定命题意义的标准就是指出它的真值条件。维特根斯坦后来在同维也纳学派的人谈话时把这个观点概括为：“一个命题的意义就是它的证实方法。”这就是有名的证实原则。维特根斯坦用这个原则批评、清除形而上学的命题，他说：“当别人想说某种形而上学的东西时，就向他指出，在他的命题中某些符号并无所指。”[⑤]由无所指的词组成的句子不断定任何事实，不可能有真值条件，不可能找到它的证实方法，只不过是词语的无意义的结合，是违背语言逻辑的胡说，是似是而非的命题。

通过对命题的这种逻辑分析，建立了确定命题意义的标准，这就是给语言划了界限，意义和无意义的界限即是可说和不可说的界限。

语言的界限同世界的界限是相应的，对世界的逻辑分析也为世界划了界限。维特根斯坦说：“世界是事实的总和而不是事物的总和”，“世界为事实所规定，为事实之为所有的事实所规定”。[⑥] 但事实归根结底是由事物或对象结合而成的，事物或对象是世界的实体，因此，维特根斯坦认为，世界作为“经验的实在”是“被对象的总和所限制的。这个界限也显示在原初命题

---

① *Tractatus* 1.1, 2.01, 2.02, 2.021.

② *Tractatus* 3.203, 4.05, 4.01, 5, 4.21, 4.25.

③ *Tractatus* 4.024.

④ Friedrich Waismann, *Wittgenstein and the Vienna Circle. Conversations Recorded*, tr. by J. Schulte & B. McGuinness, Oxford: Blackwell, 1979, p. 79.

⑤ *Tractatus* 6.53.

⑥ *Tractatus* 1.1, 1.11.

的总和中”[1]。因为,在维特根斯坦看来,对一切原初命题的描述亦即对由对象结合而成的一切事态的描述就是对世界的完全的描述,“把所有真的原初命题都陈述出来,就完全地描述了世界”[2]。逻辑分析向人们表明,世界就是这样一个经验的、事实的世界,这也就是世界的界限。这个界限意味着经验的、事实的世界不是终极,因而也就向人们显示了还有一个世界之外、事实之外的领域,不过那已不是语言所能表达的了。

这样,通过对语言和世界的逻辑分析,亦即通过“清楚地表现”可说的东西,就向人们指出了不可说的东西。因此,维特根斯坦说,他在《逻辑哲学论》中所做的逻辑分析的工作就是为从可说的东西引向不可说的东西搭一道阶梯:

> 我的命题以下述的方式起一种解释的作用:凡是理解我的人,当他通过它们,凭借它们,并爬越它们时,最后就会认识到它们是无意义的。(可以说,在他已经爬上了梯子之后,就必须把梯子丢掉。)他必须超越这些命题,然后才会正确地看世界。对于不可说的东西,我们必须保持沉默。[3]

维特根斯坦在这里是告诉人们,借助他的逻辑分析这道梯子去领悟的关于超验的神秘的东西的形而上学是无论如何不能再用命题来表达的;理解了,领悟了,但不要说;有所说,则恰恰证明没有真的理解和领悟。这可以说是一种否定的、消极的形而上学。冯友兰先生说,维特根斯坦是以所谓“形上学的负的方法讲形上学”,是很对的。但他以为维特根斯坦此处所说的沉默是如禅宗慧忠国师教人佛义的方法,“都是于静默中‘立义竟’”[4]。此解却恐未为得当。所谓“立义竟”,是“无语中无语”以表显佛义的方法,即无言说、无表示而立义。果如此,则维特根斯坦关于梯子的一段话就不必说,《逻辑哲学论》这本书也无须写了。如果类比的话,应当说维特根斯坦

---

① *Tractatus* 5.5561.

② *Tractatus* 4.26.

③ *Tractatus* 6.54,7.

④ 冯友兰:《新知言》,商务印书馆,1946 年,第 97 页。

的方法是禅宗中“偏中正”的方法,即“有语中无语”,用维特根斯坦的话说,就是通过清楚地表现可说的东西指出不可说的东西,对于不可说的东西则保持沉默。“立义竟”的方法可以说是“无筌而得鱼,无蹄而得兔”,维特根斯坦的沉默则可以说是得鱼而不筌得兔而忘蹄。筌和蹄就是他说的梯子,即《逻辑哲学论》中的逻辑分析。鱼既得矣,则筌可忘;兔即得矣,则蹄可忘。忘,就是无意义了。维特根斯坦说人们真正理解了他,领悟了那不可说者,就会认识到他的那些命题是无意义的,当作如是解。

明见性与主体性*
——试析胡塞尔现象学的内在张力

吴增定**

一、问题的缘起

在《还原与给予》一书的开篇，法国当代哲学家马里翁（Jean-Luc Marion）提到了一个颇有意味的历史巧合：就在尼采去世的那一年（1900），胡塞尔发表了《逻辑研究》的第一卷。① 单从外在的历史事实而来看，这或许只是一个无关紧要的纯粹历史巧合。况且，迄今为止尚无确切的证据表明胡塞尔曾经阅读过尼采的著作，更遑论他受过尼采的影响。但是，若是放在哲学史或更广泛的思想史背景之中来看，这却决不仅仅是一个巧合。从思想倾向上说，胡塞尔所创立的现象学在很大程度上可以被看成是对尼采的回应。如果说尼采颠覆了自柏拉图以来的西方形而上学传统，那么对于胡塞尔来说，现象学的意义恰恰是在传统形而上学的废墟上重建了哲学。胡塞尔甚至认为，只有现象学才是一种“作为严格科学的哲学”（Philosophie als Strenge Wissenschaft），或者说一种真正的哲学，因为只有现象学没有预设任何形而上学的前提，而是力求让“事情本身”（die Sache selbst）如其所是地显现出来。与此相反，以往几乎所有的哲学都设定了某种不言自明的前提。这一前提要么是形而上学的“本原”（Arche/Ursprung），如理念、上帝、本体或实体等，要么是某种自然科学的原理或法则，如机械因果法则等。现象学

---

* 本文原刊于《云南大学学报》2011 年第 6 期。

** 吴增定，1971 年生，男，北京大学哲学系教授。

① 让-吕克·马里翁：《还原与给予：胡塞尔、海德格尔与现象学研究》，方向红译，上海译文出版社，2009 年，第 1 页。

的这种“无前提性”(Voraussetzungsloskeit)或“面向事情本身”(zu den Sachen selbst)精神,就是胡塞尔本人毕生所强调并且矢志不移地追求的“明见性”(Evidenz)原则。

不过对胡塞尔来说,“明见性”原则并不是现象学的全部。事实上,现象学要想“面向事情本身”,真正地实现“明见性”的原则,那么它就必须同时坚持一个同样重要的原则——主体性(Subjektivität)。所谓“主体性”的原则无非是指,“事情本身”的显现或现象学所说的“现象”(Phänomenon)是以意识、自我或主体为前提的;或者反过来说,正是“意识”使得事情自身得以显现。站在胡塞尔的立场来看,事情的自身显现实则等同于事情向意识的显现。而在经历所谓的“先验转向”之后,事情的自身显现不但意味着向意识显现,而且最终被归结为意识向其自身的显现,或者直截了当地说,事情自身的显现就是意识的自身显现。归根到底,真正的“事情自身”无外乎就是纯粹意识、先验自我或先验主体性。因此在胡塞尔的现象学(尤其是先验现象学)视野中,明见性和主体性最终变成了一回事。

问题在于,现象学的明见性原则是否真的可以像胡塞尔所设想的那样被归结为主体性原则?恰恰在这一点上,海德格尔、萨特、伽达默尔和梅洛-庞蒂等后来的现象学家同胡塞尔产生了严重的分歧。胡塞尔本人当然认为,主体性原则是明见性原则的真正实现。但在海德格尔等后继者看来,明见性原则同主体性原则非但不是一回事,而且存在着内在的紧张冲突;事实上,当胡塞尔将事情自身的显现归结为事情向意识显现、甚至最终归结为意识向其自身的显现时,他就已经背离了现象学的明见性原则,并且倒退回他所批判的形而上学立场。于是,在明见性和主体性的问题上,胡塞尔同众多的后继者便展开了相互的指责和批判。胡塞尔认为,只有意识、先验自我或先验主体性才是现象学所要坚持的明见性原则,而海德格尔等人完全误解了现象学的先验转向和主体性原则的意义,把现象学拉回到一种自然主义、一种人类学的层次,因此完全背离了现象学的原则。相反,在海德格尔等人看来,胡塞尔现象学的真正革命性意义恰恰体现为它的明见性原则,但是当他将进一步将明见性归结为主体性时,他便重新落入了自笛卡尔以来的主体性形而上学的窠臼。

那么,胡塞尔的明见性原则究竟意味着什么?他为什么要将明见性原则等同于主体性原则?进而言之,他对主体性原则的坚持是否意味着他重新退回到形而上学立场?这三个问题无论对我们理解胡塞尔现象学的哲学意义,还是澄清胡塞尔与海德格尔等人之间的分歧究竟何在,都具有无可替代的重要性。让我们首先从明见性原则谈起。

二、明见性

必须指出的是,"明见性"作为一个哲学概念并不是胡塞尔的首创。从思想渊源上说,明见性可以追溯到现代哲学之父笛卡尔,因为正是他第一次将明见性,也就是清晰和明白(clare et distincte),看成是我思的确定性、知识或真理的标准。在此之后,明见性进一步成为英国经验主义哲学和受其影响的现代心理学的核心概念。胡塞尔的老师布伦塔诺(Franz Brentano)虽然反对当时流行的实验心理学,并且针锋相对地提出了"描述心理学"的观念和方法,但他也将"明见性"看成是心理现象或内知觉的基本特征。

毋庸置疑,胡塞尔本人的现象学和哲学思考同样深受这一传统的影响。在他的第一部哲学著作《算术哲学》中,胡塞尔便尝试运用布伦塔诺的描述心理学方法澄清数学和逻辑学的基本概念在心理活动中的起源(Ursprung/Quelle)。但他后来逐渐认识到,这种明见性的理论包含了一个根本的错误,因为它仅仅把明见性看成是一种纯粹主观的心理感受和意识体验,忽视了这种体验的对象相关物。在逻辑学和数学等领域,这种理论必然会混淆心理学与逻辑学的界限,或者说混淆主观体验与客观对象的区别,将客观的判断真理还原为主观的意识体验,从而导致心理主义的灾难后果。

不过,胡塞尔虽然否认了心理主义的明见性理论,但却没有否定明见性本身。恰恰相反,胡塞尔把明见性看成是知识和真理的真正甚至唯一的标准。在《逻辑研究》第一卷中,胡塞尔说:"任何真正的认识,尤其是任何科学的认识都建立在明见性的基础上,明见性伸展得多远,知识的概念伸展得也就有多远。”[①]在《逻辑研究》第二卷中，胡塞尔甚至把明见性看成是认识的最高目标——充分符合(Adequätion)。如果说现象学意义的认识是指抽象和纯粹的词语意义或意义意向(Bedeutungintention)在相应的直观中获得了充实(Erfüllung)，那么明见性或充分符合则意味着这种充实达到了最高、最完全和最充分的层次，也就是被意指对象(事情)自身的完全显现或充分被给予，或者用传统哲学的术语来表达，就是“理智与事物的充分符合”(adaequatio rei et intellectus)。[②]

那么，胡塞尔对于明见性的这种看起来似乎自相矛盾的态度又该如何解释呢？这正是我们理解胡塞尔现象学意图的关键所在。

在《逻辑研究》第一卷中，胡塞尔虽然严格区分了逻辑学与心理学，或者说区分了客观的逻辑学概念和法则与主观的心理体验，但是他的根本意图却不只是满足于反对心理主义、捍卫逻辑学概念与法则的客观有效性，而是试图最终澄清客观的逻辑学对象如何在主观的心理体验中得以自身显现或自身被给予。这就是现象学所要解决的根本问题。考虑到认识在胡塞尔那里是指对象的自身显现，那么现象学最终必然过渡到认识论。因此现象学和认识论的共同任务就是一方面肯定逻辑学和数学对象的独立存在，另一方面又能够最终澄清它们在意识中的自身显现或自身被给予的起源。

当然，胡塞尔的现象学描述和认识论澄清并非局限于纯粹的逻辑学和数学对象，而是拓展到一切对象，不管是超时空的观念对象(如逻辑学、数学和其他科学概念、命题和定理等)，时空中的对象(如空间外物)，还是时间性的对象(如意识体验等)。概言之，现象学并不关心对象的存在，也就是说，它在形而上学或本体论上保持中立，而是关心对象的显现或被给予性。

---

① 胡塞尔：《逻辑研究》(修订本)，第一卷，倪梁康译，上海人民出版社，2006年，第13页。

② 同上书，第126页。个别术语和译文按照笔者自己的理解稍有改动。原文参见：Edmund Husserl, Hua XIX, Logische Untersuchungen. Zweiter *Teil. Untersuchungen zur Phänomenologie und Theorie der Erkenntnis* (In zwei Bänden. Edited by Ursula Panzer. Halle: 1901; rev. ed. 1922. The Hague, Netherlands: Martinus Nijhoff, 1984), A590/$B_2$118。

在《逻辑研究》第二卷的第六研究中，胡塞尔具体地展开了现象学的认识论澄清工作。他首先把认识看成是单纯的意义意向与相应的直观充实之间的吻合(Deckung)。这种认识包含很多层次，最低的层次是单纯的符号性意指(Signifikation)，其次是图像意识或想象(Imagination)，最高的是知觉(Wahrnehmung)。因为在符号性意指中，对象完全没有在场；在图像(Bild)意识或想象中，对象以图像的方式间接地在场。只有在知觉中，对象才是自身的亲自在场，或者说是对象的自身显现或自身被给予。在这个意义上说，只有知觉才代表了认识的最高等级。[①] 这种最高等级的认识就是现象学所要追求的明见性。

胡塞尔将明见性看成是关于真理的体验，意思是对象自身完全、充分地向意识显现。但正如胡塞尔所说，真正的明见性或充分符合本身只是一种理想。事实上，对象的自身显现同对象向意识的显现之间永远存在着距离。譬如在外知觉中，对象显现给意识的仅仅是正面，而它的侧面和背面都不是直接、当下的自身显现。这一点不仅对外知觉有效，而且适用于一切对象化的意识体验，因为它们都奠基于外知觉，或者说以外知觉为基础。那么，明见性究竟意味着对象的自身显现，还是对象向意识的充分显现？恰恰是在这一问题上，胡塞尔两卷本《逻辑研究》的内在张力凸显出来了。

前文指出，胡塞尔在《逻辑研究》中一方面捍卫对象相对于意识的独立存在，另一方面又试图澄清对象向意识的显现或被给予。但是，胡塞尔仅仅划定了二者的界限，却并没有从根本上澄清对象的独立存在与对象向意识显现的关系。尽管胡塞尔在《逻辑研究》第二卷的导论中已经清楚地指出，现象学“自始至终都不包含丝毫有关实体存在的论断；就是说，任何形而上学的论断、任何自然科学的论断以及特殊的心理学论断都不能在它之中作为前提发生效果”[②]。但事实上，胡塞尔在描述意识的意向性结构时，仍然潜在地承认对象相对于意识的独立性。在他看来，意识的意向性并不是像

① 当然，胡塞尔再三强调，知觉不仅仅指感性知觉(sinnliche Wahrnehmung)，而且包括范畴知觉(kategoriale Wahrnehmung)或范畴直观(kategoriale Anschauung)。参见胡塞尔：《逻辑研究》(修订本)，第二卷，第154—158页。

② 胡塞尔：《逻辑研究》(修订本)，第二卷，第21页。

他的老师布伦塔诺所说的那样是意识对于对象的内在包含关系，而是一种外在的超越关系，即是说，意识具有超出自身指向外在超越对象的功能。

如果说对象具有独立于意识之外的超越存在，那么它的自身显现同它向意识显现之间就必定存在着内在的张力。从逻辑上说，消除这一张力的方法有两种，要么是退回到某种素朴的形而上学实在论立场（也就是《观念（一）》[①]中所批评的“自然态度”），承认包括一切对象在内的世界的客观存在，并且将意识也看成是世界的一个部分；要么是完全抛开对象的独立存在或自身显现问题，将对象的自身显现变成对象向意识的显现，并且最终变成意识的自身显现。显然，胡塞尔选择的是后者——他将明见性等同于主体性，或者说用主体性取代了明见性。这就是他在《现象学的观念》中开始并且在《观念（一）》中完成的现象学的“先验转向”。

问题是，胡塞尔的先验转向能否在根本上消除事情的自身显现与事情向意识显现之间的张力？为了回答这一问题，我们有必要进一步追问胡塞尔现象学的先验转向的实质。

三、主体性

从时间上说，胡塞尔的“先验转向”经历了一个相当长的过程。据现当代学者莫兰（Dermot Moran）研究，胡塞尔在 1905 年的手稿中第一次使用了“现象学还原”一词。[②] 而在 1906—1907 年的《现象学观念》系列讲座中，胡塞尔正式提出了“现象学还原”的思想。他采用笛卡尔的悬置和普遍怀疑方法，将外在世界作为超越的存在给“悬置”（epoche）起来，从而返回到内在的意识领域。与超越的存在不同，内在的意识相对于意识本身来说，当然是“绝对的、明晰的被给予性，绝对意义上的自身被给予性”[③]。这也表明，胡塞尔现象学的先验转向的实质就是主体性原则取代了明见性原则。

不过相比较而言，在《纯粹现象学通论：纯粹现象学和现象学哲学的观

① 即《纯粹现象学通论：纯粹现象学和现象学哲学观念》第一卷，此处是简称，下同。

② Dermot Moran, *Edmund Husserl, Founder of Phenomenology*, Polity Press 2005, p. 26.

③ 胡塞尔：《现象学的观念》，倪梁康译，上海译文出版社，1986 年，第 34 页。

念》的第一卷[简称《观念(一)》]中,胡塞尔对于现象学的先验转向或先验现象学的讨论显然要充分和系统得多。先验转向的关键就是先验还原。所谓先验还原针对的是某种非先验的“自然态度”。在《观念(一)》第二编的一开始,胡塞尔将“自然态度”理解为这样的一种态度或立场:我们的所有意识体验都隐含了某种关于世界的存在设定。世界的存在对我们来说是预先被给予的(Vorgegeben),是不言自明的(selbstverständlich),尽管我们从来没有把它当成一个论题(Theme)。这就是自然态度的一般设定(Generalthesis)。[①] 显然,胡塞尔所说的自然态度并非仅仅适用于前哲学的日常思维和科学思维,而是包括以往所有的哲学或形而上学。因为自柏拉图以来的哲学,作为形而上学,都潜在和非反思地预设了世界的“自在存在”(Sein an sich)。世界作为一切存在者的总体,其存在是不言自明的。不仅世界相对于意识来说是预先被给予的,而且连意识本身也都是属于这个世界整体的一个部分。就此而言,所有以前的哲学(甚至包括《逻辑研究》中的现象学)都没有摆脱自然态度,都在不同程度上陷入自然主义的谬误。

在胡塞尔看来,经过现象学的反思或先验还原之后,世界的存在恰恰丧失了这种不言而喻的自明性。从逻辑上讲,设想世界的不存在并没有什么自相矛盾或荒谬的地方,但是,反过来设想意识的不存在却是不可理喻的。通过这种笛卡尔式的怀疑方法,胡塞尔试图表明,外在世界的存在是相对和偶然的,而内在意识的存在则是绝对和必然的。[②]

因此,先验还原的第一步就是将这种关于世界的存在信念悬置起来,加入括号中,对它存而不论。这样一来,存在的含义也随之发生了改变:存在不再意味着自在存在,而是为意识而存在(für Bewusstsein)或被意识的存在(Bewusst-sein)。正如胡塞尔所说,“这个存在首先是为我们的,其次才是自在的,后者只有‘相对于’前者才如是”[③]。也就是说,世界成了相对的存在,而意识则是绝对的存在。相对于意识来,世界作为一种超越物当然不是自

---

① 胡塞尔:《观念(一)》,李幼蒸译,商务印书馆,1992 年,第 93—94 页。

② 同上书,第 134 页。

③ 同上书,第 135 页。

身被给予的,唯有意识才是绝对的自身被给予。因此,结论非常清楚:真正的明见性只有在主体性之中才能得以实现。

不过,对自然态度或世界之存在信念的悬置并不是先验还原的终极目标。因为胡塞尔想要解决的根本问题仍然是世界与意识或对象性(Gegenständlichkeit)与主体性(Subjektivität)之间的关系。胡塞尔强调,现象学意义的还原,也就是先验还原,并非意味着"减少"。因为在经过先验还原之后,世界并没有因此被否定,而是被完全肯定和保留下来了。只不过现在世界不再是独立于意识之外的自在或超越存在,而是变成了相对于意识的存在。说得更明确些,世界成了意识的意向性构造物,亦即所谓的意向对象(noema)、意向相关物(intentionale Korrelative)或意义(Sinn),而意识则相应地是具有赋予意义或意向性构造功能的意向活动(noesis)。作为一种意向相关物,世界的存在对于意识来说也变成了自身被给予性或明见性。

如果说纯粹意识是具有意向性构造功能的绝对存在,而世界则是意识的意向对象或意向相关物,那么世界的自身显现(自在存在)不仅变成了向意识的显现(为意识的存在),而且最终变成了意识的自身显现。正是在这个意义上,现象学的明见性原则同主体性原则合而为一。

对于胡塞尔的现象学来说,主体性原则无疑具有革命性的意义。因此,他不仅将主体性称为哲学的"谜中之谜",而且认为,正是通过对主体性原则的彻底推进,"现象学实现了一切近代哲学的隐秘的憧憬"[①]。在后期,胡塞尔甚至认为返回先验主体性的先验现象学以非形而上学的方式,实现了自柏拉图以来的哲学梦想,因为它使哲学真正地返回到了自己真正的开端或"本原"(arche),实现了哲学所要追求的彻底"无前提性"。[②] 对于胡塞尔来说,先验主体性代表了人的绝对自律和自我负责,因此不仅是人性的自我实现,而且在根本上意味着西方文明的终极目标(telos)。[③] 在一个"上帝死了"、一切形而上学宣告终结的时代,人必须成为自律、自我负责或赋予自

---

① 胡塞尔:《观念(一)》,第160页。

② 胡塞尔:《笛卡尔沉思与巴黎讲演》,张宪译,人民出版社,2008年,第190—191页。

③ 胡塞尔:《欧洲科学的危机与超越论的现象学》,王炳文译,商务印书馆,2001年,第324页。

己以意义的绝对主体。在这个意义上,将胡塞尔的先验现象学看成是对尼采的潜在回应,并非没有道理。

四、明见性与主体性

但是,世界的自身显现是否真的可以变成意识的自身显现?或者说,明见性原则是否可以被主体性原则一劳永逸地取代?答案显然不像胡塞尔表面上所说的那么肯定。事实上,胡塞尔在《观念(一)》之中已经看到了这一事实:即使经过先验还原之后,世界向意识的显现与意识的自身显现之间,仍然存在着某种潜在的紧张关系。因为世界并不是世界中的某个具体对象或现成事物,而是任何对象的可能背景或视域(Horizont)。[①] 所谓"视域"的意思是,即使世界之中的对象可以向意识显现,但作为对象的背景的世界本身却是不可能被对象化,不可能成为意识的对象或论题(Theme)。世界是随着对象的自身显现而共同显现或预先显现,或者用胡塞尔现象学的专门术语来说,世界是随着对象的自身被给予而一道被给予(mitgegeben)了意识,甚至是预先被给予(vorgegeben)了意识。因此,意识虽然可以让作为背景或视域中的世界之中的具体对象向意识显现,但却无法让世界本身向意识显现。换言之,世界作为预先被给予物虽然自身显现,但对意识来说却意味着自身遮蔽或自身隐匿。故此,世界的自身显现无法被还原为世界向意识的显现,更不可能被还原为意识的自身显现。最终而言,明见性作为世界的自身显现或自身给予同主体性之间仍然存在着内在的张力。

对于明见性与主体性之间的这种张力,胡塞尔并非没有觉察。他的解决方案是引入意识的时间性和发生学维度。按照胡塞尔的发生现象学描述,经验或生活世界的被动综合包含了一系列不同层次的意向性构造的成就。在这其中,最原初、最基础的意向性构造就是"内在时间意识"。"时间意识是一般同一性之统一的构造(Konstitution der Identitätseinheit)的发源

---

① 胡塞尔:《观念(一)》,第131—132页。

地。”①具体而言，任何一个当下(gegenwartig)的感觉或“原初印象”(Urimpression)都不是孤立的意识时刻或片断，而是伴随着相应的滞留(Retention)和前展(Protention)。即是说，刚刚成为过去的当下意识(滞留)、即将到来的当下意识(伸展)以及眼前的当下意识(原初印象)共同构造了意识的“现在”(Jetzt)时刻。就此而言，内在时间意识就是当下瞬间的不断涌现或到时(Zeitigung)。这种不断“到时”的内在时间意识之流，或者更准确地说，“生动地流动的当下”(lebendig strömende Gegenwart)被胡塞尔称为原初的“主体性”。在此基础上，意识才会有更高层次的意向性构造，如联想(Assoziation)、整体把握(Erfassung)和清晰化(Explikation)，一直到最高层次的述谓判断和科学认识活动。

随着发生学现象学维度的出现，胡塞尔对明见性的看法也相应地发生了变化。在《逻辑研究》中，胡塞尔将明见性看成是对象向意识的充分显现，或者说意向与直观之间的相即或充分符合。经过“先验转向”之后，明见性不再意味着对象(世界)向意识的充分显现，而是意味着意识对自身的充分显现。但是在发生现象学的视野中，由于意识本身就是一个不断“到时”的内在时间之流。也就是说，任何当下的意识都笼罩一个由过去和将来共同组成的时间性视域之中。相对于当下意识来说，这个时间性的视域同样是事先被给予的。因此之故，意识即使是对于意识自身也不可能充分地显现。

倘若意识对其自身也不能充分地显现，那么这将意味着，即使胡塞尔将世界的自身显现还原为意识的自身显现，或者说将明见性还原为主体性，他也不可能消除主体性之中的明见性原则与主体性原则之间的张力。正因为如此，胡塞尔在《笛卡尔沉思》等后期著作中对明见性原则的含义作了修正：明见性的意思不再是意识对其自身的充分显现，而是意识对其自身的“确然”显现。② 所谓确然显现或确然性是指，意识由于受到内在时间性视域的制约，不可能让意识流整体都在意识的当下显现，但意识在当下时刻向

① Edmund Husserl, *Erfahrung und Urteil. Untersuchung zur Genealogie der Logik*, redigiert und herausgegeben von Ludwig Landgrebe, Felix Meiner Verlag Hamburg 1972, SS. 75-76.

② 胡塞尔：《笛卡尔沉思与巴黎讲演》，第 59 页。

其自身显现却是确然无误的。

然而,即使胡塞尔将明见性的含义修正为确然性,明见性与主体性之间的张力依然存在。原因在于,按照胡塞尔的发生现象学描述,由于意识的意向性构造具有一个时间性的视域,意识在任何当下时刻的意向性构造成就虽然都会变成过去,但却并没有消失,而是在意识中积淀下来。从意向相关物(noema)的层面说,这些不断积淀下来的意向性构造成就最终构成了一个"意义的积淀"或"意义的历史";这个意义的历史虽然是一种潜在和隐匿的状态,但却随时可以被唤醒或激活。从意向活动(noesis)的方面说,意识自身也形成了一种意向性的历史,一种自我的习惯或趋向;这种习惯或趋向不仅是过去意向性构造活动的结果,而且还影响每一个当下和将来的意向性构造。综合起来,两个方面就构成了生活世界的真实内涵。①

倘若意识本身就具有一个时间性和历史性的视域,也就是说承载着某种意义的历史以及相应的自我的习惯,那么任何当下的意识就不可能是纯粹的当下的意识,而是已经处在其自身的历史性视域之中,或者从更宽泛的意义上说,意识总是已经处在某种生活世界的语境之中。这个生活世界一方面虽然是意识的意向性构成的产物,另一方面却又构成了意识的意向性构成的前提。换言之,意识的纯粹当下时刻即使对于意识自身来说都不是确定无疑的,因为意识的任何当下时刻都是笼罩在生活世界的视域或语境之中,并不存在纯粹的意识当下时刻。

因此,就意识或主体性与生活世界的关系而言,胡塞尔似乎陷入了某种两难:一方面,他承认,意识的任何意向性构造都是在一个预先被给予的生活世界之中进行的;另一方面,他又反过来认为,生活世界说到底是意识的意向性构造的成就。② 问题是,倘若意识或主体性本来就已经包含了一个历史性的视域,或者说生活世界已经预先被给予了意识,那么我们又如何能

---

① Edmund Husserl, *Formale und transzendentale Logik*, *Versuchung einer Kritik der logische Vernunft*, *Husserliana Band XVII*, Martinus Nijhoff, den Haag, 1974, S. 314.

② Edmund Husserl, *Erfahrung und Urteil. Untersuchung zur Genealogie der Logik*, S. 49. 另外可参考 Hohl 的看法:"胡塞尔对危机问题的关注是他深入考察生活世界的诱因(Anlass),但他的目的并不是停留在对生活世界的展现上,而是返回到生活世界的先验源头。"参见 Hubert Hohl, *Lebenswelt und Geschichte*, Verlag Karl Alber Freiburg/Muechen 1962, S. 23。

够“从生活世界回溯性地追问作为其源头的主体之成就”呢？纵观其后期的著作和讲稿，我们不难发现，无论胡塞尔本人将现象学的先验还原和发生学描述推进到什么层次，他的先验现象学构想永远都是停留在“导论”阶段，他的真正哲学思考总是无法真正地开始。原因很简单：胡塞尔无法返回到那种绝对和纯粹的原初主体性——“生动地流动的当下”。一言以蔽之，即使胡塞尔在发生现象学的意义上将明见性的要求从“充分”显现降低为“确然”显现，他仍然不能最终消除明见性和主体性之间的张力。

五、现象学与形而上学

在《哲学作为严格的科学》这篇长文中，胡塞尔指出：“哲学本质上是一门关于真正开端、关于起源、关于万物之本的科学。”[①]毋庸置疑，这是自古希腊以来包括柏拉图、笛卡尔和康德等在内几乎所有伟大哲学家的共同追求。但在胡塞尔看来，所有这些伟大的哲学家之所以都没有能够成功地实现这一目标，因为他们都受到“自然态度”的局限，不加反思地把本原看成是某种现成的形而上学实体，因此陷入形形色色的自然主义谬误。譬如说，笛卡尔虽然通过“普遍怀疑”的方法开启了现代哲学的先验主体性转向，但最终却将我思、意识或主体性理解为一种自在的实体。[②] 胡塞尔认为，要克服这种自然主义的谬误，我们就必须进行彻底的现象学还原或先验还原，搁置这种自然态度，不再将本原想当然地看成“自在的存在”，而是将其变成“我的存在”或“为意识的存在”。只有这样，哲学才能达到真正的无前提性或明见性，才能真正地“面向事情本身”，也就是说，才能返回自己真正的开端或本原——绝对的主体性。

问题在于，胡塞尔对明见性的追求同他的主体性原则之间存在着紧张的冲突。正是这种张力促使胡塞尔的现象学发生了先验转向，将明证性完全等同于主体性。但正如我们在前文中所说，即使返回到主体性之中，胡塞

---

① 胡塞尔：《哲学作为严格的科学》，倪梁康译，商务印书馆，1999 年，第 69 页。

② 胡塞尔：《欧洲科学的危机与超越论的现象学》，第 99—102 页。

尔仍然没有能够最终克服明见性与主体性的张力。那么,问题的症结究竟何在呢?

在本文开篇时,我们曾说过,胡塞尔所创立的现象学,尤其是他的先验现象学,在很大程度上可以被看成是对尼采的潜在回应。倘若将尼采的哲学同胡塞尔的现象学进行比较,那么我们很容易觉察出二者的诸多相似之处。譬如说,尼采在《查拉图斯特拉如是说》的一开始便借查拉图斯特拉之口宣布"上帝死了"。尼采所说的上帝当然不只是基督教的人格神,而是意味着自柏拉图以来的整个西方形而上学传统。在"上帝死了"之后,人无需任何超验、神圣或彼岸等虚假的意义,而是完全由人赋予自身和尘世(Erde)以意义或价值。这就是尼采所说的"超人"(Übermensch)——"超人是尘世的意义"(Der Übermensch ist der Sinn der Erde)①。与此类似,胡塞尔也通过先验还原排除了形而上学的存在设定,返回到了主体性。这种主体性不仅具有构造意义的意向性功能,使得世界本身变成了它的意向相关物,而且意味着绝对的自我赋予意义、自我立法或自我负责精神。在这一点上,胡塞尔的先验主体性同尼采的"超人"虽然看似格格不入,实则殊途同归。

但是,尼采非常清醒地看到,只要哲学还执著于对本原或开端(arche)的追求——无论哲学追求的是何种"本原"——那么,哲学必定最终无法摆脱形而上学的窠臼。因此,在《查拉图斯特拉如是说》的第三卷和第四卷,尼采清楚地告诉我们,所谓"超人"的创造价值或意义云云,并非简单地意味着人取代上帝成为新的主体。恰恰相反,超人意味着人的去主体化、去中心化,意味着无条件地肯定那些无法理解、把握和征服的偶然性和命运,意味着无条件地肯定过去、现在和将来的一切,甚至最终肯定世界作为同一个东西的"永恒轮回"。换言之,尼采的确看到了世界的自身显现(同一个东西的永恒轮回)与世界向人的显现(权力意志)之间的张力。但他既没有忽视这种张力,也不去努力克服或消除这种张力,而是最大限度地肯定了这种张力。因为,哲学所要追求的"本原"就是这种张力本身。说到底,真正的本原就是没有本原。

---

① 尼采:《查拉图斯特拉如是说》,孙周兴译,上海人民出版社,2009 年,第 7 页。

相比之下,胡塞尔却缺乏尼采的这种深刻自省。从根本上说,胡塞尔之所以批判传统的形而上学,并不是为了否定和颠覆形而上学,而是为了最终找到一个真正的、确定无疑的开端或本原,实现自柏拉图以来的西方形而上学梦想。对于胡塞尔来说,这个本原就是先验的主体性。诚然,胡塞尔并非没有认识到明见性与主体性之间存在着张力。但是,囿于这种追求本原的形而上学梦想,他的所有哲学思考都是希望一劳永逸地消除这种张力,而不是在更宽广的思想视野中肯定这种张力。就此而言,胡塞尔的现象学并没有像他所说的那样坚持了真正的明见性或无前提性,而是仍然重蹈了形而上学的覆辙。

对于胡塞尔现象学的内在困境,海德格尔当然是洞若观火。在《存在与时间》中,海德格尔批评胡塞尔的现象学曲解了人的事实性的生存,遗忘了真正的世界。而在 20 世纪 30 年代思想发生转向之后,海德格尔对胡塞尔现象学的批评就变得更加深刻。在他看来,胡塞尔的现象学,尤其是后期的先验现象学,同传统的形而上学一样,仍然执著于对本原(光、真理和在场)的追求。胡塞尔没有认识到,对本原的执著原本就是一种形而上学的妄念。而现象学所谓的明见性,原本恰恰是要破除这种执著于本原的妄念。

当然,与对尼采的批评相比,海德格尔对胡塞尔的批评就显得温和了许多。在其后期的绝大多数著作和讲稿中,海德格尔都将尼采看成是西方形而上学的最终实现。海德格尔认为,尼采用权力意志的设定取代了存在,并且将自柏拉图以来的西方形而上学推向了顶峰,亦即所谓的主体性形而上学。换言之,尼采反抗虚无主义、克服形而上学的努力,恰恰反过来导致了虚无主义的深刻危机。其实,若是仔细阅读尼采的文本,并且认真地对待尼采本人的思考,那么我们便可以清楚地看到,尼采远在胡塞尔和海德格尔之前,就已经洞察并且克服了形而上学的困境。在这个意义上说,海德格尔对尼采的所有批评与其说是适用于尼采,不如说是更适用于胡塞尔。

由拒斥到吸收

——汤普森对胡塞尔现象学的态度之转变给我们的启发

靳希平*

在《哲学分析》第一卷第4期(2010年12月)的“动态与书评”栏目中,李恒威先生向读者介绍了瓦雷拉和汤普森等人1991年的著作《具身心智:认知科学和人类经验》一书。依据该书评注释提供的信息,《具身心智:认知科学和人类经验》的中译本已于2010年7月在浙江大学出版社出版。尽管书评作者并没有提及该书对胡塞尔现象学所持的批判态度,但由于中文译本已经问世,该书中反映出作者汤普森等人所持的对胡塞尔现象学的批判态度必定会对读者产生影响,因此还是很有必要指出,该书中所反映的作者汤普森等人所持的对胡塞尔现象学的这种批判态度如今已经发生了转变。这种转变的直接证据就是汤普森2007年出版的《生活中的心智:生物学、现象学和心智科学》(*Mind in Life*:*Biology*,*Phenomenology and the Sciences of Mind*)一书的附录A“胡塞尔与认知科学”①。

这种转变也折射出西方现象学研究界对胡塞尔思想之评价的一些变化,指出胡塞尔研究中的这种变化也有一定的理论意义。

一

《具身心智:认知科学和人类经验》一书出版于1991年,但是写作于

---

* 靳希平,1949年生,男,北京大学哲学系教授,博士生导师。

① 见 Evan Thompson, *Mind in Life*: *Biology*, *Phenomenology*, *and the Sciences of Mind*, The Belknap Press of Harvard University Press, 1 edition, 2007, pp. 413-416。

1986—1989 年[①]。汤普森在该附录中明确指出，该书给胡塞尔现象学列举了五大错误：

1. 方法论上的唯我论。

2. 完全忽略经验的交互性方面的问题，和直接躯体化（具身化）的问题。

3. 他的意向性理论是一种表象主义理论（representational theory）。

4. 他的生活世界理论是还原论的和表象主义的（理解是精神性的表象、代表；企图把世界分析为更为基础的元素的集合）。

5. 胡塞尔的现象学纯粹是一种抽象的、纯理论的计划，脱离、缺乏实践的维度。[②]

汤普森的这种思想显然是片面的，因而作为对胡塞尔现象学的整体评价而言是错误的。汤普森这种对胡塞尔思想整体理解的片面性并不是他个人的问题，而是盛行于 20 世纪六七十年代的对胡塞尔主流理解的一种反映。Donn Welton 的《另类胡塞尔》[③]一书，特别是导论和相应的附录，对这个问题做了系统的梳理。我们参考该书和其他材料，对这个问题简要介绍如下。

二

在 20 世纪六七十年代乃至以后的很长一段时间内，欧美现象学界的大部分学者都认为，胡塞尔本人在世时出版的著作代表了他的现象学思想。这种看法几乎成了解读胡塞尔现象学的标准。但是胡塞尔本人却一直把他的研究手稿看做其思想的主要代表。随着胡塞尔手稿在《胡塞尔全集》

---

① Evan Thompson, *Mind in Life*: *Biology*, *Phenomenology*, *and the Sciences of Mind*, The Belknap Press of Harvard University Press, 1 edition, 2007, p. 414.

② Thompson, *Mind in Life*, p. 413. 汤普森分别指出上述看法的出处见《具身心智：认知科学和人类经验》一书英文版第 16、17、18、19、68、117 各页。

③ Donn Welton 的《另类胡塞尔》（*The Other Husserl*: *The Horizons of Transcendental Phenomenology*, Bloomington: Indiana University Press, 2000）的中译本由靳希平译、梁宝珊校，于 2012 年 7 月由复旦大学出版社出版。详见该书第 1—10 页，第 393—404 页。

(*Husserliana*)中的陆续问世,欧美一批学者开始努力通过他们对手稿的批判性研究扭转这一局面。[1]

最早关注、重视胡塞尔手稿中的现象学思想、强调其重要性的是胡塞尔生前的最后一个科研助手 Ludwig Landgrebe。Landgrebe 于 1902 年出生在维也纳,从 1923 年到 1930 年在弗赖堡给胡塞尔当了七八年的私人助手,胡塞尔也是他的博士导师。胡塞尔的《经验与判断》一书就是 Landgrebe 根据胡塞尔本人的手稿,在胡塞尔的亲自指导下,整理、编辑、改写胡塞尔的研究手稿的成果。他作为助手接受的第一项任务,就是每次课后,将胡塞尔的速写讲稿转写为普通的德文打字稿。这批讲稿就是胡塞尔的《第一哲学》一书。所以,他对胡塞尔 20 世纪 20 年代讲授第一哲学时的思想状态、遇到的问题,以及解决的尝试有亲身的了解。因此,当 1959 年《第一哲学》(23/24)在《胡塞尔全集》(*Husserliana*)中出版以后,Landgrebe 便在 1961 年发表了一篇长文:《胡塞尔之告别笛卡尔主义》(Husserls Abschied vom Cartiesianismus)。文章中他十分具体地介绍分析了胡塞尔在讲课的第二部分中沿着笛卡尔道路做现象学哲学的思考时遇到的困难,以及他离开笛卡尔思路,从个人经验出发,如何通过一步步的还原,达到了先验自我的。这条道路不是从自我出发,而是从个人经验出发;先验自我不是哲学思考的出发点,而是哲学思考、现象学反思的结果。通过这条道路,现象学展示出先验自我的意识活动的相关项不仅是认识对象(现实对象、理想对象、可能对象),而且是整个生活世界;在这个世界中包括他人、人类经验、人类共同体,生活世界的历史生成,也就是说,整个的生活世界的视域(Horizon)都被纳入到现象学研究的领域之中。1923 年的这些思想对海德格尔来说并不陌生。(海德格尔在没接替胡塞尔当上弗赖堡的教授之前,对胡塞尔执父子礼,胡塞尔也把他当成唯一的真正的接班人,曾一度传为佳话。)海德格尔《存在与时间》中

---

① Donn Welton、Dan Zahavi 等学者的著作就是对这种片面性的纠正。Donn Welton 的《另类胡塞尔》一书就是对这个问题的初步总结。在中国对德国现象学的研究、特别是胡塞尔的哲学文本除了倪梁康等少数专家的研究工作已经跻身国际学术界的先进行列外,绝大部分研究(包括笔者本人几篇论述胡塞尔思想的论文在内)都或多或少地受到所谓对胡塞尔的"标准解读"的影响。

很多思想都受到胡塞尔当时这些新的研究成果的影响。[①] 1920 年代胡塞尔的这些未发表的研究工作，构成了他后期著作——比如《危机》——的先期准备。

Landgrebe 的这一思想在当下的胡塞尔思想研究界得到了进一步的发展和具体化。美国的现象学家胡塞尔专家，Donn Welton 在他 1983 年出版的著作《意义的起源，胡塞尔现象学之开端的批判性研究》(*Origins of Meaning, A Critical Study of the Threshold of Husserlian Phenomenology*)中就明确指出："本研究的结尾出现的胡塞尔将是胡塞尔纲领破产之后的'另一个'胡塞尔，尽管胡塞尔从来没有承认过这个破产，但是它一直影响着胡塞尔 1920 年代之后的各个工作手稿。"[②]他于 2000 年出版的另外一本书的题目就是《另类胡塞尔》。他在该书中明确提出，分析哲学家、解构主义思想家和受到社会批判理论影响和启发的思想家们，他们解读胡塞尔的方式却存在着惊人的一致性。而这种一致性却是以他们对胡塞尔理解的片面性为基础的，并且形成了导致汤普森等人拒斥胡塞尔现象学的所谓标准化解读。该书写作的动机就是要对标准化的胡塞尔现象学解读进行纠偏工作。Welton 认为，这种片面解读是由许多研究者忽视胡塞尔手稿的重要性而形成的。这里涉及的研究者，德文出版物中有恩斯特·图根哈特(Ernst Tugendhat)、托伊尼森(Teunissen)、英语出版物中有弗勒斯达尔(Føllesdal)、莫汉蒂(Mohanty)、麦金泰尔(Ronald McIntrye)和大卫·史密斯(David Smith)、德雷弗斯(Hubert Dreyfus)。解构主义思想家中有主要有德里达、约翰·卡布托(John Caputo)、罗多尔斐·伽塞(Rodolphe Gasché)、克劳德·埃文斯(Claude Evans)等。社会批判理论中的哲学家主要涉及的是哈贝马斯和卡尔-奥托·阿佩尔(Karl-Otto Apel)。而胡塞尔的学生 Oskar Becker 和兼助手 Eugen Fink 有关胡塞尔的论述文字对这一倾向的形成也负有一定

---

① 当然海德格尔用了大量存在主义(齐克果)的思想和术语，也有许多独创，而他最大的独创就是把人生世界的现象学描述，装裱为 Ontology(本体论，存在论，是—论，存有论)。这个装裱当然也有它独立的哲学意义。就具体内容而言，他对人生的描述比胡塞尔更加深入到人生现象本身，更加现象学。

② 见 Donn Welton, *Origins of Meaning, A Critical Study of the Threshold of Husserlian Phenomenology*, Martinus Nijhoff Publishers, 1983, p. 2。

责任。而重视胡塞尔手稿的研究者有 Landgrebe 的学生、德国的 Held 等人,比利时鲁汶大学胡塞尔档案馆 Bernet、爱尔兰的 Dermot Moran、美国的 Donn Welton、Drummond、David Carr、Crowell、Nennon、丹麦的 Zahavi 等等一批学者。附带说一句,在 Iso Kern、Klaus Held、Bernet 等等这些国外专家的直接影响下,倪梁康等中国专家对胡塞尔的译介工作中,不具有 Welton 所说的这种片面性。但是弗勒斯达尔(Føllesdal)、莫汉蒂(Mohanty)、麦金泰尔(Ronald McIntrye)和史密斯(David Smith)、德雷弗斯(Hubert Dreyfus)等人由于是用英语写作,他们的著作在像我这样不专门从事胡塞尔研究的中国学者中较有影响,有些还迻译为中文(比如 Hubert Dreyfus 的《计算机不能做什么?》曾经畅销一时),所以,对胡塞尔理解的这种片面性还是有一定的市场,笔者也曾是这一标准化解读的追随者。

标准胡塞尔描述被 Welton 归纳为三个观点、三个特征和三个问题或困境,共九项说法:

这三个观点是:

1. 胡塞尔的思想倾向本是同弗雷格一致的,是逻辑主义。

2. 只是胡塞尔把感知理论带了进来,即把意义区分为感性涵义(Sinn)和语言意义(Bedeutung),给他的现象学理论带来了不协调,引起了混乱。胡塞尔用逻辑主义的模式来对感知进行特征刻画的努力,导致了许多不能解决的问题:要么(1)我们面临着无形式的材料(感性数据)与形式[观念性的意义(meaning)]之间不可跨越的鸿沟;要么(2)表面上坚持术语上的区分,认为感性涵义(Sinne)是前语言的;但是,他对这个站不住脚的立场的坚持,使得意义(弗雷格意义上的意义,senses)独立于语言,并且使得任何感性知觉都不具有解释性;要么(3)同他表达出来的理论相反,使得"意向相关项(Noema)"的逻辑主义的特征具有优先性,并且导致把感知只看做一种解释。

3. 对于表达的三因素的区分引起的问题。胡塞尔认为,表达具有三方面的因素:指称活动、物理实在、意义。指号是物理性的具体实在的实体,它只是意义的承担者;意义是观念性的(ideal),与物理的东西截然不同;这些物理存在因为有了意义,并且通过意义而去指示对象(包括物理的对象和非物理的对象)才成为符号。符号与它们的意义,以及它们的所指只是外在地相互关联。这也导致,附着在符号之上的主体之间的交往过程(物理的、经验的、心理的过程),外在于交往过程的内容(不管它是意义还是指称),同时也外在于交往共同体的历史,意义是超历史的、观念性(ideal)存在。

这三个观念使得胡塞尔现象学具有以下三个特征

1. 把意义看成是观念性(ideal)存在,这导致行为—意义相关性的"被给出",根本上不同于实在对象的"直接"被给出。这样,认知上的对立,就变成了先验的领域和现实的领域之间实存上(ontic)的差别。而且这还导致,从我们对意向性内容的理解中排除了自然主义的解释。

2. 胡塞尔给现象学投放了一个笛卡尔式的终结点:给绝对知识中被给出的整体性自身加上了一个绝对的出发点。于是,先验的领域同现实的领域之间的实存性(ontic)差别,转化为(绝对的)意识和世界之间存在论上的差别。

3. 胡塞尔的现象学还原把世界放到括弧中,导致自我被分割为先验的自我和经验的自我。先验的自我是本构(constitutive)执行者,它是先验现象学这门特殊学科的主要研究内容。经验自我则是由先验自我构造的诸内容中的一项内容,成为现象学、心理学之不同的学科的主要研究对象。

胡塞尔思想的这种特征,导致了这种理论面临三方面的困境:

1. 把先验主体性理解为意识,并且把意识理解为同时具有以下两种形式:

(1) 它自己本身的存在的内在形式(its own inner form of being);

(2) 它自己本身在时间中的"当下化—自己"的内在形式(its own inner form of temporal self-presence)。

这样,意识如何当下化本身就成为问题。而将先验意识置入同具体的人生人身的关系中时,引起的混乱就更大更多。

2. 在世界的基础与各个具体领域的关系的说明中,把经验的说明同先验的说明完全区别开,这导致对这个基础的本质性理解中,排除了我们的(物理的)自然科学和人文科学。因为,一旦先验主体性被设定为世界的基础，一旦那种基础被解释为意识，世界就只能作为意识生活的不独立因素而被给出。胡塞尔将先验和现实之间的差异等同于意识（内在的）和世界（超越的）之间的对立，这就在意识和具体的存在之间、关于意向性生活的本质结构的科学与经验科学——不管是自然的经验科学还是与人文的经验科学——之间，构建了一个不可跨越的深渊。

3．胡塞尔把符号的表达性维度分离出来，并且赋予优先地位，强化意义与指称之间对立、甚至意识与世界之间的对立。从指示性中排除表达，从任何与“不可能由概念性的在当下化组成的世界”打交道的模式中排除意向性意识，这一双重排除带来了更多的理论困难，遭到了后来德里达等人的批评。

这就是第一节中我们引述的汤普森对胡塞尔思想整体的片面评价的来源。

三

2007 年汤普森出版了他的新书《生活中的心智》。在总结他 20 年[①]前那本书对待胡塞尔现象学的立场时，汤普森明确指出：“我们以前对胡塞尔的解读是错的，我不再赞同以前对胡塞尔现象学的评价。对于心智科学而言，胡塞尔现象学是比我们想象的要丰富得多的资源。”[②]他把他的新看法归纳为四点（我将英文原文附在括弧中）：

1．胡塞尔并不是方法论上的唯我论者（Husserl was not a methodological solipsist）。

2．他非常关注人类经验的交互主体性问题和具身性视角的研究（he was greatly concerned with the intersubjective and embodied aspects of experience）。

① 正如前面已经指出的虽然《具身心智：认知科学和人类经验》一书出版于 1991 年，但是写于 1986—1989 年，所以距《生活中的心智》出版近 20 年了。

② 原文为“Our earlier interpretation of Husserl was mistaken, I no longer subscribe to this assessment of Husserlian phenomenology.”见 Evan Thompson, *Mind in Life: Biology, Phenomenology, and the Sciences of Mind*, The Belknap Press of Harvard University Press, 1 edition, 2007, p. 413。

3. 他的意向性理论并不是表象主义理论(his theory of intentionality was not a representational theory)。

4. 他的生活世界理论并不是还原论的和表象主义的(his theory of life-world was not reductionistic and representationalist)。

最后他总结说,“简单地说现象学纯粹是抽象的理论设想,缺乏实践维度,我认为是十分肤浅的”[I think it is too facile to say simply that phenomenology is a purely abstract, theoretical project lacking a pragmatic (praxis) dimension]。

在十年间,在对胡塞尔现象学的评价上汤普森之所以发生 180 度大转弯,他自己说是出于两个原因:第一,对胡塞尔文献只关注《逻辑研究》和《大观念(I)》,他并不了解胡塞尔 1920 年之后关于“被动综合”的工作手稿和交互主体性的手稿,并且受到海德格尔对胡塞尔片面解读的影响。第二,当时作者完全接受德雷弗斯 1982 年在编辑《胡塞尔:意向性与认知科学》(*Husserl, Intentionality and Cognitive Science*)时为该书所写的“编者序”中介绍胡塞尔哲学时提出的观点,[①]把胡塞尔解读为表象主义和准认识论哲学家。在美国传播了海德格尔对胡塞尔的片面解读的也是德雷弗斯。

附录中,汤普森提到许多当代学者对德雷弗斯片面观点的批判,包括了 Welton 的《另类胡塞尔》(*The Other Husserl*),[②]Zahavi 的《胡塞尔现象学》(*Husserl's Phenomenology*),[③]Roy 等人的《裂隙的彼岸》(*Beyond the Gap: An Introduction to Naturalizing Phenomenology*)[④],以及 Marbach 的《精神表象和意识:表象与指称的现象学理论》(*Mental Representation and Consciousness:*

---

① Evan Thompson, *Mind in Life*, pp. 414-415.

② Donn Welton, *The Other Husserl: The Horizons of Transcendental Phenomenology*, Bloomington: Indiana University Press, 2000.

③ Dan Zahavi, *Husserl's Phenomenology*, Stanford, CA: Stanford University Press, 2003. 中译本见李忠伟翻译的《胡塞尔现象学》,上海世纪出版股份有限公司,上海译文出版社,2007 年。

④ J. -M. Roy, J. Petitot, B. Pachoud and F. J. Varela, *Beyond the Gap: An Introduction to Naturalizing Phenomenology*. 见 J. Petitot, F. J. Varela, B. Pachoud and J. -M. Roy 编辑的 *Naturalizing Phenomenology: Issues in Contemporary Phenomenology and Cognitive Science*, pp. 1-80. Stanford, CA: Stanford University Press. 1999。

Towards a Phenomenological Theory of Representation and Reference)[1]。他对现象学的新立场直接受到上述研究成果的影响。

附录中,汤普森还从正面对胡塞尔现象学作了归纳:

1. 意向性的开放性是意识存在的有机组成部分;所以,不存在表象主义难题。

2. 现象学还原研究的是世界同我们主体性的关系,即研究世界是如何被我们经验的,所以不存在唯我论问题。

3. 胡塞尔并不认为,所有的意向性都是朝向、对准对象的意向性。被动综合的研究表明,认知前的、并不指向对象的操作性意向性,恰恰是发生现象学的核心。

4. 胡塞尔认为,背景并非是指向对象的:在某种意义上,在幽暗的深处,存在着生根的土壤(root soil),它是我们的自然方面,是主体性赖以站立的基地;属于这个自然方面的还有,情感生活和本能生活,以及关注功能的直接的低等的生活。胡塞尔并没有认为,反思性的意向性分析可以全部覆盖这种本能生活生根的土壤。

5. 胡塞尔认识到,生活世界是预先给定的场域(Horizon)和基础,它是不可以通过反思性还原的方式加以对象化的。这恰恰是他谋求生活世界现象学的新途径的动机。[2]

四

综上所述,我们可以看出,汤普森对胡塞尔现象学态度的180度大转变,是对胡塞尔现象学整体评价和解读的历史发展中形成的两派观点之根本分歧的反映。这里的分歧不在于胡塞尔哲学著作中是否有过标准解读引述的那些表述和问题,而在于,标准解读中刻画的胡塞尔现象学观点,是胡氏现象学的一个部分,还是胡塞尔现象学的整体、主要的核心部分。这里关

---

① E. Marbach, *Mental Representation and Consciousness*: *Towards a Phenomenological Theory of Representation and Reference*. Dordrecht: Kluwer Academic Publishers. 1993.

② Marbach, *Mental Representation and Consciousness*, pp. 415-416.

涉的问题是，同胡塞尔未来得及公开发表的工作手稿、研究手稿相比，胡塞尔生前写的导论性著作在胡塞尔整个现象学中的地位和意义的问题。

胡塞尔生前发表的著作，往往在它们刚发表不久，胡塞尔就已经准备修改其中的某些思想，比如1901年《逻辑研究》第二卷刚刚交付出版后，他在给那托普的信中便指出，他紧张地期待着那托普对第一卷的评论。"但是浸透着我多年以来的全部工作的第二卷，我担心，会让您失望的。它是一部未完成的、不均衡的，尚未完全成熟的著作"①，后来他不断地对它——特别是对其中的第六研究——进行修改。1913年出版的《纯粹现象学与现象学哲学的诸观念》计划出三卷，但是只出版了第一卷《现象学通论》②，第二卷《本构现象学研究》③书稿并未出版，第三卷《现象学与诸科学的基础》④并未完稿，只有近百页的提纲。《笛卡尔式的沉思》生前只发表了法文版，那只是写给当时没有什么现象学初步知识的法国人的一个十分简单的导论。德文原稿经过多年修改，最终也未能完成。所以，我们不能简单地说，胡塞尔生前发表的著作，就是胡塞尔核心思想的权威代表，它们只是不断发展中的胡塞尔思想的阶段性成果。

胡塞尔本人对自己手稿的重视也是人所共知的。他经常把自己的研究手稿（速写稿）交给助手，打字装订，不断拿出来加以修改，并且交给自己的入门弟子们传阅。他之所以没有拿出来发表，主要是因为在学术上他对自己的苛求。胡塞尔对自己手稿的态度，在他给那托普的信中表达得再清楚不过了：

> 我比你的处境更糟，因为我的绝大部分工作都被淹没在我大量的手稿中。我无力完成我的工作，对此我几乎感到绝望。我很晚——一部分是直到今天——才达到全面、成体系的思想——虽然这种成体系的思想是以前的具体的研究所要求的——，但是现在（成体系的思想）

① 胡塞尔：《通信集》（*Briefwechsel*）第5卷，Kluwer Academic Publishers，1994，p. 77。胡塞尔1901年5月1日给那托普的信。

② 简称《大观念I》。

③ 简称《大观念II》。

④ 简称《大观念III》。

要求我对以前的工作做全面的加工。一切都处于重新结晶的阶段。我就是竭尽人力之所能,也只能是为我身后的遗著工作而已。①

从依据的文献来看,有些学者过分强调胡塞尔自己发表的著作在其思想整体中的核心意义,认为只有它们才能代表胡塞尔成熟的思想。因此,这些学者没有去阅读和研究胡塞尔未发表的文本,没有研究它们同生前已发表著作之间的关系,更没有依此为基础,研究胡塞尔的整体的思想和方法。他们都假定,被胡塞尔自己后来称为笛卡尔式的思路,以及胡塞尔对笛卡尔式思路的表述,就是胡塞尔现象学方法的最终表述,并且认为,笛卡尔式思路穷尽了胡塞尔先验现象学全部内容。这当然是一种片面的看法。

① 胡塞尔 1922 年 2 月 22 日给 Paul Natorp 的信,见《通信集》3/5,第 151—152 页。

圣洁性的哲学*

——阅读勒维纳斯的几点笔记

杜小真**

逃避的需求——是否充满虚幻的希望都无关紧要——把我们引至哲学的核心。

它让我们得以更新作为存在的存在的古老问题。①

——勒维纳斯

前言:“变异”的继承者

勒维纳斯无疑是20世纪法国乃至西方最重要的思想家之一。在纪念他百年诞辰和逝世十年之际,倍感他的哲学著作,他独特的经历和思考对于现今人类和世界的珍贵和重要。勒维纳斯留下的哲学遗产,不仅仅属于法国,属于西方,也应属于东方的中国。也许由于中国是西方的“他者”的身份,勒维纳斯的思想会对我们更具教益和启发。德里达所说的那两件法兰西民族应该归功于勒维纳斯的当代重大思想事件②,让我们同样感受到巨大的震撼和冲击。特别是他的有关“他者”思想的那些充满魅力而又神秘

---

* 原文刊于《江苏社会科学》2006年第6期。

** 杜小真,1946年生,女,北京大学哲学系退休教授。

① *De l'Evasion*(《论逃避》), Fata Morgana, 1982, p.99. 首次发表是在1935年的《哲学研究》上。

② 德里达所说的两件重要哲学冲击波,一是勒维纳斯等人把胡塞尔现象学及海德格尔思想同时(1930年左右)引入法国;二是勒维纳斯制造的所谓“快乐的创伤”(l'heureux traumatisme),即来自他人的他者的创伤(traumatisme de l'autre),再一次搅翻了没有思想景观的景观,他忠实地从内部、同时又从远处,从对一个完全他域的证明出发,合情合理地制造了这次搅翻。参见德里达:《永别了》(A dieu),载《唯一的每一次,世界的终结》(*Chaque fois unique, la fin du monde*),第249—251页,伽利略出版社(Glilée),2003年,此文有单行本:《永别了,埃玛纽埃尔·勒维纳斯》(*Adieu, à Emmanuel Levinas*),1997年,伽利略出版社。

深邃的论述,永远让我们感到其深藏的意义难以穷尽……

勒维纳斯的哲学在20世纪西方学界占有独特的地位。这种独特性从根本上讲是与勒维纳斯的传统背景,或者说与他对哲学传统遗产的独特思考和继承、出离的双重立场紧密相关的。他是当代西方为数不多的最熟悉、最深知、最忠实于与自己休戚相关的传统而又深入其中进行最有力、最切中要害、最具理智之光的批判的思想家之一。特别值得关注的是,勒维纳斯在这两个方向上都堪称走到极致。这使得他和传统的关系问题变得尤为重要,对这个问题的讨论会有助于深入理解和研究勒维纳斯的哲学的由来和发展,有助于挖掘他的思想中的深层旨趣和意义,更加显示勒维纳斯思想的"他者"理论所蕴涵的力量和根基的厚重。

勒维纳斯生前曾经多次谈到欧洲精神,他告诉人们,欧洲精神有两个来源,那就是希伯来《圣经》传统和希腊哲学传统①,实际上就是唤醒(éveil)的经验叙事——《圣经》文本和人类—— 古希腊赫拉克利特到亚里士多德的思想的最初言论——之间的相遇。这两个来源或者两个传统可能是以矛盾或冲突的方式编织着欧洲的文化,它们同样也交织在勒维纳斯的哲学思想发展过程中。特别值得注意的是,勒维纳斯对这两方面的继承和批判均超越了哲学和神学的界限,是一种既不同于哲学又不同于神学②的思考。这

---

① 参见 Levinas,"C'est la Bible et les Grecs"(《这是圣经和希腊人》),in *Cosmopolitiques*, 1986, puis, in *A l'heure des Nations*, pp. 157-158, Minuit,1988。

② 这里让人想到勒维纳斯所受布朗肖(M. Blanchot)的启发,他在布朗肖对艺术和文学的思考中,看到了比严格的批评更加严格和深刻的东西:作者的著作实际上是处在任何批评和注释之外。布朗肖后来没有继续做哲学,并不意味着他的旨趣低于哲学的尺度,而是因为他没有在哲学中看到最后的可能性,也没有在可能性本身中看到人的界限,对于要建立一个美好世界的人来说,重要的是改变,而不仅仅是理解(可参见 Levinas,*Sur Maurice Blanchot*, Fata Morgana, 1975,pp. 9-10)。另一方面,在对希伯来《圣经》或犹太教经典的研究和分析中,勒维纳斯又明显坚持一种哲学的立场,他曾多次表示,他的工作是要唤起人们对经受过严重歧视的希伯来文化历史的思考,关注这种传统自主和知识与存在的内在和平等的思想,这种思想号召一种不可还原为存在的相异性的相异性。所以勒维纳斯拒绝人们把犹太教神学作为他的超越哲学的背景的看法:"我的出发点绝对是非神学的。"(Levinas,"Transcendance et Hauteur",1962, in *Liberté et commandement*, Fata Morgana, 1994,p. 96. 后收入 *Cahier Herne*, *Emmanuel Levinas*, l'Herne,1991, pp. 70-71)他还说:"我后来关于上帝所说的一切都出自这种经验,而不是相反。上帝的抽象观念是不能够阐明人类处境的,而是相反。"(Ibid. ,pp. 94-95)。还可参见 Catherine Chalier,《无限的踪迹》(*La trace de l'infini*), Cerf, 2002, p. 15。

也可以是我们考虑勒维纳斯和传统关系的一个基点。

勒维纳斯对两希传统的立场和态度发人深省。我们想到勒维纳斯的同事和挚友利科。利科也是20世纪法国最重要的哲学家之一,他既传统又宽容,成为沟通当代法国不同思想流派的大家。曾经有人称利科是现象学的"变异继承者"[①],这在现象学的接受上最为典型。利科本人也明确表示:"……广义的现象学是胡塞尔现象学及来自胡塞尔的各种变异的总合。"[②]"现象学在很大程度上可以说是胡塞尔各种变异的历史。"[③]勒维纳斯和传统的关系,同样可称作是变异的继承。[④] 其实,继承传统思想从来就包含着两个方面:一是在继承,意味着接受一种学说;二是继承者在接受的同时,就已经开始划出了自己与之的界限,开始在其主要概念之上摇摆,开始阅读这个世界,然后开始渐进深入地改变这个世界的意义,使得这个世界说出它不愿说——至少表面上——的东西。对于一种传统或学说的忠实和不忠实,从来就是辩证的。从某种意义上说,可能正是对一种传统过于忠实才会产生看似完全"不忠实"的结果。从"变异继承者"这个角度分析勒维纳斯与传统存在思想(或其他各种学说)的关系,会有助于我们对勒维纳斯思想精神进行更加深入、更加有意义的思考。

---

① 参见布鲁斯·贝古:《异端的继承》,载《精神》杂志,2006年3—4月,《利科思想》专辑。Bruce Begout, "L'héritier hérétique", in *Esprit*, mars-avril 2006.

② 参见利科:《致现象学派》(*A l'école phénoménologie*), Vrin, 1986, p. 9。

③ Ibid., p. 156. 还可参见 Agata Zielinski, *Lecture de Merleau-Ponty et Levinas*, p. 14, PUF, 2002。作者在这本书中指出,勒维纳斯和梅洛-庞蒂都在法国对胡塞尔现象学的异变运动中作出了突出的贡献。他们都同时体现了对胡塞尔的忠实和断裂。这些异变,实际上没有取消他们的现象学来源,而是从内部超越之并且引入问题和新的着重点。

④ 勒维纳斯对现象学的继承和批判最能体现这种"变异":"我一如既往几乎是以胡塞尔或从胡塞尔开始的,但我说的不再是在胡塞尔之中。" *Transcendance et intelligibilité*, Labor et Fides, 1964. 本文则是对勒维纳斯和希腊—希伯来这两个传统的关系及相关问题的一些思考。本文的最初构想,是受到法国巴黎十大教授 Catherine Chalier 和巴黎七大教授 Miquel Abensour 两位朋友的启发,两位都是法国著名的勒维纳斯研究专家。多年来,我阅读他们编、著的作品,和他们(特别是后者)多次交谈和来往,获益匪浅。另外,加拿大拉瓦尔大学教授 Jean-Marc Narbonne 的 *Levinas et l'héritage grec*(Vrin, 2004)一书也在最初构思时予以我启发。

一、反思传统——质疑"存在"

本真性不在"存在的真理"之中。[①]

——勒维纳斯

勒维纳斯最初的思考,是针对西方哲学不容置疑的"存在"理论。在始源于希腊的西方哲学传统的内部,总是有一种对于"一"或"大全"的强烈欲求,从本质上讲,就是对"绝对存在"、"绝对的知"或"整体"(totalité)的至高无上的地位的肯定:"西方哲学话语要求无所不包和最终的理解。它强制所有话语都在哲学面前接受检验。"[②]勒维纳斯认为,多少世纪以来,希腊式哲学就充满着对"一"的热切渴望,充满着对绝对的单一的追求,就不断地梦想能够回归这个近乎天国的"一"。哲学似乎在完成着一种超越多样性而达到同一的使命,也就是要与静止的绝对重合的渴望[③]。这种超越实际上并非真正意义上的超越,而是对"超越性的摧毁"[④]。勒维纳斯认为这样的哲学,如同它的本性,也如同它的问题,基本上在于正题化或概念化,哲学要求清除主体和对象、思者和被思者之间的差异。[⑤]

而"一"为统治和归宿的思想,在勒维纳斯看来总是和"存在的思想"密不可分的。从亚里士多德、斯多亚派、伊壁鸠鲁派和怀疑派以来,总是以医疗康复的隐喻指引着哲学路线,都行的是存在论之道,往往忘记他人,或者把他人的关系附属于存在论。这是因为哲学希求自己称为整体的思想,也就是成为否定的相异性回归同一的思想:"西方哲学总是和揭露他者重合,他者在西方哲学中显示为'存在',失去了相异性。哲学从童年开始就始终

---

① Levinas,*Sur Maurice Blanchot*(《论布朗肖》),Fata Morgana, 1975, p.20.

② DVI(此为勒维纳斯著作的缩略名称,参见本文附录"勒维纳斯著作书名缩略表"。下同,不另注),《来到观念中的上帝》,Vrin,1982, p.94.

③ 在此勒维纳斯主要引证了普罗提诺(Plotin)的"四喻说"(《九章集,V》,V,I,6)所言,存在是对不动者之运动的摹仿,"太一"的流溢。参见 *De l'Un à l'Autre*, *Transcendance et Temps*, in EN, pp.153-155。这种"超越"的趋向在黑格尔的绝对精神中达到了顶峰。

④ DVI,p.95.

⑤ TI, p.37.

被作为他者的他人所影响……因此，哲学从根本上讲是存在的哲学，对存在的领悟是哲学的终极和人的根本结构。为此哲学便成为内在性、自主性或无神论的哲学。哲学家的上帝，从亚里士多德到莱布尼茨——中间是通过经院哲学家——的上帝，是与理性相合的神。"①人从存在、从对存在、内在性、自主性、无神论出发进行思维，这些概念同时成为哲学的范畴和语言，同样也是哲学始终禁锢其中的同一性的逻辑。勒维纳斯因此呼吁：哲学应该走出去看"彼处"，而不是只关注在自身中发生的事情。和传统西方哲学相对，勒维纳斯的哲学提出的问题是："难道不能超出存在——比如说从观念的一个出口，从对存在和非存在的遗忘出发，去理解主体的主体性吗？"②熟知柏拉图、笛卡尔、康德、胡塞尔、海德格尔等西方哲学大家的勒维纳斯，很早就感到："我们的传统哲学总是把任何意义——任何合理性——提到存在、被作为自己肯定所是的存在、存在的 essance 的高度。"③这就是说，希腊式哲学传统总是把精神性(灵修性)④提到意识、存在和知识的高度上，这就使得包容"绝对"的存在除了自身之外，不能表达任何其他，这个至高无上的"存在王国"，要比"诸神的王国还强大"。这种希望从存在论出发彻底理

---

① 《他者的踪迹》(La trace de l'autre,1963)，载《和胡塞尔与海德格尔一起发现实存》(*En découvrant l'existence avec Hsserl et Heidegger*), DEH, Vrin, 2001. p. 267。

② 参见 *Autrement qu'être ou au delà de l'essence*, AE, Nijhoff, 1974. p. 223。

③ DVI, p. 174. 这里"a"归结的是"存在"的动词特性。参见 AE, p. 9。essence 这个词在此表达存在相异于在者，德文中 Sein 相异于 Seiendes，拉丁文中 esse 相异于 ens。我们不敢像语言历史那样写作 essance，其中 ance 的后缀来自 antia 或 entia，它使得行动的抽象名字诞生。第 13 页注释称："我们不敢写作 essance 的 essence，指的是 esse 与 ens 不同——即存在的过程和事件——以及 Sein 和 Seiendes 不同。"还可参见 DVI, p. 78 注, p. 160 注。

④ 这里应该提到勒维纳斯在 1933 年在考那斯(Konas)的 *Vairas*(no. 5. vol. 7, 1933, pp. 271-280)杂志上发表的文章《对法国和德国文化中的"精神性"的理解》(La compréhension de la spiritualiteé dans les cultures française et allemande, in *Cités*, 2006, no. 25, PUF, pp. 126-137。)在这篇到 2006 年才由立陶宛文翻译成法文第一次发表的文章中，勒维纳斯已经明确了他要逃避"存在"，追求超越，追求纯粹精神性的强烈欲望。一方面，勒维纳斯欣赏笛卡尔身心分离的理论的独创性，笛卡尔不同于把物质实体和精神实体的关联看作自然而然的亚里士多德，他认为二者之间没有共同点，只有依靠上帝之恩典方能统一。感觉、感官和激情都要接受纯粹灵性生活的洗礼。另一方面，勒维纳斯还指出真正的精神生活是在彼处，是超越想象、感官和激情的，这种精神也是法兰西所特有的。他还引用帕斯卡尔的话：**"人的尊严在其思想之中。"**这是地道的法国人的宣言。

解主体的传统意图,正是希求脱离观念的勒维纳斯哲学所质疑的。①

二、断裂传统——逃避存在

对纯粹存在的经验同时也是对其内在对立和必然的逃避的经验。②

——勒维纳斯

勒维纳斯把他对传统存在论的批判轨迹概括为"导引实存到实存者、实存者到他者的道路"③,也就是从"无名的实存(il y a)到相异性的发现"的轨迹④。勒维纳斯对西方存在传统的"别样反思",在初始深受德国现象学,特别是海德格尔的存在论思想的影响,而又展现了自己独特的精神取向,即希腊和法国精神传统的融合,趋向一种"逃避",即要指出"存在的错误"的纯粹的精神追求。这是勒维纳斯和希腊哲学传统之间的一个断裂,也是他和希伯来传统的精神连接。⑤

"逃避"很早就在勒维纳斯的著作中出现。这个后来勒维纳斯并不那么常用的概念却很能表达他的强烈需求和欲望,那就是脱离存在的需要,实际上也清楚地表明勒维纳斯的整个思想是如何从一开始就要求实现向着存在之外的"善"超越的运动。因为这个存在在勒维纳斯看来是那样的令人感到压抑,一如处在禁锢之中,这是没有虚无和出路的"存在",只能由于自

---

① 关于这个问题可参见 S. Plourde, Emmanuel Levinas,《相异性和责任》(*Altérité et responsabilité*), La nuit surveillée,1996. pp.9-11。

② Levinas, DE, p.116.

③ 参见《签名》(*Signature*),in Difficile liberté(困难的自由), DL,Livre de poche, Biblio Essais, 1976。

④ 这是勒维纳斯收入《专名》NP 中有关策兰(Paul Celan)文章的副标题。

⑤ 有趣的是,希伯来语言本身就表现了犹太人的"流动不居","离家"、"迁徙"的历史特性。Chalier 教授说,希伯来语是 Passeur(帮助越界或越禁区者)的语言,Hébreu(希伯来人)这个词意为"Passeur"。这也适用于"踪迹"(Trace),即"过者",它扰乱世界的次序,强制趋向存在的"彼在"。参见 Chalier,*Figure du Féminin*, La nuit surveillée, 1982,p.143。另外,希伯来语中"存在,是"(être)这个动词没有现在时,只有过去时和将来时。过去和将来不是"在场"的改变,希伯来人视现在只是一个点,也就是过去的结束和将来的开始(参见 Spinoza, *Abrégé de grammaire héraïque*, tra. Qskénazi et Askenazi-Gerson, Vrin,1968, p.131)。这实际上表明拒绝把存在等同于"在场"和"存在的现在",希伯来语在踪迹的空间活动,向着不可在场的意义超出存在之外。

身才能成为可理解的:“在自我的同一性中,存在的同一性揭示了枷锁的性质,这种性质以痛苦的方式显现,并且请求逃避。这样,逃避就是脱离自我的需求,即粉碎最极端、最无可救助的枷锁,即我就是自我的事实。”①值得注意的是,脱离存在并非是传统意义上的对存在的否定,而是别样地存在(不同于存在)。这也是勒维纳斯的他者的深刻意义之所在:他者的这种深刻意义具有深厚的希伯来传统的根基。趋向他人,也就是追求一种“不同于存在”,它蕴涵着有限者追求无限的深刻内涵,并且和勒维纳斯的上帝观念有着内在的关联(本文下面将会涉及)。

勒维纳斯逃避存在的思想,同样贯穿着他对希腊式哲学的古老存在理论的沉思和批判。他希望能够立足这个思想传统,但又出离这个传统的“一致”或“统一”的强制。在他最重要著作之一《整体与无限》中有着明确的说明:“对于西方哲学传统来说,‘同’和‘异’之间的任何关系在它不再是对‘同’的优先的肯定时,那就导致在普遍次序中的一种无人称的关系。哲学本身等同于观念代替个人,主题代替对话者,逻辑关系的内在性代替互唤的外在性。这就导致理念、存在、感念的中性。”②结果是取消了哲学最重要的分析和思考彼处和差异的功能:“哲学活动与抹消‘反对普遍类似的次序的实践’混为一谈,这种实践期待各种相异思想的失败。哲学思考,就是反对不可还原为统一的多样性、不可划一的外在性、绝对外在的反抗。即让存在和观念护卫中性次序(l'ordre du Neutre)得到胜利。”③

特别应该指出的是,勒维纳斯的思考追溯到希腊哲学的根源尽头,在那篇有关希腊哲学传统批判的重要文章《从一到他者——超越与时间》④中,

---

① DE, p.98.

② TI, p.60.

③ 关于这个观点,可参见 Catherine Chalier,《女性的形象——阅读勒维纳斯》(*Fugures du féminin*), La nuit surveillée, p.16。

④ 这篇文章(De l'Un à l'Autre, Transcendance et Temps)发表于 1978 年,首发于 *L'univers philosophique*, *Dictionnnaire Encyclopédie philosophique unverselle*: lè partie du T.I, 后收入《我们中间》(*Entre nous, Essais sur la pensée-à-l'autre*), Grasset, 1991。此文集中总结阐明了勒维纳斯对于希腊式哲学的理解和批判。关于这个问题,本文还参考了徐鹤然的博士论文《不同于存在——论勒维纳斯的哲学思想》(*Autrement qu'être—sur la pensée philosophique de Levinas*, 2005 年 2 月,北京大学哲学系)提出的一些想法。

勒维纳斯与众不同地指出，在哲学产生的最初时刻，实际上就存在着一种分离，那是复杂、纷繁的世界和完美、绝对的“太一”之间的分离，也就是和纯粹智性的分离。所以，向外或者说逃避的问题其实在哲学之初就已明白地存在：“第一多样性，就是理论、视觉之光；看和被看、思与被思之二元性……而第一外在性——对于‘太一’的外在性——是对‘太一’的智性。”[①]这就是说，始源的绝对的分离，在古希腊已经是非常清楚的事实，而追求“绝对太一”统治的希腊式哲学传统，它的理念和回忆说(Réminiscence)标志着人的灵魂对“太一”的怀念，对回归的渴望。哲学其实忘记自己的始源，正如德里达所说：“形而上学在自身中抹消了创造它的奇妙的景观，这种景观仍然生动，活跃，被用白墨水记录，是在‘原有记忆消失’(le palimpseste)[②]中不可见的，并且被掩盖着图像。”[③]勒维纳斯比德里达更加彻底，他彻底和希腊式哲学的回归决裂，他的“回归”则是回到那个“相异性”的源头，回到那个发生“位移”的始肇。从根本上讲，是一种外在性的趋向。这种逃避是哲学不能承受，也是无法运作的：“哲学思考，难道不是在失去原有记忆中辨别隐藏着的文字吗！”[④]Chalier 教授也明确地指出：“但是，这种标志着西方哲学传统的内在于存在的理性优先性，难道不是在一个巨大的遗忘之中吗？这个问题贯穿着勒维纳斯的全部哲学。”[⑤]勒维纳斯呼吁人们不要忘记欧洲文化的另一个来源(长期以来一直受到轻视、甚至被遗忘的遗产)，那就是希伯来传统，就是犹太文化遗产。

---

① 《从一到他者》(De l'Un à l'Autre)，in EN, p. 153。

② 这个词原来的意义还有隐迹纸本(擦去旧字写新字的羊皮纸稿本，但可用药水恢复原迹)和修改过的作品等。

③ 德里达，《白色神话学》(*La Mythologie blanche*)，转引自 Marie-Anne Lescouret, Homo philosophicus, in Joelle Hansel(sous dir.), *Levinas, de l'Etre à l'autre*, PUF, 2006, p. 25。

④ HAH, Philosopher, est-ce déchiffrer dans un palimpseste une écriture enfouie.

⑤ 参见 Chalier:《无限的踪迹，勒维纳斯和希伯来根源》(*La trace de l'infini, Levinas et la source hébraïque*), Cerf, 2002. “Mais la primauté de cette rationalité qui caractérise la tradition philosophique en Occident ne s'est-elle pas construite dans un oubli majeur? Cette question traverse toute la philosophie de Levinas.”

三、“相异性”和“超越”：向着“彼处”，向着他人

这种超越活在和他人的关系之中……①

——勒维纳斯

很多勒维纳斯研究者都指出过，勒维纳斯对希腊式哲学传统的批判最深层的背景就是犹太传统（宗教和文化）的研究和继承。我们都知道他和犹太经典优秀学者苏沙尼的神奇交往，知道他对犹太传统的接受，从来就没有脱离过犹太教口传经典《托拉》（*Torah*）的文字记载，也就是说他的研习是从来没有脱离过那些伟大的《托拉》注释者和《塔木德》（*Talmud*）的法利赛（pharisiens）大师们的文字。他认为这些严肃的文字要比生命更加具有生命力，这些文字对他的思想来说，是最根本的，因为它们并非像诸如康德或海德格尔这些哲学大家长久以来所说的那样，犹太教是犹太教教士（rabbinique）的思想，这些文字远远不止是对犹太《圣经》经文的阅读，而是同样是口传《托拉》不可分割的重要部分。② 勒维纳斯批评了那些只把犹太教看作《哈西德传说》（Contes hassidiques）的人，犹太教的内涵和深度远远超过他们的想象。勒维纳斯趋向并深入这种出自《圣经》的宗教思想，实际上是要呼吁人们注意：在很早以前，这种宗教思想就和基督教思想一样，已经努力回应着希腊理性主义的意义模式，同时进入语言和哲学领域。一些超出理智活动，超出观念活动的视觉的怀念的东西形成了。③ 勒维纳斯谈到犹太教的虔诚：它是“一种形式类别的宗教隐喻，这种隐喻的逻辑类型仍然是关系……”④，勒维纳斯指出：“……人们当然有理由询问，使这种从根源上就与对邻人之爱和公正的关注密不可分的宗教活跃起来的虔诚，是否应该

---

① 勒维纳斯：《相异性和超越性》（AT），p. 131. “Cette transcendance est vivante dans le rapport à l'autre homme...”

② 参见 DL，前言和第 28 页。

③ 关于这个观点，可参见 Chalier, *La trace de l'infini*, Cerf, 2002, Introduction, pp. 9-11。

④ De l'un à l'autre, in EN, pp. 156-157, “métaphore religieuse d'une espèce formelle dont le genre logique restait la relation...”

在这种伦理本身找到语义诞生的地点以及非—无动于衷(non-indifférence)的意义,为的是'一'的无限差异,而不是把这种差异归结为认识的非—满足。这是在宗教和关系之间必然产生的主要分别。"①应该看到,这样的虔诚从实质上表现了从超越意义上讲的对《圣经》及其注释的文本的无上尊敬,而这种虔诚也在真正超越的意义上构成了生命和信仰,②是用以滋养生命的浆汁,是生命呼吸不可缺少的活的气息。也是从这个意义上讲,上帝在勒维纳斯那里不是作为存在论来陈述,而是作为"义务"得到定义:"超越的智性不是存在论的。上帝的超越,既不能用存在的术语——哲学的元素——来言说,也不能用之进行思考。哲学在上帝后面,看见的只是黑夜。"③勒维纳斯哲学意义上的宗教研究,其实就是在特殊意义上的超越性的研究。和他的其他问题的研究一样,关注的是那"不存在"、"不可见"或者说诸如"黑夜"、"Il y a"等无法用感官,只能用心灵和精神去超越的"维度",这是有些学者提出的,希腊新柏拉图主义所关注的"彼在"这个被某些人忽视的维度。④ 从某种意

① De l'un à l'autre, in EN, p. 156.

② 勒维纳斯的信仰因此并不意味着参与那些与理性碰撞的不可显明的命题,而是由于《圣经》及其注释而成为可能的发现,心理最秘密的内在应该只是以一个他者的节奏震动,而存在之中的人由此开始,仅只由此。参见 Chalier, *L'Utopie de l'humain*, Albin Michel, 1993, pp. 17-18。

③ DVI, p. 232.

④ 勒维纳斯提到其实柏拉图所说的"善"等,都是外在于存在的,但却缺少真正超越的高度(hauteur):"与他人的关系是作为向着善的运动。柏拉图的公式把善置于存在之外……它意味着一种导引实存者向着善的运动,并不是实存者据之上升到更高实存的超越,而是存在和描述存在的范畴的一个出口:出离。"见 EE,前言。在这个时候,勒维纳斯延续了 1935 年的《论逃避》的思想,而他后来的著作也顺应这条路,为的是实现从"存在的彼在"到"不同于存在"的运动,但应该注意,不同于存在,不是另外的存在,也不是简单的补充,而是对存在加在思想上面的统治的对抗和颠覆,也是要开创一条新的道路。这里要提到的一些学者指出的西方当代哲学中的法国式的存在论的问题,主要涉及以勒维纳斯等一些深受海德格尔存在论影响、而又在存在问题上与海德格尔分离的法国思想家。他们认为海德格尔在存在问题上的沉思是 20 世纪西方思想界的最重大事件之一,但却只是在希腊哲学中看到了对"在者"的反思,而缺少对古希腊"存在之外",即"彼在"沉思的关注。这种沉思其实在柏拉图那里可找到根据,在新柏拉图主义派普罗提诺得到完善。这使一些"承继"海德格尔的法国学者更加关注"存在"的"彼在"思想的重要性,而这通常是在古老的否定神学和柏拉图的传统中得到确定的。勒维纳斯是其中的首要代表。他看到了在新柏拉图主义的"存在的彼在"和当代现象学的"不同于存在"之间的一种相似性。

义上讲,勒维纳斯的哲学可以说是一种圣洁性(sainteté)①的哲学,具有宗教灵性的哲学。

超越性永远是和相异性密切相关的。逃避,就是逃避"大全"(le Tout),就是与 il y a 分离,与自我分离。如上所述,勒维纳斯并没有把逃避当做目的,而是要追求超越的高度。勒维纳斯特殊的传统背景,即希伯来思想的他者理论的形成和发展以至走向极端的"绝对他者"的过程中起了决定性作用。勒维纳斯认为希腊式哲学无论如何是遗忘了相异性,也就是了伦理学在其中活动的相异性。而相异性是《圣经》的历史和思想的核心,其中心则是伦理学。《圣经》以及犹太教教士的圣经注释(les interprétations rabbiniques)亦把相异性和超越性视为关键问题。亚伯拉罕和尤利西斯成为了两个文化传统的超越差异的象征性人物。在这两个象征之间,勒维纳斯偏向了亚伯拉罕。② 因为他认为,尤利西斯其实象征着一种回归同一的哲学:"哲学的路线仍然是尤利西斯的路线,其在世界中的遭遇只不过是回到他的故岛——逢迎'同',否认'异'。"③这样,勒维纳斯为了达到伦理学,必须用应许地(Terre promise)代替被占领地。摩西(Moïse)率希伯来人在西奈半岛漂流四十年未进迦南(Ganaan),死于纳波山;而尤利西斯则在重归伊塔刻(Ithaque)后死在那里。亚伯拉罕忠实的是他的神,而尤利西斯忠实的是他的祖国。勒维纳斯为哲学,即便是希腊哲学只把自己的脚步印刻在流

---

① 关于"圣洁性",勒维纳斯说过:"我认为,神圣的概念不是一个和其他概念一样的关系,它是一种不同于其他的尊严。圣洁性的确排除任何功利。无论如何,这是唯一的'无用性',在其'类'中是独一的:这是一种价值。"另外,勒维纳斯把这种"圣洁性"推到极致,提出了我是他人的"无条件的人质"的看法。人质是一个"可怕"的词,勒维纳斯从纳粹暴行中知道了它。他痛苦地指出:"在我来说,除了在语境中获得一种可能成为'荣光'的意义之外,这个词没有任何其他意义。"勒维纳斯坚持说,这种对他人无条件的人质,使慈悲、友爱、团结由之来到世界上。当人们说出真理时,永远有成为人质的危险。这也是勒维纳斯用来表达人的圣洁性的词。可参见 Michaël de Saint-cheron, *Entretiens avec Emmanuel Levinas, 1992-1994*. Librairie Générale Française, 2006, pp. 29-33。

② 勒维纳斯在《他者的踪迹》(in DEH, p. 191)中曾经形象地用两个人物来说明自己对他者的相异性的哲学思考,也表明了两种文化传统的差异或者说是不同的方向:那就是亚伯拉罕和尤利西斯的对立。"思想的事业实际上是彻头彻尾的'同'向着'异'的运动,这种运动永远不会回到'同'。我们要用亚伯拉罕的历史和尤利西斯的神话相对:前者永远远离自己祖国走向一片仍然未知的土地,甚至禁止下人把他的儿子带回这个起点,后者则最终回到伊塔刻。"

③ HAH, p. 43.

亡和回归的本体形象中，而不是在伦理、流浪和迁徙的形象中而感到遗憾。勒维纳斯选择了亚伯拉罕，而不是尤利西斯；选择义无反顾的出发，决离根源和本土，而不是回归故土和家乡，一是强调希腊式哲学对相异性的"遗忘"正是《圣经》传统的最关注所在；二是表达了脱离"本土"(autochtonie)的强烈要求(当然这个本土主要具有的是象征意义)，必须到异地，到异乡去。这种思想不但涉及勒维纳斯的个人历史，同时也涉及他五年集中营的经历以及回到法国后的反思，也就是希望哲学能够在传统中找到逃避同一性思想的手段。①

结语：人类的乌托邦

选择一种人的生活，必通过一种"为他者的存在"的升华。②

——C. Chalier

阅读勒维纳斯的著作，思考他提出的问题，我们和世界上许多读者一样，心绪难以平静，特别是想到刚刚过去的20世纪充满着对他人的仇恨和蔑视，而且至今仍然不断由之产生动荡和纷乱，会让我们产生更多的思考。因为，勒维纳斯始终怀有的深切忧虑，是和"人的"问题休戚相关的。很多人习惯把勒维纳斯的这种忧虑归于他的犹太人身份，归于他对犹太经典的熟知。Dominique Janicaud 在很有影响的《法国现象学的神学转向》中认为勒维纳斯回应了现象学的方法解放，现象学在勒维纳斯那里是作为追求神性超越的一个跳板。③ Janicaud 的这部著作在法国引起了不少争论。我们在此不能展开对这本书的讨论。我们只是想说明，勒维纳斯作为 Shoah(希伯来文，意为"大屠杀")的见证人，一个大多数亲人都在立陶宛被纳粹杀害的犹太学者，一个始终在"根本差异"的基础上思考人和世界的哲学家，一

① 参见 Yve Charles Zarka, S'évader de la scolastique, in *Cités*, 2006, no. 25, PUF, pp. 1-5。

② 转引自 Alain Finkielkraut, Une pensée d'après la catastrophe, *Le Monde*, 26. 12. 1995. (22)。

③ 参见 Dominique Janicaud,《法国现象学的神学转向》(*Le tournant théologique de la phénoménologie française*), L'Eclat, 1991, p. 57。

个具有充满人类之爱的高贵心灵的思想家，他要追问的是：在什么条件下（即使是暗无天日和危难重重的情况下），人还能听到上帝的声音。勒维纳斯的深刻或者说“残酷”就在于，他的探寻并非是为了慰藉受难者，因为非人暴行的牺牲者，是不可能慰藉的；也不是为了让幸存者免除对他们仍然活在此世的“特权”的意义的追问，因为幸存者仍然还活在一个“非人”的世界里。勒维纳斯的忧虑，始终如一的忧虑，就是针对多少年来他亲身经历的以人类理性、至高神圣名义行使的非人暴力：奥斯威辛，种族灭绝……勒维纳斯要告诉我们，这些灾难归根结底涉及的是人和上帝的关系。勒维纳斯的忧虑，或者说他对上帝的思考说到底是思考“人”的：“我不想通过上帝规定任何什么，因为，我所知道的是人。我能够通过人的关系、而不是相反通过上帝规定上帝。上帝的概念——上帝知道，我并非反对。但是，当我要说有关上帝的某些事情时，我总是从人的关系出发。难以认可的抽象化，就是上帝。我是以和他者的关系的术语谈论上帝的。”①这个上帝是来到观念中的上帝，他没有受到“存在”的污染，他在“彼处”，他是大写的他者。上帝意味着那个真正的人性的世界，因为那里才有先于存在、先于统一、先于理性的真正的爱，真正的高度，真正的超越，所以也可以说，他的忧虑，是要在人中间定义人性。而到达人性，只能是在我的自发性被他人的在场质疑的时刻才有可能。“对他人的操心属于另一个自然，包括对自我的关心，出自一种来自彼处的法则。”②哲学习惯把人定义为理性的动物，理性的动物并非真正的具有人性的人，20 世纪的暴君、刽子手、战争狂人其实都是理性的动物，勒维纳斯的这种划分，难道不正是一种警示，它提醒我们，面对这种无法消除的原始的“事故”，难道不应该对“人”作出更加严格的定义吗？③

---

① 参见 Tanscendance et hauteur, in Cahier Herne, *Emmanuel Levinas*, *L'Herne*, 1991, pp. 70-72。

② Gry Pettdemange, Presentation, in *Cités*, no. 25, 2006, PUF, p. 11.

③ 在《困难的自由》（*Difficile liberté*）的最后部分，勒维纳斯说过，他的生平“始终受到对纳粹恐怖的预感和回忆所占据”。在另一篇文章（《无用的痛苦》，La Souffrance inutile）中，勒维纳斯指出，对 20 世纪的思考，迫使我们同时和作为慰藉的宗教以及所有历史哲学决裂。他还认为，通过过去，我们可以相信，痛苦不断衍生。20 世纪是无用的痛苦的实际，因为，从这种痛苦那里，不能获得任何对未来有利的好处。还可参见 Chalier，《无限的踪迹》，前言，Cerf, 2002 年。

在勒维纳斯思想中表现出来的犹太教和哲学之间的张力,首先告诉我们,因为要求自主,理性脱离了“意向作用”(Signification)的轨道,它自认是知性的唯一源泉,而把它所不能控制的东西推到意见或信仰的领域,因为在理性看来,“没有任何超越能够影响或真正扩展一个心灵”[①]。而只是关注自身、拒绝相异的人类自主文化,首先应该是一种深刻“思想无神论”,勒维纳斯与之针锋相对,并非为任何宗教事业辩护,而是为了传播他的追求“无限”的启示思想。所以,对犹太教传统思想的接受,勒维纳斯的目的不是辩护和赞扬,而是要诉说一种劫难余生后压在心上的更加“苛刻”的忠实。Chalier 认为,一方面,他要帮助那些往往对自己传统和思维方式茫然不知、已经基督教化的幸存者重新理解《圣经》:“在这个没有任何东西是犹太人的世界里,只有希伯来文本能回应并且改变对一种任何教堂、任何弹性形式和特殊社会结构都不使之从抽象化中脱离出来的教益的反响。”[②]另外,为了能够在遭受“迫害时保持人的本性”[③],应该帮助幸存者不要沉湎于绝望和虚无之中,尽管痛苦无法慰藉,仍然要对他说“……你要选择生命,使你和你的后裔都存活”[④]。勒维纳斯的哲学要让人们永远牢记,这样一种选择的实行,决不是屈从恶势力,而是要承担无限的责任。这种对他者的绝对责任,[⑤]用对存在的正义(La justice de l' être)的要求和多少世纪以来哲学和基督教没有能够阻止的罪恶抗衡。[⑥]

真正的人的生活,必在“彼处”,就像思想总是在别处一样(La pensée est toujour ailleur),若不在“存在”之外,即若不在超越之中而不能实现。这种人必须永远趋向,永远即将降临的“彼在”,就是“人的乌托邦”,而解释这种向上运动的哲学,勒维纳斯称之为“圣洁性的哲学”。

---

① EN, p. 200.

② DL, p. 341.

③ DL, p. 362.

④ 《旧约·申命记》30:19。

⑤ 这实际上把原始的差异引申到人中间:人与人在一开始就是不同的,平等从一开始就是不存在的,所以消除人间的冲突,实现真正的和平,在勒维纳斯看来,不能依靠唯一的理性,而是要依靠作为第一哲学的伦理,也就是为他人的绝对性,他人永远高于我。

⑥ 还可参见 Chalier, *Levinas*, *l'Utopie de l'humain*, I, pp. 31-35。

附录:勒维纳斯著作书名缩略表

AE *Autrment qu'être ou au-delà de l'essence*,《不同于存在或本质之外》,La Haye, Nijhoff. 1974.

AT *Altérité et transcendance*,《相异性和超越》, Fata Morgana, 1995.

DE *De l'Evasion*,《论逃避》,1935, Fata Morgana, 1982.

DEH *En découvrant l'existence avec Husserl et Heidegger*,《与胡塞尔和海德格尔一起发现实存》,Vrin, 1994.

DVI *De Dieu qui vient à l'idée*,《来到观念中的上帝》,Vrin, 1982.

EE *De l'existence à l'existant*,《从实存到实存者》,Vrin, 1978.

EI *Ethique et infini*,《伦理与无限》,Fayard, 1982.

EN *Entre nous*,《我们中间》, Grasset, 1991.

HAH *Humanisme de l'autre homme*,《他人的人道主义》,Fata Morgana, 1972.

HN *A l'heure des nations*,《诸民族的时刻》,Minuit,1988.

HS *Hors-sujet*,《主体之外》,Fata Morgana, 1978.

LC *Liberté et commandement*,《自由和命令》,Fata Morgana, 1994.

NP *Noms propres*,《专名》,Fata Morgana, 1976.

TA *Le temps et l'autre*,《时间和他人》,PUF, 1983.

TI *Totalité et infini*,《整体与无限》,La Haye, Nijhoff, 1961.

鲍桑葵的自我超越论

李超杰 *

鲍桑葵是英国唯心论的重要代表,但在相当长的时间里,他一直笼罩在布拉德雷和格林的阴影之中。造成这种情况的原因是多方面的,也许原因之一是其形而上学著作的问世相对较晚。正如威廉・斯威特所说:“虽然一般认为英国唯心论集中于形而上学,奇怪的是,直到他年过六旬受邀发表吉福德讲座时,鲍桑葵才出版了一部关于形而上学的著作。”①这当然不是说,鲍桑葵此前没有关注过形而上学问题。事实上,“鲍桑葵最初研究形而上学可以追溯到1880年代晚期,而且,在他详尽阐述其关于伦理学、社会工作、哲学心理学和政治哲学的过程中,他的形而上学也逐渐成形”②。1911年和1912年,鲍桑葵先后在爱丁堡大学做了两个系列的吉福德讲座(Gifford Lectures),题目分别为“个体性原则与价值”(The Principle of Individuality and Value)和“个体的价值与命运”(The Value and Destiny of the Individual)。两份讲稿于1912年和1913年相继由麦克米兰公司出版。《个体性原则与价值》和《个体的价值与命运》是鲍桑葵的代表作,尤其是其形而上学思想的系统体现,鲍桑葵甚至认为这“是他最为重要的著作”③。本文以这两本书特别是《个体的价值与命运》为主要文本,对鲍桑葵的自我超越论进行简要的分析与梳理。

---

* 李超杰,1962年生,男,北京大学哲学系副教授。

① William Sweet, ed., *Bernard Bosanquet and the Legacy of British Idealism*, University of Toronto Press, 2007, p. 17.

② William Sweet, ed., *Essays in Aesthetics, Ethics, Religion, and Metaphysics*, Thoemmes Press, 2003, xxiv.

③ J. H. Muirhead, *Bernard Bosanquet and his Friends*, Routledge, 2002, p. 139.

一、自我的本性:有限与无限

鲍桑葵认为,哲学应当以讨论人生中最重要的问题为己任。“我的意思不是说哲学应该研究生活中最好的东西,我想说的是:人的经验中最为重要的东西,也是对他的思想来说最为确定的东西。而且,我应当强调指出,这不是偶然的,而是必然的,因为重要与实在是同一个特征的不同侧面。”①自我超越的问题亦即人生的命运与价值的问题,无疑是人生中最为重要的问题,也构成了《个体的价值与命运》一书的主题。

在本体论上,鲍桑葵接受了柏拉图、黑格尔特别是格林对于实在与现象的基本区分。按照鲍桑葵,究极实在即是“绝对”或“大全”。“真理或实在是‘大全’。”②这个“大全”不是一个空洞的抽象,而是一个具体的共相。“一切健全的哲学的关键在于,把具体的共相即个体的东西视为真正的普遍性。”③具体的共相即是“个体性”(individuality),“即宇宙的完满性、融贯性或自足性”④。“我选择个体性作为进入我的论题的线索,因为它似乎是这样一种原则:它必然最终决定实在及其要素的本性,决定完满、自足之物的本性,决定近于或属于这一实在的东西的本性。”⑤个体性原则也就是不矛盾原则,因为在“绝对”或“究极实在”之中,一切矛盾均归于解决。所以,在鲍桑葵那里,整体性、不矛盾性、绝对性、完满性和个体性是完全等价的。

“绝对”或“大全”通过诸有限存在者表现自身,这些有限存在者构成了“实在”的“现象”。“现象”即是显现(appear)出来的“实在”,因而它们分有“实在”的实在性、无限性和绝对性。所以,现象不同于幻象。“有限的心灵和物体尽管是现象,却并不必然是幻象。”⑥“把有限世界或痛苦与邪恶视

---

① B. Bosanquet, *The Principle of Individuality and Value*, Macmillan and Co., Limited, 1912.

② Ibid., xix.

③ Ibid., p. 40.

④ B. Bosanquet, *The Value and Destiny of the Individual*, Macmillan and Co., Limited, 1913, xix.

⑤ B. Bosanquet, *The Principle of Individuality and Value*, vi.

⑥ Ibid., p. 14.

为幻象是错误的。对于它们是否实在的问题,答案——就像所有这类问题的答案一样——必定是:一切事物都是实在的,只要你不把它当成超越于它的东西。”①但在显现之际,这些有限存在者从其无限的背景中“脱颖而出”,成为“被挑选出来”的东西,成为“突出实在(outstanding realities)或明显实在(obvious realities)”,从而成为特殊的、有限的和不完整的东西。于是,现象界的一切,都具有这样一种双重本性:一方面,它们是有限的、特殊的和相对的;另一方面,它们又是“绝对”的要素,分有绝对的“精神”。

和现象世界的其他成员一样,有限自我(具有意识或自我意识的存在者)也具有这样的双重本性。一方面,他是有限的,尽管他是自然和社会的“最高现象”;另一方面,他又是“绝对”的表现,在自身之内拥有个体性原则。“有限的个体灵魂似乎自然地呈现出两个方面。一方面,它仿佛是在其下面的自然和在其周围的共同体的顶峰或浓缩;另一方面,它仿佛又是在其之上、在其之外的东西所抛落的星火或碎片。它是自然或社会的集体灵魂的结晶,或是天国或某种超人类的先验灵魂的凡胎。”②一句话,有限自我是一个有限—无限统一体。

有限自我的双重本性,必然表现为矛盾的形式。一方面,这个自我总是倾向于固守自己的有限性、独立性和排他性;另一方面,自我身上的个体性原则又总是试图使他走出自己的有限性、独立性和排他性,走向统一、绝对或个体性。“由于其双重本性,有限心灵总是在其生存和超越之间饱受煎熬。因为任何在整体中维持自身的有限生存都会不可避免地陷入矛盾之中,存在于有限心灵之中、不能容忍任何矛盾的整体精神必然会与自己的存在相矛盾。因此,在努力完善自己的过程中,自我将把自己那具体化存在的每一个不完全的形式打成碎片,迎接接踵而至的事故,为自己披上冲突和冒险的外衣。它将砸碎法律的和相关道德的世界,感受到人生路上扑面而来的快乐和痛苦的偶然性,并为善恶间的内在冲突所困扰。对于有限性来说,

---

① B. Bosanquet, *The Principle of Individuality and Value*, p. 241.

② B. Bosanquet, *The Value and Destiny of the Individual*, Macmillan and Co., Limited, 1913, p. 1.

这些冲突项和关联项以及它们之间的对立，不仅是基本的，而且是无穷无尽的。”①

有限自我的双重本性有使自我产生“总体幻象”的危险。如上所述，只要我们把现象放在其应有的位置上，即将之视为究极实在的表现，而不是独立自存的究极实在本身，则现象就仍然具有实在性，尽管不是完满的实在性。如果由于自我的“膨胀”，有限自我自身被视为圆满的实在，或者，由于自我的“无能”，其他现象被视为究极的实在，所谓的“总体幻象”就会产生。“在这样一个选出的或凸出的实在状态和作为一个相对或究极整体的实在状态间的差别中，的确很容易产生幻象的含义。现象不同于实在，因为前者是选出的或不完全的状态，后者则是相对完满或绝对完满的状态。如果你把不完全状态下的物体当做总体状态下的物体，你就会获得关于该物体的总体幻觉特征：整个现象本身始终处于危险之中。正如你把一个不完全状态下的现象当做另一个不完全状态下的现象，你就会犯在日常生活中经常发生的张冠李戴的错误。”②“就有限心灵而言，他们迄今总是陷入一种错觉之中，情不自禁地把独立自存的虚假特征赋予对象和他们自己。”③

人们关于“排他性”自我的观念就是这样一种“总体幻象”。人们总是倾向于认为，尽管自我在认知的领域是普遍的，而在个人情感的领域则永远是独处的和排他的。比如，“我可以拥有你的知识，也可以参与你的行为和目的；但是你的感觉或痛苦，或者你的爱和恨，作为你的心灵直接经验到的性质，却是我永远不能在我的心灵中拥有的”④。“人们会说，我们特殊的和独特的自我实际上正是由我们情感的独特性质构成的。这种独特的情感本质上是为我们所独有的，正是这种私人性使我们成为我们自己，并使我们不会成为其他人。”⑤鲍桑葵认为，这是一种老掉牙的主观主义，其错误的实质在于混淆了形式与内容。尽管就形式而言，情感领域是为我独有的，但这种

---

① B. Bosanquet, *The Value and Destiny of the Individual*, pp. 16-17.

② Ibid., pp. 13-14.

③ Ibid., p. 14.

④ Ibid., pp. 33-34.

⑤ Ibid., p. 34.

情感的内容则无疑是社会性的和普遍性的。“个体性固然有其独特的不可共享的直接性，但实际上就材料和内容而言，它是普遍的、可传达的和广泛的。”①“问题的关键是，所有这些内容，尽管从表面上看是非社会性的，实际上却是普遍的，是自我超越的工具。”②

在鲍桑葵看来，一个人越是贫乏和无知，他就越是囿于排他性的自我。相反，一个有着丰富内涵和自我认识的人，总是会走出自己的“小我”，融入一个更具个体性和完满性的“大我”。“就其最贫乏的状态而言，他几乎仅仅是排他性和敌对性。就其最丰富的状态而言，他则与至大至广的生命形式融为一体。贬义的‘个人情感’和‘个性’属于最贫乏的人，对他自己来说，此时的他主要是一种排斥他人的情感。这个时候，他的独特性（即当今受到推崇的独特性）似乎达到了巅峰。”③真正的“个性”不是离整体越来越远，而是与整体合而为一。“尽管情感的本质表面上支持一种封闭排他的个性观念，但最终它并不支持这样的观念。和在所有别的东西那里一样，在情感之中，个体性的增强和深化意味着迈向与整体的统一。自我差异无疑会变得愈加显著，但真正的自我差异是自我专注的对立面。它是同一之中的差异，而不是排他性的，也不会空守一个贫乏的不确定的内容。”④

有限自我的双重本性必然使他走上自我超越之路。自我超越的过程就是有限自我逐渐走出“自我中心困境”、迈向“大全”或“绝对”的过程，也就是自我的固有矛盾寻求解决的过程。而且，有限自我内部就包含着自我超越的原动力。“因为在他之内具有不矛盾的主动精神，即整体的形式。”⑤即使在最贫乏的人身上，这种主动精神也不会完全泯灭。“在理性存在者身上，他们或多或少对他们有所贡献的整体有某种思想意识。”⑥这种潜存的整体意识或个体性原则必然召唤着、激励着有限自我实现自我超越。“有限的心灵能够关注自己，却只能表现很小范围的外在性，而就在这个有限的

---

① B. Bosanquet, *The Value and Destiny of the Individual*, p. 38.

② Ibid., p. 39.

③ Ibid., p. 40.

④ Ibid., p. 46.

⑤ B. Bosanquet, *The Principle of Individuality and Value*, p. 289.

⑥ B. Bosanquet, *The Value and Destiny of the Individual*, p. 50.

范围之内,他总是倾向于假定——恰恰由于这种局限性——自己是自我完善的。然而,鉴于他事实上总是属于一个连续的整体,无意识地受到其统一性的激发,他不断地超越自己的特定自我,以期解决那些污染其存在、阻碍其自我满足的矛盾。"①

二、自我的命运:危险与磨难

有限自我的自我超越之路绝不是一帆风顺的,他首先要接受世界对他的塑造。鲍桑葵借用济慈的说法,把世界叫做"心灵的塑造之谷"(a vale of soul-making)。"事实上,宇宙不能被设想为一个快乐之所,甚至不能被设想为见习和正义之所;更为接近真理的做法是,把它设想为一个'灵魂塑造'之所。"②这种塑造是通过自然选择和社会选择的形式进行的,这个过程是严格而严酷的,因而痛苦和烦恼构成了这个世界的基本面。因为无论是在自然选择中,还是在社会选择中,所遵循的法则都是一样的:适者生存,不适者淘汰。"它的过程一方面是不断重复的要求,另一方面则是适应或失败。"③"环境不是不加干预地滋养自我,而是通过严厉的惩罚塑造自我的。"④当然,在接受塑造的同时,有限自我也塑造着世界和他自身,鲍桑葵把自我或灵魂的这种反塑造叫做"意志的奇迹",这个过程同样充满了坎坷和艰辛。"如果我们看一看自我借以按照自己的意志改变境况的那种奇迹,我们就会看到,就在这个改变境况的行为中,自我依然身处熔炉,接受烈火的重铸。"⑤

在自我超越的过程中,我们首先并且通常生活于一个"要求和反要求的世界"(the world of claims and counter-claims),这个世界注定带给我们挫折感和不公正感,因为我们注定无法满足世界向我们提出的要求,世界也注

---

① B. Bosanquet, *The Value and Destiny of the Individual*, pp. 11-12.
② Ibid., xviii.
③ Ibid., p. 92.
④ Ibid., p. 132.
⑤ Ibid.

定不会满足我们的要求。“如果我们把我们自己看做这样的有限存在者，即一方面具有独立性，一方面又通过权利和义务关系与上帝、大自然和我们的同类相关联，那么，这样的世界就是我们生活于其中的世界。用律师的术语说就是，我们与他们‘保持适当距离’。如此看来，生命就充满了危险和磨难。充满了危险，因为这些权利与义务的关系没有表达出我们与上帝、他人和大自然的真正统一性，所以，具有偶然的特征；充满了磨难，因为这些偶然的关系不断瓦解，所以，我们总是觉得自己没有尽我们的‘义务’（这是道德悲观主义的根源），也未能获得我们的‘权利’（这是一种悲观主义的不公正感）。”①

鲍桑葵把道德看做“要求和反要求的世界”的矛盾所采取的一种形式。在道德世界里，自我表面上走出了排他性自我的狭隘观念，试图与上帝、自然和他人建立联系。但实际上，他是按照债权人和债务人之间的外在关系来构筑这种联系的，因而带有很强的讨价还价的性质。他所理解的“无限”仍然是有限，而且，他敬重这种所谓的“无限”，恰恰是为了“丰富”自己的有限性，而不是使自己融入无限或绝对之中。“我们心中的理想状况是：自我在对方之中，而在实际经验中，我们看到的不过是自我和对方。”②“在这个有限道德的世界里，我们要做的是用我们的有限换取一个更好的有限。但更好的有限仍然是一种有限，我们的进步并没有造成任何原则的变化。无论这种进步的幅度有多大，我们仍然处在要求和反要求的世界。一方面，至高统治者仍然高高在上、遥不可及；另一方面，心灵和自然的其他有限存在者仍然在我们周围与我们保持着适当的距离。我们既没有离至高统治者更近，也没有离其他有限存在者更近。”③个人主义道德并没有使我们接近个体性、统一性与完满性。

鲍桑葵把正义看做“要求和反要求的世界”的矛盾所采取的另一种形式。在“要求和反要求的世界”，人们把个体成员及其财富视为一个个独立的单元，通过对其进行外在的比较，发现其间的不平等，进而提出种种分配

---

① B. Bosanquet, *The Principle of Individuality and Value*, xxv.

② Ibid., p. 235.

③ B. Bosanquet, *The Value and Destiny of the Individual*, p. 140.

方案,对他们的利益进行外部分配,力图达到平等的目标。但这些方案注定会落空,因为着眼于这些彼此外在的有限单元,一个被所有人接受的平等的分配方案是根本不存在的。于是,人们就会产生强烈的不公正感。"这是一个个人主义的计划,因为它从表面上独立自存(wie er geht und steht)的有限个体出发,根据在他那个单元里所了解的某种规则或原则,为他建立起一个对于平等待遇或者按比例分配的要求。对那些易于把这些计划视为终极计划的心灵来说,相对于结果(events)世界的实际结构,这样一个个人主义的计划当然是失望的永久来源,从而逐渐演化为一种深深的和持久的不公正感和伤害感。"[①]就是说,个人主义的正义原则最终只能导致不公正。

在鲍桑葵看来,道德态度和正义诉求尽管是必要的,但它们并不是我们的本性的最高表现,因为它们最终使人们彼此隔绝,而不是走向统一。"这样理解的道德和正义规则不断地被我们的真正本性所破坏,这种本性是宗教的,而不仅仅是道德的,它基于人与人之间的统一性,而不是对个体的分配。因此,由于未能满足我们对上帝、我们的同类、大自然和我们自己提出的错误要求,就会不断产生道德悲观主义和不公正感。我们的真正本性摒弃个体功德和个体要求的概念,也摒弃在个体有限意志中完满地实现最高意志(作为'义务')的期望。"[②]所以,在一个"要求和反要求的世界"中,在道德态度和正义诉求中,自我超越的理想是无法得到最终实现的。

三、自我的超越:宗教意识

要真正实现自我超越,就要走出个人主义的理性主义(individualistic rationalism),进入精神统一性的世界。这意味着必须解决自我的内在矛盾,因为"矛盾是不实在的一个标志"[③]。"它是系统组织中的一种不完善。"[④]但矛盾的解决不是用无限或绝对取消有限以及伴随着有限的痛苦与烦恼,

---

① B. Bosanquet, *The Value and Destiny of the Individual*, p. 146.

② Ibid., xxvi.

③ B. Bosanquet, *The Principle of Individuality and Value*, xix.

④ Ibid., p. 225.

而是克服有限的片面性,使之作为一个经过修正的环节包含在无限或绝对之中。"人们自然地认为,当一个'矛盾'得以'解决'的时候,矛盾的任何要素都不会得以保存。但实际情况不可能是这样。如果真的是这样,我们就不会觉得这是一种解决或满足。我们总是会有这样一种感觉:某物被克服了,而且,通过与另一方的结合,这一方得到了扩展。欲望的满足即是一例。"①

自我超越的大敌是自满情绪,认为通过有限自我自身的力量就可以达到完满与完善。鲍桑葵把这种自满情绪看做一种"原罪情绪",在此"原罪情绪"的驱动下,一个人也会有所成就。"这种成就所实现的价值虽然对绝对有所贡献,但由于这种价值不是被主动地贡献给绝对的,因而并不像成功者所声称的那样代表他自己的价值。"②所以,解决矛盾的前提是:有限自我必须实现一种"自我认识"(self recognition),即认识到自己的有限性。这种认识不是一种先天知识,只有通过自我经历的种种危险与磨难才能达到。"在生活和思想中,'天路历程'是不可避免的。稳定性——如果可以找到的话——必定存在于终端,而不是开端。"③"只有通过这种自我认识,对有限的真正超越才会被多少具有一些反省意识的有限所接受。这种认识在有限生命自我形成和冒险所经历的痛苦中——实际上是通过这种痛苦——得以产生和维持,并通过与整体的结合来领会自我的安全,而这种结合的程度实际上又取决于自我超越所达到的境界。这种自我超越一方面使自我认识向整体方向扩展,另一方面又向这一认识显示了有限存在本身的孱弱和无价值。"④

按照鲍桑葵,这种自我认识就是一种宗教意识。"自我认识实即宗教意识。感受自身的价值,就意味着通过信仰、崇拜和一种究极的神圣统一感,把自己的成就贡献给整体。宗教意识中的所有明智性和融贯性最终也

---

① B. Bosanquet, *The Principle of Individuality and Value*, xxviii.

② B. Bosanquet, *The Value and Destiny of the Individual*, p. 20.

③ B. Bosanquet, *The Principle of Individuality and Value*, xviii.

④ B. Bosanquet, *The Value and Destiny of the Individual*, pp. 17-18.

依赖于信仰、崇拜和这种究极的神圣统一感。”①宗教意识的实质即在于这种虔诚、献身和奉献,它是自满即“原罪情绪”的对立面。这种宗教显然不限于通常意义上的有神论,它同超自然现象、来世甚或神没有任何必然的关联,也与任何组织或仪式没有任何必然的关联。“它本质上是这样一种态度:在这种态度中,有限存在者面对既令他害怕又让他敬仰的东西,一句话,面对他所崇拜的东西。在这种最简单的经验和宗教一词所特指的那些最完善的虔诚之间,根本无法划出一条界线。任何一种东西,只要它让我们觉得自己在单纯私人自我的小圈子里毫无价值,从而使我们在精神上依附于一种具有超验价值的实在,那它就同宗教没有什么差别。”②在人的本性即是超越的意义上,人是一种纯粹的“宗教性”存在。一个人可以没有明确的宗教信仰,可以不从属于任何宗教团体或组织,甚至可以不在通常的意义上信仰任何人格神,但只要他承认有高于自身的意义或价值,他就已经具有宗教意识。“宗教即是健康的有限心灵的正常态度,每当心灵的固有结构以某种程度的强调或强化起作用的时候,就是说,每当心灵关心他物甚于关心自己的自我时,就有宗教态度存在。我相信,心灵通常总是关心他物甚于关心自己的自我。”③

宗教并不担保私人的、个人的幸福。④ 通过宗教意识实现的自我超越,并不会完全取消有限自我的危险与磨难,而是使这种危险与磨难获得新的意义,从而转化为有限自我的稳定与安全,使饱受磨难的人们获得自身的安身立命之所。“在我们经验到有限性的同时,我们就会感受到实在本身,认识到它是某种超越了有限的东西,这样一来,烦恼和危险就在原则上转化为稳定和安全。当有限造物脱离其虚假的、表面的、支离破碎的个体性,当他认识到自己的价值只在于对通过他表现出来的真正个体性有所贡献时,他便步出了偶然与灾难的世界,进入了稳定与安全的世界。因为完善是稳定而安全的;正如我们所看到的那样,它拥有满足性——无矛盾性、真实性和

---

① B. Bosanquet, *The Value and Destiny of the Individual*, p. 18.

② Ibid., p. 235.

③ Ibid., p. 27.

④ B. Bosanquet, *What Religion Is*, Thoemmes Press, 1993, vi.

实在性——的丰富特征。一旦自己的成就不再被关联于私人的自我,而是被关联于作为其真正个体性的完善,有限造物就达到了凭一己之力所不能达到的东西,从而具有了完善的特征。于是,他那充满了摩擦和阻碍的部分的满足,就变成了对整体的基本个体性有所贡献、有所丰富的东西。如果你不再固守你的有限性,而是通过对你的精神统一性的认识皈依整体的完善,那么,你就在整体本身的安全那里找到了属于自己的安全之所。"①这种安全感是一种真正的内心"平和",也是自我超越的最高境界。

结 语

鲍桑葵的自我超越论使我想到了冯友兰先生的人生境界说。他们都认为在自我超越的道路上,道德境界不是人生的最高境界。冯先生认为,在道德境界之上有天地境界,此天地境界约略相当于鲍桑葵的宗教境界。所不同的是,冯先生把天地境界等同于哲学境界,认为只有通过哲学才能达到天地境界;而鲍桑葵则认为,宗教意识高于哲学思辨。"哲学依赖于宗教意识,但宗教意识却不依赖于哲学。"②"作为一种极为丰富的经验,宗教是哲学不可或缺的一个主题;但作为一种理论解释,哲学却不是宗教所必需的,也不是宗教的一个组成部分。宗教意识建立在自身的基础之上,除了通过上述方式剥离出自己的本质以外,它不需要任何哲学理论的支持。"③按照鲍桑葵,宗教态度在有限自我的生命中是无所不在的,这种态度完全可以表现为普通人的素朴经验,无须诉诸思辨的哲学理论。只有少数人是"哲学的",而所有人都是"宗教的"。

鲍桑葵的自我超越论受到了斯宾诺莎和黑格尔的深刻影响。在他所描绘的这一"宏大叙事"中,至少有两个问题值得商榷。首先,在他看来,自我认识或宗教意识的形成是一个自动的过程。只要经历人生的冒险与磨难,我们终归可以达到这一意识。这一看法未免过于乐观了。有些人在经历了

---

① B. Bosanquet, *The Value and Destiny of the Individual*, p. 229.

② Ibid., pp. 229-230.

③ Ibid., p. 232.

人生的苦难之后,可以达到这一意识,比如叔本华笔下的莱孟德·陆卢斯,王国维笔下的惜春和紫鹃。但更多的人恐怕撞了南墙也不知回头,对这些人来说,宗教态度的养成就需要教育或教化。其次,尽管鲍桑葵强调,只有融入真正的“绝对”和“大全”,我们才能获得持久的安全感,但他对宗教态度的界定还是过于宽泛了。在他看来,只要一个人追求在他之外的被认为是好的对象,这种态度就必须被视为是宗教的。正因如此,对于权力和财富顶礼膜拜的态度,也必须被叫做宗教态度,甚至狗对主人的绝对依赖性也必须被叫做宗教态度。这无疑会损害宗教态度的庄严性和崇高性。

康德说有两样东西令他敬畏,即头上的星空和心中的道德律。但执迷于物质享受的现代人似乎越来越固守“自我中心”,丧失了那份宝贵的敬畏之心。在这样的背景下,鲍桑葵的自我超越论令人深思。

鲍姆加敦的美学思想述评*

李醒尘**

亚历山大·鲍姆加敦(A. Baumgarten 1714—1762)是西方启蒙运动时期德国著名的美学家和哲学家。在美学史上,他的贡献是独特的。是他第一个采用“美学”这一术语,指出了美学在哲学科学体系中的地位,因此获得了“美学之父”的称号。他的主要著作《关于诗的哲学沉思录》和发表过两部尚未完成的巨著《美学》,前者是1735年提交哈列学院考取博士学位的论文,后者第一部发表于1750年,第二部发表于1758年。此外,在《形而上学》(1739)《“真理之友”的哲学书信》(1741)和《哲学百科全书纲要》(1769)中也谈到了美学问题。他的美学思想对康德、谢林、黑格尔等德国古典唯心主义的美学家发生过重大影响。

但是,一般的美学史著作中大都只限于肯定他是“美学”这门科学的创名人,而对他的美学思想本身却很少加以评述。这也就造成了一种印象,仿佛鲍姆加敦的历史功绩只是为一门自古就已存在的科学取了一个“美学”的名字,而他似乎并没有提出什么值得加以注意的美学科学的专门问题。例如,美学家克罗齐、吉尔伯特和哲学史家文德尔班等人都有类似的看法。这不符合实际,低估了鲍姆加敦的历史功绩。我们有必要就鲍姆加敦的美学思想加以评述。

一、哲学基础和美学的提出

鲍姆加敦是大陆理性主义哲学家沃尔夫的门徒,哈列大学的哲学教授。

---

* 本文原刊于《美学》1980年创刊号,上海文艺出版社;《美学》回顾版,2006年,南京师范大学出版社。

** 李醒尘,1937年生,男,北京大学哲学系退休教授。

他的美学基本上是建立在莱布尼茨和沃尔夫的理性主义哲学基础上的。

与洛克等英国经验主义者相反，莱布尼茨肯定天赋观念的存在。他认为人天生就有一些先验的理性知识或“一般概念”，这是人类知识的可靠的源泉，而感觉则是靠不住的。在他的唯心主义的认识论系统中，最高的认识是“明晰的认识”，其下则是一系列程度不等的“朦胧的认识”，构成了一条连续的序列。“明晰的认识”又分为“明确的认识”和“混乱的认识”两种，前者是理性的，后者是感性的。他把审美趣味或鉴赏力就划归到“混乱的认识”。他认为，这种“混乱的认识”不同于“明确的认识”，不能够清楚地分辨事物的各个部分及其相互关系，但却能够把握事物的笼统的情状，获得生动的印象，只是我们还不能够明确说出这种生动印象的足够的标志。由此莱布尼茨给美下了一个有趣的定义：美是一种“我说不出来的什么”。他写道：“画家和其他艺术家对于什么不好，什么好，尽管很清楚地意识到，却往往不能替他们的这种审美趣味找出理由；如果有人问他们，他们就会回答说，他们不喜欢的那件艺术作品缺乏一点‘我说不出来的什么’（Je ne sais quo）。”[①]这指的正是美，也就是还没有认识清楚的美的各种要素和标志。莱布尼茨把“混乱的认识”又称作“微小的感觉”，认为它虽然不很清楚，但毕竟还是一种认识，并不是无中生有，因此其中就包含着“真”，是达到理性认识的阶梯。鲍姆加敦接受了莱布尼茨的这套认识论，把它作为自己美学研究的前提和出发点。同时，他还吸取了莱布尼茨所谓“预定的和谐”和沃尔夫关于美在“完善”的思想。莱布尼茨认为，世界好比一架钟，上帝就是钟表匠，是上帝把这架钟安排成和谐的整体。在一切可能的世界中，上帝安排的这个世界是最好的，因而也就是最美的，因为它最符合“寓杂多于统一”这个传统的美的定义。沃尔夫特别强调了美在完善，他说：美是“一种适宜于产生快感的性质，或是一种显而易见的完善”，“美在于一件事物的完善，只要那件事物易于凭它的完善来引起我们的快感”。[②]

莱布尼茨和沃尔夫虽然对美提出了一些看法，但他们并没有专门研究

---

① 莱布尼茨：《关于理解力的新论文》。

② 沃尔夫：《经验的心理学》。

美学问题,他们重视理性、轻视感性,往往把哲学与审美、逻辑与文艺对立起来。审美趣味或鉴赏力既然属于感性方面,因而也是被他们所轻视的。他发现,以往的人类知识体系有一个重大的缺陷,就是缺乏对于感性认识,主要是审美意识和艺术问题的严肃的哲学沉思。理性认识有逻辑学在研究,意志有伦理学在研究,感性认识或情感却还没有一门科学去研究。他认为,感性认识能够成为科学研究的对象,应当有一门科学来研究。他在希腊文中找出一个词"埃斯特惕卡",把它作为这门新学科的名字。他在自己的著作中,驳斥了十个反对设立美学的意见,初步规定了这门科学的对象、内容和任务,确定了它在哲学科学中的地位,使之成为一门独立的科学。这就是我们现今所说的"美学"。这是鲍姆加敦在美学史上的一个重大的贡献。顺便指出,"埃斯特惕卡"本来的含义是研究感觉和情感的科学,或者说是"感性学"。黑格尔和车尔尼雪夫斯基都曾指出,鲍姆加敦使用这个术语"是不完全恰当的",因为这门新科学"一开始便不谈简单的感性认识而讨论美感认识",它主要研究的是美或艺术中的美。据说,最早把"埃斯特惕卡"翻译成"美学"二字的是日本学者,而后才传入了中国。

许多学者都说鲍姆加敦是在1750年首次提出"埃斯特惕卡"这个术语,建议设立美学这门科学的。其实,这并不确切。实际上,早在1735年他在《关于诗的哲学沉思录》中就已经明确地提出了这个思想。在这本书的序言中,他写道:"我想阐明,哲学和作诗的知识,虽然往往被视为完全相反,其实是联成最和谐的整体。"[①]他认为以往逻辑学研究的范围太狭窄了,它只研究理性认识能力和理性事物,而忽略了感性认识能力和感性事物,因而使得这个领域十分荒芜,人们往往认为作诗的学问不值得哲学家注意,而他认为哲学家应当对此给予严肃的哲学思考,从中找出指导作诗即文艺创作的一般规则。诗不但能供人欣赏,而且从诗的概念可以得出许多有益的结论。在本书的最后部分,他写道,哲学应当研究感性认识,以求"改进感性认识能力,增强它们,而且更成功地应用它们以造福于全世界。既然心理学提供了许多可靠的原理,我们不用怀疑也可以有一种有效的科学,它能够

① 鲍姆加敦:《关于诗的哲学沉思录》。

指导低级认识能力从感性方面认识事物”①。他说:“理性事物应当凭高级认识能力作为逻辑学的对象去认识,而感性事物(应该凭低级认识能力去认识)则属于知觉的科学,或感性学(Aesthetik)。”②

在1750年发表的《美学》中,鲍姆加敦进一步系统地发挥了他在《关于诗的哲学沉思录》中的思想。他认为美学应当包括两个部分,即理论的部分和实践的部分。理论的美学又可分为三个方面:一是研究法;二是方法论;三是符号学。可惜的是他只完成了研究法。他未完成部分的内容,我们可以看到他本人的一些原则性意见,同时还可以参看他的学生格·弗·梅尔的三卷本著作《一切优美艺术和科学的基本原理》,其中记述和发挥了鲍姆加敦在大学的美学讲义。

二、美学是一门指导艺术的哲学科学

鲍姆加敦认为,美学是一门哲学科学,但具有双重性质,它既是一种认识论,又是关于艺术的哲学理论。首先,他把美学与逻辑学加以区分,把它们看做两门相互平行的科学:逻辑学研究理性认识及其规则,是“高级认识论”,而美学研究感性认识及其规则,是“低级认识论”。但是,他并没有要求美学研究全部的感性认识,而是要研究感性认识的“完善”,而感性认识的“完善”则是借助艺术达到的。也就是说,美学研究的并不是一般的感性认识,而主要是研究美和艺术。在《美学》中,鲍姆加敦明确指出:“美学的对象就是感性认识的完善(但就它本身来看),这就是美;与此相反的就是感性认识的不完善,这就是丑。正确,指教导怎样以正确的方式去思维,是作为研究高级认识方式的科学,即作为高级认识论的逻辑学的任务;美指教导怎样以美的方式去思维,是作为研究低级认识方式的科学,即作为低级认识论的美学的任务。美学是以美的方式去思维的艺术,是美的艺术的理论。”③

---

① 鲍姆加敦:《关于诗的哲学沉思录》。
② 同上。
③ 鲍姆加敦:《美学》。

感性认识与理性认识的割裂,这是莱布尼茨和沃尔夫理性主义认识论的固有特点。鲍姆加敦把美学和逻辑学看做平行的科学,显然受了这方面的影响。但是,鲍姆加敦确有比莱布尼茨和沃尔夫前进的地方。这主要表现在他对"感性认识"的内容的理解上。在鲍姆加敦那里,感性认识这一概念是很宽广的,内容是很丰富的。在谈到美学的对象时,他曾经把美学又叫做关于"理智的类似物"的艺术,他在"感性认识"这一概念中,强调的正是这种"理智的类似物"。"理智的类似物"这一概念不是在《美学》中而是在《形而上学》一书中提出的。它的内容大体包括以下几点:(1)感性的洞察力,即认出相似的能力;(2)感觉的敏锐,即见出差别的能力;(3)感性的记忆;(4)想象的能力;(5)感性的判断;(6)斟酌相似的情况;(7)特殊的感性能力。可以看出,鲍姆加敦所理解的感性认识并不是纯粹的,他在感性认识中揭示了某种与理性逻辑活动相类似的东西,已经有了把感性认识与理性认识加以调和的倾向。认清这一点,对于理解鲍姆加敦与德国古典美学的关系是重要的。我们知道,康德曾受到鲍姆加敦很大的影响,"感性认识"这一概念在康德的美学中具有重要的意义。康德不仅把感觉,而且把直觉和想象也包括到了"感性认识"之内。如果说,德国古典唯心主义的美学和德国古典唯心主义的哲学一样,都有试图调和英国经验主义和大陆理性主义的倾向的话,那么,鲍姆加敦的美学确实已经表露了这种意向,也正是在这个意义上,有人把鲍姆加敦看做德国古典唯心主义美学的奠基人,而不同意把比鲍姆加敦晚了大约四十年的康德看做德国古典唯心主义美学的奠基人。这或许不是毫无道理的。

与感性合理性的关系问题相联系,鲍姆加敦反复强调了美学的科学性质。一方面,他抬高感性认识,反对轻视感性认识和把感性认识当做产生谬误的根源和偏见,认为它和理性认识一样,可以作为科学研究的对象;另一方面,他把作为美学研究对象的感性认识同美学科学本身作了明确的区分。他认为,美学的对象虽然是感性认识或混乱的认识(美或艺术),但美学本身确是理性认识,因为对感性认识的研究,总要导致明确的原理、原则。这也就是说,美虽然不就是真,但它包含着真,可以从美或艺术的研究中得到真,正因为如此,美学才能具有科学的性质,才能在哲学科学的体系中占有一席之地。在《美学》的第一章中鲍姆加敦说:“我们打算系统地阐述一切优美科学的基本原理”,并且说,研究这种对象的科学“人们总称之为美学”。如前所述,他认为美学的原理、原则,可以增强和改进感性认识,并用来造福于人类。应当说,他的这个看法,多少包含了辩证的因素。

那么,鲍姆加敦是否把美学仅仅看做一门抽象的认识论呢?诚然,鲍姆加敦的美学是用一种十分抽象、晦涩的拉丁文写的。拉丁文是当时科学通用的语言。《德国美学史》一书的作者陆宰曾抱怨说:鲍姆加敦的美学“是用令人厌倦的拉丁文写成的,而且表现的技巧也很笨拙”[①]。《诗论史》的作者波莱马儿也认为,鲍姆加敦的语言竟“晦涩到这种程度,句法常常没有受到结构的影响,而思想只能从整个的联系中来加以确定”[②]。鲍姆加敦提出的一些概念往往有多种表达方式,因而也就显得有些混乱。这种语言和风格上的缺点,使得许多人对鲍姆加敦的美学缺乏研究,以致产生许多误解。有不少人都以为鲍姆加敦的美学只是一种抽象的认识论,似乎它与艺术没有多少关系,就连肯定他的美学与文艺有关的人,也往往认为他缺乏文艺方面的知识。有人说,他的美学只依据了古代的讲演术、修辞学、诗学和罗马诗人的作品,他并不了解近代文艺,甚至不了解亚里士多德。其实情形并不是这样。在1907年鲍普公布的一份鲍姆加敦的手稿中,就有不少关于近代文学的引证。例如,他引证过德国的、法国的和英国的18世纪的作家。其中有戈列鲁特(手稿第538节),克洛普斯托克(第158节,395节),根切尔(第229节),劳因斯琴(第319节),伏尔泰(第183节,595节),冯切涅里(第244节,429节),阿吉松(第302节),胞帕(第493节)。他从更早的作品中还引证过爱达(第513节),拉巴那·马福和阿别梁鲁(第359节),塞万提斯(第323节),斯卡力格尔的《诗学》和布瓦洛(第237节),他不仅知道亚里士多德,而且批评了他的某些美学原理(第104,586,595节)。因此,他对文艺并非缺乏知识,尽管他的了解也还是有限的。

当然,重要的并不在于鲍姆加敦究竟有多少闻一知十,而在于他是否提

---

① 陆宰:《德国美学史》。

② 波莱马儿:《诗论史》。

出了一些真正有价值的美学问题。应当说,鲍姆加敦并没有停留在抽象的认识论上,他提出美学科学的重要目的之一就是要探索文艺的规律。在文艺问题上,他花了不少力气。在《美学》第七十一节中,他说过,美学研究的规律可以应用于一切艺术,“对于各种艺术犹如北斗星”①。因此,在他那里美学不只是认识论,而且是一门指导艺术的科学。

鲍姆加敦认为,美学研究感性认识的完善,而感性认识的完善也就是美。“完善”这个概念在莱布尼茨和沃尔夫的理性主义哲学中的基本含义是“多样性的统一”,这是18世纪十分流行的看法。鲍姆加敦沿用了这一定义,他说:“假如同时被采取的许多因素构成了统一的足够的基础,那么,它们就是一致的”,“一致本身也就是完善,而统一的东西,其中各种因素相互之间是一致的,它们的完善就是决定性的基础”②。不过在莱布尼茨和沃尔夫那里,“完善”是属于理性认识的概念,不是感性认识的概念。而鲍姆加敦却认为既有理性认识的完善,也有感性认识的完善,前者由逻辑学研究,后者由美学研究。完善无非是某种完整的、而且无疑是好的东西。但是并非任何完善都是审美意义上的完善。在鲍姆加敦看来,审美意义上的感性认识的完善,就是“内容”、“秩序”和“表现力”三种因素的和谐统一。只要具备这三个条件,现实中丑的东西在艺术中也可以是美的。他把描绘对象的美和美丽地描绘对象做了区分。他说:“丑的事物,但就它本身来说,可以用一种美的方式去想;较美的事物也可以用一种丑的方式去想。”③因此,鲍姆加敦虽然沿用了理性主义哲学中的“完善”概念,却增添了一些新的内容。特别应当注意的是,他非常重视审美对象的个体性和具体形象性。他说:“个别的事物是完全确定的,所以个别事物的观念最能见出诗的性质”,而“最富于诗的性质的是个别事物”。④ 在《关于诗的哲学沉思录》中,他称赞了荷马在《伊利亚特》里对各参战国战船的描述,认为荷拉斯用“棕榈”代表“胜利的奖品”,是用具体语言代替抽象语言获得诗意的典范。

---

① 鲍姆加敦:《美学》。

② 同上。

③ 同上。

④ 鲍姆加敦:《关于诗的哲学沉思录》。

从文艺方面的美学问题来说，鲍姆加敦主要探讨和研究了两大类问题。一类是对艺术创作的分析，用他自己的讲法，这是关于艺术思维的智慧组成因素的学说，主要反映在《美学》的第三章至第六章，其中考察了先天的美感能力，艺术创作中的练习、美学理论、审美的灵感以及艺术的加工等问题。另一类是关于艺术作品内容的分析，主要反映在《美学》的第二十二章，其中考察了丰富性、伟大、真实性、鲜明性以及说服力等问题。

先天的审美感知力，在鲍姆加敦那里，是艺术创作的首要条件。它包括情感、想象、洞察力、记忆、趣味、预见以及表达个人观念的能力等基本素质。这些素质都属于感性认识的范围，但其中包含了理性的因素。他认为，如果没有理性的指导，感性就会导致深刻的谬误，各种感性能力的协调，需要理性的帮助，否则艺术创作也是不可能的。因此，他要求艺术家应当具备关于人、历史、神话、宇宙以致神的各种理性知识。一般说来，鲍姆加敦是强调情感和想象的，但他认为情感应当在理性的指导下具有适当的强度。他说艺术家在感情特别热烈的情形下往往是不能进行艺术创作的。例如，要求诗人在他的朋友快咽气的时候出席，以便在他的朋友死了以后立即当场赋诗是不行的。因为这时感情过分强烈，失去了理性的指导。为此必须要有时间的距离和想象的帮助。他认为，诗人不可能完全再现自己感觉到的东西，他必须借助想象改造自己的经验印象，并对它们加以重新组合，同时配合以新的感觉。

肯定先天的审美感知力，这显然是从理性主义的唯心论出发的。但是，鲍姆加敦认为，这种先天的审美感知力并不能长久地保持下来，还必须进行艺术创作中的练习。只有通过后天的经常不断的练习，这种先天的审美感知力才能不断地得到巩固和增强，才能够创造出美的作品。否则，先天的审美感知力就会衰退以至消失。

关于艺术创作的过程问题，鲍姆加敦缺乏细致的分析。他基本上仍然沿用传统的“灵感”这个概念，对艺术创作过程的了解仍是很笼统的。但是，他对灵感所作的一些分析，比起历史上各种旧的灵感来说，有了很大的进步。他认为，灵感有以下几个特点：(1)灵感状态下产生的艺术作品具有非摹仿性和不可重复性；(2)在灵感状态下，思想感情的表达是十分敏捷和有秩序的;(3)理智在灵感状态中,一方面承受鲜明的形象,另一方面又下降到感性世界,也就是陷入迷狂和热情。但他并没有认为这是什么神灵凭附(如柏拉图),而只认为是一种先天的能力。因此,他没有把灵感看做超自然的神秘的现象。他曾提出一个问题:艺术家能不能按照自己的愿望产生灵感?他的回答是肯定的。他认为,存在着取得灵感的条件,这些条件同艺术家的个性和身心状态有着密切的联系。在《美学》第五章中,他把形体的训练、摹仿的愿望和感情的体验(诸如爱情、贫困、愤怒、欢乐等)都看做是激发灵感的有利条件,只要条件具备就能由艺术家自身激发出来。当然,他认为这些条件还只是外在的,即便没有它们,艺术家也能产生灵感,因为灵感从根底说毕竟是一种先天的能力。这表明他并没有完全冲破理性主义唯心论的影响,但他的灵感说无疑提供了新的东西。同时,还应当提到,鲍姆加敦并没有把艺术创作只看成灵感的活动或纯粹感性的活动,他认为在灵感阶段创作出来的东西,并不是尽善尽美的,还需要在理性的指导下进行艺术的加工、琢磨与修改,才能达到"完善"。

对于"艺术摹仿自然"这一传统的原则,鲍姆加敦提出了一些新的看法。他认为,不应当把摹仿理解为感性事物的再现,也不应当像在自然哲学中那样把"自然"了解为"一切存在着的东西的总和"。所谓艺术摹仿自然,就是要表现自然呈现于感性认识的完善。同时,他反对人为的、矫揉造作的创作作风,认为表现自然应当自然而然,文艺作品应当具有"自然的风格"。他认为要达到"自然的风格"需要三个条件:(1)作者对自己的自然素质和力量要有足够的清楚的认识;(2)作者应当很好地熟悉和理解作品描写的对象;(3)作者要了解感受作品的公众,也就是说要了解自己的作品诉诸谁。如果不是这样,创作就会失败。从总的方面看,他的摹仿自然说还是建立在"完善"这个理性主义概念的基础上的,是唯心主义的,不是现实主义的,但他关于"自然风格"的观念对我们还是有启发的。

与艺术摹仿自然相联系的是艺术真实的问题。他认为,诗应当真实,但诗的真实不同于逻辑的真实,诗的真实是可然的真实。他说:"凡是我们在其中看不出什么虚伪性,但同时对它也没有确定把握的事物就是可然的,所以从审美见到的真实应该称为可然性,它是这样一种程度的真实:一方面虽没有达到完全确定，另一方面也不包含显然的虚伪。”[①]由于把诗的真实看成可然的，因此，他不仅允许艺术虚构，甚至把艺术虚构看做构成艺术本质的重要条件。在《关于诗的哲学沉思录》中，当谈到修辞学者诘难诗人关于虚构是否属于诗的本质的一些争论时，他写道：“经验教训我们，虚构不但是可以容许的，而且是不可避免的。”这是因为“较遥远的历史绝不是像诗人的笔所要求的那么确切地被知道”。[②]

上述鲍姆加敦关于艺术创作问题的研究，是具有开创性的。它对 18 世纪后半叶以来美学的发展有着重大的影响。这类问题的研究后来被称为“天才”问题的研究，在 19 世纪心理学和美学中被称作“艺术创作的主体”或“审美主体”的研究。

关于另一类文艺问题，即关于艺术作品内容方面的研究，鲍姆加敦也做了大量的工作。一般说来，他对构成艺术作品内容诸因素的分析，都是从审美主体（艺术家）和审美客体（描写对象）两个方面进行的。他认为，“丰富性”在艺术作品内容诸因素中占据首要的地位。他明确区分了主观的丰富和客观的丰富。主观的丰富是指作品主题的丰富，是由艺术家的思想决定的；客观的丰富是指作品本身的丰富，是由描写对象所决定的。他特别强调了审美形象的具体性和确定性，他认为个体、个性最丰富，最有诗意，单一的、个别的事物比一般概念和类型更丰富。同时，他指出，不能把丰富性理解为在艺术形象中毫无遗漏地表达对象的全部特点和因素。丰富与简练是一致的，“过剩”与艺术是不相容的。也就是说，艺术应当舍弃、省略一些不必要的因素。在谈到艺术内容的其他因素时，鲍姆加敦对文艺作品中美与善的关系，真实性与艺术虚构的关系，思想内容的鲜明性和说服力等问题，也都提供了一些颇有启发的见解。他认为，艺术家不应当选择一些“小玩物”，“低级的、不重要的东西”作为描写的对象，而应当表现道德的伟大和高尚的趣味，但这只能通过感性的形象来表现，而不能把艺术的任务与道德的任务混同起来，以致使艺术完全服从于道德的说教。他要求艺术的内容

---

① 鲍姆加敦：《美学》第 483 节。

② 鲍姆加敦：《关于诗的哲学沉思录》。

必须使欣赏者感到明确、易懂，并具有感人的力量。

总之，鲍姆加敦确实不只从哲学上，而且从文艺实践上，提出了许多重要的美学问题。虽然他的研究还只是初步的，但却勾画出了美学这门科学的基本轮廓。在他那里，美学作为哲学科学是和艺术理论紧密结合在一起的，毋宁说，美学就是一门指导艺术的哲学科学。

三、历史功绩和进步意义

鲍姆加敦的美学思想是唯心主义的，是建立在理性主义哲学基础之上的，他所提出的大量美学问题，都还没有深入地展开，而且存在着许多混乱和矛盾，但这种历史的局限性并不能否定他在美学史上的历史功绩。

美学虽然古已有之，柏拉图、亚里士多德等哲学家、修辞学家和罗马诗人的作品都曾从不同角度、不同方面谈到过美学问题，但是认真地清理古代哲学、诗学、修辞学中所涉及到的美学问题，把它们聚拢起来，使之从与其他科学对象的混淆中解放出来，形成一门具有特殊研究对象的独立的哲学科学——美学，这确实是鲍姆加敦的重大历史功绩。可以说，正是由于鲍姆加敦指出了美学的特殊对象和任务，并且提供了一个初步的美学理论体系，提出了一系列值得研究的美学问题，才使美学真正地成为一门独立的科学，牢固地确定了美学在哲学科学体系中的地位，并获得后来长足的进展。自从鲍姆加敦提出美学这门哲学科学以来，德国古典哲学的大师康德、费希特、谢林、黑格尔，他们在建立自己的哲学体系时，都无一不把美学作为一个重要的不可缺少的组成部分，以至所有这些哲学体系的最后完成都离不开美学的领域。这就足见鲍姆加敦美学的强大影响。无论从把美学与逻辑学对立，把感性认识与理性认识割裂，还是从力图把二者加以调和，鲍姆加敦的美学在基本精神上与德国的古典哲学和美学都是一致的。如果不说他是德国古典美学的奠基人，至少也是一个最重要的先驱者。他的美学思想不仅具有民族的意义，而且具有世界的意义。

我们不但应当看到，鲍姆加敦所做的完全是开创性的工作，而且应当看到，鲍姆加敦生活在 18 世纪中叶落后的德国，当时占统治地位的精神气氛，在哲学和科学上是崇尚理性、轻视感性的理性主义,在宗教上是神秘的虔诚主义,在文艺上是反对表现个性的新古典主义,所有这一切对于美学的研究都是极为不利的。鲍姆加敦抬高感性,提出建立一门研究感性认识的美学,把它提高到科学的地位,极力强调想象和情感在文艺创作中的作用,要求表现个别事物的具体形象等等,无疑包含了大胆造反的因素,具有进步的意义,是与封建政权和宗教僧侣所崇奉的意识形态,以及要求艺术成为"惩恶劝善"的道德说教的工具等统治思想相背离的。从当时整个欧洲文艺实践和文艺思想的总趋势来看,已经开始出现了从封建的新古典主义向资产阶级浪漫主义的转变。在这个转变的过程中,鲍姆加敦是站在资产阶级即新生事物方面,而不是站在垂死的事物方面。

鲍姆加敦的美学不但具有历史的进步意义,而且今天仍有现实意义。自从鲍姆加敦创立美学科学以来,美学有很大的发展,特别是马克思主义美学的产生,更把美学史推上了一个崭新的发展阶段。马克思主义的经典作家马克思、恩格斯、列宁,直到毛泽东同志的一些著作,包含了丰富的美学思想。所有这些都是毫无疑义的。但是,美学领域仍有许多迫切需要解决的问题。例如美学究竟是不是一门科学?它的对象、任务是什么?如何正确阐述马克思主义美学的科学体系?这些基础性的理论问题,在以马克思主义美学家自命的中外美学工作者中间,都还存在着很大的争论。几乎所有关键的美学理论问题,都还是众说纷纭,还有许多美学问题根本没有提出来加以研究,亟待耕耘和开发。美学是一门哲学科学。美学观是世界观的重要组成部分。不正确揭示马克思主义美学的科学体系,就没有完整的马克思主义的世界观,而马克思主义世界观的普遍规律如果不能在美学领域得到证实和发挥,那么,它的普遍性就必然会遇到问题,所谓树立马克思主义的世界观,也就会成为一句空话。因此,我们必须充分重视美学科学的战略意义,大力加强美学理论和中外美学史的研究工作。在这种情况下,了解最初提出美学科学的鲍姆加敦的美学思想,并进而深入研究德国古典美学,对于正确理解马克思主义美学,推动美学科学的发展,无疑都是有益处的。

1979.4.13 初稿

1979.9.8 二稿

梅洛-庞蒂中期哲学中的“表达难题”*

宁晓萌**

莫里斯·梅洛-庞蒂(Maurice Merleau-Ponty)或许并没有刻意要成为一个美学家,或专门发展出一种艺术哲学的理论,但在其哲学之中却自始至终凝聚着一种对于艺术与感性问题的敏感与关切。这样一种将艺术问题,特别是绘画问题,作为哲学论题的研究,以一种非常具体而深刻的形式出现在其中期的哲学研究之中,并自此开始在他后来的哲学构建之中获得了更加深入的发展,成为其中后期哲学中的关键论题和线索。虽然梅洛-庞蒂对绘画问题的研究,并非是为了形成一套独立的美学或艺术哲学理论;而由其本人在 1945 年以后直至去世前的课程、文集和著作中对绘画问题的频繁讨论,由其对这些文章所作出的反复、谨慎的修订,以及此后将这些文章在其不同阶段的重要文集中的重新刊出,我们也可以有理由相信,他所发表的关于绘画问题的讨论,决非一时兴起的闲谈,或与其哲学架构无关,而是自身已经与他的哲学研究紧密扣联在一起,甚至可能恰恰对其后期哲学的建构起着尤为关键的作用。

随着对梅洛-庞蒂绘画问题的研究,一个特殊的现象引起了笔者的关注。那就是总是如同幽灵般浮现在其绘画研究之中的关于达·芬奇(Leonard de Vinci)的评论。或许对于大多数梅洛-庞蒂研究者而言,梅氏哲学中的塞尚(Paul Cézanne)研究、普鲁斯特(Marcel Proust)研究更值得大书特书①,而梅洛-庞蒂与达·芬奇的联系则好像一个奇怪的关联,不免有猎奇

---

* 本文原刊于《北京大学学报》(哲学社会科学版),2011 年 5 月,第 48 卷第 3 期,第 49—56 页。

** 宁晓萌,1979 年生,女,北京大学哲学系讲师。

① 在《知觉现象学》“序言”中,梅洛-庞蒂特别表达了他对这几位文学家、艺术家的看重,在他看来“现象学与巴尔扎克、普鲁斯特、瓦莱里或塞尚的作品一样,勤勉地努力着……正是在这样的联系下现象学与现代思想的努力融为一体”(Maurice Merleau-Ponty, *Phénoménologie de la perception*, Paris: Gallimard, 1945. p. xvi)。

之嫌。因为事实上,梅洛-庞蒂并没有以主题讨论的形式涉足于达·芬奇的具体画作或是其丰富而晦涩的笔记,并没有形成真正意义上的达·芬奇研究。然而,也或许正是由于这样一种直接的、主题化讨论的缺乏,使得人们更多地聚焦于那些被照亮的主题,而忽略了暗中牵引着哲学家走向其主题的那些环节。频繁出现在梅洛-庞蒂绘画研究的肯綮之处的达·芬奇评论,就恰恰似乎在暗中为我们指引出一条理解梅洛-庞蒂哲学发展的隐蔽的线索。基于这一发现,本文试图跟随梅洛-庞蒂的达·芬奇评论这样一个从未被揭示出的线索,重新考察其中期哲学论题的发展,并试图为其在哲学上对绘画问题所投注的研究与褒扬作出解释。

一

尽管梅洛-庞蒂不曾对达·芬奇的画作和笔记有过直接和主题性的研究和论述,然而这种关注毕竟还是透过一些间接的讨论,即透过他对达·芬奇的两位重要解释者——弗洛伊德(Sigmund Freud)和瓦莱里(Paul Valéry)——的批评和讨论,彰显出一种或许尚还在隐藏之中、但却饱含着热切的探索。这些讨论最集中地体现在梅洛-庞蒂 1945 年的文章《塞尚的怀疑》[①]中。在这篇以塞尚为题的文章中,关于达·芬奇的讨论占据了近乎后半部分的篇幅,与其对塞尚研究形成了一种对照,这样一种对照本身也是一个值得我们去追问和研究的问题。

在《塞尚的怀疑》一文的开篇,梅洛-庞蒂这样描述了塞尚作画的过程:"为了(画成)一幅静物画,他需要一百次的工作,而一幅肖像画则需要一百五十次的改动。我们眼中的作品,对他来说,只是对绘画的尝试和接近。"[②]熟悉塞尚生涯的人们或许会认为这几句话多多少少对画家犹疑不定的性格有所暗示。塞尚最密切的朋友,左拉(Emile Zola)以及贝赫纳(Emile Ber-

---

① Maurice Merleau-Ponty, "Le doute de Cézanne", in *Sens et non-sens*, pp. 13-33. 梅洛-庞蒂:《塞尚的疑惑》,载《眼与心——梅洛-庞蒂现象学美学文集》,刘韵涵译,北京:中国社会科学出版社,1992 年。第 40—62 页。

② 同上书,第 13 页。

nard)曾经对老年塞尚的言行有大量的记述,在他们眼中,他总是畏惧陌生人的身体接触、难于相信别人并且认为生活是可畏的。他们甚至认为正是塞尚性格上的这些弱点最终导致了他在绘画事业上的失败。然而,梅洛-庞蒂却并不同意这样的推断,在他看来,“这些推断没有为作品的意义带来任何正面的解释……左拉与贝赫纳之所以认为塞尚是失败的,极有可能是由于他们投注了过多的精力在心理学和对塞尚的个人认识上”[①]。亦即是说,在左拉与贝赫纳的研究中,对朋友性格方面的关心已经多过了对一位画家创作方面的研究,他们的研究与其说是对塞尚绘画最有力的诠释,不如说更是在研究一种带有病症的性格如何影响了塞尚的绘画。

同样对于塞尚在作画中所表现出的这种犹疑和踌躇,梅洛-庞蒂则持有完全不同的见解。在他看来,遗传基因或者一个人生就的性情,并非必然决定着他的创作。我们反而应该说,往往正是由于我们在先已对作品和画家的生涯有所了解,我们才会对二者间的关系作出推测。故此前面所谓画家生活对其创作的“影响”,往往出自于一种事后的分析,而并非画家如此创作的必然原因。正是在此意义上,梅洛-庞蒂说“他的创作并不是由他的生活所决定的”[②]。而这并不意味着对画家创作与生活间联系的否定。梅洛-庞蒂在后文中谨慎地补充说,“尽管生活不能说明作品这是毫无疑问的,而它们之间的相互关联也同样是毫无疑问的”[③]。基于这种考虑,对梅洛-庞蒂而言,探索艺术家的世界,既不完全是从艺术家的生涯出发,也不完全是从具体的作品分析出发,更关键的在于着眼于盘亘在艺术家创作及其生活之间的那种“悖论式的”张力。正是在这样一种考量中,梅洛-庞蒂的研究与弗洛伊德及其精神分析的方法建立了联系。

对于弗洛伊德著名的达·芬奇研究,梅洛-庞蒂给予了一些正面的评价:“无论弗洛伊德的各种解释是多么的随性,都不能因而丧失了对精神分析式的直观的信心……精神分析与自然科学不同,它并不给予我们必然的

---

① 梅洛-庞蒂:《塞尚的疑惑》,载《眼与心——梅洛-庞蒂现象学美学文集》,刘韵涵译,北京:中国社会科学出版社,1992年,第15页。

② 同上书,第25页。

③ 同上书,第26页。

因果联系,而是指出各种在原则上可能的动机性的联系。”①亦即是说,尽管弗洛伊德对达·芬奇生活经历及其在绘画、发明和科学研究方面的特殊兴趣的解释并不见得总是令人信服,但他却无论如何向我们带来了解释事情的一种新的向度,即由事情的内里去寻求解释,从一种内在于联系自身的创生之中寻求解释,而不是事后在各个事件之间建立一种外部的关联。

这样一个在内的创生的源头、这种动机性的联系,在弗洛伊德的解释中往往归根于作为一切人类实存活动之底层架构的“性”。对于这种解释,梅洛-庞蒂也有独特的理解,在他看来:“精神分析实际上不是用性欲的底层结构来解释人,而是在性中重新发现以前被当做意识的关系和态度的那些关系和态度。”②这意味着,梅洛-庞蒂在弗洛伊德及其精神分析方法中所发现的是,一种透过在其原初底层架构中、在与其自身生命(生活)内在的维系中解释人类实存的源始动机的探索。弗洛伊德强调了人的生命(生活)体验与其作品间的相互联系,但这并不意味着他要明确地依据作品来解释生命(生活),或反之依据生命(生活)解释作品。二者之间似乎存在着一种交互的、辩证的相互影响。或许正因如此,对梅洛-庞蒂而言,弗洛伊德非但不是用一个确切的答案将各种事件引向某种确定的解释,反而更是为各种可能性打开了一个开放的场域。正如他自己所说,“精神分析没有使自由变得不可能,它教我们用更具体的方式思考这种自由……”③。

然而可惜的是,尽管弗洛伊德让我们回到更加原初的处境中去,回到活生生的、尚在其自身生发之中的事件,但他却不能够为事件之创生提供正面的解释,不能为艺术家的创作动机提供正面的解释。他所揭示的是艺术家的创作与生活之间不可割裂的内在生命联系,并且在这种内在的生命联系中蕴涵着一种促发创作的动机性根源,然而这只是一个开放的可能性的场域,而并没有击中要害。或许这世上还有其他与达·芬奇有着相同经历和相同命运的人,然而最终真正成为大师和天才的达·芬奇却是唯一的。

---

① 梅洛-庞蒂:《塞尚的疑惑》,载《眼与心——梅洛-庞蒂的现象学美学文集》,第24页。

② Maurice Merleau-Ponty, *Phénoménologie de la perception*, p. 184.

③ Maurice Merleau-Ponty, “Le doute de Cézanne”, in *Sens et non-sens*, p. 32.

达·芬奇的生活经历与其创作之间存在着内在深刻的联系,但仅仅凭借这样的生活经历并不必然导向这位艺术家—科学家的巨大成就。精神分析的尝试最终不能够为这个唯一的达·芬奇的创作提供充足的解释。或许正因如此,梅洛-庞蒂转向另外一位达·芬奇的解释者,保罗·瓦莱里,来寻求一种着眼于发生建构层面的解释。

二

在瓦莱里的笔下,达·芬奇呈现出另外一种样貌:“一个纯粹自由的怪胎,没有情妇、没有债主、没有逸闻趣事、也没有什么历险……他是各种方法的主人,随心所欲地做他想做的,一厢情愿地带着一种超凡的优雅从认识走向生活。……他是一种‘智性的力量’,是一个‘精神的人’。”[①]

对瓦莱里而言,达·芬奇更让他关注的,不是一个普通人的生活经验,而是一个伟大的精神。他所要做的,是“试图展示出一段智性生活的各种细节”[②]。瓦莱里当然并不曾忽略艺术家生活与其创作之间的内在一致,然而他要强调的是真正触发创作的东西,他想要直接切入创作的决定性环节,因为正是这个决定性的环节引导着艺术家从无中创造出了有。从这一点看,瓦莱里事实上已经在尝试后来的现象学家们通过哲学研究所开拓的事业,即追本溯源,从创生的层面解释创作。他特别指出:“对于人类各种成就的曲解恰恰就在于对于其发生(起源)的漠视。”[③]瓦莱里的达·芬奇研究,恰恰要摆脱这种对于起源的漠视,他侧重于发掘画家借以建立整个世界的那个方法,换言之,也就是前文所说的那种“中心态度”。“方法”在此并不意指某种具体的手段,而是意味着一种对统一、和谐、内在一致性的追求,意味着对一种“穿透各种感性印象、导向‘世界’之建构的逻格

---

① Maurice Merleau-Ponty, “Le doute de Cézanne”, in *Sens et non-sens*, p. 28.

② Paul Valéry, *Introduction à la method de Léonardo da Vinci*, Paris, Gallimard, 1957. p. 13.

③ Ibid., pp. 14-15.

斯”的追求[①]。正是凭借着这种作为“中心态度”的“方法”,达·芬奇的工作表现为一种建构整个世界的努力。在瓦莱里看来,他“意图创造一切事物:他思考的对象是整个世界和精确性”[②]。对瓦莱里而言,构建整个世界的能力几乎完全归功于他的英雄,归功于那个伟大的精神。无论是在作画、做研究,还是在发明和试验,达·芬奇都沉浸在那个即将被他自己构建起来的世界之中,这个世界是如此的和谐完美,甚至每一个细节都是那么的精准。“方法”、“中心态度”、“逻各斯”在此意味着达·芬奇创造世界的核心因素,这是作为主人、创始者的达·芬奇为这个世界所平添的东西。这不是什么具体的物件或形象,而是一种统一性,并且是一种好似数学原理一般严格而又放之四海皆准的统一性。正如瓦莱里所言:“这种逻格斯谐和地统摄着那些不相一致的部分,它是如此之严格,以至于它能够为一切生命和自然提供建议。”[③]

至此我们已经看到对于作为艺术创作之典范的达·芬奇的两种不同的研究进路。正如瓦莱里已经注意到的,“一个传记作者或者经历其传主的生活,或者就要建构他,这两种进路注定是逆向的”[④]。弗洛伊德的研究让我们回到一个向着所有可能性开敞的更加原初的处境,他让我们看到的是各种可能的联系,但却没有为创作的动因提供正面、具体的解释。而从另一方面看,瓦莱里的研究则聚焦于创作的构思和构建这一核心问题上,他直中要害,侧重于从正面建构的角度为创作提供解释,但却又面临让“建构”沦为“虚构”的危险。但无论如何,瓦莱里致力于从起源和创生的角度揭示事物的努力与梅洛-庞蒂的研究有着共同的旨趣。后者只是对他过于强调“精神力量”的作用不尽赞同,认为这毕竟对生活与思想之间的内在联系有所割裂。在梅洛-庞蒂看来,这样一种对“中心态度”的追求也是“年轻瓦莱

---

① Paul Valéry, *Introduction à la method de Léonardo da Vinci*, p. 14. 在同一页的边注中,瓦莱里补充解释了他在此所谓的“世界”(l'univers)的意涵:“世界——更确切地表述应该是普遍性(universalité)。我所希望说明的并不是‘世界’一词通常所指的是那种神话般的整全,就好像一切事物都归属于一个体系,这个体系(通过假设)规限着所有这些事物。”

② Ibid., p. 12.

③ Ibid.

④ Ibid., p. 15.

里的谜”[①]。瓦莱里本人后来也承认,“方法”这个词或许用得有些过重了[②]。创作对于梅洛-庞蒂而言,不可能仅仅取决于“精神力量”的激发,他在最后的著作《眼与心》中所说的几句话或许正是在回应瓦莱里的这种解释:“瓦莱里说,画家‘借出自己的身体’。事实上我们也无法想象一个精神如何作画。正是通过将自己的身体出借给世界,艺术家才得以将世界变成画作。”[③]亦即是说,梅洛-庞蒂既不认同把对艺术创作的动机归因于画家早年的生活经历或性格上的病症,也不倾向于夸大画家理性的那一面,即精神的力量。对他而言,一个伟大的画家既不是疯子,也不是神,而只是一个在其自身生存境遇之中的人,充其量他只不过比别人更多地关注那些与视看(或视见性)有关的东西,仅此而已。或许正是出于这种考虑,梅洛-庞蒂在批评了“年轻瓦莱里”对精神力量的夸大之后,紧接着指出,“在达·芬奇处也同样有着可见者的光辉”[④],可惜对于这句话梅洛-庞蒂似乎没有更加详细的展开,至少在目前可见的手稿中,这还只能说是一个引人深思的小小的提示。

三

至此为止,作为一条隐含的线索,梅洛-庞蒂的达·芬奇研究引领着我们走向他对塞尚难题的揭示和反思。正如前文所指出的,对于梅洛-庞蒂而言,选取塞尚为研究的典型个例,并将之与达·芬奇相比照着来研究,这决不是偶然的,而是一种有意的构思。尽管我们在梅洛-庞蒂对塞尚的描述和弗洛伊德对达·芬奇的描述之间也看到许多共同之处,特别是他们对画家在作画中长时间的踟蹰以及这些伟大的画家总是使画作停留在未完成状态

---

① Maurice Merleau-Ponty, *Notes de cours 1959-1961*, Paris: Gallimard, 1996, p.175.

② Paul Valéry,“Note et digression (1919)”, in *Introduction à la méthode de Léonard de Vinci*, Paris: Gallimard, 1957, pp.71-72. 在这篇笔记中,瓦莱里指出:“事实上,方法这个词用得太重了。方法使人联想到某种充分取决于操作行为的秩序,而我所想要的只不过是一种对我的精神中的所有问题进行转换的独特的习惯。”

③ Maurice Merleau-Ponty, *L'oeil et l'esprit*, Paris: Gallimard, 1964. p.16.

④ Maurice Merleau-Ponty, *Notes de cours 1959-1961*, p.175.

的现象的大篇幅描述。然而对于艺术家创作中所表现出的这些共同特质，尚不是梅洛-庞蒂在此刻最为看重的。他更加想要突显的是作为典范的塞尚对他而言的特殊意义。[1] 与弗洛伊德和瓦莱里不同，梅洛-庞蒂既不通过全然外在于绘画的东西来为画家的迟疑找理由，也不把画家看做是绝对的主人，可以不假思索地排除他所遭遇的困难，并从而成功地获取他通过绘画所要追求的东西。相反，梅洛-庞蒂更愿意去揭示画家所遇到的难题——表达的难题：

> 塞尚的困难是说出第一句话的困难。他认为自己无能为力，因为他并非万能，他不是上帝，却又想要画出世界，想要将世界完全变成景象，让人们看到，这个世界是如何触动我们。[2]

身为凡人又同时怀抱着在绘画中创建整个世界的梦想，或许这就是塞尚的难题所在。作为一个想要创造世界的凡人，他的一生总处于一种两难的境况之中，总是在摸索，总是即将接近终点，却又总还是有一段距离。倘若我们说塞尚陷落在这一困境之中，这并不意味着我们认为塞尚的追求是失败的，而恰恰是在揭示作为凡人的画家自身所处的生存境遇。在此意义上，梅洛-庞蒂不同于此前两位诠释者，在一种生存论的诠释中寻获进路。正如他在《塞尚的怀疑》中所说的，"在精神分裂症的形成与塞尚的作品之间存在着一种联系……精神分裂终将不再是一种荒谬的事实或一种以成为人类存在之一般可能性为归宿的命运，这样说是因为人类最终要面对一种悖论，即表达现象。最终，成为塞尚与成为精神分裂的变成了同一件事"[3]。

塞尚终将面对表达的悖论，他不可能先行地对将要诞生的世界有整全和确定的把握，却又注定要去把世界的秘密揭示出来。面对表达的难题，他选择了去作画，或者至少可以说，他始终没有放弃作画。去面对表达的难题，而不是逃离这种困境，这是一个画家自身的宿命。作画已经成为画家赖

---

① 在《意义与无意义》的序言中，梅洛-庞蒂称"在说明表达和交流如何得以艰难地达成的问题上，塞尚是一个很好的例子"。Maurice Merleau-Ponty, *Sens et non-sens*, Paris: Gallimard, 1996. p. 3.

② Ibid., p. 25.

③ Ibid., pp. 26-27.

以生存和生活的"方法",已经成为他们对世界最原初而感性的"反思"。从这个意义上说"塞尚的怀疑"这一标题所揭示的恰恰在于画家在作画进程中的反复考量和思索。如同塞尚所言,画家"在绘画中思考",而这种思考并不是通常意义上的那种纯粹智性的精神活动,而更是一种"感性的思考",一种在感性活动运行中的思考。这种思考不可能在绘画活动之先而获得先行的勾画,而是在绘画之中、以绘画的方式勾画出自身。正是出于这种考虑,梅洛-庞蒂指出:"'构想'不能够先于'实行'。在表达之前,除了一团模糊的狂热什么都没有,唯有当作品已完成和被理解,才能证明人们会在里面找到什么,而不是什么也没有。"①同时,这样一种表达却并非画家无中生有的创造。画家并非世界上唯一会作画的人,独自凭空地创造出绘画这样一种表达方式。画家已经诞生在文化的世界之中,承载文化也重建着文化。只不过,他们并不甘于仅仅作为被豢养的动物去做既有文化传统的承载者,而总是追求以某种重建的方式参与到文化的构建与传承之中。

在此意义上,我们可以再一次看到梅洛-庞蒂对瓦莱里的一种隐晦的反驳。尽管他也同样地试图去探究一个文化世界的构建进程,但却也同时保持着一种警醒,即这种建构决不是一个主体独自、完全主动的施为。这种建构在表达的活动中、但同时也是在表达的积淀中获得创生。塞尚并非真的可以旁若无人地去自由发挥,倘若他可以假装这世上从来没有过别的绘画,可以把自己当做第一个作画的人,那么作为开天辟地的造物主,他所面对的将是开辟鸿蒙、打破混沌的绝对的光明,而不是几乎把他拖入怀疑深渊中去的无法逾越的困境。然而事实上,终其一生塞尚都没有对自己作为画家的生涯产生真正确定的信心,他知道自己不是天才,他只是在努力地向自然学习一切视看的奥秘,他从未忽略过其他绘画,其他的绘画是他学习的资源,也是困锁着他的束缚,正是面对着这些对于世界奥秘的各自不同的揭示和描画,他才要搏出自己的真理。他用尽自己毕生的心血去创作,在这种创作中凝结着的是构建与积奠互相交织、互为奠基的艰涩的进程。亦即是说,建构并非好像青年瓦莱里所描述的那样,是一种富有主动性的、一往直前的单

① Maurice Merleau-Ponty, *Sens et non-sens*, pp. 24-25.

线运动,一个画家仅凭一己之力即可以构造出整个世界,甚至这种构造可以如科学般严格和精准,可以毫无阻滞地在一种理想化的氛围中获得实现。在此,对梅洛-庞蒂而言,这种建构更是同时在具有主动性与被动性的活动中,以一种既前进又不失回护的方式展开。画家与其说是在创造世界万物,不如说是在揭示让他自身在世界之中安顿下来、与世界相处起来的秩序或维度——不管这种相处是平和的,还是冲突的。在后来的法兰西学院课程中,梅洛-庞蒂说:“每一种绘画都是一种维度性的创造”①,恰恰是对这一观点概括的表述。一个画家并不是视看世界唯一的主人,他们探索这个世界,把他们各自独有的视角和发现展示出来。在作画的过程中,他们在养成和塑造自己作为画家独有的姿态和风格,也同时是在从他们所归属的传统和文化中不断地学习、借取并最终陷落在其中。

四

梅洛-庞蒂在绘画的表达中所发现的这种建构活动,在其后来关于“风格”概念的阐释中获得一种具体化和延续性的展开。

在《间接的语言和沉默的声音》②一文中,梅洛-庞蒂借马尔罗的观点表达了这样的看法:“画家放入绘画中的东西,不是直接的自我,感觉的细微差别本身,而是他的风格,画家用他的风格景象自己的作品,也用他的风格景象其他画家的绘画或世界。”③

---

① Maurice Merleau-Ponty, *Notes de cours*, *1959-1961*, p. 52.

② 此文原为梅洛-庞蒂在20世纪40年代末至1952年之间计划写作的《世界的散文》(*La prose du monde*)一书的主体部分,在这一著作计划搁浅之后,此文作为这一计划仅存之硕果,由作者本人修订后于1952—1953年,以连载的方式发表于《现代》杂志,并于1959年再度被作为首篇文章收入文集《符号》(*Signes*)。如今可参考此文两种形式的出版版本及其中译:“Le langage indirect”, in *La prose du monde*, Paris: Gallimard, 1969 (《间接的语言》,载《世界的散文》,杨大春译,商务印书馆,2005年);“Le langage indirect et lex voix du silence”, in *Signes*, Paris: Gallimard, 1960 (梅洛-庞蒂:《间接的语言与沉默的声音》,载《符号》,姜志辉译,商务印书馆,2003年)。

③ Maurice Merleau-Ponty, *Signes*, p. 84. 梅洛-庞蒂:《符号》,姜志辉译,商务印书馆,2003年,第62页。

风格并不是画家所刻意追求的东西,他的每一特定的主题、别具一格的笔触以及色彩的基调和画面的安排,都并不是仅仅以有意识地获得一种风格为目的。相反,对于风格的关注,往往并不出现在正在作画的画家的视野中,因为他们“总是忙于表达他们与世界间的交流,而来不及为风格而感到自豪,风格对他们来说总是在不经意间诞生”①。在此意义上,对于风格的理解体现为两个方面:一方面,对于画家而言,风格不是有意识形成的东西,它在画家在世界中栖居、与世界打交道的实况性的生存演历中、在画家个人的成长和成熟过程中默默地积淀着;另一方面,对于画家以外的人而言,也可以说,对于“他者”而言,风格似乎在说话,他把画家自己对于世界的观看、对世界的重新塑造宣示出来,把画家自己看待世界和与世界打交道的方式借给大家。正如梅洛-庞蒂所说:“与画家的风格一起呈现给他的东西并不是一种方式……这种表达模式对他本人而言只是他自己的侧影或习惯的姿态,很少会进入他自己的视野之中。”②

基于这种考虑,风格概念与表达难题一样,为我们揭示出一种朝向世界的多层次的建构——它既是在一个“自我”的内在的、人格的建构框架之中,同时也宣明了一个通向人群中去、通向文化和历史世界中去的切入点。如果说表达难题的发现,好比是梅洛-庞蒂中期哲学的开场白,为我们彰显出表达世界开裂的一道罅隙,吸引着我们去探险,那么对于风格概念的研究则进一步为我们展示出这种研究的可能性和在梅氏哲学中的延续性。塞尚对梅洛-庞蒂而言是一个“好例子”,因为他展示出“表达与交流是如何艰难地最终达成”。这意味着梅洛-庞蒂并不是一个仅仅满足于揭示困境的哲学家,他更加需要去努力寻求画家最终赢得了什么,去回答“为什么绘画最终道出了什么,而不是什么都没有”。从这个意义上说,他对风格概念的发展事实上也是对上述问题——塞尚(或画家)如何最终在踟蹰中有所赢获——的一种正面的回应,是对表达难题的一种延续和乐观的发展。

同时也是在这样一种对于风格概念的研究中,我们也可以看到作为本

---

① 梅洛-庞蒂:《符号》,姜志辉译,第53—54页。

② 同上书,第53页。

文发展线索的达·芬奇研究也再一次得到了回应。对于梅洛-庞蒂而言，"画家与其生活的关系属于同一种秩序：画家的风格并非就是他生活的风格，然而他在表达中勾画他的生活"①。基于这种了解，达·芬奇的生活经历与其画作也是属于同一生命进程的秩序之中。对于大多数而言，达·芬奇更多地代表了一个伟大艺术家，而不是某种悲惨童年生活经历的受害者的发言人，也正是因为他"成功获得了一种将自己所历验到的一切化为对世界的解释的方法"，因为"他在自己的语言中构建着这种身体和生命的处境"②，而并非仅仅陷落在悲惨经历中不能自拔。达·芬奇是绘画巨匠，是天才，而不是精神失常的病人，那是因为他最终赢得了自己的语言，赢得了自己的风格，这种语言和风格不仅能够为他人所读解，而且甚至成为受人崇拜、让此后几个世纪的画家都无可逾越的典范。在此意义上，风格意味着画家自实际生活和现实世界的纷扰中最终有所赢获，这种赢获不是任何具体成果或实际利益的取得，而是对一种生命历程呈现出意义。对于达·芬奇，或是对于塞尚，甚至对于梵·高而言，生活，就是透过作画去生活，绘画塑造着他的世界和他与世界连接起来的方式，而"以绘画的方式生活，仍然意味着呼吸这个世界上的空气——毕竟画家首先是在世界中看到有待他去画的东西"③。

至此我们看到，梅洛-庞蒂关于表达和风格概念的研究，与其说是在提供一种艺术理论，不如说更是在揭示一种人的生存处境，甚至可以说，这种研究已经在其深处触及到梅洛-庞蒂后期哲学中更加看重的"纵向存在"和"存在的厚度"的问题。在稍后的关于胡塞尔《几何学起源》课程的讲稿中，梅洛-庞蒂谈及对其整体哲学发展而言，存在着一种"身体—世界—真理—语言—历史，人"的构架。今天看来，这一框架中的许多环节，譬如"真理"、"语言"、"历史"乃至"人性"都并不是他单独展开的论题。这些论题是相互扣联在一起的。并且从梅洛-庞蒂对表达现象最初的探索开始，这些问题即已经以一种交织的方式纠结地展现出来。从这个意义上说，梅洛-庞蒂中

---

① 梅洛-庞蒂：《符号》，姜志辉译，第64页。
② 同上。
③ 同上。

期哲学对表达问题的集中研究已经可看做是他此后哲学图景的一个缩影和预告。而从另一方面说，对于表达问题的研究也只有在与“真理”、“历史”、“人文世界之建构”等问题扣联起来讨论的时候，才能够展现出其深刻意涵。这或许就是梅洛-庞蒂在1952年对自己的研究进行展望和规划时所看到的关键问题：

> 关于知觉的研究只能告诉我们一种“坏的含混性”，一种有限性和普遍性、内在性与外在性的混杂。然而在表达的现象中还存在着一种“好的含混性”，这是一种让那些看起来不可能的各个殊别的要素成为可能的自发性，一种把诸多单子聚合在一起、把过去与现在、自然与文化聚合为一个整体中去的自发性。①

① Maurice Merleau-Ponty, “Un inédit de Maurice Merleau-Ponty”, in *Parcours deux*, Paris: Gallimard, 2000, p. 48.

克里普克语言理论再思考:语义值的刻画与指称的确定*

叶　闯**

就指称性的语言表达式来说,克里普克的语言理论力图回答两个问题,一是回答指称的语言表达式的语义值是什么的问题,相应的理论姑且叫做WSt,二是回答如何在使用中确定或知道语言表达式指称的问题,就叫它做HSt 理论。① 对前一问题克里普克的回答是,语义值分别为指称或外延;对后一问题克里普克的回答是,指称由初名中的命名来确定,并由语言共同体的社会学链条因果地传递。本文的主要任务是考察两者之间的关系,并在这个过程中分析克里普克的形而上学与此二者之间的关系。②

---

* 本文原刊于《哲学门》2001 年第 2 期。

** 叶闯,1956 年生,男,北京大学哲学系教授,博士生导师。

① WSt 及 HSt 中的"W"和"H"分别取"What"和"How"之含义。上述两种理论的含义结合我对"语义学"一词的界定来理解将会更明确。我的"语义学"一词用来指有关语言表达的语义值描述、语言表达的逻辑形式刻画等方面的理论。它既不包括更抽象的有关一般语言或意义本质的说明,也不包括有关语言使用的理论。可见,WSt 属于语义学,HSt 则属于这里所说的"语言使用理论"(只是注意不要同作为一种学说的"语言使用理论"相混淆。本文不用"语用学"一词的原因是,我对它作为一种严肃学科的种种性质尚有一些疑问,因此,权且用一个也许更含糊的表达)。如果需要有个对比,那么应该说我的"语义学"一词在基本精神上,大体相当于大卫·刘易斯(David Lewis)在《普遍语义学》一文中所说的语言研究的第一类主题("General Semantics", *Semantics of Natural Language*, edited by Donald Davidson and Gilbert Harman, D. Reidel Publishing Company, 1972, p. 170)。至于能包容以上所提到的全部相关理论的词,在本文中是"语言理论"。

② 克里普克本人无疑相信这中间存在着的联系,《命名与必然》开篇第一句话是:"我希望有些人看到了在题目(指 1970 年他在普林斯顿大学三次讲演的题目,也即所引的这本书的书名)中的两主题之间的联系。要是没有的话,我将在演讲过程中详细阐述这样一些联系。"有些哲学家看到研究克里普克理论中的这些关系的必要,并作了专门的讨论。比如,斯塔尔耐克尔(Robert Stalnaker)的文章《指称与必然》主要就是讨论这些关系。在这篇文章中他写到:"在这些讲演中,克里普克为一些大胆的论点作了辩护,关于命名的那些论点属于语义学和语言哲学,其他关于必然(性)的论点属于形而上学。对这些不同论点的论证是相互联系在一起的,(转下页)

在此，我们不直接分析克里普克的可能世界语义学，以及他的形而上学理论本身，而主要从考察他的形而上学和 WSt 的论证入手，看它们能否给语言使用的指称确定理论提供一个直接的、逻辑上有效的支持，如果不能的话，看看两个理论间的关系究竟是怎样的。这个分析的结果，将能使我们看到，什么是克里普克的指称确定理论，也即他的指称因果理论的真正基础。

一

语言哲学中，有关同一性陈述之说明，至少从弗雷格之后，便是一个语言理论不可缺少的部分。克里普克在回答同一性问题时，明确地引用了他所特殊理解的必然性概念。克里普克是这样来谈论同一问题的。《命名与必然》1980 年牛津的单行本版补充了一个初版所没有的序言，在其中有一个他认为是正确的结论，即在仅考虑严格指示词时，有

式(1) $(x)(y)(x = y \supset \Box x = y)$

（接上页）这一点十分清楚，只是对在克里普克的论证策略和议题本身中的这些联系究竟是什么尚存争议。"（"Reference and Necessity", *A Companion to the Philosophy of Language*, Edited by Bob Hale and Crispin Wright, Oxford: Basil Blackwell, 1997, p. 534）但该文作者的结论是，克里普克的贡献正在于将语义学和形而上学加以分离。而达米特（Michael Dummett）的看法与此不同，他认为克里普克企图在本身是相互独立的领域中追求某种联系。比如他在谈到克里普克的一个论点，即专名的唯一语言学功能就是命名它的承担者这个论点时，就说过："克里普克是抱着把他确信的有关专名的两个观点整合在一起的愿望，来陈述他的论点的，而两个观点本身是相互独立的。观点之一有关于在与现实世界不同的一个可能世界中专名的指称：这就是，要成为严格指示词，一个名字在那个世界就必须指称它在现实世界指称的同一个对象。观点之二有关于什么决定了一个名字在现实世界的指称。两个观点则可能被显示为双双出自于有关专名的语言学功能的单一论点……"（"Existence", *The Seas of Language*, Oxford: Clarendon Press, 1993, pp. 284-286）更有一些哲学家，他们希望说明或补充说明克里普克理论的三个部分之间已有的或应该有的联系（其中有些也许是克里普克本人没有看到的，甚至也许是不赞成的）。以下引用纳尔逊（R. J. Nelson）在《命名与指称》一书中的几段话作个示例："名字的指称是严格的且是因果的。一个被命名的个体以他的个体本质同其他个体相区别……一次初名礼建立了指称，指称通过讲这个语言的社会在社会的链条中传递。""克里普克不喜欢弗雷格的意义或卡尔纳普的个体概念。但他需要个体的本质，否则看来就不能解释严格性。这些本质就是名字承担者的客观性质，那些在指称中掌握的意义。"（*Naming and Reference*, Routledge, 1992, p. 153; p. 154）

显然,(1)不能解释作对任意同一陈述,如果它实际上真,则必然真。这明显是错的。因为 a = b 这样的同一陈述,当例示为"双光眼镜的发明者 = 美洲第一个图书馆的创办人"时,我们几乎会一致同意,这是个偶然的同一陈述。只有当以单称词项(singular term)代替约束变项时,要求这些词项在各可能世界保持指称不变,即具有严格性,才能避免由(1)导出明显错误的结论。而式(1)在逻辑上的解释是:同一即必然的同一,没有偶然的同一(当理解为对象之间的关系时)。

在前面提到的序言中,克里普克区分了三种分属于不同领域的关于同一性的观点:(Ⅰ)同一的对象是必然同一的;(Ⅱ)严格指示词间的真同一陈述是必然的;(Ⅲ)在实际语言的名字间的同一陈述是必然的。随后他明确肯定了(Ⅰ)与(Ⅱ)之间具有内在的关联。同时,他十分正确地指出,(Ⅰ)和(Ⅱ)是关于哲学逻辑的学说,独立于自然语言,这意味着,在断定此二者的同时,我们并未在逻辑上承诺关于自然语言名字状况的任何说明。①

问题是,在接下来的论述中,克里普克说:"从(Ⅱ)出发严格导出的关于自然语言中所谓'名字'的全部结论是,要么它们不是严格的,要么它们之间的真同一是必然的。"②如果说那些非严格的不是"真正的"名字,则(Ⅲ)也可以被确认。③ 可是,这个结论是如何从据称独立于自然语言的哲学逻辑命题(Ⅱ)得出的呢? 我们看出,不借助对自然语言本身的一些假设和观察,仅凭(Ⅱ)显然不足以得出(Ⅲ),所需要的是,"真正的"自然语言的名字是严格指示词的结论。典型的"真正的"名字即日常的专名。克里普克的论证逻辑很清楚是这样的:因为(Ⅱ)成立,且论题"自然语言的名字是严格指示词"成立,故(Ⅲ)得证。"自然语言名字是严格指示词"我们可以叫它做"克里普克论题"。克里普克《命名与必然》的中心结论之一就是这个论题。重要的是,他相信该论题已有某种证明。他肯定地说:"日常语

① Saul A. Kripke, *Naming and Necessity*, Basil Blackwell, 1980, pp.3-4. 以下再引此书均简记为"NN"。

② NN, p.4.

③ NN, p.5.

言的名字是严格指示词这个自然直觉事实上可以被确认”①。可问题在于,什么是它的证明。

我想,诉诸以下两个直觉测试明显是克里普克证明的核心。

第一个直觉测试(记为 ITa):

我们在日常思考反事实状况时,是先以名字固定一个对象,然后再来考虑这个对象在反事实条件下的状况,还是首先给出描述条件,然后考虑在各可能世界辨认满足条件的个体?②

第二个直觉测试(记为 ITb):

我们可以想象哥德尔从未证明不完全性定理,但我们能够想象哥德尔不是哥德尔吗?

先说 ITa。两个选择之间的差别是,前者把个体的给定当做给定一个可能世界的组成部分,后者提出了跨可能世界时个体的同一问题(对前者是不存在的问题),要求给定一个标准,以判定在一可能世界究竟谁是哥德尔,谁是尼克松。两者描述反事实状况的句式不同,对前者,典型情况下我们说:考虑到尼克松这个人,可设想他也许不……(We think of Nixon that he might not have been...,典型地应作 large scope 或 *de re* 的解释);对后者,典型的情况下我们说,我们设想在一个可能世界具有如此这般性质的一个人如何如何。为什么我们要求前者而舍弃后者,仅因为“那(指后者——引者注)不是我们日常思考反事实状况的方式”③。这明显是借助直觉测试的选择。此直觉,我们记为 Ia。

ITa 是一个对我们日常说话与思考方式,谈论反事实状况的方式的直觉测试,仅此测试本身,相关于克里普克对语言问题的结论(如描述不给出意义等),但不直接与克里普克的形而上学结论相关,因为它并不关涉世界的内容,只与如何说“世界”相关。

不论怎样,Ia 就是关于语言的直觉,因此可资作为语言学论证,其可反驳的要害处,在于我们可以不承认自己有与克里普克同样的语言学直觉。

① NN, p. 5.

② NN, pp. 43-53,以这几页的解释最为典型。

③ NN, p. 45.

显然,与克里普克理论不同的任何理论都可宣称自己也以语言学直觉为基础,尽管是不同的直觉。但此处我们不来详述这个问题。

第二个直觉测试 ITb,具有显而易见的形而上学内容,它是我们关于在世界之中存在的个体能如何或不能如何的直觉,因此牵扯到最有争议的本质主义问题。奎因认为赞成公式(1)也即接受本质主义的假定。[①] 可能会引入此类假定的危险是他反对量化模态逻辑的一个理由。克里普克直言自己是本质主义者。[②] 一方面他认为本质主义即对 *de re* 模态的信念,本质不像奎因或卡尔纳普等人所认为的那样仅相关于我们以描述规定对象的方式,而且,一性质对于一对象是否是本质的也无关于"我们是否可能发现尼克松其实是个机器人"这样的认识论问题;另一方面他又对本质主义给出更具体的亚里士多德式的说明,本质属性是一对象于任何世界存在所必须具有的属性。

第二个直觉测试依赖于对世界中存在物性质的直觉(在此测试下克里普克得出的结果,记为 Ib),这个直觉测试又促成一种形而上学理论[③]。可现在我们很想知道,如何一种关于世界的直觉和与此相伴的形而上学理论就能成为关于语言的理论,或至少成为关于语言的理论的某个结论的证据,使我们据以相信自然语言的名字就是严格指示词。

二

克里普克整个语言理论的框架给人的感觉是这样的:从本质主义的形而上学(ITb 是主要证明),然后到他给予了特殊解释的可能世界语义学(对比 D. 刘易斯的 Counterpart Theory 以及其他一些理论的不同解释),再从可能世界语义解释的形式理论和本质主义形而上学背景到语言的指称性表达

---

① W. V. Quine, *From a Logical Point of View*, Harvard University Press, 2nd edn, 1961, pp. 155-156.

② Kripke, "Speaker's Reference and Semantic Reference", in *Contemporary Perspectives in the Philosophy of Language*, Edited by Peter A. French, Theodore E. Uehling, Jr., Howard K. Wettstein, University Minnesota Press, 1979, p. 9.

③ 克里普克认为,此直觉是该理论成立的最主要证据,见 NN, pp. 41-42。

之指称确定问题,似乎就此形成各部分间具有逻辑联系的有关语言的一个整体说明。尽管结果也许像他所说的那样只是一幅新的"图画",而不是一个系统的理论(至少对交流中的指称确定问题来说,情况可能如此)。[①]

问题已经明朗化了。就我们的目的来说,关键就在于考察第一步到第二步,第二步到第三步这两个跨越,以及两个测试作为证明的有效性。此节我们先来考察第一个跨越及ITb、ITa;下一节我们将考察第二个跨越,且于此背景下再考察ITa。

直觉测试对克里普克来说是最终可资凭借的证据,似乎所有其他证明都有以自己理论的结论来证明自己理论的循环论证之嫌,或至少有对手们不赞成的一些假设必须在证明中加以引用,而直觉测试可以退到争议最少的基础上来说话。克里普克说:"一些哲学家认为,某事物有直觉内容是特别不具有决定性的有利证据。我本人却认为它是支持任何事情的特别有分量的证据。从根本上说,我真的一点也不知道还有什么更具有决定性的证据。"[②]

直觉测试ITb及其结果Ib确实具有相当的自然性,让人觉得确实如此。哥德尔就是哥德尔,大致应该是$(x)\Box(x = x)$这个定理以及它的一些特殊形而上学解释的直觉基础。按克里普克的理解,公式(1)其实与这个定理在本质上是一样的。[③] 毕竟在这个对世界的形而上学直觉上,比较起来人们之间分歧较小。真正特别需要考虑的是,Ib是本体论直觉,是否必然也同时是一个语义学直觉,使得"哥德尔"一词的语义值即是其指称—哥德尔(假设按照克里普克规定,哥德尔按其本质在各可能世界保持同一性),从而使得日常名字是严格指示词。很显然,由本体论直觉到语义学结论的这个过渡克里普克是不反对的。从我们对《命名与必然》第二版前言和整本书的解读上看,情况确实如此。但遗憾的是我们没在克里普克那里发现有力的证明使得这个过渡或跨越成立。

---

① NN, p. 93; p. 96; p. 97.

② NN, p. 42.

③ Kripke, "Identity and Necessity", *Meaning and Reference*, edited by A. W. Moore, Oxford University Press, 1993, p. 164.

从逻辑上说,你可以在本体论上承认哥德尔这个人就其"本质"只能是哥德尔这个人,而同时在语义学上,说"哥德尔"这个词的指称由一些描述所决定,即把"哥德尔"解释为摹状词的简写。比如说,它在不同的可能世界,指称那恰好在所论及的世界证明不完全性定理的人,而不论在不同世界"哥德尔"所指称的对象是否由同一团物质构成,是否出自同一父母。反过来说,你可以在语义学上规定专名或其他指称表达是严格的,而同时在本体论上反对本质主义。或者你可以采取卡尔纳普的策略,相对语言框架,区分出内问题、外问题,又在外问题中,区分出语言框架的实践选择问题与形而上学问题。因此我们可以在语言框架内谈理论设定的具体对象的存在特性问题,而不必涉及全体对象的存在本质这样的形而上学问题。所以,尽管卡尔纳普在语义学中引入性质、命题等抽象的内涵实体,但他仍可说"使用这样的语言并不隐含接受柏拉图式的本体论"①。

如果一个本体论并不唯一决定一个语义理论,即不唯一决定我们谈论世界的方式,那么要想从本体论断定到一种特定的语义学,需要许多其他的考虑,这些考虑说明了为什么我们要选择这种而不是那种语义学。实践选择问题可以略过不谈,比如形式表达的简单性等无关于此的问题。即使我们不把形而上学问题作为无意义问题而拒绝讨论,要使得本体论决定语义学,也还需要更强的前提,这个前提设定本体论与语义学的关系。似可将此前提大致分为强弱两种,记为 WLh:

Ⅰ. 强 WLh　本体论蕴涵语义学,即对满足一定条件的任给的本体论系统,可以推论出语义学系统,或推出彼此等价的语义学系统的集。

Ⅱ. 弱 WLh　本体论结论限定了语义学可采用的基本假设。

实际上,克里普克在他自己的理论论证中,有意无意地常常把 WLh,或至少是把它较弱的版本作为一个隐含的假设,但是,他并未对 WLh 作专门的证明。然而,重要的是,没有对 WLh 的证明,第一过渡便没有逻辑的保证。

---

① Rudolf Carnap, "Empiricism, Semantics and Ontology", in *Philosophy of Mathematics*, edited by Paul Benacerraf and Hilary Putnam, 2nd edn, Cambridge University Press, 1983, p. 242.

公平地讲,克里普克的理论中也决不是没有任何资源可利用来支持WLh,因为直觉测试 ITa 的结果是 WLh 成立的一个理由。固然,一个本体论并不唯一决定一个语言理论,但根据我们的语言学直觉 Ia,我们确实以最切合我们的本体论直觉的方式来谈话。但应注意,“支持”一语不意味着逻辑论证,因为我们实际的,且“自然的”说话方式合于本体论信念这件事,虽会使我们在心理上感到它“有利于” WLh,但并未证明这个相合是由本体论信念决定的。

不论怎样,我们考察的重点在于克里普克如何使语义学理论(给定语义值,或许还有更进一步的语义成分)说明指称在实际交际中的确定。这一步跨越及其论证无疑对本文的论题是更重要的,而在这一步上,ITa 确实举足轻重。

三

以 Ia 我们知道我们事实上要怎样来对待指称性表达的语义值问题,即 WSt 问题,因此至少就专名和自然类语词来说,可以确定语义值就是指称,也就是对具有某些不变本质的个体(对专名)或个体的类(对通名)的指谓。不过,想要 Ia 与第二步到第三步的过渡发生更具有决定性的关系,可能还需要在更广泛的意义上理解 Ia,即把 Ia 同时也理解为人们在语言交际中实际确定表达的指称时的直觉。以此直觉,则一个人在谈话中,决定或相信一个词指称一确定对象,而丝毫不借助任何对该对象的描述,且在对象的描述于历史中发生任何变化时,仍不变地指向那个对象。

怎样理解 Ia 与怎样理解克里普克论题极其相似,因为不但两者都可理解为在语义学领域和实践领域同时起作用(这个说法意味着我相信应有这两个领域的区分,因其他人可能不赞成这样的区分,它就成为一个我在这里不予论证但确实假设了的命题),而且在语义学中克里普克论题就是 Ia 在某种意义上的理论化,故此对克里普克论题的分析大致上可适用于 Ia,以下只来分析前者。

“自然语言的名字是严格指示词”(克里普克论题)很显然可以有多种

不同的理解,从大的方面来说至少有三种类型。

一种理解是,在我们为自然语言构造一种形式理论时,可以设定已按照某些要求规整后的名字为严格指示词。于是,名字的语义值可用此解释给出,这属于 WSt 理论。

另一种理解是,人们在使用日常名字时,受他们信念中隐含的 *de re* 模态观念的约制,使得无论设想对名字承担者的描述怎样变化,他们都相信名字必定指称一不变的对象。

还有一种理解是较难把握的,即认为"自然语言名字是严格指示词"是对自然语言名字本性或本质的描述。这个理解的困难是一切哲学中引入"本质"这类抽象暧昧表达时所可能产生的共同困难。因此我们将只考虑前面的两种理解。

根据与上一节我们关于语义学独立于本体论的类似分析,可推得第一种理解与第二种理解在逻辑上是相互独立的,而情况也确实如此。自然语言的形式语义学或者作为构造这个语义学之基础的直觉确实不能决定人们在实际语言交流中以怎样的信念或直觉来行事。但有人会说,当 Ia 实际上确实是语义学理论的形成,也是语言实际使用的共同基础时,难道这时它们之间也没有实质的联系吗?对这个质疑的回答已在前文中给出了,偶然地在两个领域中使用了同样的假设,并不否认在逻辑上有不使用同样假设的可能(假定可以有意义地在语义学领域和实践领域之间谈"同样")。

可是,回答得如此简单显然还不足以使人信服。有人仍会接着问,难道在所有可选择的假设中,或在所有可能的直觉中,事实上在语言交流中人们恰好有与在语义学中一致的假设或直觉,难道这一点不包含比偶然性更深刻的东西吗?

在刚才的整个论述中,我们一直假定 Ia 确实是为最流行的语言(如汉语、英语)的说话者所持有,而不用一个简单的策略来应付克里普克,即我们不干脆说人们并无 Ia。但面对以上进一步的提问,我们将放弃这个假设,并对这个假设本身提出质疑。凭借于此,我们将把问题及其解决放到一个更具普遍性的考虑之下。我们设问:在语言具体使用中,人们真由某种共同的直觉和信念,使得他(她)们具有某种共同的说话方式吗?

人们在日常交往中，可以很好地理解“哥德尔于1940年3月4日乘船抵达旧金山”这类句子，并没有什么困难。对此句的理解也并不需要事先理解可能有无限数量的包含“哥德尔”一词的反事实条件句，或理解与“哥德尔”一词有关的所有“意义”或摹状的可设想的变化。一句话，他们可以不在任何反事实假设的背景下理解许多日常语言表达。一旦反事实提问发生，我们并不是必得假定Ia，或必须采用Ia，或事实上大家都以Ia为直觉来谈问题。

能够设想的典型的反事实提问可能是这样的：如果设想一个并没有任何人证明了不完全性定理的世界，那么哥德尔这个人存在吗？哥德尔这个人并未证明不完全性定理是可能的吗？不是哥德尔而是其他人证明了不完全性定理是可能的吗？读者马上会注意到，提问主要关涉语言之外的问题。如第一和第二个问题，其实均有关于某一性质是否是一个人之为哥德尔的必有性质的问题，回答它依赖于你采取哪种本体论立场，且如前面所说，此回答也不决定语义学选择。当有人像达米特一样，认为所有本体论问题其实都是语言问题，或应首先以语言的方式来解决，而把第一个问题转化为“‘证明不完全性定理’属于‘哥德尔’一词的意义吗？”这类提问时，情况进一步复杂化，因为看不出能有什么力量把大家推向同一个结论，语言哲学中关于此一问题有那么多相互对立的理论便很说明问题。[①] 这时通常会有的提问可能将人们引向ITa测试，而测试的结果却不一定是Ia。因为，Ia只是对上述测试的可能回答之一种。按卡尔纳普的看法，Ia不应是作出决定的前提，而应是选择的结果。接受它即意味着我们选择了一个语言框架。要害在于，克里普克是把Ia作为一个心理学或语言学事实提出来的，因此，便无所谓选择，而是事实如此。可真实情况是，世界发生变化，本体论立场发生变化时（甚至想象的变化，如反事实假设），我们如何以语言表达这些变化，常常是讨论，甚至是权威决定的事情。

---

① 反形而上学论者以及达米特等人所持的观点，甚至引导整个语言学转向的哲学倾向，是否也是某种倒置，或者“畸形”的WLh本文不准备讨论。原因之一是，克里普克不是逻辑经验论者那样的反形而上学论者，更不是达米特那样的反实在论者。

四

前面已从语义学到语言实际使用的方向上，分析了本体论与语义学，语义学与语言使用的关系，又分析了 Ia 的以及克里普克论题的两种解释的关系。结论是，它们之间关系的密切程度不高。现在，我们将从另一个方向，即从克里普克的指称确定理论 HSt 本身来考察，看它究竟与 WSt 有怎样的关系。

克里普克的 HSt 理论，其实就是所谓指称的因果理论。如果顾及到对克里普克论题及 Ia 的第二种理解，那么 HSt 就还要考虑这两项内容。不过，对此两项内容已有了一些分析，而且，无论对克里普克论题及 Ia 的解释对与不对，从语言使用的角度看，它们所处理的情况主要是知识发生了变化的情况，以及如前面第三节所说，是出现或需要进行反事实提问的情况。比如叫做“猫”的那类对象，如果突然被发现其实是外星人派来的机器人间谍，我们是否还把这些对象叫做“猫”。这时 Ia 和克里普克论题也许派上了用场（在承认它们可以有第二种理解的前提下），虽然，它们仍只是可供选择的处理方案中的一种。但即便如此，作出决定同时还要参照因果理论，看以往“猫”一词的使用与怎样的对象有怎样的历史联系。① 鉴于指称因果论是指称确定理论的核心，接下来我们主要的任务是考察指称的因果理论。

指称因果论最简化的图像由两部分的联系构成，其一为命名，无论是一个命名仪式，还是一个描述性定义（如标准米尺），其二为已有名字在一个社会群体中通过因果链条的传递。此因果理论断言，日常交际中的指称由与命名相联系的因果过程决定。

我虽不同意指称的因果理论，但也不准备反驳它。在此我可以假设因果理论是对的，来看它所描述的过程是否必须借助 Ia、Ib 或克里普克论题等才能实现。首先，命名过程。克里普克提到的主要有三种情况：(1) 实指。以某种物理状态标引一个对象，如用手指向一个对象，然后给一个名字。这可能是我们给一个孩子起名字，或原初人们给自然类命名的情况

---

① 参见克里普克《命名与必然》的附录中，关于“unicorn”一语的分析，NN，pp. 156-158。

(这时实指自然类的一个样本)。(2)描述。以给出一系列描述特征确定一个或一类对象,然后给一个名字。比如设想一个新生儿躺在医院时,他(她)的双亲及其他亲属在家里给他(她)起名字。这些人中的一个提议说,"我看就叫'张三'吧",那么这里省略的是"某时在某地由某人生的,正躺在某医院里的那个婴儿"等等一系列描述性短语,且省略只在每一个参加者都知道足够数量的相关短语,且彼此相信其他人也如此时才是可行的。属于此类命名方式,也为克里普克所多次引用的,是给尚未发现的海王星命名的情况。把一个对天王星产生如此扰动的,根据摄动理论计算出在特定位置的行星叫"海王星",尽管当时不曾有人甚至用望远镜看见过这颗行星。(3)定义。比如用巴黎的那个定义完成后被叫做"米原尺"或"标准米尺"的物体在某时刻的长度来定义长度单位,按克里普克理解即确定了"米"作为一个长度的名字的指称。三种命名类型中的任何一种显然都不需要牵扯到 Ia、Ib 和克里普克论题,后两种情况,还是克里普克承认描述确定指称的少数例外的情况。①

其次,再来看名字通过因果链条的传递,以及具体场合下指称的决定。此传递过程应该理解为某种社会过程,且克里普克也是这样理解的。某个到达一个说话者的因果链,将因说话者属于某个说话者共同体而有效地确定了指称,即使说话者本人不能在实际上分辨此一名字的承担者与彼一名字的承担者,他也仍然指称由实际的社会链条决定了的被指称者。② 在克里普克给出的这幅指称的图画中,仍看不出在哪里必须借用 Ia、Ib 和克里普克论题,更不用说整个可能世界语义学。因为,整个传递的过程对指称,或者说对同一个指称的保证,仅在于传递与初名中的因果链的联系,以及社会的机制(也许还需加上说话者要在指称链条延伸时保持指称不变的心理意向)。克里普克 WSt 理论中的那些资源不是必不可少的,故而相应地,在 HSt 中,他也不需要援引他的 WSt。实际上,除了为提出因果论作准备时,他经常使用 WSt 的结果来批评指称的描述理论,在正面刻画指称因果论

---

① 见 NN,pp. 78-80;pp. 94-95;及 p. 79 注 33。

② NN,pp. 91-92;p. 95;p. 106.

时，他引用 WSt 并不太多，因为后者与前者并无实质性的联系。

需要注意的是，哲学家们常常把指称的因果理论看做是对指称的描述理论（description theory）的一种替代，是批评描述理论后的结果。但实际上，“描述理论”一词有两个含义，一是指这样一种理论：指称性表达的意义就是与它相联系的那些描述；二是指另外一种理论：实际的语言交流中我们以一些描述的合取，或一些描述的析取作为标准，来确定指称性表达的指称，就是说，这些合取或析取将是这些表达为何指称它们实际所指称的东西的根据。显然，前者属于 WSt，而后者属于 HSt。弗雷格所阐释的也许主要是前一种“描述理论”。这样，如果假设弗雷格认为专名的意义在任何情况下都确切地等同于一些摹状词（描述），[①]那么，因弗雷格清楚知道日常语言的说话者对同一专名并非都有同样的描述知识，以全部相关摹状词的合取为标准确认或找寻日常交流中专名的实际指称就不会是他的 HSt（他不小心的时候除外）。这意味着，在逻辑上他并不非得是第二个含义下的描述理论的信奉者。相比之下，塞尔（J. R. Searle）的工作倒是主要集中于第二种含义上的描述理论。因此，反对前一种描述理论的证据，并不在原有含义上自然成为反对后一种描述理论的证据。比如，“模态论证”就是如此。[②]可见，笼统地说指称因果论是对描述理论的一种替代，至少是不够准确。类似地，还有模糊 WSt 问题和 HSt 问题之间区分的情况。[③] 注意到以上一些

---

① 这里不讨论林斯基（Leonard Linsky）和达米特等人对此假设的反对。参见林斯基 *Names and Descriptions*, The University of Chicago Press, 1977, p. 6, pp. 42-43；达米特 *Frege: Philosophy of Language* (second edition), Harvard University Press, 1981, pp. 110-111 等有关部分。

② 所谓“模态论证”克里普克曾加采用。它的基本思路是，以揭示模态语境下严格指示词与摹状词（描述）的不同形式特征，比如指出它们在模态语境下的代换将对语句真值产生不同的结果，来说明专名不与摹状词同义。

③ 比如我可引用 A. C. 格雷林在其《哲学逻辑引论》中的一段话作一个例子。“思考指称问题的那些方式（指描述理论——引者注），特别受到唐纳兰、克里普克和普特南等人工作的挑战。他们之观点的核心是，名字……并没有像传统理论家们所理解的内涵（intension），**相应地**（黑体是笔者所加），指称也不是通过‘给出（它们）的方式’（modes of presentation），或通过与它们相联系的描述来确定的；指称是通过与这些词项和它们的指称对象相联系的因果链（或某种类似的东西）来实现的。我们叫做指称‘因果论’的这个观点对哲学其他方面的争论产生重要的推论。”（A. C. Grayling, *An Introduction to Philosophical Logic* (third edition), Oxford: Basil Blackwell, 1997, p. 197）

事实,是笔者完成本文的最初动因之一。

五

在一些流行的意义理论中,比如某些所谓意义的“使用论”,WSt 与 HSt 本就是融为一体的,甚至从根本上说后者决定前者(当然,所谓“决定”的说法只在承认有一个独立的 WSt,或者承认有所谓语义学的,字面的意义与说话者的意义之分的条件下才有意义)。对这些理论,应该说 WSt 和 HSt 之间“有实质性联系”,其实应该说有更深入、更本质的联系。可为什么在克里普克的指称理论中,WSt 与 HSt 事实上并无实质性联系呢?除了已经从克里普克理论自身的内容上看到,两者之间确无逻辑上必然的联系,且实际上他的 HSt 也并非确实需要他自己的 WSt 外,还有一种重要的、更深一层的原因可解释克里普克指称论框架中的 WSt 与 HSt 的无关性。这就是在思考语义值是什么与在思考语言使用中的指称决定时,他从截然不同的两个视角来看自然语言,而在这两个视角下,自然语言被赋予了完全不同的性质。

在考虑 WSt 时,克里普克眼中的语言其实是形式语言。最直接的证据是,他认为以一个特定的发音组合来称谓一人、一物对语义值是什么没有关系,也就是说,“被叫做”(is called)是一个非严格的性质。比如在设想的可能世界,亚里士多德也许不叫做“亚里士多德”,甚至那个世界由于某种禁忌不曾有任何人被叫做“亚里士多德”,那却仍可以是存在亚里士多德的世界。然而,请注意克里普克对$(x)\Box(x=x)$及(1)等公式的解释。公式中表示变项的符号,显然与“被叫做”没有什么实质关系,只取决于一种方便的选择。表示常项或名字的符号,情况也相似。就像在数学中,当我们说给定一个方程$f(x)=0$,设该方程的解或函数$f(x)$的零点为x^*时,x^*的设定隐含着两个语言学假定。(I) x^*代表那个解(是那个解的名字),而无论满足这个方程的解是什么;(II) x^*只是解的一种任意给定的记法,这意味着将x^*写成 A 或 B,或任何其他符号,唯一可考虑的是方便,不与其他符号混淆或习惯的记法等因素,此类选择不影响数学推理的结果。

这使我们联想到所谓自然语言和人工语言的区别。说实在的,从逻辑观点看,自然语言也不过是一种符号系统。分析它的逻辑性质是语言学家和逻辑学家的共同任务。弗雷格和塔尔斯基等对它的完全形式化持怀疑或否定态度,而蒙太格(R. Montague)持乐观态度。所谓对自然语言的形式研究,一般只不过是对自然语言的某种改造过了的子集的研究。至于符号由怎样的物理状态来表示,即"被叫做",没有什么重要的意义。相比之下,"被叫做"对自然语言却是十分重要的。亚里士多德被叫做"亚里士多德"是一个重要的语言史事实。"金"是原子量为79的元素在汉语中的名称,而"gold"是它在英语中相应的名称也是一个语言史事实,且为区别这两种自然语言的诸多要素之一。在数学中,懂得一个定理需要了解的是符号之间的关系,了解每个符号代表什么只具有学习过程中的工具意义,并非公式本身的理论内容,更别说一些符号只在它们与其他符号和整个系统的关系中才能说它表示什么。而自然语言的"被叫做"则不然,我们不懂得外语的重要障碍之一是因为我们不知道许多的"被叫做",而我们学习或教给别人一种自然语言,大量的工作也是接受或传达"被叫做"的信息。即使对克里普克的 HSt 来说,"被叫做"也应是重要事件及其结果,命名中它初次发生,然后通过因果链传递。

准确地说,不是克里普克把自然语言看做符号系统,而是说从逻辑观点看,自然语言只是按某种逻辑标准完善或不完善的符号体系,这一条对所有人都适用。不过自然语言的语义学,包括它的形式的语义学,虽然本身的符号选择可以像数学等其他符号系统那样自由,但它作为语义理论就必有对"被叫做"的解释,这种不同的解释表达了不同的语义学观点。因此,克里普克对式(1)的那种解释,代表了一种语义学观点,克尼尔(Kneale)把"被叫做"作为名字的意义引入语义理论也代表了一种语义学观点。同样,克里普克不承认语义值理论能导出"Tully = Tully"与"Tully = Cicero"两表达式之间的区别,只承认它们有认识论的区别(均为必然,但一为先天,一为后天);而弗雷格承认"晨星 = 晨星"与"晨星 = 暮星"有语义上的区别,且认为语义学区别可帮助解释认识论的区别,对同一陈述的这两种相互冲突的解释,也代表了两种语义学观点。只是说这样一来,克里普克的语义学比起其他一些语义理论,更加远离了在语言交际中的指称确定理论。

这一点还可以从以下事实看出,因为克里普克的 WSt,将弗雷格以一整套指称与意义相区别的理论来解释的同一陈述对,解释为语义上无本质区别的,表达两同一对象必然同一的陈述对,其直接的结果是,对日常语言的专名,我们可以从 WSt 中得到的信息只是:"'x'指称(严格地)x"。从 WSt 理论来看,此语并不像初看起来那样,是毋庸置疑的、自明的命题,因为这代表一种特定的语义学观点,既可以和"'x'指称'x'这个概念",又可以和"'x'指称满足如此这般描述的一个对象"相区别。可是,凭着"'x'指称 x",我们确定无法在具体语言使用中确定指称,即使我们可以承认这句话是对的。这就类似于达米特所言,是为知道命题真,而不知道此命题意味着什么的情况。在语言的实际交流中,你告诉我"'亚里士多德'指称亚里士多德",完全不足以使我知道指称的真正所向,我仍然可以提一个合情的问题,"你所说的'亚里士多德'究竟指谁"(虽不是在每种情况下都需要问,也不是每种情况下都需要知道回答),但它不能由克里普克的 WSt 给出回答。然而,因果指称论却是一种可选择的回答。只是,指称因果论仅仅属于 HSt。

以上所得出的全部主要结论不过是,从克里普克的形而上学推不出语义学,从克里普克的语义学也推不出关于言语交流的指称理论。他的言语交流的指称理论只需、实际上也正是由指称的因果论单独完成。因此,WSt 与 HSt 不是一个统一理论的两个密切相关的部分,也不存在由 WSt 导出 HSt 的逻辑通道。

青年罗尔斯论共同体及对“自我中心主义”的批判*

何怀宏**

2009年,哈佛大学出版社出版了由后来的学者整理出来的、也许是罗尔斯的最后一部著作:*A Brief Inquiry into the Meaning of Sin and Faith: with "On My Religion"*。这本书的主要文本是重新受到重视的、罗尔斯的本科毕业论文《论罪与信的含义》。他那时的思想自然还不是成熟的思想,是在他形成后来著称于世的理论贡献之前的思想。罗尔斯后来有一个巨大的思想转折,即他放弃了传统的基督教信仰,我们很难预测,如果罗尔斯后来仍然一直遵循他在这篇带有神学伦理学色彩的论文中的运思方向会取得怎样的成果,但恐怕很难超过他现在的学术和社会影响。然而,我们从这篇论文中已经不仅可以看到年轻人思想的锐气和爆发力,也可以看到思想天才的萌芽了,两位导师给了他这篇学士论文以“98分”的高分是有道理的。我们有理由说,这是一个天才的作品——不是说这部**作品**已经达到了天才炉火纯青的水准,而是说我们用心观察,已经可以发觉这个**作者**具有思想天才的潜质。而且,比较这篇论文和他后来的《正义论》、《政治自由主义》等巨著,我们仍然可以看到不少在思想理论上一脉相承、一以贯之的成分。无论如何,罗尔斯的这篇本科毕业论文,本身虽不是一部成熟的理论巨制,却已表现出一个具有思想天才的作者的巨大潜能。而且,这部作品还表现出一种思想的青春锐气,以及一种深沉而又超越的信仰关怀。这些在他后来的哲学著作中都是不容易看到的。

---

* 本文原刊于《中国人民大学学报》2011年第5期。

** 何怀宏,1954年生,男,北京大学哲学系教授,博士生导师。

笔者在这里仅试图分析和评论青年罗尔斯在这篇论文所表述的一个重要思想:即他对共同体的重视与强调和对“自我中心主义”的批判,而前者尤其是由后者来彰显的。在罗尔斯看来,对共同体最大的危险还不是一种冷淡的、各自追求自己欲望(常常是物欲)的“利己主义”(egoism),而是一种热烈的、似乎是追求理想的“大我”、但本质上却还是一种以一己之“小我”为中心的政治上的“自我中心主义”(egotism),或者说是一种“伪共同体主义”。这种“伪共同体主义”似乎也强调“共同体”,但这是一种封闭的、自视优越的共同体,而不是开放和流动的共同体。它总是把一些人排除在外,看起来是排除少数,却终归要排除多数,即通过不断排除最有活力的、最可能对“自我”构成威胁的少数,它实际也就排除了多数。这样,它就实际上是一个用其自我构想的“大我”去实现“小我”、供奉“小我”,从而造成对共同体的最大伤害。

一、神圣和有机的共同体

青年罗尔斯在他的本科毕业论文中认为:伦理问题是一个社会性的或者公共性的问题。伦理学应该研究共同体和人格的本质,人类主要的道德问题就是如何生活及与人相处。[①] 他批评“自然主义伦理学”的一个原因也就是因为它无法解释共同体和人格,从而丧失了世界的真正内涵。而他还确信,在经过了几个世纪的个人主义之后,时代的风尚将会指向“公共性”思想的复兴(108)。但他后来并没有走向作为社群主义的共同体主义,或者说他是强调政治上最广袤的社群,是强调国家政治意义上的社会,且是强调这一社会的基本结构。

罗尔斯对共同体的强调和他对人的本质的认识有关。在他看来,人即共存性。什么是人? 他认为人本身就是一种共存性的存在,并因此而具有了人格。人区别于世间其他存在的不同之处不是他的理性能力、审美能力

---

① Rawls, *A Brief Inquiry into the Meaning of Sin and Faith: with "On My Religion"*. Cambridge, Massachusetts: Harvard University Press, 2009. Edited by Thomas Nagel. p. 114. 以下引用此书改为夹注原书页码,译文参用左稀、仇彦斌、彭振的译稿。

等能力，而是他生而为了共同体、并且是必然与共同体相连的一种人格。那时罗尔斯还虔信传统的基督教的上帝，他认为人类与上帝的相似之处就在于进入共同体的这种能力，因为作为三位一体之神的上帝，其自身就是一个共同体。基督教道德就是共同体中的道德，不管它是尘世的共同体还是天国的。总之，人是一种道德的存在者，因为他是一种共存性的存在。而既然人类生来就是一种共存性的存在。这个事实就表明了人类绝不可能脱离共同体，因而他总是带有责任且一直背负着义务。所以，他批评逃避社会的伊壁鸠鲁学派、呼吁人回到森林中去的卢梭、还有敦促人们进入一种宁静"空灵"状态的瑜伽哲学。要让人们在共同体之中来实现人的本质(121)。

但罗尔斯强调共同体并不意味着他要否定个性。他也同样拒斥一种寻求排除了一切特殊性的一致性，并意图消除所有的差异性的神秘主义。他说，我们将会带着自己全部的人格和特殊性被复活，上帝的拯救是要彻底复原整个人，而不是要消除个体的特殊性(126)。

罗尔斯在那个时候甚至也从他那时所具有的有机和神圣的共同体的观点，反对他后来在《正义论》中用作其思想理论主要资源的社会契约论，他说霍布斯和洛克的理论也必须被拒斥。因为在他们的理论中，一个人并没有为社会带来任何东西，因为在进入共同体之前他什么也不是(126)。而罗尔斯无疑认为具有共同体的人格是人的先定本质，这和是否订立契约无关。而且，共同体不能建立在普遍利己主义或互惠互利的基础上。因而他认为霍布斯和洛克政治理论中的正义观念，以及亚当·斯密认为理性的自利是我们对待他人最好方式的思想都是对共同体的误解。任何一个依据普遍利己主义解释自身的社会都会走向毁灭。而所有的社会契约论都遭受到这一根本性缺陷的影响(189)。他后来在《正义论》所设计的抽象的契约论，的确是指向社会基本结构的正义原则而非任何功利原则的，但他也的确对过去对社会契约论的认识作出了调整，因为，建立保障生命、自由、平等的传统社会契约论也不宜单纯从保障利益的角度去理解。

另外，在罗尔斯的这篇论文中，或许还给出了一个令笔者长期困惑的问题的解释——即为什么在《正义论》虽然说他是继承和抽象地发展了社会契约论的思想传统，他却仍然把霍布斯看做"特别的"而排除在外的原因。

这原因或许就在,在他看来,霍布斯是特别激进的个人主义的。他说,霍布斯的基本预设带有一种激进的个人主义色彩,即霍布斯认为社会是原子式的,是个人的集合体。人并不是天生就适合社会的动物,人本身并不具有社会性。因此,人不是出于社会自身的缘故而寻求社会,而是为了免除恐惧和从中获取荣誉和利益而结成社会。而正如威廉·坦普尔所言,恐惧是所有情感中最以自我为中心的情感;另外,协议式的契约社会并不构成一种共同体,因为它是把社会看做一个互惠互利的体系,把社会仅仅当做手段来利用(229—231)。

罗尔斯本科毕业论文的关键词,即他试图阐明的“罪”与“信”这两个概念的含义,也是联系于“共同体”来得到界定的。他说:“罪应该被界定和解释为对共同体的破坏和排斥,信仰则被视为充分融入共同体、并与之紧密相连的某个人的内在状态。”(113)。或者说,“什么是罪?罪就是否弃共同体”(122);“什么是信?信就是构建共同体,包括上帝或者说上帝作为根源的共同体”(123)。

在罗尔斯看来,既然罪就是对共同体的破坏、毁灭和否弃。任何破坏共同体的活动都是一种有罪的活动。而信仰则在于以某个人格的全部精神品质充分融入共同体,因而能够深植于供养它的根源当中。信仰是人与人之间最完美的关系,从这种关系中产生出将共同体连接起来的纽带。拥有信仰就意味使自身奠基于共同体之上,这种共同体支撑着人格并且是精神才能的来源(123)。正如罪是对共同体乃至人格的疏离与毁坏,信仰则是融入并重建共同体。罪是结出恶果的封闭性,而信仰则是开放性,会开出共同生活的绚丽之花。那么,有罪之人如何转变成信徒呢?这就牵涉到救赎的问题。当我们问“人怎样能得到救赎”时,我们只是在问人怎样才能回归共同体;怎样才能赢得从封闭性到开放性的转变;以及可见的人类共同体如何才能作为部分进入天国的共同体(214—215)。

如何建立这样一种理想的或者说神圣的共同体,或者说如何拯救或解放人类?近代以来出现了种种世俗的救世理论,其中有一些还期望建立人间的天堂。罗尔斯主要批判了立足于经济的、生物性的救世理论。他说,自洛克将订立社会契约的主要目的视作是保护私有财产开始,一种将社会的主要目的看做是经济目标的观点就经由亚当·斯密、马尔萨斯、李嘉图和科布登而不断发展,到了马克思那里,经济更被视作是一切事物的基础。然而,共产主义的经济理论虽然清楚地看到了剥削在我们的社会体系中的猖獗;杜威也敏锐地发现了智识合作和知识产业的匮乏,但它们都未能触及问题的核心,即建立共同体的问题(217—218)。罗尔斯并没有仔细区分这一重视经济观念中的自由主义与共产主义之分,他所注意的其实是一种现代性的共性,即都将经济提到首位。而他认为,这些观念都还是肤浅的。因为,"关于拯救的问题是一个具有共有性和人格性的问题,因此,究其核心,拯救是一种精神性的过程"(214)。

另一种肤浅的近代观念是生物学的观点。即认为人从生物学上讲是一种动物,因此救赎就是要使人更具动物性。罗尔斯认为,宣扬"适者生存"的科学理论就给这种观点提供了强有力的支撑,而"优生计划"更是其中最肤浅的一种。纳粹主义就是德国人糅合"自我中心主义"和绝望的思想与情感的蒙昧主义以及优生学的产物。

有意思的是,罗尔斯认为,纳粹主义相比于其他许多肤浅的现代救世论,倒的确是一种关于人的深刻理论,说它在对人性的理解上都"远远超出了经济人理论和生物人理论"。因为,"纳粹主义与法西斯主义都明白,人不同于动物,也不同于纯粹的生意人"。因而提出了"人是英雄式的,是圣人、得胜者、勇士和斗士"。"它认识到人是有灵的存在,而不是一种纯粹嗜欲性的动物。"这个事实解释了纳粹运动展现出巨大能量的原因。然而,罗尔斯强调,纳粹主义虽然是深刻的,但它之深刻乃是从魔鬼式的深刻意义上来说的。因为它的诉求是"自我中心主义"的,它意识到了人的灵性,但它只是看到将招致共同体毁灭的"自我中心主义"之灵(218)。

二、"自我中心主义"的特征

笔者现在想聚焦于罗尔斯对"自我中心主义"的批判。因为这一批判最能彰显罗尔斯早年共同体理论的特色,迄今也具有重要的时代意义。罗尔斯认为,损害以致毁灭共同体的主要的罪还不是"利己主义"(egoism),

而是他所称的“自我中心主义”（egotism）。[①] 罗尔斯在这方面自认借助了英国哲学家菲利普·利昂的思想资源。利昂在他的《权力伦理学》中已经仔细区分了他所称的“利己主义”和“自我中心主义”。其中“利己主义”的含义同罗尔斯所称的“自然关系”中的欲望的含义近似，对利昂来说，利己主义指的是为了某个特定对象或者事态所做的生物学方面的努力；自我中心主义则具有截然不同的含义，如渴望权位，追求名望和无上权力等等。自我中心主义不仅对物欲漠不关心，甚至还常常极力地反对它。自我中心主义者追求这些事物也往往只是作为他优势地位的象征，是为了满足他的优越感。这样，利昂关于自我中心主义的定义，就接近于罗尔斯所说的“人格关系”中的骄傲了。罗尔斯指出利昂还非常正确地看到，自我中心主义者甚至会冒着生命危险、乃至放弃生命来维护和保存他的至上权威，这时，“野心凌驾于欲望的暴政就会是最为极端和最为明显的”。另外，罗尔斯也同意利昂所宣称的：并不是欲望引起了自我中心主义。后者在性质上是完全不同的，“欲望本身并没有导致任何形式的自我中心主义”。但是，欲望能够限定、有时甚至是决定自我中心主义的特定表达方式，因为有时它就是这些表达方式的工具（150—151）。

正如上述，罗尔斯自己对“自我中心主义”的批判和利昂的论述稍有些不同，在这方面他还有自己的一些发展。他对“利己主义”与“自我中心主义”的区分是承“自然关系”与“人格关系”的区分而来，他认为人在自然关系中对具体对象或客体关系的欲望是利己主义的，而人格关系则被自我中心主义或者友情和爱所驱动（118）。罗尔斯还特别强调“自我中心主义”是对共同体的主要犯罪。自我中心主义是主要的罪，它构成恶的根基，其他所有次要的恶都来源于它。他说“罪就是对共同体的破坏”；而罪有两种类型：一是自我中心主义，一是利己主义。但是，两者相比，自我中心主义者的行动在本质上就是对共同体的破坏。他为了赢得其目的将会无所不用其极，无论是使用正大光明的手段还是阴险狡诈的手段；而利己主义如果限制

---

① 我倾向于把它称之为一种特殊形式的“立己主义”，对这种“立己主义”的界定与分析，可参见拙作：《面对死亡的立己主义》，收在《道德·上帝与人》一书，北京大学出版社，2010 年；《中国伦理学的发端与北京大学》，收在《生生大德》一书，北京大学出版社，2011 年。

在自然欲望之内本身其实并不是一种罪,只有逾越这个界限才是一种罪,而且,它往往是被自我中心主义所蛊惑而逾越这一界限的。换言之,如果人的自然欲望将人格性的和公共性的关系转变为自然关系,它就变成了一种罪(122—123)。

罗尔斯还分析指出了"自我中心主义"的五个特征(203):(1)自我中心主义拒绝与人分享。自我中心主义者想把一切据为己有,这样做不是因为他需要一切,也不是因为他的欲望要求他这么自私,而是因为他把独占一切看做自身优越性的标志(195)。(2)自我中心主义力图发展封闭性群体,而理想的封闭性群体就是一个人自己的自我,因此自我中心主义为了实现自身目的不惜损害共同体。(3)自我中心主义无法容忍自我批评因而总是设法怪罪于他人。(4)自我中心主义具有一种不寻常的、狡猾的隐秘性,它使得灵魂败坏了自身中最好的部分。(5)归根结底,自我中心主义仍是某种反叛与否定,尽管它采取的策略往往是秘而不宣且谨小慎微的。

罗尔斯说他对自我中心主义的分析远说不上完备,就像奥古斯丁曾经说过的,"人是一个无底的深渊",人的能力尚不足以使我们探测这深渊的深度。但这五个特征还是为弄清罪之所以如此的原因提供了一条线索。共同体遭到破坏并非缘于具体的欲求或利己主义的满足,而是缘于自我中心主义的满足。简言之,共同体是为全然扭曲的自爱所毁。自我中心主义者只爱他自己,除了彻底围绕自身打转,并沉浸于洋洋自得的自我崇拜中,其他人要么变成纯粹的手段,要么变成他的崇拜和仰慕者(203)。罗尔斯可以说通过他的分析给出了一个20世纪极权主义统治者的传神画像。

由于权力是占有其他一切东西的前提,这里的不肯分享或者说独占,最重要的自然是对权力的独占了。而最核心或最小的封闭也就是一己之自我。故而最大的自我中心主义者也就是政治上的独裁者或者说"独夫"了。自我中心主义者是缺乏反省精神和自我批评意识的,因为,他对权力和荣誉等资源垄断到这一极端地步,一旦开始自我批评就可能是崩溃的开始。然而,他虽然瞧不起所有其他人,但是对战略策略又是极其重视的,是极其狡猾和相当大胆的,这样他往往就能胜过对手,取得莫大的世俗成功,达到权力的巅峰。但是由于其精神根本上是否定性的,所以,他不仅会损毁共同体，而且，自己也将变成孤家寡人，站在最高的权力和荣光之上，但也陷入最大的孤独之中，最后乃至毁灭自己。

三、自我中心主义与利己主义之比较

我们看来可以从罗尔斯对“自我中心主义”的批判中得出这样的结论：自我中心主义比利己主义危险，更不道德。虽然它常常比利己主义有更辉煌的形式，更冠冕堂皇的“理由”和“魅力”，而且这种大罪往往是由才华出众者、由“卓越者”犯下的。这里的一个鲜明对照仍然是自然欲望与骄傲野心、利己主义与自我中心主义的对比。罗尔斯认为，在自我中心主义和利己主义这两种“罪”的形式中，一切重大之罪都应归为第一类，自我中心主义者是“卓越”的犯罪者。“最危险的自我中心主义将出现在我们所获得的最高成就中，并存在于我们之中的佼佼者身上。”(201)因为，所谓的“自我中心主义”，指的就是异常地追逐至高无上并罪恶地渴求自我崇拜(193)。利己主义者只是利用他者，即“你”，而自我中心主义者则凌辱“你”，想要把“你”置于自身之下，并使“你”转变成一个崇拜者或崇拜的对象(194)。“自我中心主义者”看来是属于少数人的，多数人会追求物质和经济利益，却不一定会费力追求野心和荣耀。而在“自我中心主义”的内部，也有隐秘的与显明的之别，有主要寻求自我或同行的小圈子的崇拜和寻求几乎所有人的崇拜或至少畏惧之别，有有所节制和毫无节制之别，后者尤其会危害到共同体。

这里特别需要警惕和防范的是一种政治上的“自我中心主义”，一种以所谓“大我”为掩护、甚至为旗帜的来实现“小我”的权力、荣耀或者“理想”的“自我中心主义”。最极端的“自我中心主义”有时恰恰可以以最极端的“共同体主义”的形式出现，因为如果能在“大我”或整个社会的层面实现一己之“小我”的“理想”，自然是最大的成功和自我实现。这种“理想”往往是政治社会的“理想”，所以说，最需防范的是一种政治上的“自我中心主义”，因为它能够最有力和最广泛地影响社会和人际关系。罗尔斯写道：“我们不会把一个具有强烈欲望的人称为罪人。当一个人无比饥渴时，他并不是在犯罪。我们不会对艺术家或形而上学家冠以这样的名号,也不会把一个无法欣赏美的人或一个弱智的人叫做罪人。我们几乎在直觉的意义上使用'罪'这个词专指恣意滥用或破坏人格关系的堕落行径。"(186)这里的关键在于是否利用共同体来立己。罗尔斯说:"利用共同体来追逐自我利益是罪的一种主要形式。"(189)

罗尔斯对满足自然欲望的、活动在一定范围之内的"利己主义"其实表现得相当宽容,虽然他也指出从这些欲望中并不能自行产生出友爱,不能将共同体的基础建立在这种自然欲望之上。但他认为自然欲望并不会引发使共同体分裂的自我中心主义。自然欲望毋宁说是中性的,它们本身并不包含任何支持或反对共同体自身的因素。它们本身不具有任何反社会的因素,同样也不具有任何亲社会的因素(186)。罗尔斯甚至认为身体或者说身体的自然欲望反而有可能限制自我中心主义的大罪。他说,身体也是对罪的某种限制。正是因为身体的存在,才使得人类之罪免于沦为纯粹的邪恶。人类仅仅是一种"小罪人",他的背叛中总是带有某些可悲与幼稚之处。"如果人不是一个受制于饥饿和饥荒的受造物,他还会回头吗?或者以另外一种方式来说,假设他具有魔鬼那样的力量,能够免于这种极端生物性的制约,他还会悔过吗?……因此,身体远不是罪的诱因,在无数情形当中,正是我们身体的因素击败了我们的自大,使我们更加清楚我们的罪过,并引导我们去悔过。这样,自然宇宙就得到了辩护。"(156)这可以说是一个很有意思的观点,罗尔斯告诉我们比起物欲流行来更可怕的是一种心灵之罪。这种心灵大罪往往是少数具有某些潜能的人才会犯下的。而多数人出于身体的自然欲望反而有可能限制这种心灵大罪,从而有可能使之不致酿成毁灭共同体乃至人类的大祸。也就是说,多数人通过对自然欲望的合理诉求,或者对强行禁欲的抵制和冷淡,反而遏制了掌握权力的自我中心主义者的任意妄为。

罗尔斯批评叔本华认为世界的本质是追求生命意志的利己主义的观点。他说,叔本华的错误就在于他未能意识到,动物层次上的生命意志,与人类自我中心主义所体现的更高层次的生命意志具有实质性的区别;叔本华没有认识到自我中心主义是某种不同的东西——是对荣誉和荣耀的渴求,为了它们有人甚至会乐意放弃生命(146—147)。

“自我中心主义”之罪将导致怎样的后果?罗尔斯认为,如果说人是生存于共同体并为之而存在的受造物,如果罪就是对共同体的破坏,那么罪的后果就是孤独。孤独是人类可能陷入的最可怕、最痛苦不堪的状态(206)。罗尔斯通过对尼采“权力意志”论的批判描述了“自我中心主义”膨胀最后的结局:“强力发疯似的自我旋转,灵魂在自造的孤独中疯狂地耗尽自身精力。这就是罪的结果,也即本真意义上的罪。这样一种灵魂状态拉开了死亡和精神虚无主义的序幕。结局已然可见,冲撞渊底之后的毁灭正迅速袭来。孤独以死亡而告终。”(213)

罗尔斯对“自我中心主义”的批判,一个深厚的背景是他对法西斯主义和纳粹主义的观察和思考。他对政治上狂妄的“自我中心主义者”的描述,相当接近于墨索里尼、希特勒这样善于蛊惑人心的“元首”形象。他还谈道,“自我中心主义”拒绝分享、共享的另一个直接的、我们或可说社会的后果就是封闭性群体的产生。像在大学社团、男性俱乐部、竞技组织、民族群体与种族群体中,我们都能发现那种在一个“优越的群体”中获得自我中心主义的满足感。罗尔斯指出西方文明封闭性群体发展的几个阶段是:(1)宗教领域的封闭性群体,如罗马教会把除它以外的所有人称之为异教徒;(2)文化领域的封闭性群体,如意大利人文主义者的团体;(3)经济领域的封闭性群体,如在马克思主义那里,一个人所归属的群体由他的经济地位所决定;(4)最后,生理因素成为封闭性群体的决定因素,其当代最突出的表现就是“血统论”的纳粹思想(197)。这最后一种群体的封闭性具有铜墙铁壁般的特征,故其成员的自我中心主义就比容有流动的群体更为全面彻底。罗尔斯批评了纳粹官方“哲学家”阿尔弗雷德·罗森堡在其《二十世纪的神话》中发展出来的一种精致的唯我论神学,认为在其著作中封闭性群体作为自我中心主义的工具这一点得到了清晰的展现。总之,无论这封闭的群体是“优秀种族”还是“先进阶级”,甚至是似乎相当广泛但却含义模糊的“人民”,它们总是要把一部分人排除在外,而罗尔斯在其后看到了一种“领袖”或者“元首”的“自我中心主义”。

罗尔斯的这些思考可以被视作是对20世纪极权主义现象及根源的一

个深刻反省，这种极权主义初看起来是大众主义的、民众主义的，背白却隐藏着一种独裁主义、专断主义、一种最终导向孤独和封闭的“自我中心主义”。亦即，有可能构成对真正自由和平等的共同体的最大危险和伤害的，还不是一般人的自然欲望的“利己主义”，也不是一般观念者的“立己主义”，而正是这种政治行动者的“立己主义”，亦即一种走向极权政治的“自我中心主义”。这种“自我中心主义者”甚至可以放弃自己的物质利益，乃至生命，而且很可能将自己的政治抱负与对人类、大我的理想混合在一起，但他无论如何还是以自我及其理论观念为中心的，为此将不惜把人们投入血泊。不像其他的观念的、艺术的“自我中心主义者”，政治上的“立己主义者”是一定要利用他人的，而且经常是利用多数人来实现自己的目的。然而，由于他和所有其他人处在一种极度不平等的关系之中，由于他为了达到自己的目的而不惮采用暴力和欺骗等各种不正当的手段，他并不能建立一种真正和谐的共同体，而只是毁坏共同体。

罗尔斯的政治本体论与全球正义*

徐向东**

罗尔斯在《万民法》中提出和发展的国际正义观已经受到一些世界主义正义观的倡导者例如涛慕斯·博格和玛莎·纳斯鲍姆的严厉批评。这种批评在如下意义上是重要的:批评者不仅暗示了一些关于世界主义和全球正义的进一步的问题,而且也创造了一个机会,让我们可以澄清罗尔斯的一些相关见解。博格论证说,在罗尔斯的国内正义理论及其国际正义理论之间有一种不融贯性:罗尔斯在前一种情形中认同了规范的个体主义(normative individualism),但在后一种情形中却拒斥了这个思想基础。[①] 所谓"规范的个体主义",博格指的是这一主张:"[正义所要]关注的终极单位是人类个体,而不是诸如家族、部落、种族群体、文化群体、宗教群体、民族国家或者国家之类的东西(这些东西可以因为其个人成员而间接地成为道德关怀的单位)。"[②]纳斯鲍姆则对罗尔斯提出了如下批评:通过把有关正义的考虑建立在休谟对正义的环境的理解以及古典社会契约论的基础上,罗尔斯把不能满足大致平等(rough equality)要求的那些人排除在正义的领域外,因为罗尔斯对社会合作的设想需要那个要求。纳斯鲍姆进一步论证说,同样的说法对于罗尔斯的国际正义理论也是真的。此外,通过把人权原则设定为任何国家的政治合法性的一个约束,设定为国际正义的一个主要的指导

---

* 本文原刊于《道德与文明》2012 年第 1 期。

** 徐向东,1965 年生,男,北京大学哲学系教授,博士生导师。

① Thomas Pogge, "The Incoherence between Rawls's Theories of Justice", *Fordham Law Review* Vol. 72: 1739-1759.

② Thomas Pogge, "Cosmopolitanism", in Robert Goodin, Philip Pettit and Thomas Pogge (eds.), *A Companion to Contemporary Political Philosophy*, Oxford: Blackwell, pp. 312-331, quoted on p. 316.

方针,罗尔斯的国际正义理论也显示出一个内部的张力。① 因此,在博格和纳斯鲍姆看来,必须把规范的个体主义建构进任何可接受的全球正义理论中,而这意味着全球正义必须是世界主义的。然而,在我看来博格和纳斯鲍姆在某种程度上和某些重要的方面误解了罗尔斯,尤其是,他们没有充分注意到罗尔斯在正义问题上的建构主义,因此也就基本上忽视了他自己对理想理论和非理想理论的关系的论述。不仅如此,他们也倾向于曲解罗尔斯的国际正义观,特别是他对如下问题的考虑:如何取得他为国际正义所设想的那个目标?在本文中,通过利用罗尔斯的政治本体论,我将表明不仅罗尔斯能够对跨国家边界的基本人权的实现有一个**普遍主义**的承诺,而且他的国际正义观也对大多数世界主义的正义观构成了一个有力的取舍。

一、罗尔斯的政治本体论

为此,让我首先对"世界主义"给出一个简要的说明。世界主义不是一个单一的观点,而是由一些重要的观点构成的一个广泛的谱系,这些观念之间具有某些联系。所有世界主义观点都分享一个核心的思想,那就是:所有人,不管其政治面貌如何,都属于(或者至少能够属于)一个单一的共同体,这样一个共同体应该加以发展。我们大致可以区分出世界主义的三种主要形式:道德的、政治的和文化的。② 道德上的世界主义在其最一般的形式上仅仅是说:所有人类个体都受制于同一套道德法则,我们必须按照这些法则来对待其他人,不管他们生活在世界上什么地方。政治上的世界主义所说的是,只有当每个人在根本上都受制于有力量强化这些法则的同一个权威时,上述目标才能实现。道德上的世界主义是否必定要求政治上的世界主义,这个问题迄今为止是不清楚的,或者至少是有争议的。事实上,道德上的世界主义,正如查尔斯·贝茨观察到的,"根本就不需要对国际事务要求

① Martha Nussbaum, *Frontiers of Justice: Disability, Nationality and Species Membership*, Cambridge, MA: Harvard University Press, 2007.

② 文化世界主义不是本文所要关注的。

什么最佳政治结构做出任何假定”[1]。另一个问题也不是特别清楚，那就是：道德上的世界主义究竟产生了什么实质性的道德主张？道德上的世界主义声称“每一个人，作为道德关怀的终极单位，都享有一个在全球得到尊重的地位”[2]；就此而论，道德上的世界主义与很多道德见解是相一致的，例如某种形式的康德伦理学、一种全球化的契约主义以及某种人权学说。[3]如此来理解，道德上的世界主义就与任何这样的观点相对立，这种观点把辩护的论域限制到某些特定类型的群体的成员，不管这些群体是按照共享的政治价值来鉴定的，还是按照共同的历史或者民族特征来鉴定的。因此，道德上的世界主义其实对全球正义的内容及其可能采取的形式持有一种不可知论的态度。这样，如果事实表明**每个人类个体**的基本人权的实现是罗尔斯对国际正义所提出的一个要求[4]，那么在这方面罗尔斯实际上有一个世界主义承诺，即使他对如何获得这个目标的理解很不同于他的世界主义批评者所提出的理解。于是我们就很诧异：罗尔斯的批评者如何能够声称他的国际正义理论是反世界主义的一个案例？

为了回答这个问题，我们需要进一步弄清罗尔斯与其世界主义批评之间的争论。这一争论不仅关系到如何设想全球层面上的正义的目的，如何用在现实世界中切实可行的方式来实现这一目的，而且也涉及到如何理解世界主义的关怀这一问题。大致说来，罗尔斯的国际正义理论包括三个本质思想：第一，富裕的社会有责任援助其他社会，帮助他们逃避压迫在他们身上的沉重负担；第二，人类个体享有生存的基本权利，而如果一个政府不能尊重人民的基本权利，对它进行干预可能就是有辩护的；第三，在古典文

① Charles Beitz, “Philosophy of International Relations”, in E. Craig (ed.), *Routledge Encyclopedia of Philosophy*, London: Routledge, 1998, IV, 831.

② Thomas Pogge, *World Poverty and Human Rights*, Cambridge: Polity Press, 2002, p. 169.

③ 例如参见 Charles Beitz (2005), “Cosmopolitanism and Global Justice”, *The Journal of Ethics* 9: 11-27, especially pp. 18-19; David Miller (2005), “Against Global Egalitarianism”, *The Journal of Ethics* 9: 55-79, especially pp. 64-66。

④ 对罗尔斯来说，基本人权的原则是把良序社会与其他类型的社会区分开来的一个标准，也是后面这些社会为了被接受为万民社会的固定成员而必须尊重和满足的一个要求。由此可以清楚地看到，罗尔斯把这个原则看做是普遍的，即使他无意为这种普遍性提出一个辩护，而仅仅是把它视为自明的。

本中所表述的万民法是不完备的,需要用某些调节有组织的国际合作的原则加以补充,以保证"在一切合理的自由的(以及得体的)社会中,人民的基本需要将会得到满足"①。由此可见,对罗尔斯来说,国际正义的根本目的是要建立这样一个国际秩序,或者用这样一种方式来改革目前的国际秩序,以保证每一个人类个体的基本需要都能有保障地得到满足。如果罗尔斯已经把实现每一个人类个体的基本人权视为国际正义的一个基本目标,那么在罗尔斯及其世界主义的批评者之间究竟有什么根本分歧呢?罗尔斯并不否认援助的责任可能要求资源/财富的国际转让,但他强调说国际或者政府必须把实现其人民的基本人权视为首要职责。罗尔斯为什么提出这个主张呢?如果罗尔斯确实认为每一个人类个体的基本人权都要加以落实,那他为什么不直截了当地把自己转变为一个关于国际正义的世界主义的平等主义者呢?

正是这些问题揭示了罗尔斯与其世界主义的批评者之间的分歧。为了回答这些问题,我们需要把注意力集中到菲利浦·佩蒂特所说的"罗尔斯的政治本体论",尤其是他对"基本结构"和"人民"的论述。② 每一个政治理论都预设了一个政治本体论,后者旨在说明"在一个政体中个体得以构成一个人民、一个民族、一个国家的那种关系和结构"。按照佩蒂特的解释,罗尔斯拒斥了对"人民"的两种极端的理解:政治连带主义(political solidarism)和政治单一主义(political singularism)。前一种观点把人民描述为一个统一的行动者,或者具有一种统一的能动性,而后一种观点则把人民视为一种单纯的聚集体,其中并不存在有组织的或者有结构的联系。对罗尔斯来说,社会成员之间既存在着利益的一致性又存在着利益的冲突,正是因为这个缘故,上述两种观点都是错误的。政治连带主义的错误就在于它完全无视个人的分离性和利益的冲突,而政治单一主义的错误则在于它完全不尊重一些关于社会合作的基本事实。例如,社会合作必然会产生如何对

---

① John Rawls, *The Law of Peoples*, p. 38; see also sections 15-16.

② Philip Pettit (2005), "Rawls's *Political Ontology*", *Politics*, *Philosophy & Economics* 4(2): 157-174; 也见 Philip Pettit, "Rawls's Peoples", in Rex Martin and D. A. Reidy (eds.), *Rawls's Law of Peoples*, pp. 38-56. 在利用罗尔斯的政治本体论来澄清他的思想时,我受益于佩蒂特的分析。

利益和负担进行分配的问题，而这个问题是不能通过把人民视为单纯的聚集体来加以解决的，因为社会合作不仅对人民的基本权利或要求具有重大影响，而且也可以把新的应得权利产生出来。一个政治社会本质上是由某些共同的设定和评价组织起来的，而这些设定和评价是社会成员通过行使公共理性、并经由他们共享的政治文化而最终认同的。如果一个政治社会确实就是为了相互利益而形成的一种合作，那么，甚至当人们在追求那个共同利益时，他们也会保留自己的利益。在这种情况下，就需要有一套原则来确定对社会合作的利益进行公平或者公正分配的方式，即确定人们在社会正义中的应得权利。于是，罗尔斯就把一个良序社会描述为“由某个公共的（政治）正义观来有效地调节的一个社会”[①]。对于罗尔斯来说，为了构成一个人民，人们必须用这样一种方式相互联系，以至于我们可以断言他们的社会是良序的。更具体地说，算作一个人民的一群人必须至少满足三个条件[②]：第一，必须存在着这个群体所要追求的某些目标；第二，在追求这些目标的过程中会出现一些问题，这个群体必须认同他们在这些问题上的一组共同判断；第三，在直观上正常的条件下，这个群体必须用一种多少具有理性的方式来形成其目标和判断，并理性地行动，以便按照那些判断来满足那些目标。如此构成的一个社会既不同于一个统一的行动者（或者一种统一的能动性），也不同于一种单纯的聚集体，因此就具有了一种群体能动性。如果由选举出来的社会成员所构成的政府能够恰当地发挥代表作用，在国内事务和国际事务中代表它本来要代表的人民的声音，那么作为一个群体行动者而存在的人民就可以通过行使公共理性来实施自我管理，因此就值得其他人民或社会的同等尊重。

罗尔斯进一步论证说，只有当一个政府自觉地采纳一个公共的正义观念来约束它在国内事务中的行为和决策时，它才算具有适当的表现。换句话说，如果一个政府失败于按照这样一个正义观念来行动，就不能认为它代表了其人民。因此，如果存在着某些规范，告诉我们政府应如何与其人民打

---

① John Rawls, *Justice as Fairness: A Restatement*, Cambridge: Harvard University Press, 2001, p. 9.

② 参见 Philip Pettit, “Rawls’s Peoples”, p. 46。

交道,那么这些规范就是构成性的而不是调节性的。这就是说,它们规定了一个政府的合法行为的限度,而不仅仅是告诉我们政府要如何最佳地追求它的代表作用。按照一个公共的正义观念来进行管理这一思想,于是就为评价一个政府的合法性提供了一个依据。在罗尔斯看来,为了满足这个合法性要求,一个社会的基本结构必须满足四个一般条件:第一,它必须承认和尊重基本人权;第二,它必须将道德责任和道德义务真诚地施加于领土上的所有人;第三,它必须尽责尽职地得到管理;第四,它必须让其公民发挥他们在政治讨论中应该发挥的作用。① 只要一个社会已经满足这些条件,它就会被所有"得体的"的人民所接受。这些要求于是就在合法性的根本规范内部把一个普遍的政治合法性标准确立起来,为罗尔斯的国际正义理论提供了一个基本框架。此外,罗尔斯也指出,在任何特定的社会中,合法的政治强迫必须符合一切公民都能够合理地接受的原则。这个附加的要求可能暗示了一个公共的政治文化及其分配正义概念在一个良序社会中的重要性,正如我们即将看到的。

二、政治本体论与罗尔斯的国际正义

罗尔斯的国际正义观本质上是立足于他的政治本体论,特别是他对政治合法性的考虑以及他对一个良序社会的基本结构和公共的政治文化在该社会中的重要性的思考。对于罗尔斯来说,正义的义务在根本上是来自人们因为共同生活在一个良序社会中而自然地具有的密切联系。他们互相持有正义的主张,是因为他们都参与和分享共同的生活形式,而不是(或者不仅仅是)因为他们都享有一般而论的人性。共同地生活在一个基本结构下、在一个公共的政治文化中不仅是社会合作的一个基本方面,也是正义的主张能够得到有效实现的一个基础。这一点值得强调,因为正义的主张并不只是来自人们在进入一个政治社会之前被认为具有的自然权利,而是,这种主张与利益和负担的分配也有本质的联系,而利益和负担是在人们进入

---

① 参见 John Rawls, *The Law of Peoples*, pp. 64-68, 83-84。

政治社会后随着社会合作而出现的。这是其他任何得体的社会及其成员必须明确承认的一个基本事实，也是在把正义作为公平的思想应用于万民社会时必然产生并必须遵守的一个要求。

与此特别相关的是责任分工的思想，而这个思想一直贯穿在罗尔斯对正义的思考中。在把一个社会的基本结构设想为正义的主体时，罗尔斯旨在表明：基本结构不仅要对随着社会合作而产生的利益和负担的分配负责，也要对纠正背景不正义负责，因为后者会对公平合作产生影响。如果基本结构已经满足这两个条件，那么，只要公民们不违背平等自由的原则，他们就要对理性地追求自己的生活计划负责。对罗尔斯来说，责任分工的思想不仅明确地界定了一个良序社会对其成员所负有的责任，而且也在某些合理地指定的界限内充实了对他们的自主性的尊重、对他们作为自由和平等的社会成员的尊严的尊重。类似地，在万民社会中，每一个得体的社会都应该致力于满足和实现罗尔斯为基本的政治合法性所指定的条件。一些社会可能因为历史原因和现实状况而不能满足这些条件；对于这些社会来说，国际共同体就有责任进行援助：通过实施某些形式的援助，使那些社会能够为自己建立一个良序社会，以便它们最终可以被允许进入万民社会。另一方面，既然法外国家在国际领域中拒绝遵守一个合理的万民法，抵制采取行动来落实其公民的基本人权，它们就不会被万民社会所宽容。进一步，对罗尔斯来说，援助负担沉重的社会的责任不仅仅是通常所理解的人道主义责任，因为援助的目的是要使那些社会能够落实其公民的基本人权，最终促进国际和平与安全。[①] 即使罗尔斯对人权的说明可能是不完备的[②]，但很明显的

---

① 正如康德在谈到慈善与正义的关系时已经明确地意识到的。见 Kant，*Lectures on Ethics*，edited by Peter Heath and J. B. Schneewind，Cambridge：Cambridge University Press，1996，27：416；cf. Kant，*The Metaphysics of Morals*，tr. by Mary Gregor，Cambridge：Cambridge University Press，1996，6：454。

② 一些世界主义者已经争辩说罗尔斯的人权学说有严重缺陷，因为它允许很多"道德上不可接受"的现象，例如种族歧视、在政治上对少数民族的排除、种族清洗等等，因此罗尔斯的这种"以人民为中心"的进路是不可忍受的。例如，参见 Simon Caney (2002)，"Cosmopolitanism and the Laws of Peoples"，*The Journal of Political Philosophy* 10 (1)：95-123，especially pp. 99-104。然而，对罗尔斯的这种解释基本上是立足于对他的"人民"概念的误解，并在很大程度上忽视了他对他的理论的理想部分与非理想部分之关系的强调。

是，他已经把基本人权在全世界的实现视为实现国际和平与安全的一个必要条件，因此视为每一个社会或国家在国际关系中必须接受和遵守的一个本质的道德约束。特别值得指出的是，对罗尔斯来说，正义要求良序社会用某种方式相互联系，努力缓解全球贫困者或者受压迫者的痛苦状况。那么，罗尔斯如何能够断然否认应该存在着某种形式的全球分配正义呢？

回答这个问题的关键仍然是罗尔斯的政治本体论。世界主义者经常论证说，我们对全球贫困者所负有的责任是一项严格意义上的正义的责任。然而，是否如此在很大程度上取决于如何解释正义的概念。罗尔斯并不认为援助负担沉重的社会的理由是分配正义的理由。但他也没有把这种理由看做是慈善的理由。在罗尔斯这里，援助的责任好像处于慈善的责任和正义的责任之间（在这里，正义的概念特别解释为关系到**分配**正义）。然而，既然罗尔斯强调背景正义（或者消除背景不正义）在公平的或者公正的社会合作中的重要性，我们也可以合理地假设，在某种意义上和在某些特殊的情形中，他可以把援助的责任看做一项正义的责任。为了看到这一点，让我们首先考虑这一问题：为什么罗尔斯一般来说并不提议全球的分配正义？我们能够想出的首要理由关系到罗尔斯对"人民"的理解。生活在一个良序社会中的人民有自己的根本利益，例如保护他们的政治和文化独立性，保证他们的国家安全、领土完整以及公民安康，捍卫他们作为一个人民而应有的自尊。[①] 即便如此，只要他们是理性的和合情合理的，他们也能认识到与其他人民和平相处的重要性。比如说，当在国际领域中存在着利益冲突时，他们不可能只是强调他们自己利益的优先性，因此"他们就准备向其他人民提供政治和社会合作的公平条款"[②]。由此可见，对罗尔斯来说，要把人民之间的平等尊重和促进基本人权在全世界的实现设想为国际正义的基本原则。

另一方面，我们也需要注意，罗尔斯的"人民"概念很接近戴维·米勒对民族性（nationality）的理解。对于米勒来说，民族性是一个伦理上重要的

① 参见 John Rawls, *The Law of Peoples*, p. 34。

② Ibid., p. 35.

事实,在思考国际关系和建构一个合适的国际正义理论的时候是千万不能忽视的。[①] 尤其是,正是因为一个民族具有一个把历史连续性体现出来的身份,并分享一个共同的公共文化,才可以认为它显示了一种群体能动性,对它过去、目前和未来的行为负有集体责任。在这个意义上,我们不能正确地认为一个民族对其公民来说完全是工具性的,例如只是充当公民实现其个人利益的工具。此外,只要一个民族的公共文化有意义地不同于其他民族的公共文化,其人民对"一个**充分**繁荣昌盛的人类生活在于什么?"这个问题的设想在某种程度上也不同于其他民族的设想。这样一来,不同的民族对分配正义的内容和目的可能也有不同的理解。因此,在思考全球正义及其原则时,"我们需要追问我们在民族国家内部发现的那种人类联盟的制度和方式——它们形成了正义的观念在其中得以发展和运用的环境——是否也出现在国际层次上"[②]。在这个问题上,罗尔斯的要点是:在国内社会正义的情形中所运用的分配正义原则在全球层次上并没有严格的类比,不管在当今世界的各个民族国家之间存在着多么紧密和多么广泛的相互作用。

由此我们可以看到为什么罗尔斯不愿意谈论**全球分配正义**。简单地说,罗尔斯并不相信在全球层次上实施某种形式的分配正义是道德上值得想望的和实践上切实可行的。对他来说,人权的观念不仅是评价一个社会的政治合法性的基本标准,而且也是推动一个社会变成罗尔斯意义上的良序社会的基本动力。因此,基本人权在每一个社会中的实现就自然地成了实现国际和平与安全的一个有效途径。据此,罗尔斯认为援助的责任旨在推进基本人权在负担沉重的社会中的实现。然而,为了取得这一目的,通过实施某种全球的分配正义,以此来调节不同的社会或者不同的国家之间的经济不平等,可能是不必要的。然而,这不是说没有分配正义问题出现在全球层次上。如果在各个社会或者各个人民之间已经存在着普遍的、决定性

---

① 参见 David Miller, *On Nationality*, Oxford: Clarendon Press, 2002; *Citizenship and National Identity*, Cambridge: Polity Press, 2000。

② David Miller, *National Responsibility and Global Justice*, Oxford: Oxford University Press, 2007, p. 14.

的经济和社会互动,如果在全球层次上已经存在着一个公共的政治文化,能够为所有社会或者所有人民所接受,那么全球的分配正义就变得可能。世界主义者倾向于论证说,由于全球化的结果,第一个条件已经得到满足。然而,这个事实本身不足以说明全球的分配正义的可能性或必要性,因为对罗尔斯来说,分配正义也要求共享的基本结构以及作为其基础的公共的政治文化。罗尔斯已经试图表明,合理的多元主义是关于人性和人类条件的一个永恒事实,在任何合理地可预测的未来都不可能被消除。要求所有社会或者所有人民承诺一个全球的公共的政治文化既是道德上不合理的又是实践上行不通的,因为这意味着要求他们否认民族性的伦理含义。然而,至少出于两个理由,民族性确实很重要。首先,民族性部分地构成了一个人民对什么样的生活是一种充分繁荣昌盛的人类生活的理解。其次,民族性也是一个人民用这样一种方式来构成一个政治共同体的一个基础,以至于他们能够对他们决定共同分享的历史和未来承担责任。一个良序社会,只要已经自觉地尽自己的最大能力来尊重或实现其公民的基本人权,认真地对其人民负责,就有资格获得其他社会的平等尊重。

因此,对罗尔斯来说,假若在全球层次上确实存在着正义问题,其原则将不同于在国内情形中所设想和运用的社会正义原则。实际上,如果在当今世界中占据支配地位的全球秩序已经是不公正的,就像很多世界主义者所认为的那样,那么首先就会出现背景正义的问题。从罗尔斯对公平合作的考虑中不难看到,他有充分的理由要求首先消除背景不正义,以便为公平的国际合作扫清障碍。更确切地说,如果目前全球的政治和经济秩序已经对全球贫困者造成伤害,罗尔斯就应该承认:必须对这个秩序实施某种改革,以便消除它所导致的背景不正义。因此,部分地通过对其他国家实行殖民主义掠夺而在当今世界秩序中占据优势地位的国家,就应该对其受害者实施某种形式的补偿;而继续利用这种优势地位在当今的全球经济格局中攫取不公正的经济利益的国家,就应该对其他国家实施某种形式的补偿,或者立即纠正自己的行为,以便参与创造一个公平的或公正的国际合作环境。当然,我们不太清楚罗尔斯是如何思考历史不正义问题的。不过,如果事实表明正是这种历史上的不正义使得负担沉重的社会如此沉重,那么罗尔斯大概就不会否认导致这种不正义的国家对那些社会负有补偿或者纠正的责任。[①] 如果罗尔斯的世界主义批评者是在补偿或者纠正的意义上来谈论全球正义,他们与罗尔斯的分歧可能就没有他们自己所声称的那么严重,因为对财富/资源的某种形式的分配(或者再分配)也可以是履行这种责任的一种方式。罗尔斯想要反对的是,在诸如此类的背景不正义已经被纠正、补偿责任或者纠正责任已经被落实后,还要在全球层次上实施某些分配正义原则。他不可能接受这个世界主义的提议,因为按照他的观点,这样做既不符合正义作为公平的思想,也不符合尊重各个社会或者人民的道德要求(在他提到的那两个要求已经得到满足后)。[②] 罗尔斯的要点是:在万民社会中,一旦公平合作的障碍已被完全清除,在每一个社会中公民的基本人权已被充分实现,继续在全球层次上实施某种形式的分配正义就变得毫无意义。之所以如此,在他看来主要是因为:在他为“社会”这个概念所指定的意义上,不可能有“全球社会”或者“全球的公民社会”这样的东西。

三、结　论

与在国内情形中相比,在全球层次上,合理的多元主义是一个更加深刻的事实,因此不能合理地指望它在任何可预测的未来要被废除。事实上,文化多元性本身就是一个重要的人类价值。即使文化多元性偶然会成为冲突的一个原因,但这种冲突在根本上是不能通过消灭文化差异来解决的,这是我们应该从人类历史中吸取的一个教训。罗尔斯认为,对分配正义的任何成熟的理解都是内在于一个特定的政治文化的,在这一点上,他大概是正确的。当然,我们无须由此认为罗尔斯的国际正义观已经是完美的。不过,与其世界主义批评者相比,罗尔斯更加认真地考虑了合理的多元主义的事实,至少就此而论,他的国际正义观是值得向往的。

---

① 历史上的不公正其实是一个高度复杂的问题,罗尔斯基本上没有阐明这种复杂性。在这里我将不探究这个问题。对这个问题的一个详细处理,参见 Daniel Butt, *Rectifying International Injustice*, Oxford: Oxford University Press, 2009。

② 参见 John Rawls, *The Law of Peoples*, p. 117。

最终，需要指出的是，我不是在论证反对全球正义的前景。全球贫困是一个广泛而深刻的事实，诸如种族冲突、宗教冲突、恐怖主义之类的问题也与全球贫困具有某些可辨别的联系。在这样一个背景下，世界主义的正义观不仅很容易得到理解，而且也确实具有恰当的动机。然而，如果分配正义本质上与一个社会的基本结构相联系，那么我们也许就需要转变观念，重新看待我们对全球贫困者所负有的责任的本质。这项责任不是或者不仅仅是正义的责任[①]，倒不如说，这项责任是（或者也是）人性的责任。我们必须学会把这项责任看做**不是不如**正义的责任那么严格、那么重要。这项责任可以在工具理由的基础上得到辩护，但也可以通过诉诸如下事实来辩护：我们所有人，作为人类存在者，都生活在这个世界上，作为人类而享有同一个命运。在当今这个灾难深重、困境不断的时代，我们必须学会比以往任何时候都要更加人道。

① 当然，除非我们把任何人类个体的基本人权的落实看做一个正义问题。但为了说明或者辩护这个思想，我们或许就需要求助于一个有神论的正义概念。在这里我将不进一步阐明这个问题。

平等的概念*

韩水法**

所谓平等概念，在这里意谓一个基本的问题，简单而言，就是我们如何理解平等？这个问题在许多情况下被人们，自觉地或不自觉地，视为一个多余的问题，因为平等本身通常被看做是一种不言而喻的价值，相应地，人们将它当做一种清楚或者自明的概念而予以应用，即便在理论上也常常是自然而然的事情。甚至在中坚的平等思想家那里，所关注的问题主要是平等所应用的范围，而对平等概念本身几乎不做反思。人生而平等的断定，或者与此正相反对的人生而不平等的断定，①与现代人们所说的平等的社会或不平等的社会，在日常话语里，以及在理论分析中，常常被人当做清楚的说法。但是，这里要问的是，在上述句子中这几个平等的词所指的是同一个概念吗？

毫无疑问，平等观念始终是聚讼纷纭的所在，然而人们通常关注的是，哪些东西应当列入平等分配的嘉益清单之上，而非作为一种价值本身的平等。实际上，关于平等观念的多数分歧和争论的真正而原始的起因，在很多情形里并非在于要用平等来衡量并在其上付诸实施的对象，而恰在于如下一点：平等概念在不同的人、不同的语境和不同的理论那里不仅有不同的意义，而且也有不同的所指。倘若平等概念没有得到清楚而确切的规定，那么无论如卢梭所说的人生而平等，还是哈耶克所说的人生而不平等或有差别，

---

* 本文原刊于《文史哲》2006 年第 4 期。

** 韩水法，1958 年生，北京大学哲学系教授，博士生导师。

① 前者当以卢梭的观点最为典型，而后者可以哈耶克的说法为证。哈耶克的观点见《自由宪章》（Hayek, *The Constitution of Liberty*, Chicago: University of Chicago Press, 1978, p. 87）；参见《自由秩序原理》，邓正来译，三联书店，1997 年，第 102 页及后页。

都是有其特定的意义和所指，因而不能简单地被判断为错的或对的。至关重要的一点还在于，即使人们甄别了平等的各种意义，却不对作为一种价值的平等本身作一仔细的检视和分析，那么这就等于说，人们对平等本身究竟是一种什么东西，或者它具有什么性的性质，没有清楚的理解，于是，人们关于平等的争论就依然会流于风马牛不相及的结果，而一切的分歧至少在理论上也一仍其旧。

无论在理论阐述之中，还是在日常话语里面，人们通常还使用若干其他概念来表达与平等概念相近的意义、某种平等要求以及平等的某个层面的内容。这些概念包括等同、平均、公平（公正）、一视同仁等等。这些概念的应用依不同的语境而定，表达平等的某个层面的意义，或者与平等相关的意义。在某些情况下，有些概念是可以互换的，而另一些则是不可以互换的。更进一步说，在有些情况下，可以彼此替用的实际上是词，而不是概念本身，因为概念关涉确定的意义和所指。对这些情况的详细研究，可以揭示人们关于平等的理解的各种错综复杂的现象，以及在不同的关系之中，平等所具有的多种不同的意义和所指。同时，人们借此也可以看到，在什么情况下，由上述那些概念所表达的意义和所指会超出平等的概念而将它与其他的相关物联系起来，从而平等概念就可以在这样一些关系之中来把握，甚至领会。这将是一项有益的、可能产生预想不到的结果的研究，不过，全面展开这样一项研究并不属于本书的任务。然而，分析与甄别这些概念在意义和所指上面的异同，却为这里达到对平等概念的定义提供了重要的启发。

一

一般而言，等同是平等所包含的一个基本义项，这就是两个或多个个体之间的完全相等或相同。虽然即便是逻辑上的重言式也包括 $A \leftrightarrow B$ 这样的形式，等同从严格的意义上来说却要求两个事物之间的完全的一致。此种仅仅在理论上才有其可能性的平等，显然在社会生活中是没有现实性的。但是，一切关于平等的理解和理论分析、推理和认证，都要以这个意义为一种基准，因此，它虽然很少被用到，却是必不可少的基础。在平等概念需要从本义上来理解和解析时,这个基准的意义就现出了它的重要性。比如,当哈耶克强调"人生而平等"这个说法是错误的,而人与人之间是有差别的时候,他援以比较的基准就是那种绝对意义上的等同。就这个意义的平等而论,人们必须承认,每一个人与另一个人之间都存在差别,无论这些差别之间的大小又是如何地悬殊。相反,"人生而平等"或"人与人应该是平等的"的主张,并不是指这种完全等同的意义而说的。人们提出此类主张的社会—历史的现实根据与原因有两方面,一方面基于当时人们关于抽象而共同的人性的形而上学的理解,另一方面是抗议政治、经济和其他社会生活领域之中人与人之间的巨大差异。平等的要求和主张所针对的乃是这些特定的差异,而不是一切差异。于是,人们可以看到,在关于平等主张的理论争执之中,这两种看起来正相反对的观点却因彼此对平等理解的歧义而实际上相互错失了鹄的。这种错失却给我们提供了一个重要的启发,即现代种种看似相互冲突的平等理论,由于没有甄别平等概念的不同意义,往往不仅未能标定平等的所指,而且也错会了自己所谓平等的意义,或者相反,因为未能切中平等的所指,所以才错会平等的意义。

就等同意义的形而上学层面而言,它一方面为平等的意义提供了一种理论的基准,一切现实的,从而社会的、政治的平等,都是在完全等同这个基准之外的某种或者某些共同而普遍的东西,但是,这同样也就为平等确定了一个基础和基本范围,即个人之间的差异分布在完全等同与绝对差异之间的区域。

这样一来,我们看到,平等就可以有一个完全不同的理论切入点和历史起点。不是因为人生而平等,平等才有其正当性的根据,而是因为人生来就有差异,平等的要求才需要正当性证明。于是,这个观点与路数既不同于卢梭的回归平等的诠证,亦有异于哈耶克的维持不平等的诠证。

然而,倘若分析仅仅至此为止,那么它仍然是不充分的。个人之间完全等同的付之阙如与他们在某些方面的等同、相同与相似并不冲突,差异也正是在这样一个基础之上才成为差异,而这些部分的等同、相同以及类似,如此等等,却正是平等要求的自然基础。关于这一点,不必援引今天的基因知识,人们很早就通过日常的生活与经验确认了这一点。就此而论,在政治哲学的视野之下,重要的一点在于,现代社会之中平等的价值并不在于弥平人的自然差异,并且也不可能在于此种弥平,而是在于消除以自然差异为基础的某些社会差异或者社会差异的某些方面。

于是,另一个重要问题自然而然就凸显出来,这就是人们的自然差异与社会差异之间的关系。社会差异在多大程度、什么范围内直接源于自然差异。毫无疑义,这是一个十分困难的问题。然而,消除社会差异的自然差异的根源,却是现代平等理论之中的一个热点。这里的困难在于如下几个方面:第一,如何确定自然差异的范围,即个人之间的哪些差异属于自然差异而非社会差异。这个看起来似乎简单的问题实际上相当复杂,比如构成现代平等理论的一个重要因素的嫉妒,究竟属于自然差异还是属于社会差异?因为嫉妒心的强弱直接影响个人关于平等状况的判断,而在德沃金那里则成为社会平等的检验标准——如果不是唯一的也是主要的检验标准。第二,如何确定某些社会差异确实来源于自然差异?第三,这是第二个困难的展开,即使社会差异的自然原因得以确定,在人的生涯受多重因素和环境影响的背景之下,如何从中确定自然差异的影响程度,也是一项殊属不易的工作。

在这里我需要着重指出的乃是如下一点,即人们无法通过平等的制度来直接弥平当下的自然差异,尽管某些平等制度可以通过某些社会措施来间接地减弱或消除将来某些可能的自然差异,比如医疗保障体系能够通过预防或救治疾病而减弱或消除疾病可能造成的自然差异。但是,一旦这些自然差异已经形成,那么就不是某些以平等为宗旨或者与平等相关的社会制度或体系所能够弥平的。医疗中的义器官能够恢复一定的人体功能,但它不应当算作自然差异的弥平,而只能算作某种补救。[①] 即使这样的医疗行为是由某种社会保障体系来维持的,并且是出于平等的目的,那么这个行为仍然不能够证明或者说明,平等的指向在于消除个人之间的自然差异。相反,平等的宗旨,它的可能性与现实性只能限于消除某些可能与这些自然

---

① 这一点牵涉相当复杂的生物学的、医学的和哲学的问题。我认为,我的观点是相对简单但基本正确的观点。较为有力的反驳可能来自普遍的器官移植的可能性,而且器官供体应当不是另一个人,而是在某种非人的基体。毫无疑义,这个问题尚需深入的研究。

差异有直接因果联系的社会差异，即某些不平等的社会状况，比如歧视。理解这一思想的要点在于，在政治哲学的视野下，平等是一项普遍的原则，而在人的自然性质方面，即使以现代医疗技术为条件，仅仅在某一项属性上面，要达到完全的等同，也是不可能的。

在这里，我们有一个基本的前提，即人类自然个体之间完全而普遍的等同既非现实，也是不可能的。至于某些特定个体之间存在的这种情况，可以举出孪生的例子，同卵孪生的个体之间的基因是完全一致的，但是两个个体之间的其他自然性质并不完全一致。这是一个我们必须予以充分考虑的实在的背景，但是，同样重要并且对平等概念观念尤其重要的是，孪生个体之间的社会经历和生涯却根本不可能完全一致，因此，即使个体之间的自然差异在等同的意义上被弥平，他们之间依然会演化出社会差异；至于这种社会差异是否扩大到成为平等所关切的对象的程度，则取决于特定个人特定的社会生活环境。

上面的阐述已经论证了如下的结论，人类自然个体之间的普遍差异乃是一项基本的事实，这是社会差异的自然基础和基本背景，但是，弥平个体之间某一方面的差异与弥平所有个体之间的所有差异一样，是不可能的，也并非平等主张的宗旨所在；即使弥平个人之间的自然差异是可能的，社会差异依然会从这些等同的个体之中产生出来——倘若社会确实如其所是那样乃是一个四维的历史——实在的空间，而非理论上的抽象的点，情况就必定如此。这里还可以推论出进一步的结论，倘若弥平个体之间的自然差异而使之完全等同是可能的，并且个体之间的自然等同或差异的状况直接决定了个体的社会状况，即等同或差异与否，那么平等就成为一种毫无必要的价值和主张了。平等的价值和主张之所以在人类社会中具有恒久的意义，就是基于上述差异的不可弥平性。在平等的语境之中，就其积极的层面来说，等同概念提供了平等的基准意义；而从其消极的层面来说，这样的基准同时就揭示了平等的局限性。既然弥平一切个人之间的社会差异与弥平一切个体之间的自然差异一样是不可能的，或者比后者更加不可能，那么等同就失去了其一般而普遍的意义，它的现实性取决于具体所能等同的特定内容。这一点对于理解平等概念具有基础性的意义。

于是,这里就又回到前面提出的平等的新的理论切入点和历史起点,即平等主张及其正当性要求的出发点并不是人生而平等,不论是自然性质上的还是社会性质上的平等,而是人与人之间的差异;而就人作为社会—历史性的理性存在者而言,此种差异也就被称为不平等,并且不平等实际上是一个蕴涵价值评价的判断。揭明平等在理论上如此的切入点,在实践上的如此起点,不言而喻,正是揭明了平等主张的正当性证明的困难:平等的要求完全是出于人的理性的要求,因此它是一种针对人的社会状况的政治要求。在理论上,平等的主张与原则就无可避免的是构成性的,而在实践上,平等的观念、主张和制度是后起的。平等主张的困难性同样也体现在实践之中。在有史以来的社会—历史里,人们提出过无数表达平等意愿的主张、原则和计划,并且进行过大规模的实践,然而,时至今日,不平等虽然是社会生活之中令人最为不满并且受到最严厉批评的现象,却看起来依然是社会之中最普遍的现象。除了其他因素之外,导致此种现象的一个重要原因就是对平等的理解。为了分析此一种原因,也出于本节任务的需要,这里我接着要来分析表达平等主张的另一个具有代表性的义项,这就是平均。

二

平均概念向来就是平等概念一个基本义项,它最早并且也最为悠久地表达了平等要求的最为基本的内容,即经济平等,出于这样一个缘故,它通常也就成为表达社会平等的极端要求的一个概念。就此而论,倘若等同可以用来表示个人之间自然性质方面的完全一致的要求,那么平均也就被用来表达个人之间在社会嘉益方面的要求与所得的完全一致,尽管这种完全一致有针对某个方面与针对作为整体的个人之分。

平均概念主要是一个分配的概念,简单来说,它的特点在于不考虑个人之间的自然差异与社会差异,而要求在某一项社会嘉益或者所有社会嘉益分配方面对每一个个人或每一个个人的某一个共同方面的完全均匀和相同。在这个意义上,平均概念总是直接与人均这个单位相关联。实际上,平均的主张为了求得正当性的证明和实现的可能性,往往寻求人均以外的尺度,或者说,主要以人均以外的度量依据来制定自己的尺度。平均的要求,或者平均主义,就其要求的普遍性而言,从一开始就并非单纯的经济的主张,而总是与某种政治要求结合在一起,或以某种政治要求为背景的,中国历史上的“等贵贱,均贫富”的要求,与早期基督教的平等要求,都说明了这一点。而在平均主义的后来各种形式之中,这个特征就更加突出,而非减弱。尽管如此,平均主义给人的印象,或者在许多人的笔下,仿佛主要是一种经济的要求,这就是对财富的平均分配。事实上,没有一种平均主义是将重点仅仅放在单纯的财富平均分配上面的。财富平均分配这一要求,假定得到了社会所有成员的同意,也依然包括无数复杂而无法克服的技术困难,比如分配的平均标准如何制定?平均主张的有效性在这里无可避免并且令人沮丧地依赖于所要分配的财富的性质,而若无此种关联,平均就是一个没有所指的空概念。但是,作为一种度量标准,平均度量单位的依据却并非仅限于所要分配的财富,而有其他的手段或原则,比如劳动。不同的尺度会使个人可能所得的嘉益形成巨大的差别,比如劳动的尺度,与按人均分、个人需要以及嫉妒的尺度,并且这些尺度彼此之间都存在着明显的严重冲突。于是,在这里平均这一主张的复杂性和困难来自于平均尺度的依据——毫无疑问,没有无尺度的平均——与所分配的东西之间的关系,比如劳动尺度与个人需要尺度就会是处处相互冲突的;假定这两种尺度是能够单独有效并可行的,并且这里的平均尺度仅仅应用于实质嘉益的分配,那么,比如一个禁欲主义的工作狂与一个纵欲的懒鬼,正好形成这两种尺度尖锐对立的两种虽然极端却也大有可能的例子。

于是,一旦平均的尺度不是用来衡量单一的因素,而是用来衡量多种因素,那么必然的结果就是平均的尺度立刻会因无所适从而趋于瓦解。比如,将劳动的尺度、个人需要的尺度与嫉妒的尺度结合在一起,单一的平均尺度不消说是完全不可能的,而多种尺度如果不限定其特定的范围必定会导致严重的冲突,诸尺度就成了无尺度。但是,尺度一旦被限制在特定的范围,那么它又只能是以单一尺度的形式来发挥作用的。

然而,在这里,一系列复杂的问题也就牵涉进来了。相对于所分配物,平均尺度因其依据不同而大有区别,一种尺度本身又包含其他尺度或以之为前提。劳动尺度并不像在一些人的笔下显得那么简单,所谓按劳分配固然是指向所分配之物,但是劳动本身如何得到衡量却是一个在先的问题。倘若劳动本身得不到合理的衡量,从而缺乏合理的度量标准和单位,那么用来衡量所分配物的劳动尺度就成了一个虚幌子。在较为典型的按劳分配的社会主义制度之下,对劳动的度量似乎建立了一个统一的标准,然而这种度量的标准和依据实际上是一种大而化之的做法,即简单而粗糙的劳动分类与时间的混合的标准,许多其他重要的因素都被排除在外了。这样,劳动本身就因为没有一个合理而统一的度量单位,从而是无法得到一致度量的;也就是说,人们对劳动本身都无法做出合理的度量,那么劳动又如何能够成为度量所分配之物的尺度?

所以,平均作为一种尺度标准,其尺度的依据越单纯,借其来度量的内容越单一,那么其概念就越明确,也就是说,平均作为一种主张或者要求就越有其付诸实施的现实性。在另一方面,平均标准或尺度的依据即个人的规定越简单,平均概念也就越清楚。一旦人们追问,每一个人都应平均享有财富或其他社会嘉益的根据何在,亦即他们因为具有了什么而能够提出这种要求,那么平均尺度就会立刻失去统一的依据,陷入毫无定准的困境,所谓平均也就被褫夺了一般的意义。于是,我们看到,平均与等同一样,在平等的意义范围内,只有相对于特定的内容或对象才有其确定而现实的意义;因为平均总是分配的尺度,而这又使平均要求依赖于其要求的主体。于是,平均作为一种价值的意义就具有双重的依赖性,即对所分配的对象和要求的主体的依赖,这就使平均完全丧失了成为一种独立的价值的条件。即使从最弱的意义上来说,平均的要求或主张也不可能是一般而独立地有效的。

平均要求的主体依据的问题,一般而言,也就是平等要求的主体依据的问题,而后者关涉到许多上面已经触及但尚未展开的观点——这些将另文阐述。这里首先分析一项与理解平等概念直接相关的因素,即嫉妒。平等要求与平等判断所立足的基础包含心理的成分;尤其是不同个人对于平等与不平等的感觉,更是常常以直接的心理感受为准绳的,而这也正是造成平等感在不同的个人之间存在巨大差别的重要原因。于是,我们看到,最近二三十年以来,嫉妒及其理论就在平等理论中占据越来越重要的位置。

三

一种典型的观点认为,绝大多数严格的平均主义要求简直就是奠基于嫉妒之上的,因而它们体现了成功之士在不那么成功之士心里所招致的不满。[①] 据此,我们假定平等概念就可以这样来理解,所谓平等,就是指人的嫉妒的阙如。这又可以进一步分析出如下两种情况:第一,嫉妒根本无从产生;第二,导致嫉妒的外在原因的阙如,比如德沃金的资源平等的实现。在第一情况下,人们根本就没有嫉妒的心理,这或许因为人们认为社会差异就是一种正常现象,因此嫉妒或者不满就无从产生。但是,这样一来,也就无所谓平等了;在这个意义上,平等概念实际上就被取消了。即使哈耶克也认为,就是在自由社会里面,嫉妒也是无法根除的,于是退而求其次的做法就是不赞成嫉妒,不将它当做社会正义的东西而予以批准,而是将它视为最为反社会和邪恶的情绪。[②] 哈耶克关于嫉妒与平均主义和社会正义之间关系的观点过分简单,缺乏有效且有力的论证,而且也包含内在的不一致。第二种理解与哈耶克的观点正相反对,但此种反对的意义并不主要在于将平等视为首要的价值——哈耶克在一定程度上承认平等要求的正当性[③],而在于将嫉妒视为正当的,并且是达到资源平等分配的有效手段,尽管是一种理论设计中的理想手段。然而,哈耶克与德沃金,这两位对平等的主张以及对嫉妒的态度持正相反对的两极意见的自由主义者,却都有一个致命的观点,这就是他们都将嫉妒视为导致平等主张及其观念的主要因素,从而平等就被他们搁置在一个不稳定的心理现象的基础之上。自然,在这里他们两人也有区别,德沃金将嫉妒主要视为检验平等的手段,而哈耶克将嫉妒视为平均主义主张的直接源泉,从而也是一般平等要求的源泉之一。

于是,问题的关键就在于如下一点:即平等的主张或要求究竟是一种心

---

① Hayek, *The Constitution of Liberty*, p. 92-93;参见《自由秩序原理》(上),第112—113页;参见 Rawls, *A Theory of Justice*, p. 471 注9。

② Hayek, *The Constitution of Liberty*, p. 93.

③ Ibid., p. 87.

理现象,或者至少可以还原为心理现象,还是一种理性的要求,至少主要是以理性为根据的,因而不能还原为心理因素?这样的选择直接关涉对平等概念的理解以及对平等要求的正当性证明。罗尔斯强调,平等并不来源于嫉妒的情感[①],因为原初状态之中的人是理性的人。这种康德主义的立场由于其内在一致的品格,无论在理论上还是在实践中,无疑要比哈耶克的嫉妒说更为合理和有效。嫉妒的心理自然会导致平均主义的主张,或者一般说,平等的要求,但是平等的要求并不都来自于嫉妒;更准确地说,平等的原则如我们下面将会看到的那样,由于依赖于自由以及权利,其理论的和实践的正当性完全奠基于人的理性,而不是心理现象。

现代人的平等感已经不再是完全自然的东西,亦即出于未经反思与逻辑分析的心理情感;或者更进一步说,有史以来的人的平等感从来就不是单纯情感的产物,而是人类理性发挥和应用的产物。这样一个事实揭示了一个重要的道理,即消除不平等感,在一定程度上消除社会心理学意义上的嫉妒,只有通过政治平等,以及与此相关的理性的和合理的社会心态,才有其可能,而后者是要通过现代自由而民主的文明环境才能够养成的。但是,生理心理学意义上的嫉妒是无法通过这样的途径来消除的。并且如上面所分析的那样,个人之间的完全等同以及在社会嘉益分配上面的完全平均,在任何一个社会都是无法实现的,所以即使社会心理学层面的嫉妒也并不可能消除殆尽,更何况心理—病理层面的嫉妒,而后者始终有其发生的各种随意的缘故。诚然,在社会心理上的嫉妒与生理心理学上的嫉妒之间,并不能划出一条截然分明的界限;不过,这里的关键之点并不在于消除一切嫉妒的可能性。就此而论,德沃金模式可以说提供了一个不成功的例子。盖缘为达到资源平等而实行的反复拍卖,倘若参与拍卖的人就是现实生活中的人,那么这将是一个永无休止的重复过程;而假如这些人并非现实生活之中的人,那么一方面他的嫉妒检验将几乎是毫无意义的,因为嫉妒总是由现实的比较与反差造成的,倘若没有一定的理性原则和社会规范的约束,不仅不可能是一成不变的,而且也无法断定会在什么时候、什么情况下达到相对的稳

---

① Rawls, *A Theory of Justice*, p. 472.

定;而处于虚拟海岛上的人无法得到这样的刺激,因此如此的诱因可以假定会在某一点上,某一时刻上穷尽,就如德沃金的模型一样,从而资源平等就能够经过反复却次数有限的拍卖而通过嫉妒的检验。德沃金设计的根本弱点就在于它将平等的标准建立在最不稳定的心理状况即嫉妒上,这与罗尔斯将原初状态与正义原则构成的设计奠立在理性的基础上是完全不一样的。

关于平等的心理原因的讨论,在哲学的语境里,还与概念以及语言有直接的关联。在上面所引的罗尔斯、哈耶克和德沃金的文字里面,用来分析和阐述与平等相关联的心理现象的一个共同概念,就是嫉妒;此外,他们还使用若干包含“不满”含义的词来辨析嫉妒概念的不同意义,比如 discontent、resentment 等等。在英语和德语里面,表达嫉妒概念的 envy 与 Neid 的基本意义是消极的和贬损的,没有肯定的意义,在某些特定的语境中偶尔也表达某种中性的意义。至于“不满”概念,虽然像哈耶克所用的 discontent 有时也包含中性的意义,但基本上是用在贬义上的,而罗尔斯所使用的 resentment 则应当说是完全贬义的。尽管罗尔斯按照康德的说法辨析出嫉妒一词中的良性的意义[①],但是这些概念似乎还是妨碍了像哈耶克一类的思想家来正确地观察和评判个人对于某种自己所无而别人所有的东西的向往乃至欲求的心理现象。羡慕一词正是表达这种心理和欲求的肯定的和褒扬的概念。虽然我这里无法断定是否西方主要语言都缺乏“羡慕”这个词语,但是在相关的主要文献里都毫无这个概念的踪影,则大约可以说明西方主流的平等理论与政治哲学之中缺乏羡慕的概念,至少也可以断定羡慕这个概念没有什么地位。

这里我们可以对嫉妒、不满和羡慕做一语义分析。为了方便起见,我主要以这三个概念的汉语表达词为分析对象。一般而言,这三个词都表达个人由与他人的较好的状况相比较而产生的心理状态和情感。羡慕既表达一种情感,也表达一种欲求,这就是对他人所拥有的各种精神的、才能的、知识的、物质的嘉益的肯定,以及自己对这些嘉益的向往和欲求。它不包含对居于优越地位的人怨恨、仇视的态度,也不包含将他们拉到与自己相当的水平的欲求。因此,羡慕是一种积极的情感,在汉语里面,它作为一个单独的词

---

① Rawls, *A Theory of Justice*, p. 467.

表达与嫉妒判然有别的概念。罗尔斯所谓的争强好胜的嫉妒与羡慕接近，但是这已经是罗尔斯对嫉妒的新的定义了，而非此词此概念原有的意义；此外，争强好胜的(emulative)本身就包含嫉妒的意义在内。在许多英汉和德汉辞典里，envy 条与 Neid 条之下虽然也列有羡慕的义项，但可以肯定地说，这是一种不正确的解释，尽管从这两个词那里也可以勉强地分析出中性的意义来，就如罗尔斯的辨析所表明的那样。但是，后者与羡慕确实还有相当大的差异。嫉妒同样既包含情感亦包含欲求，就前一项而言，乃是怨恨的和敌视的，就后一项而言，乃是消除他人的优越状况的欲求，因此，它乃是一种去之而后快的心理状态。不满在汉语里面是一个中性的词，因其指向不同而有不同的意义。不满指向心理主体自身，那么就是对自身状况的反思与感受，包含改善自身状况的要求，这应当视为一种积极的情感和欲求；如果不满指向他人，就当下的语境而言，那么就包含着对他人的优越地位的怨恨的乃至敌视的情绪和态度。

如果说嫉妒是某种平等主张的原因，那么照此推理，羡慕同样也可以是这种主张的原因。在德沃金的设计里面，羡慕也能够发挥与嫉妒同样的作用，而且是基于积极心态的作用。这样，对哈耶克而言，因为将嫉妒视为一种恶毒的心理而否定平等主张或者平均主义的主张，是没有多少说服力的。在这里，我们体会到一个正确概念所蕴涵的思想力量。如果平等像哈耶克或德沃金的理论所阐述的那样，情绪或曰心理现象或者构成了平等主张的原因，或者构成了平等的衡量标准，那么当我们用羡慕来代替嫉妒时，就会得出相当不同的结论。由于缺乏羡慕这样一个概念，就使西方主流的平等理论出现了一个意义消极的盲点。的确，概念从而理论上的此种差异虽然可以说与文化和文明之间的差异有关，然而这里面的关系究竟是怎么样的，既不在本文研究的范围之内，亦是一个需要深入考察才能做出结论的问题。对于这里的理论研究来说，就概念以及相关的理论所做的分析就足够说明问题了。

然而，这里的关键问题并不在以何种情绪、心态，或者一般地说，以何种心理现象来解释平等的原因以及衡量平等的标准才是正确的，或者合适的，而是在于进一步强调，即使羡慕这样的心理现象也依然不是平等主张的根据和理由，当然也不能被视为平等主张的原因。无论羡慕与嫉妒，作为心理体验,并不稳定,当下的羡慕,当下的嫉妒,可以在另一刻消失,从而羡慕的东西被视为他人的鸡肋,而嫉妒的对象也会因自己的心理和社会状况的变化而变化,也会因他人的同样情况的变化而变化。

不过,从心理现象来分析平等的原因和衡量标准,却为理解平等的概念提供了一种启发,这就是对社会及其制度是否平等的判定在相当大的程度上依赖于人们的观念,尤其是人们关于平等的观念。在人类的社会—历史之中,并不存在任何一种衡量平等的完全客观的外在标准。平等的理想固然在相当大的程度上造就了平等的主张和制度,比如某种分配制度。但是,在另一方面,人们对平等的衡量,并且在一定程度上,人们关于平等的理想,并不仅仅是通过分配来实现的,或者说,并不能够仅仅通过分配来达到,事实上还必须借助于人们观念的调整。这就是说,一个正义的制度不仅改变社会基本结构,同时也改变人的观念和社会心理状态;或者反过来说,一种正义的制度,一个良序社会,必须以人们的一定的观念和社会心理为基础和前提。

这里所谓的观念和社会心理,是可以合理调整和改变的,因此它是奠基于人的理性能力之上的。在这里,平等始终是正义主体的平等,或者说是自为者的平等。因此,这些观念,或者社会心理应当是稳定的,不会因个人的心理经验而随意变动。平等的主张在长期的社会—历史进程中,已经演变成为一个理性的诉求,而平等的原则更是通过理性的反复思考而得出的结果——如果它们是一项稳定有效的原则的话。平等概念只有通过康德式的原则得到规定,这就是罗尔斯所特别倚赖的理性与合理性概念。这里的要点在于,平等概念并不能依赖于嫉妒的心理,或者一般地说依赖于无论在理论上还是在实践上都缺乏稳定性的心理现象。除了其他的要求之外,平等的主张、原则在付诸实施之时,它还必须以理性存在者的政治信誓和更为一般的道德信誓为前提,而信誓无论如何是不能奠基于依违不定、变动不居的心理现象之上的,而必须以人的理性的决定为根据和保证的。

四

行文到此,我可以对前面的诠证作一个总结,从而直接阐述什么是平等,即给出平等概念的规定。关于等同与平均的分析的重点,固然在于表明个人之间的自然等同,或者一般地说,所有个人之间的自然等同是不可能的,但重点还在于证明,等同即使可能,也依赖于所要等同的特定的项目,否则等同就是毫无所指的,而对于政治的实践品格来说,确定的所指乃是必不可少的。与此相同,平均也正是相对于特定的所指才有实践的意义,这就是说,才具有某种可行性。因此,上面的阐释导致或者揭示了一个重要的结论,即平等概念作为一种衡量标准,一种尺度,无法作为一种一般要求而独立并且普遍地有效;我们既无法提出关于人的完全的自然等同的普遍要求,也无法提出个人之间在社会嘉益分配上完全平均的普遍要求。这样的要求是根本不可能的。所谓不可能至少包含两层意思。其一,在自然的意义上是不可能的,这就是说个人之间在自然性质上的完全等同是不可能的,就此而论,我想,莱布尼茨原则在这里也是有效的。其二,在社会的意义上,这也是完全不可能的。即使我可以退一步承认,个人之间在自然层面的完全等同是可能的,此种等同也不可能扩展到社会层面。在这样一个背景之下,分配意义上的平均主义就会遇到不可克服的困难,而这个困难的核心就在于:平均尺度在这里立刻就失去了一般而普遍的意义,而分化为无数的具体的尺度,而各种尺度之间的冲突,甚至是剧烈的冲突使得作为一般尺度的平均完全没有可能性。

既然不存在一般有效的平等主张,那么任何可能的平等主张,就始终要以需用平等尺度来衡量的特定项目为前提。从这个观点来看,德沃金平等观点的盲目之处就显露出来了。他将平等视为一切权利基础之权利的观点①,与他所设计的资源平等,两者之间本身就是有矛盾的,但它们的共同点就是将平等当做出发点,当做一个独立的价值,因此在确定平等的特定对象即关于什么的平等之前,要将平等颁布为第一原则,使其他原则都从属于这一原则之下,因而使平等失去所指与内容。这并不能够从任何方面加强平等主张的强度,反而导致平等概念的混淆与误解,从而在这种混淆与误解

① 德沃金:《认真对待权利》,中国大百科全书出版社,信春鹰、吴玉章译,1998年,第7、357等页。

之中,以及在可能实践的诸种矛盾与冲突之中,令平等的主张消失于无形。

在这里,我可以得出一个概括性的结论,这就是:只有关于某种特定内容、项目的平等,而不存在抽象、一般的平等。平等始终就是针对某种东西的要求的比较与衡量的尺度,而并非绝对的独立自存的标准,也不是独立自存的价值,自然也不是任何一种资籍。

在现代民主与自由的文化环境之中,并且在现代自由主义理论之中,实际上,平等不可能成为一项可以独立于权利的观念而有效的价值。平等作为一种价值和主张是依赖于自由或权利的,尽管平等同时也是自由或权利的内在约束。与此相应,自由权或权利则是一种独立的要求和价值,因为人们可以清楚地规定和枚举各种各样的权利,它们是构成正义社会基本结构的独立因素。

进一步说,在自由主义内部,如果要使自由主义的基本原则内在一致,并且在实践上切实可行,那么关于平等依赖于权利的这样一个认识就要构成一个基本点;并且如果基本权利的优先性是现代自由主义的另一项要求,那么平等的深度和广度就依赖于基本权利的范围。于是,平等总是表达为对某种权利的一种程度的要求,无内容的平等要求是不可能的。与德沃金的观点不同,我们认为,如果将平等的价值放在第一位,那么自由主义及其权利的主张就会失去其立足点;与罗尔斯的方法和思路不同,我们认为,社会不平等不可能在权利原则之外得到限制,而机会的公平平等最终也是要通过对基本权利的规定和调整才能够实现的。平等的基本权利是当代自由主义的一项共识,而基本权利的范围无论在理论上,还是在实践上,都决定了平等的范围。因此,平等虽然是一项重要的价值,尤其是一项重要的内在约束和外在评价的标准,但是平等的实质性影响和意义总是依赖于关于权利的理解以及权利的范围。

正是在关于平等概念的这样一种理解之上,我们才能够有效而且清楚地来深入研究政治平等、社会平等等具体的平等主张及其观念。

俄罗斯哲学与俄国现代化:促进还是妨碍?

徐凤林*

现代化作为一种社会演化的理论模式,提出了人类从传统社会向现代社会转变的一般发展规律,这就是从农业的、守旧的社会转变为工业的、城市的、民主的和个性的社会。其基本特征包括以工业为基础和主导的国民经济,市场化的经济运行机制,民主化和法制化的政治体制,城市化的生活方式,世俗化的价值体系等方面。从全世界范围来看,不同国家的现代化发生因素和发展动力有两种类型:"原发型"和"后发型"。前者主要依靠本国内部因素走上现代化道路,后者主要受外来因素的影响和推动而走上现代化道路。

把现代化理论运用于俄国历史发展,我们就会看到,俄国现代化既有符合这一般现代化模式的基本方面,也有其自身特点:其一,俄国现代化属于"后发型"。现代化对俄国来说不是自己国家和民族生活的自然生长,而是意味着对外开放,是借鉴西方模式。其二,俄国现代化道路的曲折和起伏,改革与革命相继,中断和反复并生。其三,俄国发生变革时间的滞后,比如城市社团的形成、工业革命和代议制机关的出现都晚于西方。其四,俄国现代化变革程度相对较低。20 世纪初城市化、工业化和大众意识的世俗化程度都十分有限,自由自主的公民意识较差;到 20 世纪末,当议会和党派政治在俄国已中断了 80 多年之后又重新恢复的时候,俄罗斯大众的政治素质依然低下,他们所关注的主要不是党派的政治方针,而是其领导人的个人魅力。其五,俄国社会阶层的文化断裂,发展的不均衡。到 19 世纪末 20 世纪初,极少数贵族和知识分子与大多数市民和农民似乎是处于不同的发展阶段和社

---

* 徐凤林,1963 年生,男,北京大学哲学系教授、博士生导师。

会组织阶段，在很大程度上似乎是生活在不同的社会、法律和文化条件下。[①]

俄国现代化的进程和特点是由俄国内部和外部的政治经济文化等诸多因素造成的。那么，俄罗斯哲学在这一过程中发挥了怎样的作用？这是一个过于宽泛的论题，首先应当对“俄罗斯哲学”概念加以限定。我们这里所说的俄罗斯哲学是在两种意义上说的，第一是作为“俄罗斯世界观”的俄罗斯哲学，第二是作为俄国哲学家思想理论的俄罗斯哲学。在前一种意义上，作为“俄罗斯世界观”的俄罗斯哲学，不是指与俄国普通大众无关的少数知识精英的哲学观点和学说，而是俄罗斯民族心理特质的反映。“俄罗斯世界观，指的是俄罗斯民族思维所独有的精神趋势和主导方向。”[②]在这个意义上的俄罗斯哲学是“俄罗斯灵魂”（русская душа）或“俄罗斯民族性格”（русский национальный характер）的理论体现。在后一种意义上，俄罗斯哲学才是俄国哲学家的思想和理论。

在做了这一必要的界定之后，就可以具体指出，我们下文试图从两个方面说明俄罗斯哲学在俄国现代化中的作用。第一方面，客观研究，把俄国现代化看做是俄国社会现实发展的必然过程，对“俄罗斯世界观”在这一过程中的作用加以历史考察，分析其如何不利于俄国现代化。这实际上就是在具体解释俄罗斯精神文化传统如何制约了俄国现代化进程；第二方面，主观评价，把俄国现代化放在以人的生命为最高价值的社会发展背景下，评价俄罗斯哲学在这一过程中应当起什么作用，指出俄罗斯哲学对俄国社会发展的批判和制约作用不应看做是这一哲学的落后与反动，而是具有其合理价值和思想意义。

一、“俄罗斯世界观”如何妨碍俄国现代化

俄罗斯哲学就其理论学说和思想流派来说具有多样性和复杂性，但在

---

① 参见米罗诺夫 Б. Н.：《现代化模式中的俄国和西方》，张广翔译，《吉林大学学报》2006年第11期，第102页。

② 弗兰克：《俄罗斯世界观》，载其《俄国知识人与精神偶像》，徐凤林译，学林出版社，1999年，第2页。

其作为“俄罗斯世界观”的反映和表达方面，则具有某些公认的一般特点。对此，俄国哲学家洛斯基、弗兰克、别尔嘉耶夫、津可夫斯基都有专门论述①。我们从这些特点中可以看到其中包含着不利于现代化社会之许多方面的因素。

第一，完整生命体验和有机论世界观。

俄罗斯世界观反对抽象理性思维，注重生命体验。但这种生命体验不同于英国经验主义。对英国经验主义来说，经验等同于感性的明确性，经验可以全部无遗地分解成一系列感性知觉材料。对俄国经验主义来说，真理的标准不是外部知识的符合，而归根到底是人的生命体验。“认识”什么，就意味着通过内心知觉和共同感受而介入这一事物，理解其内在方面，在其全部生命表现中把握它。而这种内在理解和把握在很大程度上是一种神秘直觉。生命体验是对存在本身的神秘主义洞见，它为终极存在提供内在的证明。“俄罗斯世界观”所寻求的“真理”不是作为传统的西方认识论概念的真理，即作为观念与对象之符合的真理（истина），而是作为真理与正义之统一的真理（правда）。这一真理不仅是对世界和生命的理解，而且是存在的精神本质。生命的最高价值真善美不是三个孤立的认识论范畴，而是彼此统一的生存最高境界。

这种完整生命体验在俄国人的生活实践中表现为，俄国人所追求的是个人与社会完整统一的生命理想。“说到俄国对‘幸福’的探索，并不是指寻求带来个人拯救的价值，而是寻求一种原则和秩序，亦即归根结底是这样一种宗教形而上学的支点或基础，全部人类生活乃至整个宇宙，都应建立在这一基础上，人类和世界通过它而得以改造和拯救。俄罗斯精神固有一种追求完整性、包容一切的具体的总体性、追求终极的最高价值与基础的意向，因此使俄国思维和精神生活不仅在内在本质上是宗教性的，而且这种宗

---

① 洛斯基：《俄国哲学史》，第二十七章：“俄国哲学的特点”，徐凤林、贾泽林等译，浙江人民出版社，1999 年；弗兰克：《俄罗斯世界观》；Его же，Сущность и ведущие мотивы русской философии；Бердяев Н. А. О русском национальном сознании；Зеньковский В. В. История русской философии. Том1（1948）：Введение.

教性还贯穿于精神生活的一切外部领域。”①

完整生命体验和有机论世界观不符合现代社会及其个体意识。现代社会具有分化的特征,社会角色分化,技能与品德分化,公共生活与私人生活分化;现代社会中的个体是自由自主的主体,这是与现代市场经济和民主政治相适应的。这种个体意识和公民意识是在西方社会发展过程中逐渐形成、演化和完善的。西方世界从奥古斯丁开始,就与东正教的个人观念不同。在奥古斯丁思想中,人(因其原罪)已成为有其自身本性的主体,处于与上帝的相互关系之中,即信仰与理性的关系之中。后来,西方世界发生了文艺复兴、宗教改革、启蒙运动,个体意识和公民意识在信仰与理性、教会与国家、个人与社会之关系的长期互动和不断调整中逐步完善。而这些思想运动和调整过程在承袭和固守拜占庭东正教的俄国社会都没有发生。在东正教传统中,人不是一个自主的存在物,而是其本性本来就在神之中的。只有神才是人的基础和确证。人本身是一种未定型的存在物,是向神开放的、走向神的存在物,人处于从自然的不完善状态到超自然的完善状态的路上。这一宗教世界观的文化背景造成了俄罗斯世界观的两种深层观念,一是对人与终极实在的内在关系的确信,二是对人的意识、观念、思维、理性之独立自主性的不确信。

从上述比较可以看到,俄罗斯的完整生命体验和有机论世界观是以终极性和宗教性的价值取向为前提的。

第二,终极性和宗教性。

近代俄国文化虽然受到西方文化的持久影响,但在这一进程中,俄罗斯精神文化和哲学观念保留了许多本民族的宗教内容。彼得大帝时代打开了俄罗斯通往西方世界的大门,但这时俄国主要接受了西方的物质文化,没有根本触动精神文化方面,生活方式的欧化更近乎一种生硬的强制。叶卡捷琳娜二世时代的俄国启蒙,是法国启蒙运动的外来影响的结果,其范围十分有限,只涉及上层社会少数人,没有起到对广大民众的普遍启蒙之效。甚至当时一些具有唯物主义倾向的科学家和哲学家,其思想深处也蕴涵着宗教

① 弗兰克:《俄国知识人与精神偶像》,第29页。

观念。从19世纪到20世纪初,是俄国文学、艺术和哲学成就辉煌的时代。但与西方国家不同的是,19世纪的俄国文学仍然贯穿着深刻的宗教主题,有许多杰出的作家和诗人同时又是宗教思想家和有神论者,不仅众所周知的托尔斯泰和陀思妥耶夫斯基如此,而且晚期果戈理、莱蒙托夫、丘特切夫、列斯科夫、格列勃·乌斯宾斯基等都有如此倾向。

为什么在西方近代世俗文化的长期影响下,俄罗斯民族文化到20世纪初仍然保留了较多的宗教世界观?因为东正教在俄国的长期发展使其与俄国人的一般世界观、生命观和价值观有机地结合在一起。宗教超越了教会和神学的界限之外,具有了精神文化价值的普遍意义。按照俄国宗教哲学家索洛维约夫的定义,宗教就是"人与世界同一切存在的绝对原理和中心的联系"①。因此,广义的宗教是人类的精神存在现象。俄罗斯世界观的宗教特征就是与人生哲学问题紧密相连的。在俄罗斯世界观中,离开了宗教价值,也就没有了人的生命意义和社会的精神文化。这种终极性和宗教性使俄国人常常陷入形而上学的人生追问:"人究竟是什么?","人生的意义是什么?","人与最高存在的关系是什么?";俄国哲学家也更加强调哲学的超越性和终极关切。别尔嘉耶夫说:"真正的哲学家都固有对超越世界界限的、对彼岸世界的兴趣,他不以此岸世界为满足。哲学总是一种从无意义的、经验的和从各方面强迫人的世界,向意义世界、彼岸世界的跃进。"②舍斯托夫写道:"哲学的终极任务不是建立体系,不是论证我们的知识,不是调和生活中可见的矛盾,——这都是实证科学的任务,与哲学相反,实证科学是为生活亦即暂时需要服务的,而不思考死亦即永恒问题。哲学的任务是在生中摆脱死,哪怕是部分地摆脱。"③

在欧洲宗教改革之后新教已承认了世俗文化的价值,以工具理性为主导,甚至把积累财富与侍奉上帝联系起来,把劳动创造看做是人在世界上生存的意义、使命和净化生命的主要手段。照韦伯的观点,这种新教伦理作为资本主义精神的最初动因,构成西方近代文明的基础。与此不同,俄罗斯文

---

① Соловьев Вл. С., *Собранные сочинения.* Т. II. М. 1988, С. 5.

② Бердяев Н. А., *Философия свободного духа.* М., 1994, С. 232.

③ Шестов Л., *Сочинения в двух томах.* Т. II. М., 1993, С. 215-216.

化的世俗化远没有如此普遍和深入,俄罗斯文化没有体验过文艺复兴时期那种冲破神的束缚的“人的发现”的喜悦,它认为劳动创造只属于世俗的物质幸福,而完全不具有净化和拯救灵魂的神圣意义。正因为如此,即便到了西方现代文明比较发达的19、20世纪,俄国思想家们仍从宗教价值出发批判“资产阶级精神”,将其视为“缺乏高度的创造激情”(别尔嘉耶夫语),“小市民的饱食终日无所用心”(赫尔岑语),“物质价值高于精神价值”(陀思妥耶夫斯基语)。①

宗教性和终极性的价值取向有利于权威主义,政治上的保守主义,维护等级制度和强权统治,寄希望于“强人”领袖,而不是民主法制。从19世纪直至今天,保守主义在俄国都具有广泛的影响和顽强的生命力。当代俄罗斯社会学家列昂尼德·伊奥宁在论述保守主义的必要性时指出,保守主义不是在历史某个阶段产生又将随时代发展而注定消失和被遗忘的偶然现象。相反,它是人类思想财富的必要组成部分。保守主义的一个必然属性是尊重生命的奥秘,体现在承认和支持权威,无论是神、自然、历史还是国家。而现代化的思想推动者是理性主义,它作为进步的和革命的意识形态的基础和动力,其宗旨是给世界祛魅,解构权威,不保留奥秘,因而使生命贫乏化,降低生命的精神和情感水平,使人成为冷漠的抽象“力量”。保守主义则相反,力图保持某种社会现象的神圣核心使其不被触动。②

完整生命体验和有机论世界观,以及终极性和宗教性的价值取向,造成了“俄罗斯世界观”的理想主义思维方式和集体主义精神。

第三,理想主义思维方式。

俄罗斯世界观之理想主义思维方式的哲学本质表现在,它不是着眼于经验现实,而是从存在的终极意义的高度、从未来的“应有状态”看待世界与人。这就是确信:“存在”不是纷乱无序的经验现实,而是具有自己的完善状态,它相对于经验存在来说被认为是第一性的,不是在时间上先在,而是在某种意义维度上优先。对完整的完善的存在的直觉,成为俄罗斯哲学

---

① Павлов А. Т. К., *вопросу о своеобразии русской философии*, Вестник Московского университета. 1992, №6. С. 32.

② Ионин Л. Консерватизм, *8. Необходимость консерватизма*, Логос. ,2005, №3. С. 71.

思维的第一基础。

俄国哲学家卡尔萨文在《东方,西方与俄罗斯思想》(1922)描述了俄国人的理想主义思维与生活的密切关系:“俄国人不能离开绝对理想而生存,尽管时常把某种毫不相干的东西当做理想。如果他信奉宗教,他就会走到禁欲主义、正统信仰或异端邪说的极限。如果他把绝对理想代之以康德的体系,他就情愿从五层楼跳下以证明外部世界的现象主义……他不希望也不愿意成为‘渐进主义者’,而是幻想突如其来的转变。一旦向他证明绝对的东西之不存在,或他的理想之不可实现,甚至只是渺茫,那么,他就会立刻丧失生活和行动的全部兴致。”[①]另一位现代文学评论家也指出:“19世纪俄罗斯文化的特性在于它的高度理想感。什么理想呢? 道德理想、审美理想,还是社会理想? 每一种理想都是,是一般理想。也可以说,是精神理想。……我们的哲学也具有这个特点。它没有创造出展开的理性主义体系,也就是哲学本身的体系,却非常具有对终极结果、对理想、对终成正果的强烈热情。”[②]

理想主义思维方式不利于注重实用价值的现代文化。刻意追求精神理想使俄国人易于陷入幻想,忽视现实。他们往往不是靠脚踏实地的劳动来创造幸福,而是更喜欢在头脑中编织幸福的前景。他们急于追求伟大的目标,却常常不能周密考虑达到目标之具体道路的现实性。这不妨碍俄罗斯民族在文学、音乐、绘画等文化艺术领域的伟大成就,却易于造成社会生活理想的乌托邦。不幸的是,这种社会政治乌托邦在俄国历史上屡见不鲜。19世纪下半期至20世纪初的许多知识分子都相信,只要以革命来推翻旧制度,就能带来自由公正的新社会;当俄国社会主义革命取得胜利之后,布尔什维克的领袖们曾幻想世界社会主义革命的迅速发生和普遍胜利;直到20世纪90年代,还有人设想用500天就能在俄罗斯建成完善的市场经济体制。这些伟大设想,无疑都出于迅速实现社会根本改造和人民普遍幸福的美好理想和善良愿望,然而,历史经验表明,每次社会政治乌托邦给社会

---

① Карсавин Л. П. Восток, *Запад и русская идея*, Маслин М. А. Русская идея. М., 1992. С. 322.

② Гусев В. И. *Зов идеала*, Вопросы философии. 1988. №9. С. 106.

和人民带来的不是进步和幸福,而是破坏和痛苦。

第四,集体主义精神。

俄罗斯文化传统中固有一种与西方个人主义相对立的集体主义精神,这种精神是在俄罗斯传统社会的公社制度和族长制的基础上形成的。西方世界观以“自我”为出发点,“自我”概念在西方文化中占有基础和核心地位。在西方哲学中,“自我”或者作为自我意识,是认识全部外部世界的终极基础,或者是孤立存在的封闭的人格个体。无论从笛卡尔、贝克莱到康德、费希特的西欧近代哲学,还是从卢梭、霍布斯以来的社会政治学说都是如此。相反,俄国哲学家认为,在典型的俄罗斯世界观中,不是“自我”,而是“我们”构成精神社会的终极基础。“我们”不是“你”、“我”、“他”的派生的外在联合,而是一切个体的原初的、不可分割的统一体,“自我”正是从这一统一体的母亲怀抱中成长起来的,并且只有依靠这一统一体,“自我”才能成为自我。因此,“我们”是“自我”的最后基础、最终源泉和活的体现,“自我”只有在与整体的联系中才能获得自由。这样一种“我们哲学”同西方的“自我哲学”相对立[①]。在“我们哲学”世界观基础上,人们依靠对统一的上帝之爱的力量结合为“自由的和有机的统一体”。

这种集体主义精神不仅是某些俄国哲学家的观念和理想,而且是俄罗斯传统文化的特点之一。在这里,个人主义理想不像在西文化价值体系中那样占优先地位。如果说在西方是“自我”高于“我们”,趋向心理上的个人主义,明确划分自我与他人的界限。因而形成了较为发达的个人权利、个人自由和自我保护意识,那么,在俄国人的深层文化心理中,则是“我们”高于“自我”,缺乏西方人那样的个人自由和法制意识,倾向于集体生活方式。俄国人所想象的完美的幸福生活不是离群索居的个人自由,而是一种集体的和谐的共同生活。这一传统体现在俄国历史上长期存在的村社制度中。无论是彼得大帝的“西化”,还是斯大林时期的工业化和都市化,都没有使俄国人形成西方那样的个人主义观念。俄国的村社消灭了,但俄罗斯精神的集体主义意识还保留在俄国人的内心深处。这也在苏维埃时期的生产集

---

① 弗兰克:《俄国知识人与精神偶像》,第24—25页。

体中表现出来。这些生产集体不仅仅是人们的职业联合体，而且是更广泛的人生交流的特定形式：俄罗斯人过生日不仅要在自己家中庆贺，还一定要在工作单位与同事们再过一次；还有节假日的共同出游、迁居和丧葬中的互相帮助等，都是集体生活方式的表现。①

俄国社会在接受来自西方的自由、民主政治之时，在俄罗斯人的大众意识中对自由的理解却与西方社会哲学的自由观大不相同：在俄国人那里，自由不是"理性自由"，不是在理性规律范围内的自由选择，而是近于绝对意义上的自由，近于绝对的随心所欲。与上述完整生命体验和有机世界观相联系，俄罗斯文化传统中的这种集体主义和对自由的理解，使俄国不具备西方国家在其自身的文化传统基础上长期形成的"个人权利"、"公民社会"、"法治国家"等思想意识。近代欧洲经验与俄罗斯文化传统的冲突，成为几百年来俄国现代化道路上的一切问题的根源所在。一个半世纪以前西方主义者和斯拉夫主义者所提出和争论的问题，至今依然存在，而且十分尖锐。"回归现代文明"还是走自己的发展之路，"大西洋主义"还是"欧亚主义"，仍是当前俄罗斯发展所面临的抉择。

当然，如果不仅限于这些典型世界观的一般特点，而是考察俄国哲学家—知识分子的诸多流派和丰富思想，那么，他们对现代化的作用就不是只有妨碍，而是也有促进。从18世纪拉吉舍夫的启蒙思想到十二月党人的自由民主观念，从19世纪革命民主主义哲学家对农奴制和沙皇专制制度的批判到20世纪初的俄国哲学家关于俄国历史道路和命运的思考，这一切对于促进俄国的现代化进程都具有积极意义。

"俄罗斯世界观"对俄国现代化的妨碍，一方面意味着俄罗斯世界观中有某些落后的、不符合现代精神的东西，应当加以改造和克服；另一方面，也表明俄罗斯传统文化中保留了某些可贵的精神资源，这些资源可以用来补充现代社会文化和现代人精神生活的某些不足。从这方面来看，俄国哲学家以"俄罗斯世界观"为基础对现代化的反思和批判也具有积极的现代意

---

① См., *Степин В. С. Культура и становление цивилизованного рынка в России*, *Вопросы экономии.* 1996. №7.

义,因为俄罗斯哲学并不以“现代化”作为社会理想和最高价值,而是具有更高的人文精神立场和终极关切目标。

二、俄罗斯哲学为何不以现代化为目的

俄罗斯哲学是更具有人生终极关切的哲学。因此,俄罗斯哲学不以现代化为目的,这体现在两个方面:首先,俄罗斯哲学不可能也不应当固守于现代化理论的传统模式,而应当是对一般社会历史过程的总体反思;其次,哲学思维的作用不一定是促进社会发展,而更重要的在于保持社会发展的平衡。

哲学对现代化社会历程的总体反思,意味着跳出现代化思想定式之外来看社会现代化,这时我们就会发现,我们通常对俄国现代化问题的思考是暗含着两个前提的:其一,现代化被等同于社会进步,而社会进步也是人类思想的终极目标和最高价值;其二,现代化有一个一般模式,从西方到俄国,西方先进,俄国滞后,因此俄国的任务是效仿和追赶西方。在这一定式之下,我们就会得出一个确定的结论,俄罗斯哲学思想(至少是俄国哲学家在主观意愿上)应当为俄国现代化建设服务,应当促进俄国现代化进程,因为这是俄国的社会进步和必由之路。但是,如果跳出这一定式,就会看到这两个前提并非确定无疑的公理,这有两个理由:

第一,现代化理论及其实践皆非尽善尽美。在某些俄国哲学家看来,现代化理论所包含的进步理念(idea of progress)是有问题的。虽然自欧洲启蒙运动以来,进步的理念日益深入人心,成为历史运动的当然目的、永恒追求和意义所在,但20世纪初的某些俄国哲学却看到了进步理念的内在缺陷,这一理念不再被认为是理所当然的,而是成了一种应当受到批判的教条。他们把这种进步论历史观看做是实证哲学和达尔文进化论在社会领域的肆虐,它带来三种不良后果,一是为历史上的恶辩护,二是把过去和现在看做是未来的手段,三是抹煞个人生命的价值和意义①。

---

① 参见马寅卯:《俄罗斯思想家对“进步”理念的反思》,《浙江学刊》2010年第5期。

现代化带来经济发达,物质丰富,生活舒适,但现代化同时带来了某些价值的失落,使人丧失精神家园,西方哲学家也感受到了“现代人的无家可归”;19—20 世纪的许多俄国哲学家接受过正统的西方教育,具有在现代欧洲的生活经历,了解现代化的某些弊端,因此才有对现代化的反思与批判。这些一般哲学反思与人文价值批判在一定意义上是与西方马克思主义和存在主义的社会批判学说相一致的。

现代化实践的负面后果在当今世界表现得更为明显。当代俄罗斯学者阿列克谢耶夫指出:“我们不应该盲目崇拜现代化,因为由于尖锐的斗争,由于争夺资源而进行的流血战争,由于大量的毫无意义的过度消耗,尤其是用于战争的消耗,由于自然环境与人类之间平衡被破坏,现代化给全人类带来了许多灾难。”①在这一背景下,从 19 世纪至今俄国哲学家和思想家对本国现代化道路的探索也具有其思想价值和借鉴意义。

第二,从人的生命关怀和最高自由的观点看,任何社会制度都具有相对真理性。现代化不能解决人的内在生命的全部问题,特别是自由问题和生死问题。别尔嘉耶夫的人格主义认为,“人是世界上的一个谜,也许是最大的谜。人是个谜不是因为他是一种动物,不是因为他是一种社会存在物,也不是因为他是自然界和社会的一部分,而是因为他是人格,而且只因为他是人格。与人的人格相比,与人的唯一面貌相比,与人的唯一命运相比,整个世界就是虚无”②。因此,如果把国家、民族、集体甚至家庭这些相对之物、有限之物和世俗之物变成绝对之物、无限之物和神圣之物,那么都将是对人格自由的奴役。

弗兰克看到了第一次世界大战的残酷现实之后也批判了对革命和进步的偶像崇拜:“国家,政权,强制,这一切都是人注定不可避免的世俗生活的必要之物,从人的生活条件和人的内在本质中产生了一般国家和一定法制的必要性,对犯罪行为进行镇压的必要性和对敌人进行被迫自卫的必要性;这些制度和机构有的好一些,有的坏一些,有的稳固一些,有的脆弱一些,有

---

① 阿列克谢耶夫 B. B.:《关于 20 世纪俄国现代化问题的若干思考》,《吉林大学学报》2005 年第 5 期。

② Бердяев Н. А., *Царство Духа и царство Кесаря.* М. 1995. С. 11.

的较为正确,有的较为错误,有的更符合人的真正需要和人的精神本质,有的与此相矛盾。但这一切细节和局部都是相对的,都由时空条件、人生气质、人们的习惯和思想方式所决定。因此在任何一种具体制度中都没有绝对的善,也没有绝对的恶;这一切都不是终极之物,不是赋予生命以意义、真理和拯救的信仰对象。谁知晓了'终极之物',他才有了生活的最高目标,拥有了真正幸福,他也就会利用一切相对的生活手段。"①

这样,俄国哲学家不是在现代化理论的模式框架内,而是在更根本的人文立场上来审视社会历史的,因此才没有把对现代化的促进或妨碍作为评判哲学是非的唯一标准。进而,如果我们不限于俄罗斯,而在更广泛意义上来看哲学对社会的作用,我们也可以说,哲学或许不应以促进社会发展为最终目标,而更重要的在于保持社会发展的平衡。思想对社会变革的作用,未必所有的促进作用都是好的,如果促进的是社会变革的冒进,就是不好的。19 世纪下半期俄国激进知识分子的思想所推动的亚历山大二世自上而下的政治改革,是社会条件尚不成熟的改革,超出了当时俄国大众(占人口绝大多数的农民和市民阶层)对改革的准备,使改革成为病态的②;20 世纪 80 年代后半期苏联知识分子的积极政治热情对苏联政治剧变的不幸也应当负有一定责任;另一方面,思想对社会变革的阻碍也并非都是有害的。如果阻碍了冒进,防止了发展的畸形,或保持了发展的平衡,这样的阻碍就是有益的。但阻碍之所以常常被负面评价,是因为阻碍的作用无论好与坏通常是从外部结果中显现不出来的。当社会在正常发展的时候,思想是否防止了冒进,这是显现不出来的,就像人还在健康生活的时候其卫生措施起了什么作用是显现不出来的一样。索洛维约夫曾经说,国家的作用不是把社会带入天堂,而是防止社会堕入地狱。也可以这样看待哲学思想的社会价值与作用。哲学的作用或许主要不在于促进社会物质生产的发展,而更重要的在于无论在何种社会条件下都要维持人的精神生活的平衡与安宁。

人们通常从外部观点、从实证主义立场看待哲学的作用,认为哲学对社

---

① 弗兰克:《俄国知识人与精神偶像》,第 95 页。

② 米罗诺夫 Б. Н.:《现代化模式中的俄国和西方》,《吉林大学学报》2006 年第 11 期,第 103—104 页。

会发展是无用的。有哲学家辩护说,哲学对社会发展不是没有作用,而是见效慢。我们在此应当更进一步说,有些哲学学说具有直接的明显的社会作用,但也有些哲学思想的作用不是见效慢,而是从外面根本看不见的。当代俄国哲学家古留加在《俄罗斯理念及其创造者》一书中说:"如果有人认为,当生产增长和警察工作顺利的时候就不会发生任何坏事,那么,对这些人来说,俄罗斯理念就是不存在的。"[①]因为俄罗斯哲学理念不满足于人的外部物质生活,不以促进现代化为目标,而是对人的生命整体和精神生活的深切关注和积极探索。

---

① Гулыга А. В. , *Русская идея и её творцы. М.* , 1995. С. 13.

道德判断与伦理学的情感主义化*

曾　志**

道德判断正当化的追问是20世纪伦理学非形而上学化的体现。在这一趋势的主导下，通过非伦理的东西来给伦理的东西下定义的传统伦理学方法，让位于通过伦理自身的价值方面来定义伦理判断的现代伦理学方法，传统伦理自然主义也随之为现代伦理价值主义所取代。伦理学从传统的探讨关于什么是善、什么是正义这类规范性判断的理论，过渡到20世纪的对规范判断进行逻辑的、认识论的和价值论的研究，摩尔（G. E. Moore，1873—1958）直觉主义伦理学在其中起到了关键的作用。自摩尔以来，20世纪伦理学的道德判断一直沿着非谓词化的方向发展，情感主义和非认知主义日益代表着伦理学中的一个主流方向。20世纪伦理学之所以沿着这样一种方向发展，与它把道德判断更多地看做是一种命令性语句而不是一种描述性语句有着直接的联系。正是由于不再从事实的方面而是从价值的方面来看待道德判断的性质，20世纪伦理学借助哲学中语言学的转向实现了它由传统向现代的转型。本文主要探讨摩尔直觉主义在伦理学的现代转型中所起的重要作用，并对摩尔之后伦理学逐步从认知主义向情感主义和非认知主义过渡的原因及其性质做一理论上的分析。

一、判断与心理

严格意义上的20世纪伦理学即元伦理学的诞生，一般认为，是以摩尔

---

* 本文原刊于《北京大学学报》2006年第5期。

** 曾志，1955年生，男，北京大学哲学系副教授。

于1903年发表的《伦理学原理》一书为标志的。摩尔伦理学的一个主要目标，是希望通过对“善”这一伦理学的核心概念的分析，为人们提供一种精确划分在道德中能够证明的命题和不能证明的命题的标准，以克服他所谓长期以来在伦理学领域中起支配作用的“自然主义”道德哲学错误观点的影响。“伦理自然主义”是摩尔发动著名的反自然主义论战以后才出现的一个新名词，但这一概念在伦理学上是否具有正当性，却是通过摩尔对此前伦理学研究中广泛盛行的，基于对现实性质的经验分析或理性分析来推演伦理学一般原理的做法的批判，得出的一个否定性结论。

自17世纪严格意义上的近代认识论建立以来，关于伦理学的性质问题，历来存在着两种截然对立的观点，即伦理主观主义和伦理客观主义。所谓伦理客观主义，是指把伦理学中那些最基本概念的对象看做是存在的，或者把那些为人所把握的关于对象的事实看做是客观的。换句话说，它认为道德判断与判断者的心理或情感因素无关。所谓伦理主观主义，则是指那种否认道德判断有其脱离判断者的独立属性，道德判断可以不依赖于判断者的心理或情感因素的观点。从理论上看，区分这两种伦理学理论之间不同的一个主要方法，就是看它们是如何使用伦理语言的。比较而言，对伦理客观主义的定义相对要容易一些。这就是，倘要给伦理客观主义下一个定义，我们只需将之界定为“凡是非主观主义的理论，即是客观主义”就可以了。但是，如此一来，就引起了与主观主义的认定有关的问题。如果不能解决这个问题，就不懂究竟怎样的理论才是伦理主观主义，从而伦理客观主义的定义也将随之失去意义。从哲学上看，认定一种理论究竟是不是伦理主观主义的，主要是看它是否具备两个重要特点：首先，看它是否把伦理判断看做主要是一种依赖于客观事实的东西；其次，看它是否把伦理判断看做纯粹是一种判断者个人心理的表达。因此，如果一种理论声称，那些通常被称为伦理判断（如“说谎是不对的”）的东西既不是真的也不是假的。那么，这种理论就属于伦理主观主义的理论；反过来，如果一种理论坚持，伦理判断只有在它们是与那个讲它的人的心理、而且也只与这个人的心理有关的情况下，才有所谓真或假的问题，那么，这种理论也属于伦理主观主义的理论。由于伦理主观主义的认定与上述两个标准有关，所以，要判定哲学史上一种伦理学理论究竟是主观主义的还是客观主义的，最好的一个办法，当然就是看它们是如何使用伦理语言的。

有意思的是，当我们把这样一种标准应用于判别哲学史上那些最有影响的伦理学理论的性质时，有些平常在我们看来是大相径庭的理论，却表明它们在深层上具有相同的性质。这方面的一个典型例子，就是我们可以依据上述标准，把霍布斯(Thomas Hobbes，1588—1679）和康德(Immanuel Kant，1724—1804）这两种截然不同的伦理学理论都称之为伦理主观主义。霍布斯伦理学的名言是，任何人欲望的任何对象即是他可以因自己的理由而称为善的东西，任何人反感的任何对象即是他可以因自己的理由而称为恶的东西。在这个判断中，善与喜欢、欲求这样的字眼联系到了一起。善能够被翻译为喜欢和欲求；或者反过来，喜欢、欲求能够被转换成善。这不是典型的伦理主观主义又是什么？至于康德，他的情况则更为复杂一点。在他那里，所谓道德语言，不过是用另外一种形式的语词来表达一个人的欲望、倾向、感情罢了。按照他的观点，善总是表现为命令，恶则总是表现为禁令。善的行为归根到底表现为我们所要求做的，或我们所期望做的那种行为。换句话说，“善”就是“应当”。由于在康德的这个表述中，道德判断与要求联系了起来，而要求既不是真的也不是假的，所以，我们也可以把他的伦理学划入伦理主观主义的范畴。

另一个表明伦理学的性质受伦理语言的使用所决定的例子，是我们可以依据这种标准，把柏拉图主义伦理学和功利主义伦理学都纳入伦理客观主义的范畴。在柏拉图那里，道德判断只有在它具有与“2 加 2 等于 4”这样的逻辑判断相同的意义的情况下，才有所谓真或假的问题；同时，像“这是正确的”这样的判断，在他那里，也并不被认为是关于人的心理的判断。它要被作为真的判断来看待，除非它陈述了某种我们称之为“善”的那个世界即理念世界的特点。由于柏拉图相信，道德事实存在于客观世界中，而能够被作为道德事实来看待的东西，就是“善”的理念，所以，他的这种伦理学又被称为“道德实在论”。从伦理语言对伦理学性质具有的影响这一点来看，功利主义在上述两个方面都颇类似于柏拉图主义伦理学。在功利主义那里，像“这是正确的”这样的判断，是与它将产生出一种超出痛苦的快乐这一点联系在一起的，而在这种翻译中，它们仅仅是普通的科学判断而已；同时，尽管这些判断是关于人的心理存在如快乐和痛苦等的判断，但它们表达的并不仅仅是讲话者的心理，而是许多人的心理。这样一来，这种判断就不只是与讲话者个人有关，而是远远超出了讲话者个人的范围而与许多的个人发生联系。在这个意义上，道德判断当然就不是主观的，而是客观的。不过，在这样说的时候，一定要注意到，我们之所以这样来区分伦理判断的性质，主要是因为从这一角度看，它们表现出某种与科学判断类似的性质。如果换一个角度来看这个问题的话，则伦理学的性质就不应该被这样来理解。

二、属性与直觉

虽然伦理判断从一个方面看，可以区分为伦理主观主义和伦理客观主义，但从另一方面看，20 世纪伦理学的革命也就是元伦理学的建立，却是从直觉主义对自然主义的挑战这一角度发轫的。作为一种现代伦理学流派的直觉主义，是指那种主张通过直觉能够知道如此这般的行为是绝对正确的还是错误的，或者如此这般的事态在本质上是善的还是恶的观点。所有那些被称为直觉主义者的哲学家，尽管他们在关于“善”、“正确”、“责任”和“义务”等具体伦理学概念的理解方面可能存在着分歧，但都不反对用其中的某一个或某几个来表达其持有者实际具有的特性，而把这些概念对人的影响或人对这些概念的态度抛在一边。直觉主义者相信，尽管这些特性可能由其拥有者的物质的和心理的特性产生出来，但它们本身却不能被纳入其中的任何一类。在这个意义上，它们是“非自然”的。

由于直觉主义以反自然主义为其特征，因此，要了解什么是伦理直觉主义，首先就必须了解什么是伦理自然主义，而这又与我们上面所作的伦理学史以及伦理主观主义和伦理客观主义的划分有关。从概念上看，伦理学上之所谓自然主义，是指那种把伦理判断与科学中可发现的事实，即与人类经验本质有关的事实直接联系起来的观点。按照这种观点，伦理知识就其实质来说是经验性的或自然性的。道德判断陈述的，不过是关于自然界的事实的一个特殊层面而已。按照这种理解，从一个方面看，对某些行动是否正当所作的价值判断，就是对这些行动到底会产生多少幸福所作的事实判断；而从另一个方面看，对人类某些制度对其所属的社会之生存是否有益所作的事实判断，就是对这些制度是否符合道德标准所作的价值判断。由于伦理自然主义的基本特征，是把一切道德判断还原为事实判断，因此，摩尔以之来分析传统伦理学的理论错误，则主观主义与客观主义的区分就被自然主义与直觉主义的对立所取代。按照摩尔的观点，霍布斯主义与功利主义的伦理学由于相信道德判断后面起支配作用的是人的心理断言，所以，它们在哲学上属于自然主义的范畴。反过来，柏拉图主义伦理学由于相信世界以与它包含自然属性（如桌子、椅子等）一样的方式包含了道德属性（如善、正确等）；真的道德判断，就是关于这种属性的判断，而这种属性不可能在自然界中被发现；伦理学作为关于道德属性的原则或原理的理论，不能将之降低为科学的一个分支来看待，所以，它在性质上属于非自然主义。但是，由于柏拉图主义的善是建立在超自然的实体之上的，是用超自然的实体来论证善，因此，它实际上犯了与自然主义同样的错误，即用非伦理的东西来给伦理的东西下定义。从这一角度出发，摩尔有时也把这种伦理学当做自然主义来看待。

无论是从狭义的角度把自然主义理解为是专属于霍布斯主义和功利主义这样的经验主义哲学的伦理学理论，还是从广义的方面把自然主义的定义扩大到包括柏拉图哲学这样的形而上学，许多哲学家相信，自然主义所犯的一个主要错误，就是它混淆了事实与价值之间的界限，而这两者从根本上来说是属于两类不同性质的东西。早在18世纪，休谟就正确地指出，事实属于认识论范畴，而道德则是一种必然性概念。关于事实的描述永远不会自动地导向关于价值的判断。他的怀疑论立场在伦理学和宗教领域内引发了一场根本性的变革。因为一旦必然的联系被证明是无法认知的，那么道德要求的力量也就被无情地削弱，至少当一个人想要用理性的论证去辨明伦理学原理的是非的情况下是如此。受休谟的这个观点的影响，20世纪的反自然主义者相信，自然主义者把关于“是什么”的话语任意地转向关于“应当是什么”的话语，却又不对此作出任何说明，这种做法在方法论上是不适当的，同时在现实中也是完全行不通的。事实和价值分属于两个不同的范畴，它们之间并无逻辑上的联系。换句话说，人类的幸福和道德上的应当，这两者之间并没有什么逻辑上的关联。摩尔首先发明了“自然主义的谬误”一词来形容自然主义的这种典型错误。他坚持认为，如果要举出一个哲学史上曾经存在过的坏的哲学证明的典型的话，自然主义者的这一逻辑将首当其冲。

尽管伦理学的基本概念，用摩尔的话来说，是不可分析的、无法定义的，但它的意义却是存在于我们前面讲到的像“光感”一样的、我们可以叫做“善感”的那样一些经验的前提中的。直觉主义在论证其立场方面存在的这种深层矛盾，导致另外一些哲学家转向从情感方面而不是经验方面来理解道德判断的基本性质。按照这些哲学家的理解，道德性质乃是道德感官的对象，因而具有与颜色类似的特点。如果颜色不能被看做物理对象的内在属性，它只不过是物质感官从这些对象那里接受来的“观念”的话，道德判断的真理也就同样不能脱离判断依存的环境。它更大程度上只能看做是对这些环境所作的反应。道德判断并不具有任何真值，并不起描述作用，它只表达判断者的评价。判断者不过是想通过这种方式诱使他人作出与自己相同的评价而已。换句话说，道德判断并非如传统上理解的那样是一种描述性语句，它从根本上说是一种命令式语句。

三、描述与情感

由于美国哲学家史蒂文森（G. L. Stevenson，1908—1978）的研究，产生了一种与大部分伦理学理论相比都有着本质不同的伦理学理论，即所谓情感主义伦理学。作为继起于直觉主义之后，并且在 20 世纪中后期越来越代表伦理学主流方向的情感主义，是一种以非认知主义为特点的元伦理学理论。它坚持，道德判断在其优先的意义上，是在表达评价者对评价对象的态度如赞成或反对等，而不是在对该对象的属性做所谓断言。情感主义的原理最早见之于艾耶尔（A. J. Ayer，1910—1989）于 1936 年发表的《语言、真理与逻辑》一书。在这本书中，艾耶尔精辟地指出，伦理判断不同于事实判断，它并不具有字面上的意义，并不表达事实，而只是表达讲话者的情感。把伦理判断当做事实判断来看待，是对伦理判断性质的一种严重误解。作为情感判断出现的伦理判断，它的意义永远不会多于一个表示“哇！”或“呸！”这样一种情感的句子。在20世纪的大多数时间里，情感主义一直受到一个为数甚众的伦理学家群体的追捧。在这个伦理学家群体中，包括了像艾耶尔、史蒂文森、卡尔纳普和黑尔等语言哲学的中坚人物。从一个方面看，情感主义者接受非自然主义的观点，相信伦理判断不可能通过经验程序获得证实或证伪；而从另一个方面看，情感主义者也同意自然主义的主观主义立场（如霍布斯的观点），把伦理判断看做只是关于个人情感的判断。不过，既然他们是情感主义者，那么，他们所谓的情感就不可能是传统自然主义者理解的那种情感，而是另外一种意义上的情感。情感主义者把他们理解的这种情感，称之为是一种感觉的表达。在他们看来，假如艾耶尔关于伦理判断并不是事实判断，并不表达事实，而只表达情感的说法不错的话，就不能把描述与情感联系起来。伦理判断并不描述事物，甚至也不描述情感，而只是表达一种感觉。它更像是人在吃完美味后发出的愉快的呼噜声，很明显表达的是他的满足感。既然人们不会说呼噜是真的或假的，那么，说表达感觉的伦理判断是真的或假的，那就是错误的。在把情感主义从艾耶尔的一般性原理发展为一种精致的伦理判断学说的过程中，史蒂文森的贡献可谓功不可没。在他的名著《伦理学与语言》一书中，史蒂文森声称，人们使用语言的目的，并不仅仅是为了作出一个关于某物是那样的或不是那样的判断，而是还包含有希望用自己语言的语词激起别人的某种态度或行为的动机。我们利用语词给予我们的感情渠道而得到宣泄（感叹词）；或者去创造各种语气（诗歌）；或者去刺激人们的行动或态度（演讲）。伦理判断实际上是体现语言的这后一个特点的一种特殊类型的判断。他对道德判断的这种理解，使得他的这一理论带有典型的命令式语句形式的特征。按照他的观点，当我们实际做一个伦理判断时，虽然表面上看起来使用的是一个陈述性的语句形式，但实际上它的后面包含的是一个情感意味很浓的命令性语句形式。例如，当我说“偷窃行为是可鄙的”时，它的潜台词实际是，“偷窃，可鄙！”按照他的理解，如果一个伦理语句不是包含了能够从反面来看待或分析的这种特征，就无论如何也算不上是一个合格的伦理判断。换句话说，由于任何的陈述性语句都不足以表达一个伦理判断所要表达的东西，所以伦理判断要采取命令性的语句形式。在他看来，伦理语言归根到底是一种感情的语言。我们所受的语言训练，我们使用的“善”、“恶”、“对”、“错”这样一类语词形式，分析起来，也特别适合表达、激发我们的感情和态度的需要。例如，“X 是善的”这句话，分析起来就是：“我赞成 X，你也这样做吧”，只是后一句话没有先表明“善”一词的感染力罢了。

接过史蒂文森的衣钵从语言的角度来研究伦理判断，并同样声称伦理判断不具有知识意义的另一位著名的伦理学家，是英国人黑尔（R. M. Hare,1919—2002）。黑尔的理论又叫做“指令主义伦理学”或“非认知主义伦理学”。仅就这一名称来看，就可知他发展的是史蒂文森的命令式语句样式。在他的著名的《道德语言》一书中，黑尔宣称，伦理学的任务是研究道德语言，而道德语言总是表现为用命令式语句来执行。如果不搞清楚道德语言与命令式语句之间的关系，我们就根本不可能真正弄清道德判断的性质。黑尔把语言区分为两种不同的类型：一类叫描述性陈述语句，它主要用来构成关于事实的判断；另一类叫指令性义务语句，它主要包括了命令句和价值判断这两个内容。作为一个伦理学家，黑尔重视的是对以命令句和价值判断为内容的指令性义务语句的研究。他把命令句区分为两种：一种是单称命令句，如“把门关上”；另一种是全称命令句，如“永远要说实话”。他又把价值判断区分为两种：一种是非道德价值判断，如“这是一辆不好的轿车”；另一种是道德判断，如“偷窃应受到谴责”。黑尔相信，只要搞清楚了描述性陈述语句和指令性义务语句的这种区别，我们就能容易地找出传统伦理学理解伦理判断性质所犯错误的根源，这就是对指令性义务语句的误用。从理论上看，代表相信还是代表行动，这是辨别陈述句和命令句不同的关键所在。陈述句的说明语主要用来表达某事的状态，命令句的说明语则主要用来表示某种行动的应该进行。本来，赞同一个陈述句代表着我们的一种相信，而赞同一个命令句则代表着我们的一种行动，但是由于我们没有真正地搞清这个问题，这就使得我们在面对一个命令句时，选择反应的却是陈述句要求的形式。在我们赞同陈述句的情况下，我们表现出相信说话人所说的是真的；而在我们赞同命令句的情况下，我们表现出愿意去做说话者所要求做的事情。由于传统伦理学没有真正搞清楚这二者之间的本质区别，所以，它们也就不可能正确理解道德判断的性质问题。

四、伦理与态度

情感主义之为情感主义，正如我们所知，是在于它把伦理判断看做实质上是一种情感判断。通过把情感意义置于优先的地位，情感主义者声称，他们在那些使用基于不同标准的道德语词的讲话者之间，消除了道德语言的歧义。不仅如此，他们通过强调道德判断和陈述者的非认知态度之间的紧密联系，还揭示了道德判断的动机属性。但是，伦理判断能够归结为只不过是一种情感判断吗？把伦理判断归结为情感判断，是否就正确解释了情感主义者所说的伦理判断的价值属性，并由此彻底摆脱了传统伦理学理解道德判断性质所犯的形而上学错误？下面，就让我们仔细地讨论一下这个问题。

按照20世纪元伦理学家的观点，伦理学讲到底，不过是对道德现象的科学探讨。作为一个伦理学范畴的道德现象，通常包含了道德判断、道德感情和道德意志等三个紧密联系的部分。当我在某种情况下有意识地作出一个道德判断，如A不应该背弃他对B所作的承诺时，这个判断客观上就已经包含了这样三个不同的意义层次，即第一，我用这个陈述表达一种（正当或不正当）意见，而不只是一种感情；第二，我说出的意见所涉及的对象并不是我自己的经验即感情和愿望等，而是A、B以及他们之间的关系；第三，我所主张的那种意见即A的行为当然是不道德的、不应该发生的和众所周知的，但是，它却是唯一的和特殊的。尽管从一个方面看，情感主义者可以说，道德陈述不过是对当前出现的事件表示赞成或反对的感情而已；但另一方面，我们却不能否认，意见的意义始终是存在的。而且，当一个人声称某件事情是好的或不好的时候，这里实际上已经包含了所谓判断。判断者当然是在表达他自己的某种感情，但他却可能是在表达此时此地发生的感情，或在某种情况下对某人有某种赞成或反对的感情的意向。因此，从理论上说，在某种程度上，我们确实可以说“伦理语言是情感语言”、“伦理判断是态度判断”。但是，当我们这样说的时候，却不能不加上“伦理语言是一种特殊的情感语言”，“伦理陈述表示的态度是一种极为特殊的态度”等这样一些严格的限定，否则，人们就完全有可能从根本上误解我们这一谈论的意思。很明显，我希望你去做某事，并不是你就应该去做某事的理由。如果伦理语言并不能达到它本应达到的作用，道德判断也并不判断道德的话，则我们的道德争论所能达到的最好的情况，也不过是两个人相互表达他们的感情而已。一个人发出的“呸！”声，等于另外一个人回应的“好哇！”。而这，既是可笑的，也是不合法的。其实，伦理的一致到底能不能回溯到态度的一致，或者说，态度上的一致是否就一定代表了伦理上的一致，只要看一看不同的人在此问题上的表现，就可以搞清楚了。对于那些同属道德主义者但在有关具体道德问题的理解方面存在分歧的人来说，他们之间有可能存在道德上的不一致，但却不会存在态度上的不一致。反过来，对于那些认可道德原则和否定道德原则作用的人，如道德主义者和非道德主义者来说，他们之间存在着明显的态度上的不一致，但却不会有道德上的不一致。不仅如此，在道德上不一致的情况下，通过对道德语词和由这些语词扩展开来的讲话者信念的区分，即使不为道德语词引入优先的情感意义，我们也仍然能够避免道德上的歧义。仔细想来，作为赞赏者态度表达的道德判断的情感主义分析，与认识不涉及或不反映赞赏者态度的道德判断的可能性，是不可比较的。换句话说，假如这两者之间是可比较的话，那么，情感主义的体系就应该能够容纳那些非道德主义者，即那些一方面接受道德要求，另一方面却对之漠不关心的人。然而，正如我们看到的那样，情感主义实际上做不到这一点。很显然，假如伦理判断讲到底不过是一种情感判断的话，所有的道德争论势将成为一种不可能。

如果说，情感主义将道德判断归结为情感判断的做法隐含着某种消解道德争论的风险的话，那么，它离开道德陈述的认知方面来孤立地论证情感作用的做法，则在很大程度上使情感判断对道德判断的意义变得十分可疑。情感主义是一种关于道德判断或断言的理论。作为这样一种理论，它必须能够为各种可能的语境条件下的道德判断提供确定的语义学分析。但是，一旦我们把它的这种方法带入对不确定语境下的条件道德判断的分析，就会发现，它本身并不具有这样的功能。例如，我们始终不清楚，像“假如他做错的话,那么，他应当被惩罚”这样一类先行性条件判断,如何能够运用情感主义的方法对之加以分析。由于情感判断与关于道德命题的语义学分析之间的不相容，许多人相信，在最好的情况下，道德判断也不是如情感主义者所说的，是一种态度或主张,而毋宁说只是“像”一种态度、一种主张。因为,我们永远不可能确切地说清楚这些陈述主张究竟是什么。换句话说，假如一个人接受了情感主义,他要使他表述的“希特勒是邪恶的，因为他杀了600万犹太人”这一判断成为一个他所希望的那种有确切道德含义的判断，就将变得十分困难。因为，按照情感主义的方式，这一判断所包含的全部含义不过是：“我不赞成希特勒杀害600万犹太人。”但是，假如希特勒反对这一点并声称他杀这些人是正确的话，那么，他将能够通过这样一个判断来表达他的意思：“我赞成杀掉这600万人。”如此一来，希特勒和我们之间就根本没有发生过什么冲突，甚至冲突的痕迹都很难看出。因为，他在这里说的是“我赞成这个行为”，而我们说的是“我不赞成这个行为”。结果是，我们两个人所谈的,仅仅是我们是如何感觉的；我们并不是在谈杀人这个行为。但是，我们都知道，当我们在日常生活中做出“希特勒是错误的”这样的判断时，我们谈的决不仅仅是关于我们的感情，而主要是关于希特勒和他所犯的罪行这样的事实。其实，不论伦理学家们是否想确切地搞清楚伦理判断所主张的东西究竟是什么，有一点是肯定的，这就是，他们从不否认自己的陈述就是主张。既然如此，把伦理判断的性质看做就是一种主张判断、态度判断，又有多大的实际意义呢？另外，如果伦理判断不过是一种情感判断，表述道德就是在发泄情感，那么，人心是否还有可能凝聚，社会是否还有可能维持，就是一个不能不令人感到忧虑的问题。试想一下，如果一个社会中每个人最后都相信“谋杀是错误的”这样的伦理陈述，其意义仅仅等同于“谋杀——大笑!”这样的调侃话语，则接下来将会发生些什么，是不难想象的。康德曾经指出，道德判断之所以是一种普遍判断，是因为它适用于所有的人。道德判断的这种非个人化的特点，给了我们每一个希望保持一种可接受的道德符号的人一个再好不过的理由。但是，假如我们做出一个道德判断时所做的所有东西，充其量也不过是发出了一句谁也听不懂的嘟囔话语的话，那么，它看来就不仅仅是一个我们究竟要选择哪一种道德判断的问题，而是有可能变为一个非常严重的问题。因为，如果那是我们的情感的话，我们是否也可以说“虐待儿童是正确的”？又有谁愿意把自己卷入一种可能导出如此荒唐结论的争论中来呢？退一步说，即便他们愿意加入这样一种争论，他们所能做的，最好也不过是表达他们自己关于这一问题的道德感觉而已。

哲学的转变*

莫里茨·石里克(Moritz Schlick)
李德齐　译　洪谦　校**

哲学在某一特定时期取得了什么进步，是人们经常悬赏征答的问题。哲学上的时期，惯常是一方面根据某位伟大思想家的名字来划分，另一方面用"当代"来划分的。人们似乎认为，直到那位思想家为止，人类在哲学上的进步相当清楚，但是从那以后，最近这个时期又添加了哪些新的成就，就很可疑了。

这样一些问题清楚地表明，人们对刚刚过去的这个时期的哲学不很信任。我们得到一个印象，似乎那个征答题目只不过是用一种难以启齿的说法在问：那个时期的哲学到底说得上有什么进步？因为如果肯定成就是有的，那也就明白成就何在了。

如果说，人们对待较远的过去不抱那么大的怀疑态度，如果说，人们比较倾向于承认那时的哲学中有上升的发展，原因可能是人们对已有历史地位的一切怀有较大的敬意。此外，古老的哲学理论至少已显示出它们在历史上的影响，因此在考虑到这些哲学理论时，人们能把它们的历史的而不是实际的意义作为基础，特别在人们往往不敢于在二者之间加以区别的时候，这种情形就更突出了。

但恰恰是最伟大的思想家极少相信前人的、甚至古典名家的哲学研究成果是不可动摇的和永恒的。这可由下述事实来说明：基本上每一个新的体系都是整个从头开始，每一个思想家都追求他自己的坚实基础，而不愿意

* 本文原刊于洪谦主编：《逻辑经验主义》上卷，商务印书馆，1982年。
** 李德齐，1924年生，北京大学哲学系退休教授。

随着前人亦步亦趋。笛卡尔(不是没有理由)觉得他自己的哲学是完全从头开始;斯宾诺莎相信他采用(当然是非常外表的)数学的形式,已经找到了最终的哲学方法;康德确信,沿着他所开辟的途径,哲学将会终于走上一门科学的康庄大道。这样的例子不胜枚举,因为几乎所有的伟大思想家都把哲学的彻底变革看成必要的,并且亲自进行这种变革。

哲学的这种特殊命运被人们再三描述,反复慨叹,再谈已经没有什么意思了,沉默的怀疑和绝望似乎是对待它的唯一恰当的态度。两千多年的经验似乎告诉我们,为结束各种体系的混乱、为改变哲学的命运而进行的一切努力,都不再能引起人们重视了。说人终于解决了许多极其难解的问题,例如 Dädalus 的问题,并不能给行家任何安慰,因为他所担心的正是哲学绝不会使它成为一个真正的"问题"。

我之所以要举出人们经常描述的这种哲学见解的混乱状态,为的是让大家毫不怀疑:我充分意识到,我现在所要说出的这个信念,影响是很大的,分量是很重的。就是说,我确信我们正处在哲学上彻底的最后转变之中,我们确实有理由把哲学体系间的无结果的争论看成结束了。我断言,现代已经掌握了一些方法,使每一个这样的争论在原则上成为不必要的;现在主要的只是坚决地应用这些方法。

这些方法是在不声不响的、多数哲学教师和哲学著述家没有注意到的情况下创造出来的,因此形成了一个局面,以前的一切都不能与它相比。只有熟悉了这些新的方法,并从这些方法所导致的立场出发,回顾那些曾被当做"哲学的"一切努力,才能看清这个局面真是独一无二的,才能看清已发生的这场转变真是最后的转变。

这些方法是从**逻辑**出发的,莱布尼茨曾模糊地看到这些方法的端倪,在最近几十年里,弗雷格和罗素曾开拓了重要的道路,而维特根斯坦[在 1922 年的 *Tractatus Logico-Philosophicus*(《逻辑哲学论》)中]则是一直推进到这个决定性转变的第一人。

众所周知,最近几十年数学家发展了新的逻辑方法,这首先是为了解决数学家本身的问题,这些问题是借助于传统的逻辑形式所不能解决的。此外,他们建立的这种逻辑(见本期 Carnap 的论文①)同旧的形式相比,在其他方面也早就显示出了它的优越性,无疑将很快地完全取代旧的形式。那么,这种逻辑是不是我刚才谈到的那种伟大方法,能够使我们在原则上去掉一切哲学争论,它是不是向我们提供了一些一般的规则,使我们能够至少在原则上解决一切传统的哲学问题呢?

如果是这样,我就几乎没有理由说出现了一个全新的局面,因为那只会取得一种逐渐的,可以说是技术上的进步,就像内燃机的发明终于使飞行问题的解决成为可能那样。不管对新方法的价值估计得多么高,单靠运用一种方法,是决不能做出如此原则性的事情的。因此这个伟大的转变并不是依靠方法本身,而是依靠一件完全不同的事,即看清逻辑自身的本质。这件事虽然是靠这种新方法才成为可能的,是这种新方法所引起的,却发生在更深得多的层次上。

人们早就说,并且常常说,在某种意义上,逻辑的就是纯粹**形式**的,但是并不真正明了纯粹形式的本质。弄清纯粹形式的本质,是从这一事实出发:任何人士都是一种表达,一种陈述。即是说,这种陈述表达着其中所认识到的实况,而这是可以随便哪种方式,通过随便哪种语言、应用随便哪种任意制定的记号系统来实现的。所有这些可能的陈述方式,如果它们实际上表达了同样的知识,正因为如此,就必须有某种共同的东西,这种共同的东西就是它们的逻辑形式。

所以,一切知识只是凭借其形式而成为知识;知识通过它的形式来陈述所知的实况,但形式本身是不能再被描述出来的。形式的本质只在于知识,其余一切都是非本质的,都是表达的偶然材料,和我们用来写一个句子的墨水没有什么不同。

这一简单的见解具有意义非常重大的后果。首先,它使传统的"认识论"问题得到解决。思考表达和陈述的本质,即每一种可能的"语言"(最广义的)的本质,代替了研究人类的认识能力,因为这种研究是不能交给心理

---

① Rudolf Carnap, "Die alte und die neue Logik"(《旧逻辑和新逻辑》),见 *Erkenntnis*, Band I, Heft 1, S. 12-26。

学的。关于"认识的有效性和界限"的问题不存在了。凡是可以表达的,就是可以认识的,就能对它提出有意义的问题。因此,没有什么原则上不能回答的问题,没有什么原则上不能解决的课题。人们一向认为不能回答,不能解决的,并不是真正的问题,而是无意义的词语排列。这些词语排列表面看来虽然好像是问题,因为它们似乎满足了通常的语法规则,但实际上确是一些空洞的声音组成的,因为它们违背了新的分析方法所发现的逻辑句法的深刻内在规则。

只要存在着一个有意义的问题,在理论上总能指明它的解决办法,因为很明显,从根本上说,指明解决的办法,是与指出问题的意义相一致的。当然,实行这种办法,由于某些实际情况,例如人的能力不足,可能受到阻碍。最后结束解决途径的证实活动永远是一样的,这就是出现了观察和直接体验所验证的某一事实。事实上,在日常生活和一切科学中,每一个陈述的真(或假)全都是这样一种方法确定下来的。因此除了观察和经验科学以外,没有其他检验和证实真理的方法。每一门科学(我们用这个词是指它的**内容**,而不是指人们为取得这个内容而作的实际活动)都是一个知识体系,即真的经验命题的体系;而全部科学,包括日常生活中的命题在内,都是知识的体系,在这以外,再没有一个"哲学的"真理的领域。哲学不是一个命题体系,它不是一门科学。

那么哲学是什么呢?它虽然不是一门科学,却仍然是很有意义的、非常重要的东西,所以今后可以像从前一样,被尊为科学的女王;因为确实没有这样一条规定:科学的女王本身也必须是一门科学。我们现在认识到哲学不是一种知识的体系,而是一种活动的体系,这一点积极表现了当代的伟大转变的特征;哲学就是那种确定或发现命题**意义**的活动。哲学使命题得到澄清,科学使命题得到证实。科学研究的是命题的真理性,哲学研究的是命题的真正**意义**。科学的内容、灵魂和精神当然离不开它的命题的真正**意义**。因此哲学的授义活动是一切科学知识的开端和归宿。有人说哲学给科学大厦提供基础和屋顶,这样的想法完全是正确的;错误只在于认为这基础是由"哲学"命题(认识论的命题)构成的,而且这座大厦还加上了哲学命题(称为形而上学)的圆顶。

哲学的工作不在于提出命题,陈述的意义不能再用陈述去说明;这是不难看出的。因为我如果用一些解释和定义,也就是借助一些新的词,来说明我所用的词的意义,人们就一定会进一步追问这些新词的意义,并且一直追问下去。这一过程不能是无止境的,它总是终止于实际指出和表明那个意思的时候,就是说,终止于实际活动中;只有这些活动是不能够、也不需要再作进一步说明的。所以说,最后的授义总是通过**行动**实现的,这些行动构成了哲学的活动。

过去时代最严重错误之一,是认为哲学命题的真正意义和最后内容可以用陈述来表述,即可以用知识来阐明:这就是"形而上学"的错误。形而上学者的努力一向集中在这一荒谬的目标上,[①]要用知识来表达纯粹性质的内容(事物的"本质"),也就是要说那不可说的东西。性质是不能说的,只能显示在体验中,而认识是与体验毫无关系的。

因此形而上学的没落并不是因为解决它的问题是人的理性所不能胜任的事(像康德所想的那样),而是因为根本就没有这种问题。揭露了这种错误的提问,形而上学争论的历史也就变得可以理解了。

我们的看法,如果正确,也必定得到历史的批准。一定可以看到,它是能够给"哲学"一词的意义变迁作出某种程度的说明的。

实际上正是这样。在古代,真正说来一直到近代,哲学只不过等于每一种纯理论的科学研究;这就表明科学当时正处在那样一个阶段,仍然必须以澄清自己的基本概念为主要任务;各门科学从它们的共同母体哲学中解放出来,则表示某些基本概念的意义已变得足够清楚,可以用来进一步进行富有成效的工作。如果说,目前伦理学和美学,有时甚至心理学,仍然被看做哲学的分支,这正表明这些学科仍然没有掌握足够清楚的基本概念,它们的努力仍然主要放在它们的命题的**意义**上。最后,如果在具有坚固基础的科学当中,突然在某一点上出现了重新考虑基本概念的真正意义的必要,因而带来了一种对于意义的更深刻的澄清,人们就立刻感到这一成就是卓越的

---

① 参阅我的论文"Erleben, Erkennen, Metaphysik"(《体验,认识,形而上学》),见*Kantstudien*(《康德研究》), Bd. 31(1930), S. 146。

哲学成就。大家都同意,例如爱因斯坦从分析时间、空间陈述的意义出发的活动,实际上正是一项哲学的活动。我们在这里还可以加一句:科学上那些决定性的、划时代的进步,总归是这一类的进步:它们意味着对于基本命题意义的一种澄清,因此只有赋有哲学活动才能的人才能办到;这就是说:伟大的科学家也总是哲学家。

那些不以纯粹认识为目标,而以指导生活为目标的精神活动,也往往被称为哲学。看来这是同样易于理解的,因为智者之所以高于无知群众,就是由于他善于清楚地指明那些关于生活关系、关于事实和愿望的陈述和问题的意义,为群众所不及。

哲学的伟大转变,也意味着最终摆脱了某些歧途。从 19 世纪后半叶起,哲学就走上了这些歧途,必然招来了一种十分错误的评价和重视:我的意思是说,企图为哲学的归纳性质辩护,因而相信哲学是由纯粹假设性的命题构成的。主张哲学命题只有或然性,是和以前的思想家离得很远的想法;他们会认为这种想法与哲学的尊严不相容而加以拒绝。这种拒绝里表现了一种健全的本能,认为哲学应当为知识提供最后的支柱。当然我们也必须看到,他们那个相反的教条,哲学提供无条件真的先验原则,是这种本能的最不幸的表现,因为哲学根本不是由命题构成的;然而我们也相信哲学的尊严,认为不确定性和纯粹或然性是与哲学不相容的,并且感到很高兴:有了这一伟大转变,就不可能把这一类的性质加给哲学了。因为或然性或不确定性的概念是完全不能应用于那种构成哲学本质的授义活动的。问题就在于那些把意义作为绝对最后的东西授予一切陈述的活动。要么是**有**这个意义,我们就知道这些陈述意味着什么;要么是没有这个意义,我们面临的就只是一些无意义的词,完全不是什么陈述。第三种情况是没有的,不能说什么或许是这样。所以,在这个伟大的转变以后,哲学比以前更清楚地显示出它的决断性。

只有凭着这种决断性,才能结束哲学体系间的争执。我再说一遍:根据上述见解,我们今天可以认为这一争论在原则上已经结束了,我希望在本杂志新阶段的篇幅里大家可以越来越清楚地看到这一点。

肯定还会有一些扫尾的战斗,肯定在若干世纪内还有许多人在走惯的道路上继续徘徊；一些哲学著述家还会长时期地讨论陈旧的假问题，但是最后人们将会不再倾听他们的高论，他们将会像某些演员那样，在注意到观众已经逐渐溜走以前，还要表演一段时间。那时将不再有必要谈论“哲学的问题”，因为人们将对**一切**问题进行哲学的谈论，这就是说，进行有意义的、清楚的谈论。

结构主义与新弗洛伊德主义*

〔苏〕Л. и. 菲利波夫

郭雅存　译　张咏白　校**

过去的二十年,是西方各人文科学部门积极采用结构主义方法论的时期。结构主义自从在一些语言学小组和学派中产生以来,在 30 年代,比较平静地度过了自己的形成时期,并博得西欧和北美各国语言学家们几乎一致的好评。在充分发挥其作用之后,又为后来取代结构主义的语言学思想奠定了基础。

法国的情况则不同。在那里,从 50 年代中期起,结构主义就开始提出自己的普遍化要求,从而引起了一场激烈的思想争论,迫使对方议论技术统治对人道主义文化的干预。法国结构主义者的著作不仅成为一种新的文艺学(这种文艺学旨在割断它同它的对象——文学之间传统的文化思想关系,并代之以严格的科学关系)的基础,而且也是“新评论”和新阶段的欧洲文学先锋派(“太开尔”小组)的理论基础。不仅如此,法国的结构主义到 60 年代末期,就已经变成了整个社会的运动,把以 M. 富科的作品为基础的反精神病学派也包括在内了。① 在 70 年代,报刊越来越经常地为结构主义运动的参加者提供版面,这决不是偶然的。结构主义运动的理论家(P. 巴尔特)和实践家(Ph. 索列尔斯)不久以前所发表的言论是很值得注意的。

---

* 原文为俄文,发表于苏联《哲学问题》杂志 1976 年第 3 期。本译文原刊于《外国哲学资料》第六辑,商务印书馆,1981 年。此次出版除明显错别字外,原译文一如其旧,对于人名、著作名、专业术语的译名未作任何改动,如现今通译“德里达”仍为“杰尔达”,等等。本文脚注除注明外皆为原文注释。

** 郭雅存,1926 年生,男,北京大学哲学系退休教授。

① 关于这一题目的材料见:《C. C. 科尔萨可夫神经病理学和精神病理学杂志》,1973 年,第 73 卷,第 4 期,第 589—610 页。

比如：P. 巴尔特在回答《世界报》提出的问题“依您看，知识分子的主要作用是什么？”时说：“在资本主义统治的条件下，批判资本主义的语言。”①而Ph. 索列尔斯则干脆把60年代结构主义的“爆发”称作文学上的革命，并解释说：“19世纪文学，实际上是过了60年之后才结束的，因为正是在60年代，才克服了幼稚的工具主义的语言概念。”②

60—70年代的文学先锋派是结构主义提出普遍化要求的实际表现，它忽视包括美学在内的其他学科的相对独立性。结构主义同这个流派的联系为批判地分析法国的结构主义提供了极为重要的依据。这一分析的复杂性主要在于结构主义运动的含混性。

结构主义作为一种有影响的学派是随着列维-斯特劳斯的最畅销的（“非科学的”）著作之一《忧郁的热带》的发表而产生的。在这本书里，这位著名的人类学家抒发了自己的卢梭主义情绪。③ 他的作品的这一倾向，确定了结构主义者正在仔细研究的浪漫主义倾向，以及结构主义对20年代到40年代诸如超现实主义和存在主义这样一些先锋流派的继承性。

结构主义运动的第二个特点，表现在列维-斯特劳斯的那些由一部分作品发展到另一部作品的前进思想之中。杰尔达把这种思想表达为：必须“停止把欧洲文化（以及形而上学的历史和形而上学的概念）”当做示度点（指用以描写其他文化的示度点——本文作者）。④ 然而，列维-斯特劳斯的这一主张曾被解释为，必须在文学实践中排除任何价值等级，必须取消文学

---

① 《世界报》，1974年11月15日，第22页。

② 《新观察家》，1974年，第525号，第73页。

③ 美国的研究家杰姆逊曾经试图为结构主义划出一条“曲线”。他写道：“结构主义作为一种群众运动，可以把列维-斯特劳斯1955年发表《忧郁的热带》一书看作它的发端，而标志着结构主义的成就达到顶峰的，则有如下一些事件，如，1960年《太开尔》杂志的创刊，1962年发表列斯-斯特劳斯的《原始人的思维》，以及1966—1967年出版后来成为神奇的书的，拉康《著作集》和杰尔达的三部主要著作：《论文字学》*（1967）、《书写与区别》（1967）和《播种》（1967）。”（F·杰姆逊：《语言的牢狱》，普林斯顿，1972年，第1页。）

* *De La grammatologie*，grammatologie 是杰尔达独创的一个术语，意为研究文字与文化思想的联系的学问，试译为“文字学”。——译者注

④ J. 杰尔达：《书写与区别》，法文版，巴黎，1967年，第414页。

与哲学的差别。[①]

然而,透过结构主义运动的"编纂者们"的千变万化的万花筒可以清楚地看到它的核心——弗洛伊德的精神分析学理论。正因为如此,试图为弗洛伊德作结构主义解释的拉康的著作,以及杰尔达从他的"书写"理论的角度重新理解精神分析学的个别原理的某些著作,才在聚合于《太开尔》杂志周围的结构主义理论家和实践家中间博得特别的好评。

用弗洛伊德主义对结构主义运动进行糅合,许多法国结构主义者在这位职业精神分析学家的实践的基础上对拉康的符号学理论的应用,这些现象预先决定了本文的选材。

一般说来,在列维-斯特劳斯的学说中,有一些原理构成了法国结构主义者最关键的理论基础和实践基础。但是我们只想研究它的人种学的主要方法论原则,因为结构主义者无论在分析什么对象时,都要机械地搬用这一原则。这种方法论原则本来是根据人种学的任务制定的,它使人想起了一百多年前形成的黑格尔的认识伦理学,它规定了把主观"溶化"到研究对象中去。在认识过程中,应该是对象本身借学者之口讲话,就像绝对观念通过黑格尔之口,向世界宣讲自己的"经历"那样。[②]

拉康严格遵循着这一原则,他的《著作集》中的那个神经官能症患者的话与拉康医生的话十分相似地表达了这一原则,这一原则是《太开尔》杂志命名和整个"太开尔"运动的基础,该运动的目的是把文学或任何符号的对象描写为"它原来的样子"和在理论研究过程中再现文学无对象的内在运动。用 Ph. 索列尔斯的话来说,就是"除非通过书写本身,要把书写作为研究对象"[③]是不可能的。

既然法国资产阶级的哲学、美学、艺术学早在二十年前就几乎处于存在

---

① 在《弧光》杂志为杰尔达出版的专号中,这位哲学家的著作被认为是某些作家的理论依据。这些作家在实践中,正在遵循他的书写或语法学理论取消哲学和文学的差别。(《弧光》杂志,1973 年,第 54 期,第 1 页。)

② "列维-斯特劳斯写道:我们并不强求表明人们在神话的帮助下如何思考,而是试图表明,神话在人们之中,而不顾人们的意愿是如何思索的。"(C. 列维-斯特劳斯:《生的和熟的》,法文版,巴黎,1964 年,第 20 页。)

③ Ph. 索列尔斯:《逻辑学》,法文版,巴黎,1968 年,第 8 页。

主义、人格主义和以各种形式倾向于哲学非理性主义的其他流派的主观主义学说的共同影响之下,那么,结构主义运动(它是以最晚近的前辈为基础而"独树一帜的")的热情就在于试图通过形式化和取消对于对象的主题分析的方法,使制造和摹写文化对象的过程完全理智化和理性化。然而,结构主义者的理性主义是从专门科学,主要是从语言学的实验室中得出的(因此它满足于形式上没有矛盾的知识标准,指靠"幼稚的"、"自然主义的"等语言观的破坏),它导致了从艺术学中取消美学,并且最终导致以弗洛伊德主义为基础,对享受的本质做出粗俗快乐主义的理解,直至把美感和性欲混为一谈。

半个多世纪以来已经遍布于欧洲文化中的,带有超现实主义的"性冲动"和存在主义者的虚无主义和浪漫派革命主义的神话,也在结构主义实践家的作品之中反映了出来。为了表明结构主义运动从严格的科学性向纯属资本主义的思想性的转变,应该从它的发源地——精神分析室(法国的先锋派在30—40年代,又从50—60年代借用拉康之口宣扬着自己的观点)开始分析。

几十年来,结构主义公认的领袖之一的活动是在"退向弗洛伊德!"的口号下,伴随着如下引人入胜的声明的情况下进行的:"讲出关于真理之真理的无意识是像语言那样构造起来的,而当我向你传授这一点的时候,我说出的是关于弗洛伊德的真理,它允许真理在无意识的托词下和盘托出。"①

拉康的类似言论颇能说明他对弗洛伊德学说的新贡献的实质,其中也包含着自我吹嘘的成分。这些言论使他博得了同伴们的赞许,并且造成了他远远越出法国国界的、轰动一时的声望。

然而,对拉康的精神分析学概念,却不可作简单化的理解。拉康的观点体系可以分成两个不大协调的层次:即30—40年代发展起来的以想象力机能为基础的心理现象学说和结构精神分析学本身。

拉康的语言"改革"是建立在把精神分析疗程进行情况绝对化的基础

---

① J. 拉康:《著作集》,法文版,巴黎,1968年,第868页。

之上的。如果没有观察无意识的直接通路,医生只能依靠患者本人的口述,或面部表情和手势表现出来的意识来了解它。正如著名的语言学家 Э. 宾维尼斯特谈到精神分析疗程时所说的那样,“从查明精神失常到恢复健康,所有这一切,似乎都发生在一切物质范围之外”①。

精神分析过程的“非物质化”原则的发展,使拉康的演变进入一个新的阶段。如果从对结构主义运动的实质加以判决的角度出发而对后一阶段发生更大的兴趣的话,那么,为了显示结构主义理性主义的“背景”,30—40 年代这一时期是理应提到的。因此,必须研究拉康关于人的学说的实质。

在拉康的青年时代,资产阶级的法国发生了超现实主义的“革命”,建立在直觉主义基础上的一些哲学流派,当时曾经占据支配的地位。拉康自称是有充分科学根据的(“唯科学主义的”)心理学的反对者,并不足以为奇。在超现实主义者隆重纪念萨尔科博士论歇斯底里病的著作(“据 A. 布列敦和 L. 阿拉贡的评价,这是 19 世纪最伟大的发展之一”)的那一年,拉康进行了《论偏狂精神病及其同个性的关系》这一博士论文的答辩。这篇论文的主要论点,后来成为艺术家萨尔瓦多 · 达里所创造的“偏狂病评论”方法的基础。②

因此,拉康的第一部著作《论镜子阶段》本身就包含着两种相互矛盾的倾向,并非偶然。一方面拉康断定,必须从外部世界夺取意识和把人的存在归结为一系列的语言表露,从而为过渡到他的活动的真正结构主义阶段做好了准备。拉康声称:“我们的全部经验都不容许作下述理解,即把‘自我’的中心定在靠现实原则组成的‘知觉—意识’体系之上。唯科学主义的偏见就是在现实性原则的基础上形成的。”③在排除把意识与现实相联系的知觉的同时,内容丰富的成分也就从意识的活动中给舍弃了。作为产生“幻想”的基础的想象本身,拉康建议用“符号简化法”予以描写,也就是说,他把人的存在归结为“应予形式化的符号系统”。

另一方面,把人的内部世界归结为语言符号系统的主张被拉康非常离

---

① Э. 宾维尼斯特:《普通语言学》,俄文版,莫斯科,1974 年,第 115 页。

② 见 M. 纳吉奥:《超现实主义的历史》,法文版,巴黎,1964 年,第 109、148 页。

③ J. 拉康:《著作集》,第 99 页。

奇地用“现出”这个术语(来自M.海德格尔的存在主义本体论)去描写人的存在,用老爷意识与奴隶意识的斗争的术语(见黑格尔的《精神现象》)去描写个性之间的关系这类做法联系在一起。稍晚一些时候,即1949年,个性则被他用当时时髦的哲学术语“存在与虚无”,即萨特尔的存在主义术语加以描写了。

上面提到的这两种倾向贯穿于拉康的全部作品之中,使它们混杂不堪,无法一致,并且最终注定了曾经公开宣布过的克服弗洛伊德主义生物学本质的尝试的失败。

拉康竭力想使精神分析学在一般理论方面“提高水平”,他抛弃“生物本能”概念本身[①],否认“利比多”是性的能量的总合,极力想把它描写成为某种愿望的“单一的颜色”,从而使弗洛伊德的“俄狄浦斯话剧”中的人物在拉康那里几乎“被禁锢了起来”:婴儿不是和人——自己的父亲在肉体上有关,而是与人格化的情欲婚姻的名称有关。[②]

然而被拉康对关于人的学说的进一步发展雄辩地证明了的拉康的“情欲”概念并不是与以前的哲学“原型”相近似,而是与在时间上距离我们较近的超现实主义者的“情欲”概念相近似,在这一概念中,“性欲”的附加含义几乎压倒了一切其余方面的含义。拉康完全了解弗洛伊德从未自诩其学说越出神话境界,却甘愿采用柏拉图的《饮宴篇》(阿里斯托芬的礼赞)中关于爱情起源的神话。根据这一神话,最初具备雌雄两性的人被截开了,不再是依靠自身就能得到满足的了,结果便产生了“情欲”。

为了完成关于个性最终归结为无意识的学说,拉康使用了模糊的双关语。拉康使“卵”这个词获得了双重的意义,使“Homme(人)”和一个新造的字“Hommelettee(煎蛋)”构成同音词,同时得出结论:“如果砸碎卵,那么就会得到人,可是同时也得到了煎蛋。”无意识“就好像是一种超扁平的,宽

---

① 在这一点上,拉康竭力想使自己的学说表现出现代科学的水平。现在甚至在生物学中,学者们也认为“本能”这个概念含混不清而不再使用它(P. 绍文:《兽行》,俄文版,1972年,第34页)。

② J. 拉康:《著作集》,第852页。

阔的油煎薄饼，它能像变形虫一样地移动”[①]。无意识的流动平面很像C.达里的名画《永恒的纪念》中的优美形象。假如把拉康的思想进程翻译成语言学范畴的语言，就会发现，在他的精神分析学概念中，语言的实体改变了，但其内容的实体却保存了下来。包裹无意识的语言外衣改变不了他的学说与古典精神分析学在内容上的同一性。无足轻重的差别就在于，与“俄狄浦斯情结”相比，拉康的“去势情结”扮演着同样重要的角色。

拉康在使弗洛伊德主义“文明化”方面的全部作为，可以归结为用“文雅的”形式描写“情欲”的表现。对语言学和接近语言学的雄辩术和譬喻学的概念的认识（认识论的）可能，可拉康把情欲说成“缺乏存在的换喻”，把梦境说成“情欲的隐喻”提供了理由。

“最初是情欲”，这句话可以作为拉康活动的第一阶段的开场白。向结构主义阶段过渡的表征则是：“最初是言词。”今后要达到以精神病医师拉康的实验为基础的语言非物质化的境界，就必须把人的存在彻底归结为语言，归结为它的非本体论化。

这样一来，在法国结构主义者的眼里，如此招人喜欢的这种“革命”，拉康并不是在研究现实生活中语言的作用的基础上进行的，而仅仅是根据精神分析学的实验进行的，而且，这种“革命”实际上被归结为提出别的，相对来说是与实在论的符号概念不同的东西。结构主义者（P. 巴尔特，Ю. 克里斯切娃等人）所运用的拉康的符号公式最初的形式是：S/s，大S是表示者，小s是被表示者，分离它们的横线是象征把无意识（被表示者的贮藏库）和有意识语言（表示者的系统）分离开来的符号。

在医生和病人的交往过程中，省略法变成了神经官能症病人语言行为的主要修辞方式。表示者和被表示者相互脱节，就如同无义诗那样。拉康在此基础上得出结论：可以不考虑内容部分而从话语中归结出表示者的条理，并达到弄清其含义的地步。

---

① J. 拉康：《著作集》，第845页。在巴尔特附在他的著作《零级书写》第二版中的关于符号学的论文里有各种对符号的解释。其中拉康的这种形式的符号公式是与众不同的。在O. 秋克劳和T. 托道洛夫所编的语言科学百科辞典中，对拉康关于表示者和被表示者的关系的学说作了特别的附录。

被拉康绝对化了的神经官能症患者语言的另一特点在于削弱表示者和被表示者之间的生硬的单一联系(非符号联系)。表示者和被表示者的联系被推向符号的语义学范围的边缘,直至表示者滑入另一语义学系列,用比喻和换喻的方法以一个表示者代替另一个表示者(含义效应)。只要回忆一下,索絮尔把符号确定为概念和声音形式的组合,①就可以清楚地看出表示者脱离被表示者的反面结果,拉康把这一情况提到对语言对象的见解的标准的高度。

上面提到的语言学家 Э. 宾维尼斯特认为,在符号的这一定义中,已经包含了第三种成分,这就是与符号相应的物质对象。从精神实验范畴中摒弃知觉,然后又摒弃谈说的内容因素,这样拉康就关闭了从医生的诊室到外部世界的所有的门户。

达到荒谬程度的语言非物质化,令人难以置信地缩小着语言意义的可能性。语义学这支导向世界的前奏曲②(按照 Э. 宾维尼斯特的定义)被句法学和符号关系学,即对表示者的戏言所产生的贫乏的意义的研究所排挤。随后个性就被拉康当做条文来讲,而无意识语言发现的被决定性就被当做语言的句法。这就是为什么拉康经常求助于 C. 马尔拉尔姆这位法国句法学"魔术师"的经验的原因所在。

为了使"超平面薄饼"那样的无意识形式化,拉康使用了数学中名为"莫比乌斯带"的拓扑结构模型。如果先把带的一端拧转 180 度,再把带的两端接合,那么,带在接合以前的双侧曲面就会变成为单侧曲面,或变成为一个水平面。正如病人所讲出的话语的链条由于停顿、重复和离题而被拧转了,就会差距"莫比乌斯带",而沿着语言链条移动,就可以弄清同它的正面处于同一平面上的"背面"。

拉康所运用的拓扑结构模型,实际上发展了索絮尔为描写语言而早就使用的比喻。索絮尔把语言比作一张纸,纸的一面代表思想(内容因素),纸的另一面代表声音(语言现实的声音形式)。③ 语言的这两个方面只有在

---

① 见 Ф. 索絮尔:《普通语言学教程》,俄文版,莫斯科,1933 年,第 78 页。

② E. 宾维尼斯特:《普通语言学问题》,法文版,巴黎,1974 年,第 21 页。

③ 参阅 Ф. 索絮尔:前引书,第 113 页。

抽象的情况下才有可能分开,那时要么是纯粹的心理学,要么是纯粹的音位学。把一张纸卷起来,——“废除”它的一面,恰好使拉康得以从心理因素中清除分析家经常碰到的语言现实。Л.凯劳尔的《阿丽丝奇遇记》一书可以作为用这种方法“分开”语言的例证。作为一项出色的实验,凯劳尔的童话暴露了文学中的一条绝境末路。然而凯劳尔故意不考虑内容因素的文字游戏,也不同于通过“表示者的游戏”而产生含义的拉康共识。因为《阿丽丝奇遇记》给读者以美的享受,而按照一个表示者代替另一个表示者的规律建立起来的拉康的“表示者的游戏”,则应是混合逻辑的对象,而语言的全部形象结构均应加以逻辑和数学的演算。在这个意义上,拉康关于表示者的语言效果的学说,是先于J. 克里斯切娃的(建立在文字基础上的)换语书写理论和Ph. 索列尔斯把文学视为将原文重新进行一系列安排置换的观点的。

根据精神分析实践的需要,拉康把语言的非物质化推到了极限。只分析语言形式的相互关系,而不管其内容,会使人想起逻辑实证主义的经验。可是,拉康试图借助于数学模型把无意识的非理性世界加以整顿和逻辑化的企图并未获得成功。逻辑对象的世界在实证主义者的论文中,由一种无法形容的神秘经验作了画蛇添足的补充。[①] 在医生和病人进行语言交际形式化的实验之后,神话作为无意识非理性化了的内容,也进入了精神分析家的工作室。因为拉康认为,语言的职能并不在于传知消息,而在于恳求和回忆(指唤起与别人往来的回忆)。但是《著作集》的读者明白,按照它“原来的样子”进行无意识的研究,依据的是情结的情节——“俄狄浦斯情结”和“去势情结”的首要成分。病人创造的这些情节的个人说法,并未从医生那里获得任何正面的世界观方面的指导;当病人在医生的帮助下转向“真情”,即被拉康称作结构心理分析学的第二身份,亦即海德格尔所说的“死亡的存在”(依照弗洛伊德的说法,就是死神)的时候,表示者的链条便发生中断。

在拉康的学说中,结构主义与存在主义最终的结合,注定了他的信徒要

---

① 参阅L. 维特根斯坦:《逻辑哲学论文》,俄文版,莫斯科,1958年,第97页。

走上折中主义,并在理论上为法国结构主义奉行浪漫主义路线铺平了道路。德国浪漫主义者开始使用的在后期浪漫主义(博德勒,雷姆博)中得到巩固的、美化丑恶东西的做法,在上面提到过的超现实主义者那里表现为把分裂形态的思维美化的形式,并以此形式在结构主义中发展着。

拉康的全部学说实际上是以"最初是言词和情欲"的论题为基础的。为杰尔达的关于书写的学说所充实的这两条线,恰好在"太开尔主义者"的活动中得到了发展。结构主义的理论家们认为杰尔达的活动客观上就是连结文学和理论上先锋主义的现代变体及30年代先锋主义的环节。

杰尔达哲学著作的实质,可以归结为把海德格尔对欧洲形而上学的批判继续下去,或者像杰尔达所说的,归结为"清除"欧洲哲学中的说话中心论。杰尔达首先确认明显的事实:起源于柏拉图的欧洲哲学传统,确定作为逻各斯的记号的声音是先于字母的。为神学所发展的这一传统,总是这样或那样地假定"无限创造的主观性"和假定与它有关的绝对超验主义——上帝的两种身份。[①] 在始自柏拉图的对话《斐德若篇》(在对话中,文字被看做是一种为了解放人的记忆而想出来的记忆术),直到建立现代唯灵论的黑格尔哲学这一传统的范围内,文字都被看做"主观性的忘却"。按照杰尔达的思想,要改变关于声音和字母的这种被唯心主义者视为传统的关系,要确定文字的优先地位,就应当摧毁语言中心论,并且把上帝从它的最后避难所——"语言"中赶出去。杰尔达表面上似乎反对拉康的强调有声语言的学说,但他的书写理论与拉康学说在涉及使符号对象非物质化和摆脱内容因素方面却是一致的。其手法是很简单的。杰尔达设想,在人的记忆的深处有一种文字的"原始痕迹",这种痕迹决定了"原始文字"存在的可能性。为了证实自己的假定,杰尔达引用了弗洛伊德在其著作《释梦》中所谈到的观察记载以及弗洛伊德像在谈论梦中的影像时所用的比喻,如"原版版画","石印图画","象形文字",他还把心理机构比作打字机。

此后文字就被看作是一种视觉形象在空间(espacement)的分布。心理世界变成三维空间——把人引向街头的阶梯;同时,依照杰尔达的意见,

---

① 参阅J. 杰尔达:《论文字学》,法文版,巴黎,1967年,第25页。

"客观的"或"尘世的"文字研究"如果不和心理文字空间发生关系，那它就不会教给我们任何东西"①。一切外部现实，在其"拟人化"的形式下，都被杰尔达看做是写满了字的空间，其实，"文字是世界的历史和表演的舞台"。然而，在驳斥体现在有声语言中的语言中心论，从而否定欧洲珍品的情结时，杰尔达并未提出任何替代的东西。文字，同样是拉康所描写的来自"善恶的彼岸"的表示者的一种游戏，而它的意义分析则是完全不必要的。他断定，对于语言的职能及其游戏的研究，要求把意义主体提到括号之外，并把声音主体从其他可能的主体中提取出来。② 语言的游戏被杰尔达投射到文学上，甚至和文学混为一谈。我们不可能相近地研究把文学与无穷无尽的画线符号游戏混为一谈的全部后果。我们只想说，书写理论正在推翻把作品视为整个封闭的，可赋予许多解释（多义性）的那种传统观念，并代之以"文字哲学"，或者作为开放领域的文稿的学说，"其中心到处都有，而周围则什么也没有"。书写过程可以变成意思的散布，并且可看做是讽刺的浪漫主义手法的语言学图解。只有书写理论与浪漫主义讽刺的形式上的相似和作为结构主义特点的对创作主题的否定相结合才能说明，尽管杰尔达的理论中存在着卢梭主义的成分，但在结构主义的"浪漫主义"范围内，托尔斯泰在卢梭以后所领会的诚恳和有良心的卢梭主义的"无政府主义"已成为绝对不可能的事了。

在这种情况下，推翻那种说明价值体系的、宗教等级的"绝对意义"，不过是把尼采的"上帝之死"这个题目用符号学的语言复述出来而已。而它却成了法国结构主义运动的思想补充或"换语"，并且暴露了它与在时间上较早出现的虚无主义的、无神论的存在主义的联系。③

结构主义运动中拉康的理论原则与我们所简要介绍的杰尔达的书写理论结合起来，就形成了以 Ph. 索列尔斯的艺术经验和 J·克里斯切娃论证

---

① J. 杰尔达：《书写与区别》，第 313 页。

② J. 杰尔达：《论文字学》，第 8 页。

③ 我们援引过的 F. 杰姆逊正确地指出："'太开尔主义者'的立场可以被看做是萨特尔的《存在与虚无》的无神论创举的继续，只有存在范畴本身被抛弃了。"（F. 杰姆逊：前引书，第 182 页。）

结构主义思想的理论著作为代表的结构主义的先锋派的实践。在题目就叫做《纲领》的"太开尔主义者"的纲领性文章中，索列尔斯要求建立统一的书写理论，"其实践将与历史上已经固定下来的'文学'概念毫无共同之处"①。依照索列尔斯的思想，"根据现代科学建立起来的书写理论，应当摆脱神话和表现，并在自己的文艺领域中进行思索"②。

建立包罗万象的书写理论或不超出文学领域，同时又摆脱文学的表现职能的符号学理论的这一观点，在理论上表现为结构主义的实践家——索列尔斯和和克里斯切娃——对黑格尔的态度。在力求继续忠于已经提到的客观主义和黑格尔的态度的同时，索列尔斯也力图超越像黑格尔关于科学方法的学说。黑格尔在《逻辑科学》一书中把这种方法称作包罗各种具体科学体系系统的"圆圈的圆圈"。在书写理论中摆脱表现职能就破坏了"圆圈的圆圈"，但同时也摒弃了它的中心观念，即善的观念。③ 在结构主义的理论和实践中，书写理论的非中心化，使精神生产变得一文不值。

这样，克里斯切娃制定符号学实践的通用理论的目的，就是克服产生于社会、基于符号用语中价值交换的"交换思想"。她认为仰给于文学为生的态度可以用建立产生意义理论的方法予以推倒。意义的产生可以理解为文稿的产生，也就是理解为我们从拉康的理论中已经熟悉的、建立在符号概念基础之上的书写：理解为表示者的自由游戏一样，也就是一个过程，文稿的产生并不存在把符号学实践组成为某种完整的、完成的东西的意义中心。无论"叙述的心情"，还是作者贯穿于整个叙述的变化中的观点，也无论"世界的视觉"是如何的相似，任何东西都不能使意义的产生统一起来。符号学的实践与否定语言的信息功能处于无止境的竞争之中，在竞争时，让一个表示者到另一个表示者那里去，竞争的参加者不能停下来，哪怕是给自己提个问题"为什么会发生这种情况"都不行。

克里斯切娃认为，用逻辑和数学计算法建立起来的符号学理论，将从仿佛已经夺取了符号学实践，并充满着"神圣的"，"非理性"的，"卓越的"蒙

---

① Hp. 索列尔斯：《逻辑学》，第 9 页。

② 同上。

③ 参阅黑格尔：《逻辑科学》，俄文版，第 3 卷，莫斯科，1972 年，第 309、281 页。

昧主义中的宗教、精神病学、美学中解脱出来。① 这样一来,结构主义者就从与超现实主义(超现实主义者认为,对理性的赞扬是资产阶级性最重要的特征)在某些方面完全相反的立场出发与资本主义思想进行斗争。与欧洲价值体系的斗争,使结构主义者离开了黑格尔,黑格尔曾经号召把真理作为体系来思索,并回到康德去,对他的了解是在《先验辩证法》临近完成之际,在那里以判断总汇的形式存在的真理,可以借助有规律的思想获得它的完整性。

以最大限度广泛概括文学遗产的客观观点遭到偏颇意向的圈子相当狭窄这一事实的否定,而在前面援引的索列尔斯《纲领》一文中的那些偏颇意向正在导致根据"理论和形式要求的系数",②而从过去的"文稿"的文献中进行选择。换句话说,结构主义者感兴趣的仅仅是使其形式手法与传统决裂的那些作家。索列尔斯认为,属于这样作家的首先是沙德、劳特列阿蒙、马拉迈、阿尔托和巴泰伊。

拒绝对上述作家的"文稿"进行内容分析,着重研究各表示者或各书写形式的程序的结合方法,注定结构主义的实践不能通过对生活的艺术研究积累新的信息,而只能在已有的文学经验领域中活动。

这些思想极其充分地体现在 Ph. 索列尔斯的长篇小说《数》之中。排斥外部的,即作品活生生的、形式意义因素的荒唐的观点,以及使文稿按照"它本来的样子"再现包罗经济、社会、思想结构的孤立的现实的尝试在索列尔斯的小说中,竟然堕落到了这样的地步,以致杰尔达把它称作是含义的"消除"和"文稿""机械式地"失去人的作用。经济和社会结构不是在研究现实的当代生活进程之中,而是用从经济学和社会学理论中东拼西凑地引证的办法塞进了索列尔斯的小说之中,而且引文的来源还分属于风马牛不相及的知识部门。杰尔达指出,特别是在索列尔斯的小说中,可以找到希尔柏特、弗雷格、维特根斯坦、布尔巴卡和其他人的数学逻辑定理的现成公式和改头换面的表达方式;或多或少用《道德经》、《卓加尔》和墨西哥、印度、

① J. 克里斯切娃:《符号分析研究》,法文版,巴黎,1969 年,第 7 页。
② Ph. 索列尔斯:《逻辑学》,第 9—10 页。

伊斯兰教的神话装扮起来的引文；小说中被提到的还有：恩培多克勒、尼古拉·库桑斯基、布鲁诺、马克思、尼采、列宁、阿尔托、毛泽东、巴泰尔、卢克莱茨、但丁、帕斯卡、莱布尼茨、黑格尔、鲍特莱尔、林博特和其他一些人。①

混合主义使索列尔斯把文学从神话中分离出来的纲领不可能实现。为了从这一方面对结构主义的文学作出最终的评价，我们就不能不去请教曾经描述过神话思维的实践并称之为"勃利科拉日"（брикоЛаЖ）（即跳开舞，要手腕）的列维-斯特劳斯。"勃利科拉日"的实质是为了达到预定的目的而不择任何手段，甚至本来不是准备供这一目的使用，而是"信手拈来"的手段。这样一来，"神话思维就用取自古社会语言的建筑垃圾盖起了自己的思想宫殿"②。

与其语言成分通常起源于谜语的、天真朴实的神话思维不同，索列尔斯的神话创作是一个博览群书的西方知识分子的现实创作，他用从私人图书馆中"信手拈来"的资料捏造神话。他的追随者们断言，这种神话创作的目的是要"革命地"克服信仰给予人的思想。克里斯切娃说："索列尔斯在其叙述中提出一些理论、认识论和政治原则，根据这些原则，凡是写出来的都是能说的。"③其实，在文学方面以生产观点取代消费观点也就是如此。如果谈到巴特尔所号召的在资产阶级统治的条件下批判资产阶级的语言，那么，从这一观点出发，索列尔斯的小说就是最雄辩的例证。资本主义的一鸣惊人，曾经使浪漫主义传统的代表人物创造过像博德勒的《罪恶之花》或雷姆博的诗这样一些名著，现在在结构主义派别的"革命者们"中间却变成了精神恐怖，成为毫无美感的莫名其妙的东西，分明到了不堪卒读的程度。

这种力图把文学与神话分开的结构主义者的"最高学术的"理论方案的坦率的思想结局，非常明确地提出关于"革命的"神话创作的内容方面的问题，"为什么"需要进行结构主义的"革命"的问题。尽管拒绝承认结构主义的实践的形成意义的"核心"，但挑选沙特·阿尔托、巴泰尔作为结构主义"革命"与结构主义理论的弗洛伊德基础相结合的先驱者和作者一事本

---

① J. 杰尔达：《播种》，法文版，巴黎，1972年，第328页。

② C. 列维-斯特劳斯：《原始人的思维》，法文版，巴黎，1964年，第32页。

③ J. 克里斯切娃：《符号分析研究》，第259页。

身，归根到底就产生了非常离奇的局势。为了弄清它的实质，我们有必要略谈几句我们的批判性分析开始入手的地方，就是从拉康关于人的学说中在形式上形成“自我”的“镜子阶段”。拉康和许多其他的心理学家一样，注意到已经六个月大，但还不会说话的婴儿看到自己在镜子中的映象时所表现的高兴欢跃的神情。拉康认为，未来心理虚构产物的中心就这样表露出来了。此外，尽管拉康并不赞成海外同行们——新弗洛伊德主义者的批判热情，可是他在《著作集》的某页上却脱口而出，说现今的资产阶级社会不可能再为人提供充满“超我”的，即寄寓着成人全部思想潜能的，心理层的充分价值内容。

纳吉索斯主义[①]是结构主义运动的首要行动方针。摆在20—40年代尚处于“童年”时期的法国先锋主义面前的镜子，向先锋主义的领袖们反映出非理性的、超现实主义和存在主义的形象。结构主义者想把影像“打扮”起来，同时又像纳吉索斯一样，无法终止自我欣赏，因而就像凯劳尔童话中的阿丽丝那样闯入镜内。这样的运动的效果是人所共知的：获得了同等的，但是相反的结果，即对于价值的否定，不是为了与“资产阶级的”理性进行斗争，不是与“资产阶级的”直觉、理解等进行斗争。结构主义运动借助与存在主义者和超现实主义者的非理性主义正相反的方法去否定资产阶级的价值体系，他们提不出任何积极的东西，于是就重复着存在主义的虚无主义的陈词滥调，而且不能不鼓吹不加任何抑制的行乐。克里斯切娃断言，用对原稿进行加工的方法来代替对文学采取仰给予人的态度，“为原则上与性行为有关联的行乐提供了理由，因为正是在原稿中神话原文，神圣的赞美歌和诗歌才得到了最真实的反响”。

这样一来，结构主义的理论家拉康的信条，——“最初是言词与情欲”，在结构主义者，特别是宁愿多谈头语重叠的文字的J. 克里斯切娃的实践中，采取了以下的形式：“最初是经过计算的词和性。”

对文学，推而广之，——对文化的“按其本来面目”的描写，在结构主义

① 纳吉索斯是希拉神话中河神凯菲斯之子，容貌非常美丽。神话中说，他爱上了自己映在溪水中的影子，并因此憔悴而死，变成了水仙花。——译者注

中，特别是在法国，变成对欧洲先锋主义者来说是一种传统的题材，这种题材在20—40年代是超现实主义者和其相近的基于精神分析上的存在主义者的拿手戏。结构主义者并没有把文学引上街头，而是先给它穿上最时髦的科学理论的外衣，再把它禁锢在“旧日的”文化深宫之中。

结果是十分自然的，因为法国的结构主义一旦越出部门科学的界限，并妄图充当万能思想的角色，它与存在主义的决裂只能是流于形式，它所批判的，正如R. 巴尔特所承认的那样，也只是存在主义的语言。

J. 克里斯切娃暴露了结构主义对存在主义批判的要害。这种批判的哲学表现具有华而不实的谬论形式。克里斯切娃把原稿的功能规定为“主体文化”中的破坏功用，她写道：“唯物主义和唯心主义今天正在承认（这是唯物主义的态度）或者否认（这是唯心主义的态度）‘表示’是主观以外含义的产物这条战线进行着交战。”①

承认不承认实践（其中包括“表示”实践在内）的主体本身，还不能作为划分唯心主义和唯物主义哲学派别的依据。“推翻主体”并不能保证不出唯心主义，“太开尔主义者”那篇集体的答《新评论》杂志问就是一个证据。从这篇答问中可以看出，他们在同根植于资产阶级社会制度中的资产阶级意识的斗争和创作文学作品的艺术手法之间划了个等号。“太开尔主义者”认为，他们就“修辞体系和叙述形式”进行争论，也就是对“资本主义思想，资本主义对世界的概念提出了怀疑”②。资产阶级急进主义的最新手法——用创造文学作品的方法方面的斗争来偷换为争取改造世界而进行的斗争，就如同超现实主义者的“纸上谈兵”一样，对维护世界的现状是毫无危险的。

在谈到结构主义文学实践，特别是索列尔斯的艺术实践的时候，应当强调指出，超现实主义者和存在主义者在自己的艺术实践中，虽然提出了为马克思主义者所不能接受的方法，却还停留在文学的范围之内。而在结构主义者的实践中，文学却由于和科学（语言学、逻辑学和其他）的结合而与否

① J. 克里斯切娃：《符号分析研究》，第259页。
② 《新评论》，1967年，第189—190期，第51页。

定了自己文学的躯体及其语言为公式所代换。文学放弃自己最重要的社会任务,被结构主义者视为不可救药的“资产阶级的”旧的优良传统,曾把这种社会任务叫做“趣味工作”。我们指的是席勒的话:“趣味把知识从科学的宗教神秘剧中引到常识的广阔天地中来,并且把各个流派的私藏转化为全人类的公共财产。”[①]当我们了解结构主义者的唯科学主义思想的时候,我们所碰到的不是在借喻的意义上的,而是在本意上的宗教神秘剧。《太开尔》杂志的文章就证实了这一点。“太开尔主义”被弗洛伊德主义揭露狂迷住了心窍,它摧毁了“抬高我们身价的骗局”(整个“文化价值体系”),并坚决地选择了“鄙贱黑暗的真情”。克鲁纳士的镰刀和俄狄浦斯的手杖,缝在结构主义的教师爷拉康的博士帽上的标志,都在思想上的大杂烩(哲学上的折中主义),半语言学、半社会学的蜃景之中旋转,并且被按照它们的直义加以应用。镰刀用来割断传统的脊髓,“推倒文化”(J. 克里斯切娃),并对它进行精神上的阉割;而手杖则是为了把“芸芸众生”赶入性混乱的施虐淫者的“天堂”。上面曾经提到过的索列尔斯的小说作品中作为革命的象征闪射出来的红色,在“太开尔主义者”那里,忽而采取“红公鸡”的形式,忽儿又变成旗帜的形式。

类似我们的无产阶级文化派的蹩脚哲学的“太开尔主义者”的假革命性,可能会变成令人伤心的经验,伊万·别兹多姆内(M. 布尔加可夫的小说里的人物)的悲剧,这个别兹多姆内由于彻底摆脱了“传统大厦”而写不出好诗来。[②] 但是造成那位不走运的诗人的不幸的东西,在结构主义思想家那里,竟变成了对他们自命为保护其利益的那部分群众精神上不负责任的举动。

让我们总结一下。不论是拉康使个性非本体论化,杰尔达从“文字学”中引出存在范畴的做法,还是克里斯切娃的符号实践理论,都把符号学的对象同隐藏在它背后的现实割裂开来。根据这一点,法国的马克思主义者就把结构主义评价为实证主义的变种。关于这一点,法国的马克思主义者塞

① 席勒:《美学文集》,俄文版,莫斯科—列宁格勒,1935 年,第 293 页。

② 参阅 П. В. 巴里耶夫斯基:《现实主义的道路》,俄文版,莫斯科,1974 年,第 188—197 页。

伏写道，结构主义的新科学主义是实证主义思想在法国土地上的典型表现。[①] 新的科学形式加在原先的内容上，并不会取消这一内容。因此不能不看到，R. 巴尔特在资产阶级统治的条件下对语言进行批判的观点，以及“太开尔主义者”试图在现代资本主义经济结构保持不变的基础上、在思想实践领域内驳斥资产阶级思想体系的努力，都是历史唯心主义的独特形式。所以不能不赞同法国马克思主义者 Г. 别斯的意见：“我们认为，如果帮助这些知识分子（指法国的结构主义者——本文作者）进一步掌握现实的客观概念的话，对‘结构’的研究就可能富有成效。同样，马克思主义者也应该重视利用‘结构’概念的一切可能性。”[②]换句话说，结构主义，作为分析符号学对象的技术手段，可以成为弄清文稿内部关系的有效手段，但是以它为依据而提出任何普遍化的要求都必然要导致历史唯心主义。

因为正如列维-斯特劳斯的研究所表明的那样，如果原始社会中的神话思维负有完成积极社会职能的使命的话，那么在“太开尔主义”的思想实践中，在其文学中的有意识的神话化就保持着对社会现实的同样的假想观念，而这一观念，正如马克思所指出的那样，在神话和自然方面都是有地区性的。“太开尔主义者”的思想实践证明，对于对象进行如实分析的结构主义程序，越出了这一对象的界限，并且变为思想体系，于是，正如塞伏所公正地指出的那样，就使列维-斯特劳斯的重大科学著作得到了思想上的开发。

---

① 参阅 Л. 塞伏：《论结构主义》，载《和平与社会主义问题》杂志，1971 年，第 6 期，第 83 页。

② Г. 别斯：《马克思主义哲学在思想斗争中的作用》，载《共产党人》杂志，1968 年，第 8 期，第 23 页。